LES

TRÉSORS D'ART

DE LA PROVENCE

EXPOSÉS A MARSEILLE EN 1861.

Écoles Italiennes.
École Espagnole. — École Allemande. — École
Flamande. — École Hollandaise.
École Française.

MARIUS CHAUMELIN.

PARIS
Veuve Jules Renouard, libraire-éditeur,
Rue de Tournon, 6.
MARSEILLE.
Camoin frères, libraires-éditeurs,
Rue Saint-Ferréol, 4.

1862

LES TRÉSORS D'ART

DE LA PROVENCE.

(Tiré à 500 exemplaires.)

Marseille. — Typ. et Lith. ARNAUD et Comp., Cannebière, 10.

LES

TRÉSORS D'ART

DE LA PROVENCE

EXPOSÉS A MARSEILLE EN 1861.

Écoles Italiennes.
École Espagnole. — École Allemande. — École
Flamande. — École Hollandaise.
École Française.

MARIUS CHAUMELIN.

PARIS
Veuve Jules Renouard, libraire-éditeur.
Rue de Tournon, 6.

MARSEILLE.
Camoin frères, libraires-éditeurs,
Rue Saint-Ferréol, 4.

1862

LES TRÉSORS D'ART

DE LA PROVENCE

EXPOSÉS A MARSEILLE EN 1861.

> « L'étude des arts a ce charme incomparable qu'elle est absolument étrangère aux affaires et aux combats de la vie. Les intérêts privés, les questions politiques, les problèmes philosophiques divisent profondément et mettent aux prises les hommes. En dehors et au-dessus de toutes ces divisions, le goût du beau dans les arts les rapproche et les unit ; c'est un plaisir à la fois personnel et désintéressé, facile et profond qui met en jeu en même temps et satisfait nos plus nobles et nos plus dignes facultés, l'imagination et le jugement, le besoin d'émotion et le besoin d'imitation, les élans de l'admiration et les instincts de la critique, nos sens et notre âme. »
> Guizot, *Étude sur les Beaux-Arts*.

COUP-D'ŒIL GÉNÉRAL

Marseille, la grande cité commerciale de la France, a voulu, comme Manchester, sa rivale anglaise, montrer qu'elle sait unir à la pratique de l'industrie, le goût des beaux-arts. A côté des exhibitions agricoles et industrielles qui ont été organisées dans ses murs, à l'occasion du Concours régional de 1861, une magnifique Exposition s'est formée des principaux trésors d'art que possède la Provence.

C'est une grande et belle idée que celle d'associer aux triomphes du génie moderne, les gloires impérissables du passé. Il est bon de mettre en regard des productions de l'activité contemporaine les chefs-d'œuvre radieux que nous ont légués les âges évanouis ; si ce rapprochement fait souffrir notre orgueil, notre goût du moins ne peut que s'épurer par la comparaison et notre ardeur au travail s'accroître par suite du sentiment de notre infériorité.

Ce n'est pas la première fois qu'une exhibition de tableaux anciens, d'objets d'art et de curiosité a lieu en province : Angers, Limoges, Bordeaux ; Chartres, Toulouse, Amiens ont eu tour à tour leur Exposition artistique et archéologique ; mais Marseille a dépassé de beaucoup ce qui s'est fait dans ces diverses villes ; Paris même n'a rien vu, peut-être, d'aussi intéressant, et nous pourrions dire d'aussi splendide comme réunion temporaire d'œuvres anciennes.

Si l'on songe que cette Exposition a été organisée en moins de deux mois, on sera étonné que l'on ait pu faire si vite et si bien, et l'on se demande ce qu'aurait été cette solennité artistique si les préparatifs en eussent été faits à loisir. Il est donc juste avant tout, — et c'est un besoin qui nous vient immédiatement au cœur, — de remercier les hommes actifs et dévoués qui ont accepté la mission difficile de rassembler les œuvres d'art qui se trouvaient dispersées à Marseille et dans les cités voisines, et la tâche non moins délicate de les classer, de les cataloguer, de les répartir dans les diverses salles affectées à l'Exposition. Qu'il nous soit permis de désigner MM. Loubon, directeur de l'école des Beaux-Arts de Marseille, Rave, professeur à la même école, Guilbert d'Anelle, directeur de l'école de dessin d'Avignon, Gibert, directeur du Musée d'Aix, Ad. Carle et Maccabelly, comme ayant plus particulièrement payé de leur personne dans ce travail d'organisation.

La plupart des collectionneurs provençaux ont bien mérité aussi de la reconnaissance publique en consentant à se dessaisir momentanément des richesses de leurs galeries pour les envoyer à l'Exposition.

Honneur encore aux villes qui se sont dépouillées à l'envi des chefs-d'œuvre de leurs églises et de leurs musées, — jalouses de contribuer à l'éclat d'une solennité qui devait prouver combien le sentiment de l'art est profondément enraciné en Provence ! Aix s'est distinguée entre toutes par son généreux empressement : elle a fourni à elle seule près de la moitié des œuvres exposées. On ne pouvait attendre moins de l'antique métropole de la province, de la capitale du bon René, ce glorieux protecteur des arts. Toulon,

Arles, Tarascon ont suivi avec une noble émulation cet élan patriotique. Avignon, la vieille cité papale, a représenté dignement par ses nombreux et remarquables envois, le Comtat, cette autre Provence qui a si bien su garder ses mœurs et sa langue sous la domination étrangère.

Qui aurait pu croire qu'une province, — si gracieusement dotée d'une teinte noire sur la carte de la statistique de l'intelligence en France, dressée par M. Dupin, — renfermait à elle seule tant de chefs-d'œuvre? Que de révélations inespérées ! Que de raretés inconnues des annalistes de l'art ! Que de perles tirées de l'obscurité où les avait reléguées, jusqu'à ce jour, le pieux égoïsme de leurs possesseurs !

On est pénétré d'un saisissement respectueux lorsqu'on entre dans le sanctuaire où sont rassemblés ces trésors inestimables, où trônent, avec toute la majesté du génie, les maîtres les plus illustres. Comme on se sent petits, humbles, chétifs devant ces manifestations éblouissantes de la pensée ! Peut-on songer sans être ému à ce qui s'est dépensé de travail, d'amour, d'enthousiasme pour enfanter ces merveilles? Qui donc pourrait raconter les souvenirs qui se rattachent à chacune de ces pages si longtemps dispersées du livre sublime de l'art ?

Et les mains qui ont écrit ces poèmes se sont glacées ! Et le souffle inspirateur s'est éteint !... Oh! non, vous n'êtes pas morts, robustes athlètes, vous revivez tout entiers dans vos œuvres ! Vous nous apparaissez aujourd'hui jeunes et vaillants, comme au plus beau temps de votre gloire. Quelle fête pour nos yeux de vous voir réunis dans cette enceinte, quelle ivresse pour notre âme de penser et de converser avec vous !

Toutes les Écoles ont leurs représentants dans ce brillant concours : vieux maîtres Italiens si grands par le génie, si puissants par la foi ; — Espagnols, sombres, énergiques, emportés, fiers comme des hidalgos, farouches comme l'inquisition ; — Allemands, race géante qui n'a guère duré qu'un siècle, mais qui a assez vécu pour produire Durer et Holbein ; — Flamands si précieux, si vrais, et parfois si saisissants dans leur réalisme ; — Hollandais, poètes aux champs, comiques à la ville, vrais maîtres de la lumière ; — Français, tour à tour graves et enjoués, sévères et gracieux, fougueux et délicats, rêveurs et réalistes, abordant tous les genres, rarement avec originalité, presque toujours avec esprit.

A coté de ces illustrations de tous les pays est venue se grouper toute une pléiade d'artistes nés en Provence ou qui avaient fait de cette riche contrée leur patrie adoptive. Le grand Puget marche à la tête de cette phalange qui, par l'ensemble imposant de ses travaux, par le nombre et le talent des peintres qu'elle a produits, mérite d'être considérée comme une école à part.

La Commission de l'Exposition a fait preuve d'un véritable patriotisme en rassemblant, avec un soin pieux, les œuvres de ces glorieux enfants de la Provence, dont quelques-uns, trop peu connus jusqu'à ce jour, vont prendre définitivement la place qui leur est due parmi les maîtres.

Nous approuvons fort la pensée qui a fait admettre dans une galerie spéciale quelques œuvres de nos principaux peintres contemporains. Outre le plaisir qu'il y avait pour nous à connaître des ouvrages remarquables, enfouis depuis un temps plus ou moins long dans des collections particulières, il n'était pas sans intérêt de comparer les productions de l'art contemporain aux pages des anciens maîtres.

Avant que toutes ces richesses soient de nouveau dispersées aux quatre coins de la Provence et replongées dans l'obscurité des cabinets d'amateurs, nous avons pensé qu'il ne serait pas sans profit pour l'histoire générale de l'art, de décrire les morceaux les plus remarquables de cette Exposition éphémère.

Nous avons longtemps hésité avant d'entreprendre un semblable travail qui n'embrasse rien moins que l'étude de l'art à toutes les époques et dans tous les pays ; mais nous nous sommes enhardi, dans l'espoir qu'on nous pardonnerait notre peu d'érudition, si nous parvenions à dresser un inventaire aussi complet que possible des œuvres exposées. Nous nous attacherons bien plus, en effet, à décrire qu'à disserter, à raconter nos impressions qu'à discuter les mérites relatifs des différents peintres et des différentes écoles. Aussi bien pourra-t-il se faire que nous acceptions trop facilement des attributions contestables données à certains tableaux par leurs possesseurs. Sans imiter la complaisance des auteurs du catalogue qui, pour ne pas froisser l'amour-propre des amateurs dont le concours était indispensable à l'Exposition, ont dû se résigner à accueillir sans contrôle des attributions évidemment erronées, — nous nous montrerons, en général, fort accommodant sur ce point.

Et vraiment a-t-on le droit d'être tranchant et inflexible, de dire : « ceci est l'œuvre du maître et ceci n'est pas son œuvre, » quand on songe aux transformations sans nombre que subit le talent d'un artiste sous l'influence de l'âge, des maladies et souvent même de la circonstance la plus frivole? Comment prétendre aussi, à moins d'une éducation spéciale et d'une longue expérience, distinguer toujours la copie de l'original? Ne sait-on pas que les maîtres les plus célèbres ont fait exécuter, sous leurs yeux, des répétitions de leurs tableaux par leurs meilleurs élèves? Laissons donc les experts de profession et les connaisseurs émérites — si rares, hélas! — peser minutieusement les titres de chaque œuvre ; en attendant leur décision, il suffira que cette œuvre nous paraisse bonne et digne du maître auquel on l'attribue, pour que, dans notre admiration, nous n'hésitions pas à lui décerner, à tout hasard, un brevet d'authenticité.

Quant à la méthode à suivre dans ce travail, nous choisirons la plus naturelle et la plus commode, celle qui consiste à grouper les artistes par écoles. Nous arriverons ainsi à saisir les rapports de filiation qui unissent les maîtres entre eux et nous assisterons au spectacle intéressant des évolutions successives de l'art chez les différents peuples.

ÉCOLES ITALIENNES

I. — Maîtres primitifs.

Les vieux maîtres italiens qui ont dégagé l'art des entraves du style byzantin, sont généralement très-peu connus par leurs ouvrages ; aussi, la critique est-elle obligée, le plus souvent d'admettre, — les yeux fermés, — les attributions que les collectionneurs donnent aux peintures antérieures à la grande époque des Raphaël et des Vinci. Nous ne saurions cependant, — à moins d'être tout-à-fait aveugle, — accepter comme étant du Giotto une Madone noire (*nigra sed... non... formosa*), sur fond d'or, qui appartient à M. Pochy, d'Avignon. La Vierge, en robe bleue et en manteau rouge, frangé d'or, tient sur ses genoux le bambino vêtu d'une tunique vert pâle et d'une jupe dorée. Deux anges sont agenouillés dans l'or du ciel ; celui de gauche porte une croix, celui de droite une lance et un roseau auquel est accrochée une éponge : l'Enfant se détourne du giron maternel pour regarder ces instruments de sa Passion. — De la sécheresse, de la raideur, un dessin incorrect, et, pourtant, je ne sais quelle naïveté qui charme. C'est là évidemment un morceau byzantin ; mais, si l'on tient absolument à l'attribuer à un maître de la primitive école italienne, pourquoi ne pas le donner plutôt à Cimabué qui ne s'était qu'imparfaitement affranchi de l'imitation byzantine, et dont le Louvre possède une Madone entourée d'anges placés symétriquement comme dans le tableau qui nous occupe.

Les belles fresques que renferment le palais des Papes et l'église métropolitaine d'Avignon, peuvent nous consoler de ne voir figurer à l'Exposition des trésors d'art de la Provence, aucune œuvre authentique des fondateurs de l'école italienne. La tradition veut que Giotto, lui-même, ait exécuté plusieurs des peintures murales du palais des Papes; Vasari nous apprend, il est vrai, que l'illustre artiste suivit Clément V, à Avignon ; mais, on sait, d'autre part, que la construction du palais ne fut commencée qu'en 1336, l'année même de la mort de Giotto. Il y a moins d'inconvénient à regarder Spinello Aretino (1308-1400) comme étant l'auteur de quelques-unes de ces peintures, notamment, du *Jugement dernier*, dont il ne reste par malheur qu'un petit nombre de figures dans la salle du Tribunal de la *Ruota*, et de l'*Histoire de Saint-Michel* qui décore l'intérieur de la tour de Saint-Jean. Ces compositions, d'un sentiment bien naïf et bien religieux, ne sont pas indignes du peintre qui mourut, dit-on, de la frayeur d'avoir vu en rêve le diable lui demandant pourquoi il l'avait peint si laid dans une fresque de l'église de Santa-Maria-degli-Angeli, d'Arezzo.

On attribue aussi avec assez de fondement l'*Eternel, la Vierge et le Christ entourés d'anges*, qui décorent le tympan du fronton intérieur de Notre-Dame-des-Doms, à Simone Memmi que tous les historiens font mourir à Avignon en 1344.

Il est permis de croire qu'à l'époque du séjour des Papes dans la capitale du Comtat, les artistes italiens durent affluer à la nouvelle cour pontificale, y produire de nombreux ouvrages, y former des élèves, une école, peut-être.

L'Exposition marseillaise renferme l'une des peintures les plus intéressantes que nous connaissions de ces temps reculés. Nous voulons parler du retable appartenant à M. le vicomte de Cambis-Alais (d'Avignon), et représentant le *Couronnement de la Vierge*. Sur une estrade qui sert de marche à un autel, le Christ et sa mère sont assis en face l'un de l'autre ; le premier, dépose doucement une couronne sur la tête de la Vierge qui a les mains croisées sur la poitrine et qui baisse modestement les yeux. Au bas des degrés, deux anges, vêtus d'une robe semée d'étoiles d'or sont agenouillés et jouent du violon. Quatre saints, deux à droite, — saint-Nicolas et saint Julien, — deux à gauche, saint Silvestre et saint Bernard, — contemplent cette cérémonie mystique. Tous ces personnages se détachent sur un fond d'or. Le dessin est d'un style pur; le coloris est clair, léger, un peu trop atténué, pourtant, par la vétusté : on dirait d'une fresque. Trois médaillons, représentant des saints vus à mi-corps, sont enchâssés dans l'ornementation ogivale qui couronne la composition ; quatre autres petites peintures, décorent la partie inférieure du cadre. — Ce retable, — acheté il y a une trentaine d'années, à Florence, où il décorait une chapelle, aujourd'hui détruite, est un *ex-voto* de la famille Brunelleschi, comme l'indique l'inscription suivante placée au bas du sujet central : HANC TABULAM FIERI ALDEROTVS DE BRVNELLESCHIS DIMISSIT. SILVESTER PATRVVS SVVS PRO REMEDIO ANIMÆ SUÆ ET SUORUM. A.D. MCCCLXXXXIIII (1).

Est-il permis de croire que la famille Brunelleschi dont il est ici question, est celle du célèbre architecte qui construisit la merveilleuse coupole de Santa-Maria-delle-Fiore ? Rien ne confirme, mais rien ne détruit non plus cette conjecture; car, s'il est vrai qu'en 1394, année où fut peint notre *ex-voto*, Filippo Brunelleschi, âgé seulement de 17 ans, n'avait point encore révélé son génie et fondé sa fortune, — nous savons pourtant que ses parents comptaient depuis longtemps parmi les notables citoyens de Florence. Son père était notaire et son grand-père avait été médecin. Peu nous importe, d'ailleurs, que l'*Alderotus de Brunelleschis* désigné dans l'inscription de l'*ex-voto* ait été un membre de cette famille : nous devons tenir surtout à connaître le nom du peintre auquel fut confiée l'exécution de ce tableau. Or, parmi les artistes de cette époque, nous ne voyons guère que Taddeo di Bartolo, de Sienne (1363-1422), qui ait pu produire un ouvrage aussi remarquable. Nous inclinons d'autant plus à le croire, que le style de cette peinture a une parenté étroite avec celui d'un retable de Bartolo qui se trouve au Louvre. Les types sont presque les mêmes; la vierge de l'*ex-voto* est calquée sur celle du retable, et les saints qui se tiennent à droite et à gauche du trône ont des airs de famille auxquels il serait difficile de se tromper : l'un d'eux même, Saint-Nicolas de Myre, se retrouve dans les deux tableaux, et il est désigné par les mêmes sym-

(1) C'est à l'obligeance de M. le vicomte de Cambis que nous devons de connaître cette inscription, que la hauteur où est placé le tableau, ne nous avait permis de déchiffrer.

boles : il tient une crosse de la main droite, et de la gauche un livre et trois boules d'or faisant allusion aux trois bourses d'or que le saint évêque donna un jour à un pauvre gentilhomme pour établir ses filles sur le point d'être abandonnées à la séduction. — Ajoutons que les deux ouvrages se ressemblent par leurs défauts même, par ceux précisément que Lanzi signale dans les peintures de Taddeo : peu de variété et moins de grâce encore dans les têtes ; des teintes faibles ; des imitations de Giotto qui pâlissent devant l'original. Tout enfin semble prouver que le retable du Louvre et celui de M. de Cambis sont l'œuvre du même maître, tout, jusqu'à l'emploi des mêmes procédés matériels : ils sont peints l'un et l'autre à la détrempe (*a tempera*), et l'or y remplace la couleur dans le fond, dans les gauffrures du sol, dans les nimbes et les auréoles. On peut donc, sans trop d'hésitations, considérer Taddeo di Bartolo comme étant l'auteur de l'*ex-voto* des Brunelleschi.

Il faut rapporter à la même époque un retable appartenant à M. l'économe du Grand Séminaire d'Avignon. Ce tableau rappelle le précédent par sa division en trois compartiments à dessus ogival, et par la disposition des personnages ; mais la beauté du dessin, la vivacité du coloris, la perfection des détails et l'admirable expression des figures dénotent une main plus savante, une inspiration plus haute. A ces qualités éminentes, si rares dans les peintures du temps, n'est-il pas permis de reconnaître le suave, l'angélique Fra Giovanni da Fiesole (1387-1455)? — Dans le panneau central, la Vierge, assise sur un trône de couleur violette, tient sur ses genoux l'Enfant-Jésus ; il est nu et joue avec le globe qui symbolise la terre. Sa peau a une teinte livide, mais sa tête blonde est charmante. Le panneau de gauche est occupé par saint Jean-Baptiste et saint Antoine, le premier tenant une croix de roseau autour de laquelle s'enroule une banderole où on lit : Ecce agnus dei, le second ayant à la main une cloche et un livre. Saint Grégoire et saint Benoît sont représentés dans le panneau de droite : le premier, en chasuble et en surplis, appuie sa main gantée sur son bâton pontifical; saint Benoît semble absorbé dans une pieuse lecture.

Cette peinture fraîche et brillante, comme si elle sortait des mains de l'artiste, a conservé, — malgré les restaurations plus ou moins adroites qu'elle a subies, — plusieurs de ses qualités premières.

Il serait fort difficile d'attribuer à tel ou tel maître, — je dirai plus, à telle ou telle Ecole, — les deux triptyques envoyés à l'Exposition par M. Boudon, curé de Tarascon. Ces peintures extrêmement noires, ne sont guère intéressantes d'ailleurs que parce qu'elles représentent des saints particulièrement honorés en Provence et qu'il est possible par suite, qu'elles aient été exécutées par quelque artiste indigène. D'un côté, sainte Madeleine, tenant un vase à parfums, et ayant à ses pieds je ne sais quel personnage agenouillé; saint Blaise, revêtu de ses insignes épiscopaux; saint Mitre, portant dans ses mains sa tête dont la place naturelle est occupée par un soleil d'or. Dans l'autre triptyque, saint Jean tenant un ciboire, saint Laurent appuyé sur le gril, instrument de son martyre, et entre les deux, saint Roch coiffé d'un turban, armé de son bâton de pélerin, et accompagné de son chien fidèle. Ce dernier panneau porte la tête de *1513*, *die 21 decembris*. — Serait-ce-là l'œuvre de quelque arrière disciple de l'école avignonnaise?

Nous ne serons pas moins embarrassé s'il s'agit de fixer la paternité des quatre panneaux de l'église métropolitaine d'Aix, représentant des épisodes de la Passion. Mais ce sont là des peintures que ne désavoueraient pas les plus vigoureux artistes florentins du XVme siècle : la couleur en est chaude, éclatante, solide; les demi-teintes sont claires et justes; le dessin laisse encore beaucoup à désirer sous le rapport de la correction, mais la composition ne manque pas d'une certaine habileté, et si le ciel d'or persiste, il faut noter du moins une tentative de paysage. Voici la description de ces quatre panneaux :

1° *Le Baiser de Judas*. — Jésus entouré de ses disciples, est accosté par Judas qui lui donne le baiser de la trahison. Des soldats s'avancent pour saisir l'Homme-Dieu; les gens de sa suite essaient vainement de le défendre. Le Christ ordonne à celui de ses disciples qui a coupé l'oreille de l'un des envoyés du grand-prêtre, de remettre l'épée au fourreau. L'envoyé ainsi mutilé, est étendu à terre, et fait une piteuse grimace.

2° *Le Couronnement d'épines*. — Dans une salle éclairée par une petite fenêtre, Jésus est assis entre ses bourreaux qui, à l'aide de bâtons, font entrer la couronne d'épines. Un homme se prosterne à ses pieds par dérision. Un personnage, vêtu d'un habit rouge à camail blanc, et coiffé d'un chapeau rouge, semble se délecter au spectacle de cette scène barbare.

3° *L'Ensevelissement*. — Joseph d'Arimathie et Nicodème introduisent le corps de Jésus dans la grotte destinée à lui servir de tombeau. — La Vierge presse la main de son divin fils; saint Jean et des femmes éplorées sont près d'elle. On aperçoit dans le fond le calvaire avec les trois croix et les deux larrons suspendus encore à l'instrument de leur supplice.

4° *La Résurrection* — Le Christ sort triomphant du sépulcre, sans que la pierre servant à en fermer l'issue ait été écartée. Les soldats dorment couchés à terre dans des postures d'une naïveté charmante. Le calvaire se dessine encore à l'horizon, mais il n'est plus surmonté que d'une croix. Les saintes femmes viennent par un chemin escarpé, pour embaumer le corps de Jésus.

Il est à remarquer que dans les deux premiers tableaux, Jésus est vêtu d'une longue robe noire; or, chacun sait que les vieux maîtres italiens employaient d'ordinaire pour peindre les vêtements du Christ, des couleurs éclatantes, le bleu et le rouge surtout; cette dernière couleur était même de rigueur dans la scène du couronnement d'épines, puisqu'à ce moment les soldats dépouillèrent Jésus de ses habits et lui mirent un manteau de pourpre: *et, exeuntes eum, chlamidem coccineam circumdederunt* ! Il y a donc tout lieu de croire que la persistance de l'auteur des quatre panneaux de l'église d'Aix, à donner au Christ une robe noire, était une habitude; or, nous ne connaissons guère parmi les peintures de la même époque qu'un tableau de Cosimo Rosselli, — le *Sacrifice de la messe*, exposé à Manchester en 1857, — où la même singularité se fasse remarquer. Est-ce à dire que nos quatre tableaux soient de l'artiste bizarre qui partageait son temps entre la peinture et l'alchimie, prodiguant dans les folles spéculations de l'une ce que l'autre lui rapportait ? Nous n'oserions l'affirmer, bien que ces peintures rappellent assez par la vigueur du coloris et l'originalité de la conception, la *Vierge* du Louvre et les autres œuvres connues de ce maître (1430 — après 1506).

Même incertitude relativement à une magnifique madone (appartenant à M. Auphan, de Marseille), l'une des productions les plus curieuses que nous ayons rencontrées à l'Exposition, de l'art italien du XV° siècle. Sur un trône élégamment sculpté en forme de stalle, la Vierge est assise, tenant l'enfant Jésus sur ses genoux; une gaze légère est posée autour de ses cheveux blonds et crespelés; elle baisse modestement ses grands yeux fendus en amande, et entoure de ses mains effilées le divin bambino qui repose sur un coussin de laine blanche. Ce groupe demi-nature, a une sorte de majesté sereine dans sa raideur sculpturale. Les draperies sont savantes; les accessoires sont traités d'une façon originale, dans le goût de Fra Filippo Lippi (1412-1469) que rappellent encore l'étrangeté des types et la vigueur du coloris.

Ce Filippo Lippi eut une existence des plus romanesques. Orphelin dès l'âge de deux ans, il fut élevé dans le couvent del Carmine de Florence, où de bonne heure il entra en religion. Se promenant un jour sur mer, il fut fait prisonnier par les Maures qui l'emmenèrent dans leur pays ; il parvint à s'enfuir après plusieurs années de captivité, et nous le retrouvons peignant à Florence en 1438. Vasari nous a raconté ses amours avec Lucrezia Buti, une jeune florentine de bonne maison, qu'il enleva du couvent de Sainte Marguerite où elle était novice ; il en eut un fils, Filippino Lippi, qui fut aussi un peintre célèbre et qui continua dans la chapelle du couvent del Carmine les admirables fresques commencées par Masaccio. Fra Filippo exécuta lui-même d'importants ouvrages pour Cosme de Médicis, pour les églises et les monastères de Florence. Quelques critiques ont cru voir je ne sais quel mélange du génie florentin et du génie mauresque dans quelques parties de ses compositions, dans les mouvements et les physionomies, dans les yeux surtout, comme aussi dans les draperies, ornements et accessoires (1). — Ce sont justement les mêmes caractères qui nous engageraient à attribuer la madone de M. Auphan à Fra Filippo ou à son digne élève Sandro Botticelli (1447-1515).

Domenico Ghirlandajo (2) se distingue au sein de cette vaillante phalange des peintres florentins du XVe siècle (1459-1498). Avec lui, les formes se perfectionnent ; les contours s'épurent, la perspective s'agrandit, les fonds d'or disparaissent. *L'Annonciation* (3) qu'on lui attribue, n'est pas indigne de son pinceau délicat : agenouillée à la porte de sa maison, la vierge, jeune et souriante, les bras croisés sur la poitrine, semble lire un livre qu'elle tient de la main gauche. L'Ange Gabriel fléchit le genou devant elle et lui annonce qu'elle sera la mère du Rédempteur. Dieu le père, vu à mi-corps, au milieu des nuages, porte un livre ouvert sur lequel sont écrites les lettres symboliques A et Ω. La colombe qui figure le Saint-Esprit, plane au-dessus de Marie ; un rayon lumineux s'échappe de son bec ; au fond, un paysage. Cette composition est du style le plus gracieux : le coloris a de la clarté et de la finesse.

(1) W. Burger, *Trésors d'art exposés à Manchester en 1857*, page 9.
(2) Le catalogue s'est trompé, sur la foi de Lanzi, en donnant à cet artiste le nom de Curradi qui était celui de son grand père. Domenico était fils de Tommaso Bigordi, orfèvre florentin, qui reçut le surnom de Ghirlandajo parce qu'il vendait, selon les uns, fabriquait, selon les autres, des bijoux en forme de guirlande.
(3) Appartenant à M. Maurel, de Marseille.

Il y a beaucoup de charme dans la *Vierge et l'enfant Jésus* (1) que le livret attribue à Giovanni Bellini (1426-1516), mais les qualités de ce maître se retrouvent plutôt, à notre avis, dans une petite tête de *Christ* (2) non cataloguée, qui est d'une beauté et d'une suavité d'expression incomparables.

Nous ne saurions admettre la *Cène*, appartenant à M. de Samatan, comme étant du Verrochio, non qu'elle soit indigne de ce maître célèbre dont le Louvre ne possède aucun ouvrage, mais parce qu'elle nous fournit elle-même un texte qui condamne cette attribution ; elle porte la date de 1528, écrite en gros caractères, sur le bord d'un bas-relief placé derrière le Christ. Or, Andrea Verrochio, né en 1432, mourut en 1488. Nous ne serions pas éloigné de voir dans cette *Cène* une œuvre de la vieillesse de Lorenzo di Credi, qui fut le disciple bien-aimé du Verrochio et qui vivait encore vers 1536 ; elle rappelle assez ce maître qui, selon Lanzi, « se montra patient et recherché dans sa manière à l'exemple des modernes,» mais qui, pour cela même, ne fut pas toujours exempt de sécheresse. — Jésus, ayant à sa gauche Saint-Jean, est assis à une table longue, recouverte d'une nappe blanche et chargée de verres et de plats. Ses disciples sont placés du même côté que lui, à l'exception de deux qui occupent les extrémités du côté opposé et qui, par conséquent, tournent le dos au spectateur. Ces divers personnages sont bien posés et bien groupés ; mais les physionomies manquent de noblesse. On voit que l'artiste s'est préoccupé surtout des accessoires qui sont très-finis, et de la distribution de la lumière qui est très-savante. Le repas a lieu dans une salle ornée de boiseries et de médaillons sculptés. Un serviteur portant des mets, arrive du côté gauche par un corridor qui fait perspective. Une corbeille pleine de fruits et une panière remplie de petits pains sont déposées à terre. Deux chiens, sous la table, se disputent quelque relief. Une fenêtre ouverte, derrière la tête du Christ, encadre un paysage minutieusement travaillé : un chateau-fort, un pont-levis, des arbres et des personnages microscopiques. Les deux médaillons accrochés à droite et à gauche de cette fenêtre représentent, l'un, le meurtre d'Abel, et l'autre, la victoire de David sur Goliath ; l'artiste a pris soin, du reste, d'indiquer ces sujets par des légendes latines, inscrites sur la bordure même des bas-reliefs. Si la précision presque flamande avec laquelle ces détails sont touchés, permet de

(1) A Monseigneur Chalandon, archevêque d'Aix.
(2) A M. Clément.

reconnaître la main de Lorenzo di Credi, on ne peut qu'être confirmé dans la croyance à cette paternité, par l'aspect général de la peinture : la couleur a bien cette sècheresse dont nous avons parlé, mais la franchise des tons et leur solidité attesteraient, au besoin, les précautions sans nombre que l'élève du Verrocchio prenait pour assurer la conservation de ses œuvres. (1)

D. Ghirlandajo, qui donna des leçons à Michel-Ange, G. Bellini, qui fut le précurseur de Giorgione, et le Verrochio à l'école duquel se forma Léonard de Vinci, nous amènent au *siècle d'or* de la peinture italienne. L'art, complètement émancipé, va nous apparaître dans toute sa puissance et tout son éclat ; les écoles jusqu'alors réduites à des tâtonnements et à des imitations réciproques, commencent à se former en groupes distincts et à suivre chacune une impulsion propre.

II. — Ecole Florentine.

Léonard de Vinci. — Michel-Ange. — Daniel de Volterra. — Bandinelli. — Fra Bartolomeo. — Andrea del Sarto. — Pierino del Vaga. — Giorgio Vasari — Cardi da Cigoli. — Cristophano Allori. — Carlo Dolci. — Zuccherelli.

Des quatre tableaux qu'on nous donne comme étant de Léonard de Vinci, il y en a au moins deux dont l'authenticité est plus que douteuse : *Jésus et Saint-Jean-Baptiste enfant*, et *la Vierge, l'enfant Jésus et des Anges* (tous deux à M. Robert Gower).

Nous ne dirons rien d'un beau dessin à la plume, appartenant à M. Pascalis, et représentant une *Sainte-Famille* : ce sont là, à ne pas en douter, les types du Vinci, son trait savant mais laborieusement cherché, sa composition gracieuse, et jusqu'aux silhouettes de rochers qu'il met si souvent dans le fond de ses petits tableaux.

Quant à la *Mona Lisa*, appartenant à M. Paul Autran, si ce n'est une répétition (*replica*) du célèbre tableau du Louvre, c'est bien certainement une des meilleures copies qui aient été faites de cet admirable portrait. On sait que Léonard fut si vivement frappé par les traits et l'expression de la Joconde que ce type lui devint familier et qu'il le plaça dans plusieurs de ses compositions. Ses élèves s'essayèrent souvent à copier cette merveilleuse figure qui, selon Vasari, est une œuvre plutôt divine qu'humaine. On trouve de ces copies en Angleterre, en Espagne, en Russie, dans les prin-

(1) Vasari rapporte qu'il préparait lui-même ses huiles et qu'il ne laissait pas même à d'autres le soin de broyer ses couleurs.

cipaux musées et même dans plusieurs collections particulières. La *Joconde*, que l'on voit à l'Exposition marseillaise, est une de celles qui reproduisent l'original avec le plus d'exactitude : c'est le même sourire désespérément doux, le même regard humide qui vous poursuit et vous fascine, les mêmes paupières légèrement gonflées et garnies de cils imperceptibles, la même chevelure qui retombe en fleuve d'or sur des épaules de marbre. Un ruban étroit posé sur le front remplace le fil d'or qui, dans le tableau du Louvre, retient un voile léger sur cette tête d'enchanteresse : c'est là, je crois, la seule variante que l'on puisse noter. Les mains, qui ne se retrouvent pas dans quelques copies, sont très belles dans celle-ci ; le fond est le même : un lac bordé de rochers aigus et éclairé par les lueurs mourantes du crépuscule.

Quelque habileté que les élèves de Léonard aient apportées dans leurs imitations des œuvres de ce grand peintre, et quelque défiance que l'on doive, par suite, témoigner à l'égard des peintures attribuées trop facilement à ce maître, il est permis d'accepter comme un morceau authentique *la Vierge et l'enfant Jésus*, provenant de la belle collection de M. Bourguignon de Fabregoule (d'Aix). Tout, en effet, dans ce tableau décèle la main du Vinci, l'exquise distinction du dessin, l'élégance et la souplesse du modelé : la savante opposition des clairs et des ombres, la grâce incomparable de l'expression. Qu'elle est belle cette madone avec ses grands yeux pensifs, ses sourcils finement arqués, sa bouche mignonne, ses blonds cheveux nattés qui encadrent si harmonieusement le pur ovale de son visage ! Et le bambino !... peut-on assez admirer la douce sérénité de sa physionomie, les délicieux contours de son corps charmant ! Comme ce groupe divin se détache bien sur le paysage accidenté qui s'étend derrière lui !

Nous voudrions pouvoir citer à côté de cette page précieuse, quelque œuvre du maître qui domine non seulement l'école florentine, mais toutes les écoles du monde. On a nommé Michel-Ange Buonarotti (1474-1563). Malheureusement ses peintures sont d'une excessive rareté (1), et les collectionneurs, si hardis qu'ils soient, craindraient commettre un crime de lèse-majesté en se flattant de posséder quelque tableau de lui. Ses dessins ne sont guère plus nombreux : celui qu'on voit à l'Exposition marseillaise,

---

(1) « Michel-Ange peignit peu, dit Lanzi, comme si se voyant placé au premier rang comme sculpteur, il avait craint de ne paraître qu'au second ou au troisième dans la peinture. » T. Ier, p. 243. Trad. de Mme Dieudé.

— représentant une femme nue, — n'est pas même tout entier de la main de Michel-Ange ; c'est une étude, assez insignifiante par elle-même, de Daniel de Volterra, corrigée par le maître. Cette relique, que l'on conserve précieusement à l'École des Beaux-Arts de Marseille, provient du cabinet de Louis XIV, comme en fait foi une inscription marginale que nous reproduisons textuellement :
« Michel-Ange Bonaroty dessina cette figure pour la peindre dans
« le Jugement Universel qu'il exequta au Vatican, à Rome. Il y fit
« quelques changements dans l'aptitude (*attitude*) et luy mit une
« draperie. Ce dessein est d'une très-grande manière, les contours
« sont sçavants et recherchés. Il fut acquis à Rome par le chevalier
« Lautier, commis par le roy Louis XIIII pour y faire des recherches,
« et acheté dans son inventaire. — Michel Ange fit une laiçon (*leçon*)
« à Daniel le Voltera par un contour sur son dessain et par la partie
« à costé dessinée en entier par luy. Il y a pareilles leçons sur
« d'autres figures dans le cabinet du Roy. »

Michel-Ange, qui ne cessa de prodiguer des conseils à Daniel de Volterra, qui lui donna même, assure-t-on, un grand nombre de dessins pour ses peintures, et qui obtint pour lui la place de surintendant des travaux du Vatican, — ne se doutait pas qu'un jour son protégé serait chargé, par le trop pudique Paul IV, de couvrir de draperies les nudités du Jugement dernier. Daniel, qui reçut à cette occasion le surnom de *Braghettone*, était d'ailleurs un artiste de grand talent, peintre et sculpteur comme son maître (1512-1594).

Baccio Bandinelli (1487-1559), passe pour avoir porté une main bien autrement sacrilége sur le célèbre carton de la *Guerre de Pise*, que Michel-Ange composa en concurrence avec Léonard de Vinci. « La voix publique, dit Lanzi, accusa Baccio Bandinelli d'avoir mis en pièces ce chef-d'œuvre, soit pour que d'autres que lui ne pussent en profiter, soit parce que favorisant le Vinci et haïssant le Buonarotti, il voulait faire disparaître un objet de comparaison qui assurait la réputation du second aux dépens de celle du premier : ce fait, toutefois, n'a point été suffisamment prouvé. » Ce Baccio, qui fut, au dire du même Lanzi, grand dessinateur et grand sculpteur, n'a laissé qu'un très-petit nombre de tableaux. Son *Christ devant Pilate*, dessin au crayon rouge, que M. Pascalis a exposé, est une étude peu importante.

Un petit dessin et un grand tableau sont attribués à Fra Bartolomeo (1469-1517), encore un grand maître de cette École florentine qui produisit de si beaux génies. Le dessin (à M. Olive), peut passer pour une pochade du savant dominicain, mais quels que soient les mérites du tableau, représentant *La Vierge, l'enfant Jésus et saint Jean*, ce sera lui faire beaucoup d'honneur que de le regarder comme une copie réussie. La Vierge a une expression chaste et sereine, les formes du bambino sont gracieusement arrondies et l'attitude de saint Jean est charmante ; mais où trouver ces lignes presque raphaëlesques, ces empâtements délicats et transparents, cette science du clair-obscur qui fut l'étude constante du *Frate* ?

M. Robert Gower, à qui appartient ce faux Bartolomeo, n'a pas eu la main plus heureuse avec Andrea del Sarto (1488-1530), dont il nous offre pourtant à lui seul trois tableaux. Le plus grand (il a plus d'un mètre de haut), représente la Vierge assise et tenant sur ses genoux l'enfant Jésus, que le petit St. Jean vient caresser. Les deux *bambini* sont entièrement nus et regardent de face. La Vierge, tournée de trois quarts, a une jupe verte, un corsage rouge, et sur la tête une draperie d'un gris violet qui lui descend sur les épaules. Au fond, une colline couronnée de quelques arbres et d'une église rustique, et, dans le bas, des ruines, au milieu desquelles s'agitent quelques personnages microscopiques. C'est bien là une composition du Vanucchi ; je crois même en avoir vu une gravure quelque part ; — mais la peinture est-elle du maître que ses contemporains proclamaient sans défauts, *senza errori* ? S'il en était ainsi, comment nous expliquerions-nous certaines lourdeurs de contours, l'expression insignifiante de la tête de la Vierge, le modelé un peu mou du petit saint Jean ? — Tableau rempli de bonnes qualités, avouons-le, mais indigne du grand artiste auquel on l'attribue.

C'est aussi un charmant tableautin que la *Sainte Famille*, inscrite sous le n° 1042. Rien de plus gracieux que l'atttitude de l'enfant Jésus souriant à saint Jean qui le regarde avec une tendresse mêlée d'adoration ; le coloris est séduisant, les ombres ont de la finesse, les détails sont soignés ; mais je ne reconnais pas encore la main du maître. La lourdeur du pinceau a trahi le copiste ou l'imitateur. Je n'hésiterai pas à regarder les pastiches dont je viens de parler, comme ayant été exécutés longtemps après la mort d'Andrea del Sarto, — de nos jours peut-être ; mais le petit tableau *La Vierge et l'Enfant*, catalogué sous le n° 1041, présente tous les caractères d'une œuvre ancienne ; je le crois même antérieur à Vanucchi, auquel on le donne, assez semblable aux œuvres que nous connaissons d'Andrea del Solario (1458-1509), surnommé *Il Gobbo*, artiste habile, né en Lombardie, mais formé à l'école du Vinci, peintre particulier de Monseigneur le cardinal d'Amboise, pour le compte duquel il exécuta diverses peintures au château de

Gaillon en Normandie. — La Vierge en question rappelle assez bien celle du Louvre, que l'on désigne, d'après Félibien, sous le nom de *Vierge à l'oreiller verd*. Elle est assise et adossée contre le mur d'une terrasse, tenant sur ses genoux l'enfant Jésus qui lui découvre le sein. L'oreiller vert est ici doublé de rouge. Au fond, un paysage très-fin et très-lumineux ; des arbres, une rivière et une église de village. La Vierge a une suave expression de candeur et de bonté. Le Bambino est bien naïf, mais il pèche par le modelé. — Si, à cause de ce dernier défaut qui est grave, il faut hésiter à donner cette peinture au Gobbo, on comprend combien il serait téméraire de l'attribuer à Andrea del Sarto.

Les Vierges de ce maître, moins archaïques que celle dont nous venons de parler, — se font aisément reconnaître à un type presque uniforme et dont l'artiste s'est rarement écarté, ayant coutume de prendre pour modèle sa femme, l'acariâtre mais belle Lucrezia del Fede. Ce type nous le retrouvons dans une *Sainte Famille* (appartenant à M. Giry aîné), très-bonne étude au crayon rouge, bien supérieure à une peinture sur le même sujet, provenant de la même collection, — et certainement plus authentique. — Citons encore, entre autres dessins attribués à Andrea del Sarto, un *Christ descendu au tombeau*, (à M. Pascalis), sépia rehaussée, d'un beau sentiment.

De Pierino del Vaga (1500-1547), qui eut part à la décoration du Vatican et que Vasari regarde comme le plus grand dessinateur de l'école florentine, après Michel-Ange, M. Gower nous offre deux petits tableaux d'un coloris un peu pâle mais d'un dessin vraiment magistral : une *Théorie* et l'*Episode d'un Triomphe*. — La première de ces compositions offre une réunion des plus gracieuses de femmes et d'enfants nus qui défilent processionnellement, à la façon des théories antiques. Nous ne saurions assez louer la tournure charmante de toutes ces figurines, la variété de leurs attitudes, et en même temps, la finesse du paysage qui les encadre. Pierino del Vaga avait un talent tout particulier pour dessiner les enfants, témoins quelques-unes de ces belles peintures dont il décora le palais Doria, à Gênes. On sait qu'il vint habiter cette dernière ville, après avoir perdu toute sa fortune dans le pillage qui suivit la prise de Rome par les mercenaires du connétable de Bourbon. Il y exécuta de nombreux et importants travaux et y fonda une école d'où sortirent des peintres habiles.

Nous avons nommé plusieurs fois déjà Vasari, qui n'est pas seulement connu par son excellente *Histoire de la peinture en Italie*, mais qui occupa lui-même un rang distingué parmi les artistes dont il a raconté la vie et les travaux (1512-1574). Le catalogue de l'Exposition ne mentionne aucun ouvrage de lui ; mais son dessin plus élégant que correct, sa touche rapide et lâchée, son coloris un peu froid, ses défauts et ses qualités nous sont revenus en mémoire à propos d'un grand tableau, dont nous n'entendons pas lui assigner la paternité, mais qui assurément ne ferait pas disparate dans son œuvre. Ce tableau, qui fait partie de la collection de M. Bourguignon de Fabregoule, représente la *Toilette de Vénus*. — Si l'on jugeait une peinture à son encadrement, celle-ci pourrait passer pour un chef-d'œuvre, car elle est placée dans un cadre en bois magnifiquement sculpté (1) et qui mériterait à lui seul une description. — Ce cadre portait, à son entrée à l'Exposition, le nom de Raphael d'Urbin, mais on a eu soin, depuis, de faire disparaître cette inscription prétentieuse, et le tableau a été catalogué comme étant d'un maître inconnu de l'Ecole florentine ; on aurait pu ajouter, de l'un des élèves de Michel-Ange, de l'un de ces imitateurs maladroits qui, « n'approfondissant point les théories de cet homme inimitable, et ne sachant pas bien quelle était la véritable action des ressorts humains sous la peau, tombaient facilement dans les plus grossières erreurs. » C'est Lanzi qui s'exprime ainsi, et il ajoute les lignes suivantes qu'on croirait avoir été écrites à l'occasion même du tableau qui nous occupe : « Tantôt en indiquant les muscles hors de leur place, ou en les exprimant de la même manière et dans une figure en mouvement et dans une figure en repos, dans un jeune homme délicat et dans un sujet parvenu à l'âge viril, satisfaits de cette manière qu'ils croyaient grande, ils n'attachaient pas beaucoup d'importance au reste. On voit dans la plupart de leurs tableaux une foule de figures placées les unes au-dessus des autres, on ne sait sur quel plan. Des têtes qui n'expriment rien, des personnages demi-nus qui n'agissent point et qui ne font que montrer pompeusement, comme l'Entelle de Virgile, *magna ossa lacertosque*. On y voit substituée au bel azur et au vert brillant qui éclatent dans leur modèle, une couleur languissante et jaunâtre ; à l'empâtement vigoureux des couleurs, des teintes superficielles ; enfin, la science du relief que l'on avait si soigneusement étudiée jusqu'à Andrea, y paraît complètement oubliée. »

Tous les signes de cette décadence sont visibles dans la *Toilette de Vénus*. L'auteur avait choisi là un admirable prétexte à nudités,

(1) Dans le style du XVIII siècle.

car je laisse à penser combien doit être élémentaire la parure d'une divinité inventée tout exprès pour personnifier la beauté matérielle. Les trois Grâces président à cette toilette : deux d'entre elles sont assises aux côtés de Vénus et soutiennent son beau corps nonchalant ; la troisième, debout derrière elle, entremêle de bandelettes son ondoyante chevelure. Ce groupe n'est pas dépourvu d'élégance ; les physionomies sont jolies, mais n'ont pas cette beauté sévère, cette expression puissante qui caractérisent les créatures des chefs de l'Ecole ; les torses sont agréablement contournés, mais il leur manque la couleur qui donne le relief, la vie. Ce sont bien là, pour répéter les expressions de Lanzi, « des têtes qui n'expriment rien, des personnages qui n'agissent point. »

Giorgio Vasari ne fut pas le seul à s'égarer sur les traces de Michel-Ange ; Angelo Bronzino poussa plus loin encore cette manie fatale de l'imitation. Il appartenait à Lodovico Cardi da Cigoli (1559-1613) de tirer l'école florentine de cet asservissement, en la ramenant à l'étude de la nature. L'influence des écoles lombarde et vénitienne, alors dans tout leur éclat, ne fut pas étrangère à cette réforme du style florentin. Le Cigoli fit d'habiles emprunts aux maîtres de ces deux Ecoles, il s'efforça d'allier la morbidesse des uns à l'énergie des autres, et parvint ainsi à se créer une manière forte et originale. Des trois tableaux qui figurent sous son nom à l'Exposition marseillaise, le *St-Pierre guérissant un estropié* (1), — et non un *paralytique*, comme on lit sur le catalogue, — est, sans contredit, le meilleur : est-ce une *replica* ou simplement une copie réduite du célèbre tableau que le Cigoli peignit au Vatican, et qui lui valut le titre de chevalier de Malte? Nous savons par Lanzi que « cette admirable composition que le Sacchi comptait à Rome, après *La Transfiguration*, de Raphaël, et le *Saint-Jérôme*, du Dominicain, pour le troisième tableau, — a entièrement péri par l'humidité de l'église, par la défectuosité de l'*impression* (2) et par l'impéritie de celui qui fut chargé de la nettoyer. » Une gravure de Dorigny a conservé fort heureusement jusqu'à nous le dessin de ce chef-d'œuvre. La reproduction qui nous est offerte par la peinture n'est pas sans valeur : le coloris a beaucoup de finesse dans les ombres, le dessin est habile et les personnages vivent bien. Le groupe principal nous

---

(1) Appartenant à M. Mauguet (d'Aix).
(2) Impression, dans ce sens, s'entend de la préparation de la toile, du panneau, etc., destinés à être peints, et consiste dans l'application d'une première couche de couleur, à l'huile ou à la colle.

plaît surtout par la vérité des attitudes et l'expression des physionomies.

Il y a de très-bonnes parties aussi dans le *saint Bruno*, appartenant à M. Bouvier : la tête a du relief et un caractère bien ascétique; les mains appuyées sur la poitrine sont belles. La couleur, habilement nuancée, a je ne sais quoi d'austère et de triste qui convient parfaitement au sujet.

Le nouveau style introduit par le Cigoli trouva un fervent adepte dans la personne de Cristofano Allori (1577-1621), qui s'acquit une très-grande réputation, mais qui n'a malheureusement laissé qu'un petit nombre d'ouvrages, ayant peu vécu et s'étant laissé distraire de ses travaux par ses vices. — Le *Daniel*, provenant du cabinet de M. le marquis de Ribiers (d'Avignon), rappelle par le moelleux du modelé et par le coloris des chairs, la manière du Guide ou mieux encore celle de Simone Cantarini; les mains posées sur la poitrine sont bien étudiées; la tête a du caractère; les yeux, levés vers le ciel, ont une expression de foi ardente.

Les autres élèves d'Andrea Cardi brillèrent moins par l'originalité de leurs conceptions que par l'habileté dont ils firent preuve dans leurs nombreuses copies des maîtres lombards et vénitiens. Cristofano Allori avait poussé très-loin, lui-même, ce talent de reproduction, témoin sa délicieuse copie de *La Madeleine* du Corrège, qu'on voit aux Offices de Florence. Un contemporain et un émule du Cigoli, Matteo Rosselli (1578-1650), — de la famille de ce Cosimo Rosselli que nous avons rencontré presqu'au début de l'école florentine (1), — eut la gloire d'être le chef de tout une phalange de peintres renommés en leur temps: Giovanni da San Giovanni, Baldassarre Volterrano, Francesco Furini, Lorenzo Lippi, Jacopo Vignali, etc.

Un élève de ce dernier, Carlo Dolci (1616-1686), se rendit célèbre à son tour par ses têtes de Madone et ses têtes de Christ, exécutées avec une préciosité, une mignardise de touche et un raffinement de grâce, jusqu'alors inconnus dans l'école. « On reconnait en lui, dit Lanzi, la méthode du Rosselli, mais perfectionnée, mais embellie, comme lorsqu'on retrouve dans les traits d'un jeune homme, paré des grâces de son âge, la ressemblance de son aïeul. » Il ne reste que très-peu de grands tableaux de Carlo Dolci : ses petits ouvrages au contraire sont fort nombreux et ont été souvent répétés

---

(1) Cette famille des Rosselli, pendant quatre siècles et une suite non interrompue de huit à neuf générations, a produit treize peintres.

par lui-même et par ses élèves (1) : payés primitivement cent écus chacun à l'auteur, ces ouvrages ont atteint depuis longtemps une valeur exagérée par suite de l'engouement que les gens riches ont conservé pour ce maître coquet et minutieux, vrai peintre des oratoires mondains. Quelles fines et délicates miniatures que les deux pendants : la *Vierge* et le *Christ*, appartenant à Mme la marquise de Montgrand ! La Vierge est ravissante sous la draperie bleue qui l'encapuchonne. Le Christ couronné d'épines, la corde au cou et un roseau à la main, est une merveille d'exécution patiente et mignarde. L'artiste s'est efforcé de rendre, dans ses moindres détails, l'aspect de ce corps divin meurtri et ensanglanté ; il s'est attaché à peindre jusqu'aux éraflures de la peau produites par le frottement de la corde ; mais il a donné à ce sublime martyr des yeux si bleus et si clairs, une bouche si rose et si pure, une chevelure d'un si beau blond, et, pour tout dire, une physionomie si efféminée que nous oublions ses souffrances en admirant sa beauté.
— A ce Christ de boudoir il est bon d'opposer le *Christ couronné d'épines*, du musée de Toulon, une peinture monochrome d'un très-beau style. *Ecce homo !* Voilà bien l'Homme-Dieu, exposé aux outrages d'une vile multitude, honni, bafoué, torturé, mais sachant trouver dans une résignation surhumaine la force de prier pour ses bourreaux ! Ce Christ a une largeur de style dont Carlo a rarement donné l'exemple, et qui fut plutôt le partage de son cousin et disciple Onorio Marinari (1627-1715), dont il reste beaucoup de peintures à Florence.

Nous touchons à la décomposition de l'école florentine. Privée depuis la fin du XVIe siècle de chefs assez habiles et assez puissants pour lui imprimer une sage direction, livrée à l'anarchie des styles et des méthodes, ébranlée même dans sa prépondérance locale par la vogue des peintres étrangers (2) auxquels les ducs confièrent la décoration de leurs palais, envahie, finalement, par le genre facile, négligé et affété des imitateurs de Pierre de Cortone, cette école, l'honneur de l'Italie, ne fait que dégénérer dans le cours du XVIIe siècle. Le siècle suivant, elle n'est plus que l'ombre d'elle-même, elle n'existe plus que nominativement. Les artistes que produit encore la Toscane, vont étudier à Rome les anciens modèles, et plu-

---

(1) Le Louvre qui n'a rien de la main même de Carlo Dolci, possède une copie de son beau Christ du musée de Dresde, exécutée par sa fille Agnese Dolci.

(2) Au nombre des plus célèbres, il faut citer Salvator Rosa, l'Albane, le Borgognone, Michele Colonna, etc.

sieurs d'entre eux portent dans les pays étrangers le talent qu'ils ont acquis.

C'est ainsi que le lucquois Pompeo Batoni (1708-1787), dont l'Exposition possède quelques bons tableaux, se forma et vécut au milieu de l'école romaine dont il fut l'un des derniers soutiens, et que Francesco Zuccherelli, de Pitagliano (1702-1788) se rendit en Angleterre, où il fit de nombreux ouvrages pour la cour et pour les particuliers. — Ce dernier eut beaucoup de réputation en son temps, comme paysagiste. Lanzi dit que sa manière à la fois énergique et moelleuse, lui valut les applaudissements, non seulement de l'Italie, mais de toute l'Europe. Le paysage qui figure sous son nom à l'Exposition (1) ne justifie guère cette grande renommée ; le coloris est froid et sec; la verdure est noirâtre; mais la composition est bien entendue et dénote un sentiment très-juste de la réalité : une route, une masure et un taillis, voilà pour les premiers plans qu'égaient des hommes et des animaux plus spirituellement que savamment touchés ; au fond, coule une rivière.

III. — Ecole Romaine.

Le Pérugin. — [Raphaël. — J. Romain. — Le Garofolo. — Barocci. — Manfredi. — F. Furini. — Amadei. — Sassoferrato. — Le chevalier d'Arpino. — Le Cortone. — Romanelli. — Le Guaspre. — Michel-Ange del Campidoglio. — Le Mola. — Le Gobbo. — Michel-Ange Cerquozzi. — Lucatelli. — Panini. — Carle Maratte. — Pompeo Batoni.

Le Verrochio qui fut le maître de Léonard de Vinci, l'un des plus grands génies de l'école florentine, compta aussi au nombre de ses disciples Pietro Vanucci, surnommé le Pérugin (1446-1524) qui peut être regardé comme le père de l'école romaine.

Le livret de l'Exposition marseillaise, si hardi dans ses attributions, n'annonce aucun ouvrage du Pérugin (2); en revanche, il n'enregistre pas moins de deux tableaux et de six dessins de son illustre

---

(1) Appartenant à M. Carpentin.

(2) La seconde édition du catalogue donne à cet artiste la *Vierge et l'enfant Jésus*, qui figuraient, dans la première, sous le nom d'Andrea del Sarto (n° 1041). Nous avons, tout d'abord, combattu (page 18) cette dernière attribution, et nous avons dit que cet ouvrage nous paraissait présenter quelque ressemblance avec les œuvres d'Andrea del Solario, qui fut contemporain du Pérugin. Nous devons ajouter que, de toutes les peintures exposées, celle qui se rapproche le plus du style péruginesque est bien certainement cette *Vierge à l'oreiller vert*, ainsi que nous l'avons reconnu dans un article publié par le journal la *Méditerranée*, avant que la rectification du livret ne fût faite.

élève Raphaël Sanzio (1483-1520). Il n'en faudrait pas tant pour enrichir une galerie royale. Malheureusement, nous sommes obligé de reconnaître tout d'abord que les deux tableaux sont de très-médiocres pastiches. Quant aux dessins, s'il n'est pas permis de se prononcer sur leur authenticité, on ne peut refuser du moins à la plupart d'entre eux une fierté de tournure qui décèle la main d'un maître.

M. Pascalis, dont nous aurons plus d'une fois l'occasion de signaler la riche collection de dessins, a fourni à lui seul deux morceaux remarquables : une *Sibylle* d'un jet superbe qui rappelle plus Michel-Ange que Raphaël, et une étude au crayon noir, estompée, représentant un homme qui prie pour une femme affaissée entre ses bras. — Il y a une grande science dans le *Couronnement de Charlemagne* (à M. Honoré Gibert, d'Aix) et dans le *Massacre des Innocents* (à M. Olive); il est fort probable toutefois que ce dernier dessin n'est qu'une étude faite par un homme habile d'après le tableau du Vatican ou même d'après la magnifique gravure de Marc-Antoine, dont M. Olive a exposé lui-même une fort belle épreuve. Le dessin original de Raphaël qui servit au graveur, figurait à l'Exposition de Manchester. — L'*Enfant Jésus*, dessin au crayon rouge, appartenant à l'école des Beaux-Arts de Marseille, a fait partie du cabinet de Crozat; le nom de cet amateur distingué (1), inscrit en marge, serait presque une garantie suffisante d'authencité, si la griffe du lion n'avait laissé son empreinte dans cette délicieuse étude de Bambino, faite pour la Sainte Famille qui appartenait jadis au duc d'Orléans. — Je veux croire encore que nul n'aurait crayonné avec autant de délicatesse que le divin Sanzio ces deux têtes d'adolescents (2) réunies dans le même cadre : une figure de jeune fille, douce, modeste, candide, aussi exquise de contours qu'angélique d'expression, — et un profil de jeune homme qui a la pureté et le style d'un marbre grec.

Il est à remarquer que la peinture qui se rapproche le plus de la manière de Raphaël et qui, si elle n'est de lui, est assurément d'un de ses meilleurs élèves, figure au catalogue parmi les tableaux dont les auteurs sont inconnus. Nous avons d'autant plus lieu d'être surpris d'une pareille réserve, que cette peinture appartient à M. R. Gower qui n'a pas hésité à attribuer aux maîtres les plus illustres de l'école italienne des ouvrages d'assez mince valeur. Il s'agit ici du portrait d'un jeune homme coiffé d'une toque noire et vêtu d'un

(1) Le cabinet de Crozat a été décrit par Mariette.
(2) A M. Olive.

pourpoint noir, taillé carrément à la poitrine. Une chemisette blanche, plissée et gauffrée, dissimule les attaches du cou et des épaules. La tête, encadrée de longs cheveux blonds, se détache vigoureusement sur un fond verdâtre. Le front est bas, le nez long ; les yeux fendus en amande, ont une expression de vague tristesse. C'est bien là le type — un peu vieilli, toutefois, — de l'adolescent du Louvre qui a passé longtemps pour être le portrait de Raphaël lui-même.

Nous ne ferons pas à l'élève préféré de Raphaël, à Jules Romain (*Giulio Pippi*, 1499-1546) (1) l'injure de le croire l'auteur d'un petit tableau représentant la *Vierge et l'Enfant endormi* ; les beaux dessins qu'on voit de lui à l'Exposition peuvent nous consoler de n'avoir aucune de ses peintures. On sait que le Vasari avait plus d'admiration pour son crayon que pour son pinceau, trouvant que la grande verve dont il animait ses conceptions à l'instant où elles jaillissaient de sa tête, se refroidissait un peu dans l'exécution (2). Il y a certainement beaucoup de fougue dans l'*Entrée triomphale*, (non cataloguée et appartenant à M. Guillaume); il y en a trop même, car l'exagération du mouvement produit la confusion ; on a de la peine à débrouiller cette cohue de guerriers, — les uns à pied, les autres à cheval, — qu'entoure la populace et que regardent passer des gens placés sur les terrasses des palais. Une pareille mise en scène ne peut produire d'effet qu'à la condition de se déployer sur une vaste toile ou mieux encore sur la muraille d'un palais. — La *Lucrèce* (3), se perçant le sein avec un poignard, simple figure à la plume, n'est pas moins théâtrale.

Je reconnais mieux la correction austère et la fermeté savante du collaborateur de Raphaël dans les deux magnifiques cartons exposés par M. Gendarme de Bévotte (d'Aix) et représentant des têtes de guerriers (grandeur nature) : les physionomies, à vrai dire, sont peu séduisantes, et le dessin même a quelque chose de sec et de dur dans sa mâle simplicité ; mais l'on sait que si Jules Romain hérita de la force de son maître, il n'eut en partage ni sa grâce charmante, ni son exquise délicatesse. Nous nous sommes demandé ce que pouvaient être ces dessins licencieux qu'il composa, dit-on, pour les poésies de son ami l'Arétin et qui le firent chasser de Rome : s'ils

---

(1) Jules Romain mourut en 1546 à l'âge de 47 ans, comme l'attestent les registres mortuaires de Mantoue, et non à 54 ans, comme le prétend Vasari
(2) Lanzi, *Hist. de la Peinture en Italie*, trad. de Mme Dieudé, II, 107.
(3) Appartenant à l'école des Beaux-Arts de Marseille.

existaient encore, nous ne leur trouverions très-probablement aucun rapport avec les peintures pornographiques de l'Albane et encore moins avec les compositions de nos Boucher et de nos Fragonard, qui se font presque pardonner leur.... légèreté à force d'élégance et de gentillesse.

La plupart des biographes ont parlé de ces dessins de Jules Romain et de l'exil qu'ils auraient motivé. On a même ajouté que Marc-Antoine les grava, et que le pape, ne pouvant atteindre le peintre qui avait pris la fuite, et n'osant s'en prendre au poète dont il redoutait l'esprit satirique, se serait borné à sévir contre le graveur qui aurait été jeté en prison. Mais des critiques sérieux, — M. Duchesne aîné en tête, — ont fait observer avec beaucoup de sens que si de pareilles gravures eussent existé, toutes les précautions du Saint-Office n'auraient pu empêcher qu'il ne s'en conservât jusqu'à nous des exemplaires.

Quoiqu'il en soit de cette anecdote, il paraît hors de doute que Jules Romain, — si dramatique et si pompeux dans les magnifiques peintures dont il orna le palais du T, à Mantoue, — produisit pour les cabinets d'amateurs des compositions d'un tour très-libre. Lanzi (tome 2, p. 108) et les historiens les plus graves ont affirmé le fait.

La mort de Raphaël fut suivie presque aussitôt de la dispersion de son école : ses élèves se répandirent dans les diverses contrées de l'Italie et y portèrent ses leçons. Jules Romain, le *Fattore* (Gianfrancesco Penni) et Pierino del Vaga restèrent à Rome, quelque temps encore, pour achever les travaux commencés par leur maître; puis ils partirent à leur tour : Jules Romain alla s'établir à Mantoue (1) où l'appelait le marquis Federigo Gonzaga; il y exécuta pour le compte de ce prince d'immenses travaux d'architecture et de peinture et y fonda une école qui devint florissante. Le Fattore voulut se joindre à lui, mais, rebuté par la froideur de son accueil, il se rendit à Naples où il mourut bientôt (1528), non sans avoir contribué toutefois, aux progrès de l'art dans cette capitale. Quant à Pierino del Vaga, nous avons vu plus haut qu'il se retira à Gênes, après le sac de Rome, et qu'il y forma de nombreux élèves.

Benvenuto Tisio (1481-1559), qui se lia intimement avec Raphaël pendant le séjour qu'il fit à Rome, et qui étudia avec ardeur les

---

(1) Lanzi nous apprend qu'il fut autorisé par le pape à se rendre dans cette ville, ce qui contredit formellement l'assertion de ceux qui prétendent qu'il s'y réfugia pour se soustraire à la colère du pontife.

œuvres de ce prince de l'art, mérite de prendre place ici, bien qu'il appartienne à la petite école ferraraise et qu'il en soit le maître le plus illustre. On le désigne d'ordinaire sous le nom de Garofolo, qu'il prit de la bourgade où il était né, ou qui lui fut donné parce qu'il avait l'habitude de peindre dans ses tableaux un œillet (en italien *garofolo*), en guise de monogramme.

La *Flagellation* que le livret attribue à ce maître est une copie sans valeur, mais *La Vierge et l'enfant Jesus*, appartenant à M. Imbert Bertrand, présente tous les caractères de l'authenticité. C'est une peinture sur ivoire, franche, solide et gracieuse en même temps. Il serait plus juste de l'intituler *Le Mystère de la Passion*. Debout sur les genoux de sa mère, le bambino tend ses petits bras vers la croix que trois anges soutiennent. La Vierge, en robe rouge et en manteau bleu, est assise près d'un lit qu'enveloppent des rideaux de serge verte. Elle tient d'une main son divin nourrisson, et de l'autre se presse le sein. Un vase d'œillets est posé sur un guéridon; à terre, une corbeille à ouvrage et un peloton de laine. Par une ouverture pratiquée au-dessous du nuage qui supporte les anges, la vue s'étend sur un paysage microscopique: un jardin situé au bord de la mer, orné d'arbres et de fleurs rouges, — d'œillets sans doute. Le Garofolo plaçait fréquemment de semblables fonds dans ses tableaux, comme on peut le voir dans deux ou trois de ses peintures du Louvre.

L'école romaine ne resta pas fidèle aux principes raphaëlesques: placée dans la métropole du monde chrétien, elle fut condamnée par cela même à se transformer sans cesse sous l'influence des maîtres illustres que les papes appelèrent de tous les points de l'Italie, et à se recruter en quelque sorte de talents cosmopolites.

On ne sera donc pas étonné que les artistes dont il nous reste à parler n'appartiennent pas tous à la Romagne par la naissance.

Le premier que nous rencontrons, en suivant l'ordre chronologique, est un vrai romagnol, Federigo Barocci (1528-1612), qui se rapprocha plus de la manière du Corrége que de celle de son illustre concitoyen, Raphaël, d'Urbin. Parmi les peintures qui figurent sous son nom à l'Exposition, nous citerons tout d'abord le *Saint-François d'Assise*, appartenant à M. Bourguignon de Fabregoule; c'est là un morceau d'un style sévère, d'une exécution ferme, mais qui rappelle très-peu, avouons-le, la morbidesse du Corrége. Le Saint, à genoux, la tête inclinée en arrière, dans toute l'attitude de l'extase, contemple l'image du divin crucifié qui resplendit au ciel ; sa poitrine et ses mains portent les glorieux stigmates de la Passion. A quelque distance, frère Léon, assis et tournant le dos, semble plongé dans une pieuse lecture. Un rocher et quelques arbres occupent le fond.

Il y a de très-grandes qualités dans la *Descente de Croix*, exposée par M. Gower: le coloris est délicieux ; les teintes sont vives, chatoyantes, dignes de la palette du maître de Parme ; l'éclat en est amorti par des glacis harmonieux, par un clair-obscur d'une extrême finesse. Pourquoi donc le dessin est-il si peu élégant et, pour tout dire, si peu correct ? Les personnages ont des tournures vulgaires ; les extrémités, — les mains et les pieds, — sont grossièrement touchées. Le Barocci, ou, comme on l'appelait autrefois en France, le Baroche traçait ordinairement avec plus de pureté les contours, avec plus de science et de grâce les raccourcis. La composition, du reste, ne manque pas d'une certaine originalité: Joseph d'Arimathie et Nicodème descendent le cadavre divin dans la grotte qui doit lui servir de tombeau ; la Vierge, le visage pâli et comme décomposé par la douleur, s'affaisse entre une sainte femme et Jean, le jeune disciple bien-aimé. Deux autres femmes pleurent et se désespèrent ; un personnage, vêtu d'une robe jaune, se baisse pour examiner les pieds ensanglantés du Christ. Au fond, la colline du Calvaire, sur laquelle sont encore dressées les croix et les échelles, se revêt des teintes fantastiques d'un crépuscule jaunâtre.

Le Barocci jouit, en son temps, d'une réputation qui nous paraît exagérée, si nous en jugeons d'après les œuvres que nous connaissons de lui. Il fonda une école qui attira l'attention de toute l'Italie, mais qui ne tarda pas à céder la place aux élèves du terrible et brutal rénovateur de l'art italien, de Michel-Ange de Caravage.

Un des plus fervents et des plus habiles disciples de ce *broyeur de chair* (1), Bartolomeo Manfredi (1580-1617) ne compte pas moins de trois grandes toiles à l'Exposition marseillaise, dont deux très-remarquables et parfaitement authentiques (à M. d'Agay, d'Aix). Elles représentent, l'une et l'autre, des *Musiciens*, figures de grandeur naturelle. Dans celle qui est inscrite sous le n° 596, un jeune homme assis, à droite, sur le parapet d'une terrasse, joue du flageolet ; ses jambes, — enfermées dans un haut-de-chausse collant dans le bas et formant, au-dessus du genou, des plis crevés, —

---

(1) Le mot est d'Annibal Carrache, qui ne se lassait pas d'admirer la vérité de formes et de couleur que le Caravage savait donner à ses carnations.

semblent sortir de la toile. Il a pour coiffure une toque à plumes multicolores. Un joueur de basse se tient debout du côté gauche — et tourne le dos au spectateur; sa tête, découverte et vue en profil perdu, est vigoureusement accusée. Il est vêtu d'une jaquette noire à manches rouges, et porte une gibecière sur la hanche. Le fond est occupé par deux femmes qui chantent; elles ont des manchettes et une petite fraise tuyautées.

Il n'y a que trois figures dans le second tableau : un homme qui joue du violon, un autre qui racle une mandoline avec une sorte de crochet, et entre les deux, une femme debout. Les costumes diffèrent peu de ceux que nous venons de décrire. Les deux musiciens sont assis, les jambes en dehors du cadre. L'attitude du violoniste, vu de profil, est admirablement saisie. — C'est bien là le réalisme hardi des caravagistes, la puissance dans le relief et l'accentuation quelque peu triviale des formes, l'énergie de la couleur dans les clairs et le défaut de transparence dans les ombres.

Je retrouve les mêmes imperfections mais non les mêmes qualités dans la *Justice* (1) personnifiée par une jeune femme vue à mi-corps, tenant d'une main une balance et de l'autre le glaive vengeur. — Cette figure, mal dessinée et mal peinte, n'est certainement pas de notre Manfredi.

La personnification de la justice, *Thémis*, est représentée d'une façon vraiment magistrale dans un tableau (2) que le catalogue donne à l'École Italienne (n° 1208) sans en désigner toutefois l'auteur. Le style de cette peinture nous avait porté à penser tout d'abord qu'elle était d'un élève des Carraches. Après un examen plus attentif, nous n'hésitons pas à l'attribuer au florentin Francesco Furini (1600-1649), qui procède, d'ailleurs, indirectement des Carraches par son maître Matteo Rosselli, dont « on voit, dans plusieurs galeries, des têtes d'apôtre d'un style tellement conforme à celui de ces artistes célèbres, que des connaisseurs y sont quelquefois trompés (3). » Francesco Furini se proposa plus particulièrement pour modèles le Guide et l'Albane : la *Thémis* de l'Exposition marseillaise rappelle beaucoup le premier de ces maîtres par la couleur des chairs, la beauté et l'élégance de l'attitude.

L'influence des Carraches balança, à Rome, celle du Caravage : on peut rattacher à leur école Stefano Amadei (1589-1644), de Pérouse,

---

(1) Appartenant à M. de Samatan.
(2) A M. Barthélemy (de Roquemaure).
(3) Lanzi, tome I, page 351.

qui professa à la fois les belles-lettres et la peinture ; l'Exposition nous offre de lui un grand tableau largement et solidement peint, *la Vierge et l'Enfant Jésus* (à Mme Bouncin).

On ne sait pas au juste sous quel maître étudia Giambattista Salvi (1605-1685), plus connu sous le nom de Sassoferrato qui est celui de sa ville natale (1) ; Lanzi dit avoir vu un grand nombre de copies qu'il fit, dans sa jeunesse, d'après le Guide, l'Albane, le Baroche et Raphaël ; mais il ajoute qu'il adopta plus tard le style des Carraches. Ce fut un peintre gracieux et délicat, à la manière du Dolci, maniant le pinceau avec une charmante coquetterie, mais peu fertile en idées. Il a produit pour les cabinets d'amateurs, une quantité considérable de *Madones* : celles qui ont été exposées par MM. Bourguignon de Fabregoule et de Castellinard, sont peintes dans les tons clairs et argentés qu'affectionnait l'artiste ; le type est celui d'une bonne fille fraîche, potelée, joignant modestement les mains et souriant avec une candeur adorable sous son capuchon bleu et blanc. — La *Madone*, de M. Gower, en diffère par une couleur plus nourrie ; elle est tournée de trois quarts, les yeux baissés, les mains jointes, la tête couverte d'une draperie blanche qui laisse échapper quelques boucles de cheveux blondes et soyeuses.

Giuseppe Cesari (1560-1640), — que les Italiens appellent plus communément le chevalier d'Arpino et les Français, le Josépin, — fut en dissidence complète avec les Carraches et le Caravage, ses contemporains ; il y eut même entre eux et lui échange d'injures et provocations. Seulement il refusa de se battre avec le Caravage, sous prétexte que celui-ci n'était point encore chevalier, et Annibal Carrache, de son côté n'accepta pas le défi, prétendant que pour lui, son épée était son pinceau.

Le Josépin, doué d'une imagination féconde et d'une extrême facilité (2), remplit l'Italie de ses ouvrages ; il fut accablé d'honneur et de commandes par les divers papes sous lesquels il vécut, et, en France, où l'emmena le cardinal Aldobrandini, il fut décoré par

---

(1) Sassoferrato, petite bourgade de la Marche d'Ancone.

(2) « Il travaillait plus promptement pour les particuliers et même pour ceux qui n'étaient point nobles que pour les princes, avec lesquels, comme le Tigillin d'Horace, il aimait paraître difficile et renchéri. Il voulait être sollicité par eux et affectait de ne point en faire cas, tant les applaudissements d'un siècle dégénéré lui avaient donné d'orgueil. » LANZI, II, p. 152.

le roi de l'ordre de Saint-Michel (1). Mais la grande renommée, dont il jouit pendant sa longue vie, n'a pas été sanctionnée par la postérité.— Les deux dessins au bistre qui proviennent de la belle collection de M. Gabriel, offrent toutes les qualités et tous les défauts ordinaires de ses compositions. Le n° 1273 représente une bataille ; c'est très-vigoureux, très-hardi, plein de mouvement et de bruit. Les guerriers luttent corps à corps au milieu des cadavres amoncelés, des armes brisées, des chevaux qui hennissent et se cabrent. Le ciel est de l'aspect le plus étrange : on dirait qu'il pleut du feu. Des cigognes, planant au-dessus de la mêlée, se disputent un serpent.

Le n° 1274 est d'un style moins tourmenté ; le sujet est le *Combat des Horaces et des Curiaces*. Au milieu d'une vaste plaine que le Tibre sillonne à l'horizon, les soldats de Rome et ceux d'Albe-la-Longue sont rangés en ligne de bataille ; des six jeunes gens auxquels les deux villes ont confié leurs destinées, quatre ont déjà mordu la poussière, mais la lutte entre les survivants touche à son terme : le dernier des Horaces porte à son adversaire le coup fatal. Les spectateurs expriment, par leurs attitudes, les émotions diverses que ce dénoûment leur inspire ; une femme, une mère sans doute, s'abandonne au désespoir. — Ces deux dessins sont très-finis, le dernier surtout ; les incorrections sont nombreuses, mais elles sont rachetées par de très-belles parties ; nous avons remarqué surtout des chevaux traités de main de maître.

Le maniérisme et l'afféterie mis à la mode par les imitateurs du chevalier d'Arpino, mais combattus et réfrénés par les disciples des Carraches et du Caravage, redevinrent plus que jamais à la mode avec Pierre Berrettini, de Cortone (1596-1669), qui eut, comme nous l'avons déjà dit, une influence considérable sur la peinture italienne, au XVII° siècle.

Le Cortone fut d'ailleurs un artiste de beaucoup de talent, nourri dans l'étude de Michel-Ange, de Raphaël et des bas-reliefs antiques. Il excella dans l'art de disposer agréablement les figures et de faire

---

(1) Dans une lettre que le cardinal de Richelieu écrivait, de Suze, à la Reine, le 22 avril 1629, on trouve le curieux passage qui suit : « Madame, j'ai creu que vostre Majesté n'auroit pas désagréable que je luy dise que j'estime qu'il seroit à propos qu'elle fit peindre la galerie de son palais par Josépin qui ne désire que d'avoir l'honneur de la servir, et entreprendre et parachever cet ouvrage pour le prix que Rebens (Rubens) a eu de l'autre galerie qu'il a peinte... »

valoir, par d'habiles contrastes, les diverses parties de ses compositions ; mais cette recherche de la mise en scène et cette préoccupation de l'élégance furent poussées à l'excès par la plupart de ses élèves. Il donna des leçons à notre Puget dont il pressentit le génie ; il se fit aider par lui dans ses peintures du palais Barberini (1), à Rome, et du palais Pitti, à Florence, et il essaya de le retenir en Italie en lui faisant les propositions les plus brillantes, en lui offrant même, assure-t-on, la main de sa fille unique.

M. Roux a exposé un *Salomon adorant les idoles* qui provient, nous a-t-on dit, du cabinet de Puget lui-même. — Il y a des parties fort remarquables dans cette composition : la femme demi-nue qui présente l'encensoir au roi des Juifs et celle qui est assise sur une draperie rouge, au premier plan, sont d'une tournure originale et plaisante.

Francesco Romanelli, de Viterbe (1610-1662), hérita de la réputation du Cortone, son maître. Il se rendit en France, fut présenté par le cardinal Barberini à Mazarin qui l'accueillit avec une extrême bienveillance et lui confia d'importants travaux. Louis XIV lui-même lui accorda sa faveur ; il le chargea de peindre diverses salles du Louvre, le paya avec largesse et le nomma chevalier de l'ordre de Saint-Michel.

Dans le premier voyage qu'il fit de Rome à Paris, le Romanelli s'arrêta quelque temps à Aix en Provence ; il trouva dans cette ville un peintre distingué, Daret, avec lequel il se lia d'amitié et dont il loua hautement le mérite. Nous aurons occasion de reparler de cette liaison et de ces éloges, quand nous examinerons les œuvres de Daret.

M. Lacouture (d'Avignon) a exposé un petit tableau de Romanelli, qui a pour sujet : *Hercule entre le Vice et la Vertu*. Le fils de Sémélé est représenté sous les traits d'un jeune homme ; il est debout et s'appuie sur sa massue ; il n'a encore accompli aucun de ces travaux fameux qui lui vaudront une place dans l'Olympe : les muscles puissants qui soulèveront le monde semblent dormir sous la peau rosée de l'adolescent. Le futur dompteur de monstres saura-t-il d'abord triompher de ses passions ?... La *Vertu* s'offre à lui sous des dehors qui n'ont rien de farouche : elle est femme, elle est jeune, elle est belle ; elle est même un peu décolletée pour.... une

---

(1) La tradition, si l'on en croit Emeric David, désigne encore dans le plafond du palais Barberini, deux figures de Tritons, comme étant l'ouvrage de Puget.

vertu ; — mais, dans le monde mythologique, on n'y regarde pas de si près. — Le *Vice* a su se parer aussi de toutes les séductions : il s'est incarné dans la personne d'une blonde langoureuse, aux regards lascifs, à l'attitude caressante. Ce n'est pas encore le vice ; ce n'est que la volupté. A quelques pas, une belle impudique est nonchalamment étendue sur de riches coussins ; une autre, danse d'un pas léger, en s'accompagnant du tambour de basque ; une troisième vide une coupe pleine d'une enivrante liqueur. — Il y aura certes plus de mérite à résister à de pareilles sirènes qu'à assommer le lion de Némée ! — Cette composition, signée F. ROMANELLUS, est dessinée avec élégance ; les poses sont gracieuses, les draperies bien ajustées ; mais la couleur manque de finesse : le fond, qui représente un paysage orné d'un temple grec, est un peu lourd.

Le dix-septième siècle vit fleurir, à Rome, l'art des paysagistes : le napolitain Salvator Rosa, notre illustre Lorrain et Gaspard Dughet (1613-1670) s'immortalisèrent en ce genre de peinture. Nous retrouverons les deux premiers dans leurs écoles respectives ; mais, bien que français d'origine et beau-frère de Nicolas Poussin, Gaspard Dughet, ordinairement appelé le Guaspre (1), doit trouver place ici. Il naquit à Rome, s'y forma sous la direction du Poussin, y produisit une quantité innombrable de tableaux et s'inspira sans cesse, dans ses compositions, des beautés agrestes que lui offrait le territoire de la ville éternelle. Les quatre paysages que l'on voit de lui, à l'Exposition, sont d'une ordonnance majestueuse et d'une exécution savante : il est impossible d'*arranger* la nature avec plus de goût et d'habileté. Les deux plus importants proviennent du cabinet de Mme la marquise de Gueidan (d'Aix).

Celui qui est inscrit sous le n° 283 est un véritable chef-d'œuvre. — Au fond d'une vallée verdoyante se déroulent les méandres capricieux d'une rivière ; l'eau brunit à l'ombre des arbres touffus qui se penchent sur son cours ; elle se ride dans les endroits peu profonds et se moire, çà et là, de reflets superbes ; elle bleuit et étincelle au loin, au détour d'une colline, sous les regards brûlants du soleil. Quelques personnages sont dispersés au premier plan ; un chien fait lever un vol d'oiseaux aquatiques. De l'autre côté de la rivière, dans une sorte de presqu'île et sur la pente mollement inclinée d'un côteau, l'église et les maisons d'un village se dessinent

---

(1) Il avait fini par adopter lui-même le nom de son beau-frère et signait Gaspard Poussin. Il était fils de Jacques Dughet, parisien, établi à Rome.

au milieu des arbres. Au bord même de l'eau, des lavandières sont groupées ; celle qui est debout a une tournure charmante. Des hommes amarrent un bateau ; d'autres regagnent le village par un petit chemin creux qui aboutit à une porte massive et voûtée. — Cette composition, admirable dans tous ses détails, est empâtée de main de maître : les tons sont riches, solides, harmonieux. La lumière est distribuée avec un art infini, discrète et pleine de fraîcheur sur le devant du tableau, radieuse et éclatante dans le fond où de hautes montagnes apparaissent enveloppées d'une gaze bleuâtre. L'air circule abondamment dans la vallée ; on dirait qu'une brise caressante agite le feuillage.

L'autre paysage nous plaît moins, mais il est digne encore de l'émule de Salvator ; il représente un site des plus accidentés. Au premier plan, à droite, un berger et une bergère, — deux amoureux sans doute, — sont assis sous un arbre ; à gauche, dans un enfoncement obscur, une bande d'oies prend ses ébats sur une mare. Au second plan, un autre berger joue de la flûte, près de son troupeau de moutons rassemblé au soleil. On aperçoit, dans le fond, la mer bordée de montagnes escarpées, aux pieds desquelles une ville s'élève.

Le temps a fait subir au coloris de ces deux tableaux, — du second surtout, — des altérations bien regrettables. Ceux qui ont été exposés par Mme Laget ont souffert plus encore de la vétusté : les ombres ont poussé, les nuances ont perdu de leur justesse et de leur harmonie. Restent la composition et le dessin qui sont d'une grande beauté.

Dans le n° 281, des collines pittoresques occupent la droite ; sur un des mamelons inférieurs s'élève un vaste édifice, un couvent ou une résidence seigneuriale. A gauche, de grands arbres se silhouettent sur la partie la plus vivement éclairée du ciel. La mer apparaît au loin. Des chèvres et des bœufs sont accroupis dans l'ombre qui envahit tout le premier plan. Le pâtre, nu, assis sur un rocher, appelle son chien qui poursuit une canéphore de ses aboiements.

Dans le n° 282, — destiné évidemment, dès l'origine, à faire pendant au précédent, — une rivière tombe en cascade au milieu du tableau. Des rocs, audacieusement entassés, se dressent sur la gauche ; de sombres nuages en couronnent la cime ; quelques maisonnettes sont perchées sur les premiers gradins. A droite, des bergers drapés à l'antique se reposent à l'ombre de grands arbres ; leur chien dort près d'eux ; leurs moutons et leurs chèvres tondent le gazon. Toute la lumière est concentrée dans le lointain où s'ébauchent des coteaux chargés d'habitations, de *fabriques*.

Faut-il s'étonner que de pareilles compositions soient restées, pendant si longtemps, des modèles classiques, et que nos académies aient cherché, avec une obstination pieuse, à en perpétuer le style grandiose? L'art, à dire vrai, ne saurait se soutenir par l'imitation : les pasticheurs froids et incolores du Poussin ont dû céder la place à de brillants et fougueux novateurs. Nos paysagistes contemporains, après avoir secoué le joug des traditions académiques, en sont arrivés à ne consulter d'autre guide que leur fantaisie; ils ont bien encore un modèle, le plus beau de tous, la nature; mais, au lieu de le dominer, ils en sont esclaves; au lieu de l'interpréter et de le modifier suivant leur organisation individuelle, ils se contentent, pour la plupart, d'en reproduire avec exactitude les moindres aspects. Nous l'avouerons : nous sommes émerveillé de leurs œuvres si vraies, si naïves parfois, si délicatement touchées, si spirituellement peintes; nous concevons qu'il faille une habileté de main consommée pour arriver à un tel degré de perfection matérielle. Mais, est-ce donc là le but suprême de l'art?... Les Poussin, les Guaspre, les Lorrain étaient d'admirables praticiens, eux aussi; mais, persuadés que la reproduction d'un paysage, aussi parfaite qu'elle soit, n'est jamais qu'une copie pâle et sans vie, ils voulaient que leurs tableaux parlassent à l'âme plus encore qu'aux yeux; ils choisissaient leurs lignes, ils composaient leurs sites, ils inventaient, ils créaient; en un mot, ils faisaient acte de génie.

Les peintres d'animaux et les peintres de fruits que l'école romaine vit florir au dix-septième siècle, ne furent ni moins nombreux, ni moins habiles que les paysagistes.

A la tête des premiers, il faut citer l'allemand Roos, plus connu sous le nom de Rosa di Tivoli. Nous reparlerons de lui dans le chapitre consacré aux artistes de son pays.

Un Romain, Michel-Ange del Campidoglio (1), s'acquit une grande et légitime réputation comme peintre de fruits. Mme d'Agard (d'Aix) a exposé des *Raisins* entremêlés de pampres, et accrochés, comme à une treille, le long d'un mur de briques. Rien de plus simple, assurément, que cette disposition : mais il faut voir avec quelle heureuse symétrie les grappes sont placées et se font, pour ainsi dire, contrepoids. Nulle part la toile n'est encombrée, elle

---

(1) Les historiens ne nous ont transmis aucun détail sur sa vie. Son surnom lui vint sans doute de ce qu'il était né dans le quartier du Capitole (en italien *Campidoglio*).

n'est vide nulle part. Je me trompe : au-dessous de la treille, un assez grand espace de la muraille est à nu ; mais là encore l'œil est satisfait par la riche couleur de la brique. — L'harmonie du coloris ne le cède point à l'harmonie du dessin : les tons les plus variés, les plus brillants sont étalés sur la toile, sans qu'une note trop éclatante vienne tirer l'œil et troubler le charme presque musical de l'effet.

Le tableau appartenant à M. le marquis de Saporta (d'Aix), est encore une merveille de vérité et de couleur. Il représente une magnifique couronne formée de *Fleurs* et de *Fruits* entrelacés : des grenades à l'écorce ambrée, des coings monstrueux, des figues dont la chair rose, gonflée par la maturité, fait éclater la peau; des pommes, des châtaignes, des raisins, des tulipes, des anémones, etc. L'artiste a prodigué là tous les trésors de sa palette. Van Huysum et notre Saint-Jean n'ont jamais rien produit de plus beau. Si nous en croyons le livret, le Mola aurait peint les figures qu'encadre cette splendide guirlande : un jeune gars couronné de pampres et de grappes, une sorte de Jean-Raisin à la figure épanouie, au teint fauve comme du bronze neuf, portant sur ses épaules nues un bambin à la mine espiègle.

Or, deux artistes du dix-septième siècle ont porté le nom de Mola ; l'un, Pierfrancesco, de Côme, associa dans sa manière le style de l'Albane, son maître, et le coloris des Vénitiens, dont il fit une longue étude, au dire de Lanzi ; il produisit à Rome une grande quantité de peintures remarquables, — des fresques pour les églises et des paysages pour les particuliers, — et il mourut dans cette ville, en 1668, au moment où il se disposait à se rendre à Paris où l'attendait un emploi de peintre de la cour. Il était né en 1612, et ne dut par conséquent être en mesure d'exercer son art qu'à une époque assez avancée de la vieillesse du Campidoglio, si même l'on admet que ce dernier fût encore vivant, hypothèse peu fondée, puisqu'il florissait vers l'an 1600, comme l'attestent ses biographes.— L'autre Mola, Jean-Baptiste, était français d'origine ; il reçut aussi des leçons de l'Albane, et travailla à Venise avec son homonyme (1). Il se distingua comme paysagiste. Quant à ses figures, Lanzi reconnait « qu'elles sont belles et analogues au style de l'Albani, mais qu'elles n'on point assez de moëlleux. » Il naquit

---

(1) « Ils copièrent ensemble, pour le cardinal Bichi, un ouvrage considérable de Paul Véronèse. » Lanzi, t. IV, p. 108.

en 1616, et il y a moins de probabilité encore qu'il ait connu le Campidoglio.

Nous sommes donc tenté de croire que c'est par erreur que les figures du tableau de M. de Saporta sont attribuées à l'un des deux artistes dont nous venons de parler.

Le Campidoglio eut un émule, sinon un maître, dans l'art de peindre les fleurs et les fruits, en la personne du bossu Pietro Paolo Bonzi, de Cortone, que son extrême habileté fit surnommer par le peuple *il Gobbo dei frutti* (1), et que l'on appelait encore *il Gobbo dei Carracci* (2), parce qu'il avait servi de valet dans l'atelier des Carraches. Le Gobbo était en revanche très-mauvais peintre de figures; il dut recourir plus d'une fois sans doute, pour exécuter celles de ses compositions, au pinceau de son élève Michel-Ange Cerquozzi (1600-1660), qui produisit lui-même des tableaux de fruits estimés, mais qui exécuta surtout, avec une véritable supériorité, des batailles et des scènes bouffonnes, à l'imitation du flamand Peter Van Laar. Le surnom de Michel-Ange des Batailles ou des Bambochades (3) fut donné au Cerquozzi autant pour témoigner de la spécialité de son talent, que pour le distinguer du Campidoglio qui avait pris le nom de Michel-Ange des Fruits.

Les figures du tableau de M. de Saporta ont une tournure et une couleur qui rappellent beaucoup la manière du Cerquozzi; elles ont même une parenté assez étroite avec celles de sa *Mascarade italienne* que l'on voit au Louvre. Nous ne serions donc pas éloigné de croire que le tableau en question fût tout entier de la main de cet artiste, que l'on aura pu confondre avec le Campidoglio, par suite d'une similitude de prénom. Il ne serait pas impossible enfin que les fleurs et les fruits fussent du célèbre Gobbo, dont ils sont assurément dignes, et que les personnages seuls fussent de la main du Cerquozzi.

L'accouplement malencontreux des noms du Campidoglio et du Mola nous a conduit à ces hypothèses qui pourront paraître hasardées, mais qui du moins n'ont rien de choquant.

L'école romaine compta encore, au dix-huitième siècle, des paysagistes habiles mais fort éloignés, pour la plupart, des traditions poussinesques. L'un des plus renommés, Andrea Lucatelli, imita

---

(1) Le bossu des fruits.
(2) Le bossu des Carraches.
(3) *Michelangiolo delle Battaglie* ou *delle Bambocciate*.

avec succès la manière flamande (1) ; il se distingua par un sentiment très-fin de la nature, la délicatesse et le moëlleux de sa touche, la transparence de sa couleur dans les ombres. L'Exposition nous offre trois de ses paysages ; le livret n'en a enregistré que deux.

Nous n'hésitons pas à accorder notre préférence à celui qui appartient à M. Tassy neveu (d'Aix). Il représente un vallon au fond duquel dorment les eaux paisibles d'un lac ou de quelque anse retirée, *secessus maris*. Un berger chasse son troupeau devant lui, dans un sentier pittoresque qui suit les contours de la plage. Au fond s'élève un amphithéâtre de collines que baignent les vapeurs d'or du couchant. Le ciel est d'un ton vert délicieux. Un bouquet d'arbres qui projette son ombre sur le devant du tableau, donne aux lointains plus de profondeur. Il y a dans cette petite composition une paix et une intimité qui attirent et font rêver.

Le n° 588 *bis*, appartenant à M. X..., est fort joli aussi. Il est occupé en partie par un massif d'arbres à l'ombre duquel coule une rivière ; des laveuses sont accroupies sur la rive et un troupeau est éparpillé au premier plan. L'horizon est borné en partie par des montagnes aux pieds desquelles sont groupées quelques habitations. On aperçoit, vers la droite, un bout de mer qui étincelle.

Le n° 589 (à M. J. Léon) nous transporte à l'entrée de la voie souterraine du Pausilippe. Des talus taillés à pic encaissent la route ; une fontaine monumentale se dessine, à gauche, dans une pénombre lumineuse ; des pins-parasols sont accrochés au sommet des rochers qui surplombent, du côté opposé. Le ciel est d'un bleu monotone, traversé par un nuage en spirale. — Quelques personnages insignifiants animent ce site.

Lucatelli plaçait fréquemment dans ses paysages des parties d'architecture ; mais quel que soit le talent dont il ait fait preuve en les peignant, il fut surpassé en cela par son élève Gio-Paolo Pannini (1674-1764), le peintre par excellence des *Ruines*, témoins les deux tableaux provenant de la galerie de M. A. de Surian.

Des colonnes cannelées, des arcades au cintre desquelles sont suspendues des touffes de pariétaires, occupent le fond de la composition inscrite sous le n° 700. Le sol est jonché de fragments d'architectures diverses. Une statue de marbre, — un homme nu

---

(1) Il adopta surtout cette manière dans ses tableaux de genre, scènes populaires et *bambochades*.

tenant un enfant dans ses bras, — semble la divinité protectrice du lieu. Un lion de pierre vomit de l'eau dans un bassin. Des gens, assis sur les blocs, font cercle autour d'une femme vêtue de blanc et l'écoutent. Une douce lumière éclaire la scène.

L'œil se porte tout d'abord, dans l'autre tableau (n° 701), sur une colonnade élancée, supportant un riche entablement. Des plantes, des arbrisseaux même mêlent leurs feuilles vivantes aux acanthes délicatement sculptées de la frise. Au bas des degrés qui conduisent à cet élégant portique, gît un magnifique bas-relief figurant des guerriers et des chevaux. Des personnages, costumés à l'orientale, examinent cet imposant débris. Sur le devant du tableau, l'eau d'un bassin miroite. Tous les détails de cette composition sont touchés avec une extrême délicatesse; le coloris est très-fin, très-harmonieux.

La peinture d'histoire, qui n'avait fait que déchoir à Rome, — comme dans la plupart des autres villes d'Italie, — sous l'influence du style cortonesque, se releva un peu vers la fin du dix-septième siècle, grâce aux efforts de Carle Maratte (1625-1713). Cet artiste qui était considéré comme le premier peintre de son époque, se montra érudit, plein de recherches et d'agréments dans son style; mais il manqua trop souvent d'originalité et de grandeur. On doit lui reconnaître beaucoup de talent, on ne saurait lui accorder du génie.

Le plus important des quatre tableaux qu'on voit de lui à l'Exposition, est sans contredit la *Descente de Croix*, appartenant à M. Ravel de Puycontal. Le Christ a le bras droit et la tête appuyés sur les genoux de sa mère. Le sang coule encore de ses blessures, mais la pâleur livide des chairs indique que la vie a depuis longtemps abandonné ce corps divin. C'est une belle étude de cadavre, évidemment faite d'après nature. Le Caravage eût accentué plus vigoureusement les formes, mais il n'eût pas été plus vrai. La Vierge, assise près du sépulcre, étend les bras en signe de désespoir: sa figure, noyée de larmes et empreinte d'une douleur surhumaine, contraste avec le visage rayonnant du Rédempteur, dont la bouche est ouverte par un céleste sourire. Des anges éplorés contemplent du haut des nues le divin martyr. Quelques constructions un peu lourdes occupent le fond de la toile. — Cette composition est, en somme, l'œuvre d'un praticien habile. Il serait à désirer pourtant que le coloris fût moins pâle, mais on sait que Carle Maratte ne brilla point par la richesse de sa palette. Il se préoccupa surtout du dessin, prenant pour guide Raphaël, dont il fut un admirateur fanatique et dont il restaura, avec un soin religieux, les peintures que possède le Vatican.

Le *Baptême du Christ*, exposé par M. Boulet, est bien loin de valoir la *Descente de croix*. Le précurseur, vu à mi-corps, verse de l'eau sur la tête de Jésus qui s'incline et joint les mains. Le Saint-Esprit, sous la forme d'une colombe, plane dans le ciel. Les eaux du Jourdain blanchissent dans un lointain dont il faut sans doute attribuer l'extrême obscurité à la mauvaise impression de la toile. Cette peinture me paraît être d'un élève du Caravage; l'anatomie est bien réaliste; les chairs ont ces tons de cuivre rouge que l'on remarque dans les Manfredi et dans les tableaux de Finsonius, le Caravage de l'école provençale.

Quant au *Portrait de famille*, provenant du cabinet de M. le marquis de Valori (d'Aix), on s'est fondé probablement sur des témoignages écrits pour l'attribuer à Carle Maratte. C'est le portrait d'une dame, coiffée à la Sévigné et revêtue d'un manteau noir qui est retenu sur la poitrine par une agrafe enrichie de pierreries et de perles. Les cheveux sont bien peints, mais le modelé manque de fermeté, la carnation est fade et sans vie, un des yeux est plus ouvert que l'autre; — toutes incorrections qui doivent être le résultat de retouches maladroites, car on reconnaît à certaines parties la main d'un maître.

Après Carle Maratte, nous ne rencontrons plus dans l'école romaine que des artistes étrangers: les plus renommés furent le saxon Raphael Mengs, dont il sera question au chapitre des peintres allemands, et le chevalier Pompeo Batoni, de Lucques (1708-1787). Il y a deux ouvrages de ce dernier à l'Exposition: une *Sainte-Rose* (à M. Fine), figure élégante, d'un modelé savant et gracieux, et une *Adoration des Mages*, d'assez grande dimension, appartenant à M. Massabo. — A la porte de l'étable, dont le toit de chaume s'appuie sur les ruines d'un palais ou d'un temple, la Vierge est assise, tenant l'enfant Jésus sur ses genoux. Derrière elle, Saint-Joseph, un bâton à la main, dans l'attitude convenue. Le bœuf rumine dans un coin, et l'âne mâche paisiblement quelques brins de paille arrachés à l'étable. Un des rois mages, humblement prosterné, présente un vase richement ciselé au *bambino*, qui boude et n'a pas l'air de se soucier de cet hommage. Un autre mage, debout, met la main sur son cœur, comme pour protester de sa foi. Au second plan, à gauche, se tient le roi nègre, — un jeune Abyssin du plus beau type; — il est entouré d'esclaves bronzés qui portent les présents: c'est là le meilleur groupe de la composition. La plupart des personnages se distinguent d'ailleurs, sinon par l'expression des physionomies, du moins par la vérité et la variété des attitudes ; ce ne sont plus les types conventionnels de l'ancienne école : l'artiste a laissé de côté les poncifs et s'est tourné vers la nature.

L'école que le Batoni ouvrit à Rome fut fréquentée par un grand nombre d'élèves : aucun d'eux n'a marqué dans l'histoire de l'art.

IV. — Ecole Lombarde.

Luini. — Fermo Stella. — Michel-Ange de Caravage. — Le Corrège. — Le Parmésan.

Les artistes lombards se partagent en cinq groupes bien distincts : les Milanais, les Parmésans, les Modénais, les Crémonais et les Mantouans.

L'école crémonaise qui fut illustrée par Camillo Boccaccino (1500), dont plusieurs historiens ont fait une émule du Corrège, et l'école de Mantoue qui eut pour fondateur un artiste de génie, Andrea Mantegna (1430-1500), ne sont représentées, ni l'une ni l'autre, à l'Exposition marseillaise. Les autres écoles lombardes n'y comptent guère plus d'un ou deux noms chacune, mais ce sont des noms célèbres.

L'académie que Léonard de Vinci fonda à Milan, vers la fin du quinzième siècle, produisit un grand nombre de peintres éminents. On ne sait pas d'une façon positive si Bernardino Luini (1460-1530) [1] reçut des leçons du Vinci ; mais il est certain que nul ne se conforma plus que lui à la manière du maître : il poussa même si avant l'imitation de son modèle, que beaucoup de ses tableaux ont été attribués à Léonard.

C'est une peinture vraiment très-remarquable que celle qui a été exposée par M. Robert Gower sous le nom de Luini : une *Sainte-Catherine de Sienne*, figure à mi-corps, grandeur demi-nature. Ce petit cadre, d'une couleur très-riche et très-puissante, est un ex-voto du XVIe siècle, comme l'indique l'inscription suivante pla-

---

[1] On n'a que très-peu de détails biographiques sur cet artiste. Vasari qui dit quelques mots élogieux de son talent, le nomme Bernardino del Lupino ; il signait lui-même Lovino, et l'on croit que le surnom de Luini lui fut donné parce qu'il était né à Luino, sur les bords du lac Majeur.

cée au sommet du panneau : EGO. JO. BAPT. PVSTERVLA. EQVES. PRECIBVS. TVIS. GALLICAS. MANVS. EVASI. « Moi, J.-B. Pusterula, chevalier, grâce à tes prières, j'ai pu échapper aux mains des Français. » Il s'agit sans doute de quelque chevalier milanais qui, fait prisonnier par les soldats de François Ier, sera parvenu à se sauver par la fuite. La sainte, vue de trois quarts, est vêtue du costume de dominicaine ; elle tient une palme dans la main gauche et, dans la droite, un cœur sanglant surmonté d'un crucifix (1). Une couronne d'épines et, par-dessus, une couronne d'or sont fixées sur sa tête : ses mains, qui sont très-belles, portent les saints stigmates de la crucifixion. Un livre d'heures, recouvert de drap noir et une discipline sont auprès d'elle. Un oiseau au bec rose (une colombe?) est perché sur son épaule. Au-delà du mur d'appui près duquel elle se tient, s'étend un paysage accidenté, d'un coloris très-vigoureux ; au milieu s'agitent quelques figurines d'un dessin tout-à-fait primitif : à gauche, des soldats, les uns à pied, les autres à cheval, entourent un homme vêtu de jaune ; à droite, un ange enlève ce même homme par les cheveux. Il est probable que ces soldats sont des Français et que l'homme en jaune est notre Pusterula. — Revenons à la sainte qui est le personnage principal : elle est fort jolie, fort délicate ; ses lèvres purpurines sont gracieusement découpées ; il y a dans ses yeux noirs une extrême douceur. — L'exécution est des plus habiles : l'ombre portée du menton sur la guimpe, est d'une transparence et d'une justesse merveilleuses.

Luini passe pour avoir été l'un des maîtres de Gaudenzio Ferrari (1484-1549), qui aida Raphaël dans ses peintures du Vatican et de la Farnésine, et qui les acheva avec Jules Romain et Pierino del Vaga. Ce Gaudenzio fut l'un des plus grands peintres de l'école lombarde ; il eut de nombreux disciples, parmi lesquels nous trouvons Fermo Stella (1502), de Caravaggio, dont M. le baron de Samatan nous a offert une *Fuite en Egypte* d'un dessin élégant, mais d'un coloris terne et lourd. Saint-Joseph, appuyé sur un bâton, ouvre la marche conduisant par la main l'Enfant qui n'a rien d'un Dieu ; la Vierge, coiffée d'un chapeau plat, vient ensuite ; sa démarche est noble et calme. Des anges escortent la sainte Famille.

(1) Les hagiographes rapportent que cette religieuse, — devançant la visitandine Marie Alacoque, à laquelle on doit l'institution de la fête du Sacré-Cœur, — eut un commerce direct avec Jésus-Christ, qui disait-on, avait fait échange de cœur avec elle et avait imprimé sur son corps les marques de ses propres blessures.

De ce même bourg de Caravaggio où naquit Stella, devaient sortir deux artistes bien autrement célèbres, qui furent désignés, l'un et l'autre, sous le nom de leur ville natale et qui eurent une existence des plus agitées. Tous deux commencèrent par être aide-maçons ; tous deux périrent assassinés, après avoir joui d'une grande réputation. Le plus ancien, Polidore Caldara (1495-1543), se forma à l'école de Mathurino, disciple de Raphaël, avec lequel il exécuta dans la suite de nombreux travaux de décoration à Rome ; cet artiste se distingua par l'imitation savante des bas-reliefs antiques ; il eut aussi le mérite de ramener à plus de simplicité et de naturel la peinture que les élèves de Raphaël et de Michel-Ange n'avaient pas su préserver du maniérisme et de la négligence (1).

Michel-Ange Amerighi (1569-1609), le plus célèbre des Caravages, exerça dans le même sens que Polidore, mais avec plus d'autorité et de fougue, une influence considérale sur son époque.

Nous avons vu dans quel plat et ridicule idéalisme, l'art était tombé à Rome, quand parut cet audacieux réformateur, artiste doué d'une énergie et d'une hardiesse peu communes, rejetant toute tradition, tout principe, ne relevant que de son génie, méprisant l'antique, s'efforçant avant tout d'être vrai et d'imiter la nature dans ce qu'elle a de plus cru, de plus vulgaire, de plus brutal.

Le livret n'enregistre pas moins de huit tableaux de ce réaliste farouche. M. Gower, à lui seul, nous en présente trois : l'un est le *Portrait d'une vieille femme*, tenant un livre à la main, figure parcheminée, sombre, ascétique comme celle d'une antique abbesse, modelée avec vigueur et dans une gamme peu récréative.

L'*Incrédulité de Saint-Thomas* et la *Descente de croix*, pour n'être que des copies (la première même très-médiocre), peuvent donner une idée exacte du naturalisme presque sauvage de Michel-Ange Amerighi : on tressaille involontairement, on frissonne en voyant Thomas introduire son doigt dans la plaie qui bée et qui saigne au flanc de Jésus.... Comment ne pas se sentir ému aussi en face de ce cadavre divin qui est là gisant sur le sol, tordu par les convulsions de l'agonie, glacé par la mort, livide et inerte, insensible aux caresses d'une mère éplorée. La grandeur naturelle des proportions, l'austérité du coloris accroissent l'impression pénible que cause la vue de cette scène brutale, violente et hideuse comme la réalité.

(1) Les tableaux de Polidore de Caravage sont extrêmement rares ; le Louvre ne possède de lui qu'une esquisse peinte en détrempe, représentant : *Psyché reçue dans l'Olympe*.

Le *Saint-Sébastien* (à M. Ouvière), possède des qualités non moins énergiques : il est représenté étendu près de son armure, la tête inclinée sur l'épaule droite, la face blême, la poitrine nue et percée d'une flèche. — M. Roux a exposé *Un jeune homme*, vu à mi-corps, tenant à la main une bouteille d'osier et penché en avant : le raccourci du visage est hardi ; le coloris a plus de vigueur que d'éclat. On dirait une peinture de Courbet, notre réaliste moderne.

Nous avons gardé pour la fin les deux compositions qui ont le plus d'importance et qui peuvent être attribuées au Caravage avec le plus de certitude : nous voulons parler de la *Décollation de saint Jean-Baptiste*, du musée d'Aix (1), et du *Saint-Pierre le dominicain*, qui appartient à un amateur de la même ville.

La première de ces peintures a plus d'éclat et est plus soignée dans les détails que ne le sont d'ordinaire les œuvres du même maître. Salomé, vêtue d'une robe à grands ramages, tient le plateau sur lequel est déposée la tête du précurseur ; elle considère d'un air mélancolique cette funèbre offrande qu'elle même a sollicitée. Debout devant elle, appuyé sur le pommeau de son glaive meurtrier, le bourreau regarde, avec tout le flegme d'un boucher qui vient d'assommer un taureau ; son visage, d'un relief saisissant, est empreint d'une morne et stupide indifférence ; les détails de son accoutrement sont tout modernes : on jurerait que son gilet, usé aux entournures, vient d'être décroché de l'étalage d'un fripier. — Derrière la fille d'Hérodiade, une suivante se tient dans l'ombre. Un homme, coiffé d'un turban vert, montre sa face curieuse et effarée entre les barreaux d'une fenêtre grillée qui s'ouvre dans le fond de l'appartement où la scène se passe.

L'attention se porte tout d'abord, dans l'autre tableau, sur l'affreux coquin qui, le poing levé, se précipite sur le dominicain qu'il retient, de la main gauche, par son manteau. Pierre, le front ensanglanté, les yeux illuminés par une résignation surhumaine, se renverse en arrière et n'oppose pour toute réponse aux outrages de son bourreau, que ce simple mot écrit en lettres rouges sur la toile : *credo !* Il est impossible d'imaginer un type plus ignoble, plus repoussant que celui de l'assassin ; son nez camard, sa bouche crispée par la colère, son regard farouche, le font ressembler à un dogue en fureur. Il n'est pas jusqu'à sa toque couleur de sang, que surmonte une plume blanche, luisante et effilée comme un poi-

(1) Ce tableau a été donné au musée d'Aix, par M. Rémi Gérard, en 1837.

gnard, qui n'ajoute à l'expression féroce de sa figure. Le saint est un bonhomme assez vulgaire; un peintre moins réaliste que le Caravage eût donné à ce personnage un air de grandeur, de noblesse, qui eût formé le plus heureux contraste avec la bestialité de l'assassin. L'auréole manque à ce front meurtri. — L'exécution est quelque peu brutale comme la mise en scène; la couleur est sale et la touche baveuse; les lumières et les ombres se heurtent violemment.

Le Corrège (1494-1534), opposé au Caravage, c'est la distinction opposé à la trivialité, la douceur à la véhémence, la grâce à la crudité, la tendresse à l'emportement.

Si nous en croyions le livret, l'Exposition renfermerait huit tableaux et trois dessins du Corrège. Mais, examen fait de ces ouvrages, nous ne nous sentons pas le courage de confirmer une seule de ces attributions, au moins pour ce qui regarde les peintures, car nous ne voyons pas grand inconvénient à admettre comme étant de l'illustre maître de Parme, deux délicieux *Bambini* (appartenant à M. Pascalis), dessinés au crayon rouge avec une rare pureté de lignes. C'est aussi une charmante et gracieuse étude que le dessin envoyé par M. H. Giry et représentant *Psyché et l'Amour*. Mais est-il permis de reconnaître la main du maître dans cette lourde et informe esquisse peinte, représentant une *Sainte Famille* (n° 14)? dans cette *Madeleine* (n° 13), d'un modelé si incorrect et d'un coloris si criard? dans ces *Grâces* (n° 12), si peu gracieuses et si peu élégantes? dans cette esquisse de la *Nuit*, de Dresde, pastiche médiocre d'une œuvre sublime?

La *Tête de Vierge*, exposée par M. le docteur Jouve (d'Aix), a de la finesse, de la grâce, de la *morbidezza;* la *Sainte Famille*, appartenant à M. Gower, a des qualités incontestables de dessin et de coloris; le *Faune blessé*, du Musée de Toulon, est une très-belle étude de nu, savamment dessinée et peinte dans des tons harmonieux : mais ces trois ouvrages, malgré leurs mérites, ne sauraient être classés, sans de très-grandes réserves, dans l'œuvre du maître qui a sa place au premier rang, à côté même de Raphaël.

Le *Faune blessé* au pied par une épine ou par la dent venimeuse d'un serpent, est debout, appuyé contre un roc; un satire, agenouillé devant lui, examine sa blessure; un satire plus jeune soutient sa jambe malade. Ces deux personnages sont très-remarquablement dessinés, le premier, ramassé sur lui-même et penché en avant; le second, incliné sur sa hanche que l'effort cambre. Au second plan, une femme blonde essuie les larmes qui coulent de ses yeux; un ruban rose, passant entre ses seins délicatement modelés, retient sur ses épaules charmantes une peau de bête en guise de manteau. Cette gracieuse divinité des forêts n'a de la femme que le haut du corps : *mulier formosa supernè desinit in capram*... mais, ses jambes de chèvre, n'enlèvent rien à l'élégance de sa tournure. Le vieux satire a les pieds d'un bouc, le plus jeune la jambe fine d'un chevreuil. Les chairs sont brossées avec souplesse dans des tons qui varient suivant le personnage : la femme a la peau blanche, le faune, blonde, le petit satire, d'un roux doré, le vieux, d'un brun fauve. Ces divers personnages sont groupés à l'entrée d'une grotte sombre; on aperçoit au loin, dans la campagne, un satire emportant une femme sur son dos.

Le tableau du musée de Toulon est, en somme, une œuvre fort estimable; il avait droit, à ce titre, à une description détaillée, mais nous devions, avant tout, le dépouiller d'une étiquette par trop prétentieuse. — La *Sainte Famille*, de M. Gower, est peut-être plus rapprochée de la manière du Corrège : la Vierge, assise sur un rocher, tient sur ses genoux le divin bambino; celui-ci se penche, en souriant, vers saint Jean qui joue avec l'agneau symbolique. Joseph, un livre à la main, regarde les deux enfants. — Les contours ne sont pas indiqués avec précision; mais les figures, modelées en pleine pâte, ont un moëlleux et une rondeur qui captivent le regard.

Bien qu'il appartienne au Modénais par le lieu de sa naissance, Antonio Allegri, de Corregio, est regardé comme un des chefs de l'école de Parme.

Cette petite école est encore représentée à l'Exposition par Francesco Mazzuola (1503-1540), plus connu sous le nom de *Il Parmigianino* (le Parmésan) (1).

M. Pascalis nous offre deux dessins de ce maître gracieux : un *Baptême du Christ* et la *Vierge sur un trône*, présentant l'Enfant Jésus à l'adoration de Saint-Antoine. — Cette Madone est vraiment raphaélesque; son attitude est des plus élégantes; elle a longs doigts et long col comme la Madone du palais Pitti.

Pour ce qui est du tableautin exposé par M. Gower et représentant le *Mariage de la Vierge*, nous l'accepterons, à la rigueur, comme un pastiche de Rembrandt. — Le Parmésan n'a absolument rien à y voir.

(1) Quelques biographes donnent à cet artiste le nom de Mazzola, d'autres Lomazzo) celui de Mazzolino; Vasari écrit Mazzuoli.

V. — Ecole Bolonaise.

Francia. — Le Primatice. — Les Carraches. — Le Guide. — Le Dominiquin. — Simone Cantarini. — Cagnacci. — Gessi. — Le Guerchin. — Carlo Cignani.

Francesco Raibolini, surnommé le Francia (1450-1517), peut être considéré comme le fondateur de l'école bolonaise (1). Il commença par être orfèvre et dut à son talent de graveur en médailles, la place de maître des coins de la monnaie de Bologne. On croit qu'il avait près de quarante ans lorsqu'il se mit à peindre. Il prit pour modèles Gian Bellini, Mantégna et le Pérugin. Ses progrès furent extrêmement rapides, puisqu'au dire de Vasari et de Lanzi, il fut chargé, dès 1490, de peindre un tableau d'autel pour la chapelle de la famille Bentivoglio. Il est à remarquer qu'en signant ce tableau, il fit suivre son nom du titre d'orfèvre *(aurifex)*, tandis qu'il prenait celui de peintre *(Francia pictor)* en signant ses ouvrages d'orfèvrerie (2).

Francia s'adonna surtout à la peinture de portraits où il excella ; il exécuta aussi une grande quantité de madones et il les peignit avec tant d'habileté que Raphaël n'a point hésité à déclarer — dans une lettre de 1508, que Malvasia nous a conservée, — qu'il n'en existe pas *de plus belles, de plus dévotes, de mieux faites.*

Francia fut lié d'amitié avec le peintre d'Urbin, plus jeune que lui de trente ans : ces deux grands artistes entretinrent une correspondance assidue, et l'immortel Sanzio, — avec une modestie qu'on ne saurait trop admirer, mais qui n'a rien d'étonnant chez un homme de ce génie, — demanda souvent des leçons et des conseils au maître de Bologne. Vasari rapporte que Francia mourut de douleur, convaincu de son infériorité à la vue d'une *Sainte Cécile* que Raphaël venait d'envoyer à Bologne ; mais des historiens sérieux ont mis en doute cette anecdote. Malvasia, et après lui Lanzi, prétendent même que le peintre bolonais survécut à Raphaël. M. Villot

(1) Bien que son vrai surnom soit *le* Francia, la plupart des écrivains français qui ont parlé de lui suppriment l'article.

(2) Deux peintures de Francia signées : *Francia aurifex*, figuraient à l'Exposition de Manchester ; la plus importante, représentant un *Baptême du Christ* avec un très-beau fond de paysage, provenait de la galerie d'Hampton-court ; l'autre était un *Saint-Roch*, appartenant à sir W. R. Farquhar.

pense, au contraire, qu'il devait être mort à l'époque où parut la *Sainte Cécile*, ou du moins, assez avancé en âge pour quitter la vie tout naturellement, sans y être conduit par la jalousie.

Quoi qu'il en soit de ces conjectures, il est hors de doute que Francia vécut honoré en son temps et considéré comme l'un des plus grands maîtres de l'Italie. A Bologne, dit Vasari, on l'estimait à l'égal d'un dieu. Beaucoup de critiques le placent au-dessus du Pérugin, immédiatement au-dessous de Raphaël.

Les œuvres de Francia sont extrêmement rares, surtout celles qui excèdent les dimensions ordinaires d'un portrait. Le Louvre n'a de lui qu'un *Portrait d'homme*, vu à mi-corps, qui a été longtemps attribué à Raphaël. Il faut donc signaler comme un des trésors les plus précieux de l'Exposition marseillaise, le grand tableau d'autel, accolé de quatre volets, qui appartient à la paroisse du Saint-Esprit, d'Aix. Une tradition, que l'on dit fondée sur des documents enfouis dans les archives aixoises, veut que cette peinture ait été commandée à Francia par les premiers membres du Parlement de Provence, dont la création remonte à 1501, époque où florissait le peintre bolonais. On ajoute même que les donateurs se sont fait *portraicturer*, — leur président Gervais de Beaumont, en tête, — dans la composition centrale qui représente l'*Assomption de la Vierge*.

M. de Chennevières-Pointel, — dont on connaît les savantes *Recherches sur la vie et les ouvrages des peintres provinciaux*, — fait le plus grand éloge de ce tableau, mais il ne paraît pas avoir eu connaissance de l'attribution qui en a été faite à Francia. « La couleur, dit-il, est fort riche, et les portraits sont pleins de beauté et de vérité ; on les prendrait, on les a pris pour des Holbein. Mais la Vierge ne saurait être d'Holbein ; elle n'est, Dieu merci ! pas assez lourde ni assez épaisse. Ce tableau est d'un maître de l'école allemande, mais très-savant et très-puissant. S'il est vrai que les portraits soient ceux des premiers parlementaires, ce maître fut donc mandé à Aix, ou bien y séjournait-il ? »

La présence à Aix d'un grand nombre d'ouvrages remarquables des peintres primitifs des écoles du nord, a sans doute décidé M. de Chennevières à attribuer encore à un artiste allemand le tableau qui nous occupe ; mais nous pensons qu'il y a autant de raisons de supposer que cette œuvre est de la main de Francia : elle est digne de ce maître éminent que sa réputation, comme peintre de madones et de portraits, désignait tout naturellement au choix de messieurs les conseillers du Parlement d'Aix. Les œuvres que nous connaissons de lui sont d'un style assez conforme à celui de cette admirable *Assomption* ; la Vierge est une figure d'une grâce exquise : les éloges de Raphaël pourraient lui être appliqués. Debout sur les nuées et soutenue par des têtes d'anges ailées, elle monte au ciel. Des séraphins forment autour d'elle des groupes charmants : les uns jouent de la harpe, les autres de la viole, d'autres de la trompette, d'autres des cymbales. Les apôtres, dans l'attitude de l'étonnement, entourent le tombeau vide : leurs figures expressives et bien réalistes ont été évidemment peintes d'après nature. Derrière eux s'étend un paysage accidenté : des collines abruptes, un château-fort, des arbres grêles et un lointain doré.

Les quatre volets sont assurément de la même main que la grande composition aux deux côtés de laquelle ils sont accrochés, mais dont ils étaient séparés à l'époque où M. de Chennevières la vit.

Le panneau supérieur de gauche représente l'*Adoration des bergers*.— Le bambino, entièrement nu, est couché dans une corbeille d'osier. La Vierge, Saint-Joseph et de petits enfants sont agenouillés autour de l'humble crèche. Le bœuf et l'âne réchauffent de leur haleine le nouveau-né. Du fond, — occupé en partie par les ruines d'un élégant édifice, — des pâtres arrivent pour adorer le Messie.

L'*Adoration des mages* est représentée dans le panneau inférieur. Les trois rois apportent des présents à l'Enfant-Dieu que la Vierge soutient en équilibre par le milieu du corps ; l'un d'eux, lui offre une riche cassette dans laquelle il plonge la main ; un autre, baisse respectueusement devant lui sa tête nue ; le troisième, celui de race nègre, est debout au premier plan: son costume est d'une magnificence plus vénitienne qu'orientale. Au second plan, se tiennent les gens de la suite des mages ; on distingue parmi eux un personnage d'étrange tournure, vêtu de blanc des pieds à la tête.

Les deux volets de droite figurant l'un l'*Ascension*, l'autre la *Pentecôte*, n'ont rien de remarquable comme mise en scène. Dans le premier, sept à huit personnages, hommes et femmes, lèvent les yeux vers le Christ qui monte au ciel et dont on ne voit que le bas des jambes. Dans le second, les apôtres, réunis dans l'intérieur d'un appartement, les uns debout, les autres assis sur des bancs, sont visités par l'Esprit-Saint. Dans chaque tableau deux têtes, à peine indiquées par un contour sec, suffiraient pour attester que l'artiste a dû faire de chacune de ses figures un portrait : l'absence de deux des donateurs aura sans doute retardé l'achèvement du travail.

S'il est vrai que Francia soit l'auteur de ces diverses peintures, il faut donc admettre qu'il est venu en Provence et qu'il y a travaillé, — particularité qui n'est rapportée par aucun de ses biographes. Certains critiques croient voir dans son nom même de Francia, la preuve qu'il fit en France un séjour plus ou moins long. Mais, nous savons par des autorités incontestables, que ce surnom lui fut transmis par le maître orfèvre chez lequel il fit son apprentissage.

Le catalogue enregistre encore deux tableaux de Francia : un *Ecce Homo* d'un beau sentiment, mais d'un type un peu vulgaire, appartenant à M. de Castellinard, et une *Madone* (à M. Gower) avec l'Enfant-Jésus et Saint-Jean, figures un peu plates et un peu pâles, mais pleines de grâce dans les contours, et qui rappellent beaucoup plus, à dire vrai, la manière du Pérugin que celle du peintre bolonais.

Les élèves du Francia agrandirent la manière de leur maître et la rajeunirent par l'imitation de Raphaël. Les plus habiles furent Innocenzio Francucci da Imola et Bartolommeo Ramenghi, surnommé il Bagnacavallo, qui tous deux donnèrent des leçons à Francesco Primaticcio (1504-1570) avant son admission à l'école de Jules Romain.

Le Louvre n'a qu'une assez médiocre peinture du Primatice qui passa la plus grande partie de sa vie (de 1531 à 1570) à la cour de France, où il remplit la charge de surintendant des bâtiments du roi, et qui par les travaux considérables qu'il exécuta à Paris et à Fontainebleau, exerça une influence décisive sur les tendances de l'art français au seizième siècle. Plus favorisée que notre Musée national, l'Exposition marseillaise renfermait un chef-d'œuvre de ce grand artiste, *Diane et Vénus*, appartenant à Mme la marquise du Muy (d'Aix). Vénus presque nue, comme il convient à la déesse de la beauté, tient par la main son fils, un Cupidon modeste et timide; elle est debout sur une conque traînée par un dauphin. Diane, l'arc en main, un lévrier à ses côtés, est vêtue à l'antique. Un amorino descendant du ciel dépose une couronne sur la tête de Vénus, et présente un javelot à la déesse de la chasse. Les figures (grandeur nature) sont dessinées avec une extrême élégance, plutôt dans le style florentin que dans le style bolonais : les attitudes ont une grâce un peu maniérée et un laisser-aller voluptueux. La couleur est riche et harmonieuse.

Le Primatice n'eut aucune part aux progrès de l'école bolonaise ; les véritables soutiens de cette école furent les Carraches que l'on considère généralement comme les réformateurs et les restaurateurs de l'art italien. Ces vaillants artistes fondèrent une école où l'étude de la nature et de l'antique fut substituée au maniérisme alors répandu en Italie. On sait qu'ils formèrent une glorieuse trinité à la tête de laquelle Louis Carrache (1555-1619) mérite d'être placé, car il dirigea les études de ses cousins Augustin et Annibal et ne fut point surpassé par eux.

L'Exposition ne renfermait aucun ouvrage de Louis, de cet artiste tenace et infatigable, que ses premiers maîtres, le Fontana (1) et le Tintoret, cherchèrent à détourner de la peinture, et que ses condisciples appelaient par dérision le *bœuf*, à cause de la lenteur de son esprit : lenteur sagement calculée et qui était l'effet, dit Lanzi, non pas d'un esprit borné, mais d'une pénétration profonde !

Augustin (1557-1602) fut celui des trois Carraches qui peignit le moins ; il s'occupa surtout de gravure (2) pour complaire à son frère Annibal, que ses succès en peinture offusquaient. Doué d'une imagination vive, versé dans l'étude des sciences et de la littérature, il fut le bel esprit et le poète de l'école dont son cousin et son frère étaient les praticiens ; il dictait aux élèves des préceptes sur l'art, rédigés en vers charmants, et leur poposait des sujets de composition tirés de la fable ou de l'histoire, qu'il expliquait et commentait avec une érudition brillante. Les tableaux, trop rares, qui sont restés de lui, nous font regretter qu'il n'ait pas joint plus souvent la pratique à la théorie ; ils se distinguent par une grâce et une délicatesse merveilleuses et dénotent un sentiment élevé de la poésie antique. — La *Cueillette des pommes*, provenant de la galerie de M. Bourguignon de Fabregoule, est un morceau capital que le Louvre, qui n'a absolument rien d'Augustin, serait fier de posséder. Huit à dix Amours, de grandeur presque naturelle, sont occupés à dévaster un verger : celui-ci se hisse sur les épaules de son camarade pour atteindre les branches ; ceux-ci se bousculent et se disputent un fruit qui roule à terre ; d'autres échangent fraternellement leur part de butin. Ils sont ravissants avec leur chevelure blonde, leurs joues vermeilles, leurs membres potelés, leur minois fripon. Aux agréments de la composition s'ajoutent la fermeté élégante du dessin, une vivacité et une puissance de coloris dont Augustin semble avoir

---

(1) Prospero Fontana, peintre bolonais (1512-1597), élève de Francucci da Imola. Ce fut un des artistes qui contribuèrent le plus à cette décadence du style contre laquelle les Carraches devaient réagir.

(2) Il acquit, comme graveur, assez de réputation pour mériter d'être appelé le *Marc-Antoine* de son siècle.

emprunté le secret aux Vénitiens qui furent ses maîtres de prédilection.

Le lot d'Annibal (1560-1609) comprend deux dessins et trois tableaux. — La *Fuite en Egypte* (dessin à la plume, appartenant à M. Giry aîné) est une savante esquisse. Un grand et bel arbre, sous lequel est arrêtée la Sainte Famille, remplit presque le cadre à lui seul. La Vierge est assise, tenant sur ses genoux l'Enfant auquel saint Joseph présente un fruit. — J'aime moins la *Mise au tombeau* : le Christ est bien posé, mais les autres personnages sont lourds.

Le meilleur des trois tableaux est sans contredit la *Descente de Croix* (à M. Reynes, d'Avignon). Le cadavre divin, étendu sur un linceul, est admirablement modelé, non point avec le réalisme brutal du Caravage, mais avec une énergie sobre et austère. La Vierge est à genoux, enveloppée des pieds à la tête dans une draperie bleue, les mains jointes, les yeux fermés, le visage empreint d'une douleur surhumaine. La lumière est répartie avec une science consommée ; la couleur a une harmonie sourde, un éclat voilé, parfaitement appropriés à la scène.

L'*Evangéliste* (à M. Dauphin) est également l'œuvre d'un pinceau puissant ; c'est une tête de vieillard vigoureusement accusée. — Je ne dis rien d'une *Sainte Famille*, qui n'a pas même le mérite d'être un pastiche réussi.

L'École des Carraches, qui s'intitula d'abord l'*Accademia degli Desiderosi*, c'est-à-dire, suivant l'interprétation de M. Vitet, « l'académie de ceux qui regrettent le passé, qui méprisent le présent et qui aspirent à un meilleur avenir, » et qui prit ensuite le nom d'Académie des Acheminés *(degl'Incamminati)*, produisit une foule d'artistes qui, des sentiers rebattus de l'ancienne méthode, s'élancèrent victorieusement dans une voie nouvelle. Les trois plus célèbres, le Guide, l'Albane et le Dominiquin, figuraient avec éclat à l'Exposition.

On ne comptait pas moins de sept tableaux attribués au Guide, et dans le nombre, trois *Madeleines*... Quelle est la collection où l'on ne rencontre pas de *Madeleine* peinte par Guido Reni (1575-1642)?... Il est avéré que cet artiste exécuta pour les particuliers presque autant de *Pécheresses repentantes* que le Sassoferrato peignit de *Madones* et le Dolci, d'*Ecce Homo*. Il reproduisit presque constamment le même type, avec des changements d'attitude et de costume peu importants, type remarquable d'ailleurs par son expression plus mondaine qu'ascétique. On reconnaît toujours la courtisane sous ses larmes d'occasion et l'élégant désordre de sa chevelure. — Nous nous rangerons volontiers à l'opinion de ceux qui prétendent que le Guide fut sans rival pour peindre la beauté féminine ; mais il nous a toujours semblé que les figures de ce maître, loin d'être des *visages de paradis*, comme l'a dit Passeri, manquent pour la plupart de caractère religieux ; cela tient sans doute à ce que ses modèles de prédilection étaient les antiques, la Vénus de Médicis et la Niobé, notamment ; il parvint ainsi à acquérir le secret des formes les plus gracieuses, les plus délicates, les plus harmonieuses, mais il resta païen par le sentiment et l'expression.

Des trois *Madeleines* de l'Exposition, nous préférons celle qui appartient à M. Massabo : elle pose un peu pour les mains, qui sont fort belles à la vérité, mais du moins elle pleure bien : de sa bouche entr'ouverte on croit entendre sortir des sanglots. La couleur est riche et offre ces reflets cendrés qu'affectionnait le Guide. — La *Madeleine* de M. Ferrary, plus pécheresse et moins repentante que celle de M. Massabo, nous plairait presque autant, si elle n'avait pas subi quelques *grattages* et quelques retouches sacrilèges.

C'est bien à tort, suivant nous, qu'on a attribué au Guide le *Saint-Sébastien*, catalogué sous le n° 832 (à M. X., d'Aix). Je reconnais l'école du Caravage (1) au relief exagéré de l'anatomie, à l'accentuation des types, à l'opposition vigoureuse des clairs et des ombres. Le saint, vu de la tête aux genoux, est couché au premier plan du tableau ; sa figure blême et cadavéreuse a une sorte de réalité triviale qui fait penser plus à l'homme qu'au martyre ; le torse est puissamment modelé ; une belle draperie blanche est jetée sur le milieu du corps. La veuve, occupée à retirer une flèche de la poitrine du saint, a une physionomie assez insignifiante sous la draperie violette qui l'encapuchonne ; derrière elle, on entrevoit une gracieuse tête blonde.

Le *Christ au jardin des oliviers* (à M. Monestier, d'Avignon), nous paraît bien authentique. Les figures, de petite dimension, sont pleines de style. L'Homme-Dieu, vêtu d'une robe rouge, est à genoux ; il lève les yeux et demande à son père d'éloigner le calice d'amertume qu'un ange lui présente. D'autres anges contemplent du haut du ciel cette sublime immolation. Le type du Christ rappelle celui des Madeleines. La couleur est sombre, énergique.

Mais l'œuvre la plus importante qui figure sous le nom de Guido

---

(1) Le Guide étudia le Caravage, et fit même, dit-on, quelques ouvrages dans sa manière ; mais il s'éloigna promptement de ce modèle si opposé à ses tendances idéalistes.

Reni est une *Diane au repos*, provenant du cabinet de M. Tur (de Nîmes).— Assise au milieu d'un bois touffu, la déesse de la chasse, un pied dans l'eau, la tunique relevée, vient d'entendre un bruit indiscret ; elle écoute.... Un de ses chiens dresse l'oreille, crispe son museau et semble prêt à s'élancer.... Un autre, un lévrier superbe, appuie ses pattes de devant sur le genou de la chasseresse. Ces deux animaux sont peints de main de maître. Le port de la déesse est noble et gracieux. Son visage, qu'encadre une opulente chevelure et que couronne un croissant, a la blancheur des marbres grecs que de longs soleils ont dorés.

De Francesco Albani (1578-1660), nous citerons d'abord deux dessins au crayon rouge, dont l'un surtout, la *Fuite en Egypte* (à M. Pascalis), est très-soigné, très-délicat : la Vierge, assise sur un bloc de pierre, allaite le divin bambino. Derrière elle, saint Joseph, debout, se détourne pour la regarder, et l'âne broute un chardon. De beaux anges viennent présenter leurs hommages à la Sainte-Famille : l'un apporte une corbeille pleine de fleurs et de fruits, un autre contemple l'Enfant-Dieu avec admiration, un troisième l'adore à genoux. Au ciel, quelques têtes de chérubins. — La *Madeleine* (à M. Olive), ne manque ni d'élégance ni d'expression : ce n'est plus la folle courtisane, c'est le remords incarné. Ses beaux cheveux tombent en désordre sur ses épaules ; ses mains sont jointes pour la prière ; son visage respire une belle et noble douleur.

Les tableaux sont au nombre de quatre. Dans l'*Annonciation* (à M. Gower), la Vierge, debout, près de sa couche, les mains posées sur sa poitrine, lève les yeux au ciel avec une expression de céleste enthousiasme. L'ange Gabriel, enveloppé d'une draperie rose et tenant un lys à la main, montre à Marie l'Esprit-Saint qui, sous la forme d'une colombe, plane dans un nuage d'or, au milieu des chérubins. Au fond, un paysage : des arbres, des montagnes et la mer. — On ne peut nier que ce ne soit là une œuvre sérieuse : la tournure élégante de l'ange Gabriel et le type gracieux de la Vierge rappellent assez l'Albane ; malheureusement ce n'est pas sa couleur. — Il y a aussi d'excellentes qualités dans le tableau de *Mythologie* qu'a exposé M. Pascal et qui représente Vénus contemplant Adonis blessé à mort par le sanglier ; c'est là, — ainsi que la *Diane au bain* (à Mme la comtesse de Gaetani), — un des thèmes favoris de l'Albane. Cet artiste qui avait un talent tout particulier pour peindre les femmes et les enfants dont il trouvait, dit-on, des modèles parfaits dans sa propre famille, a produit une quantité innombrable de Vénus, de Dianes, de Nymphes et d'Amours, et il est à remarquer qu'en fait de sujets religieux, il choisissait de préférence ceux où il pouvait introduire la Vierge et les anges. On l'a surnommé, non sans raison, l'*Anacréon de la peinture ;* comme le poète grec, il avait une imagination riante, mais comme lui aussi, il a effleuré trop souvent l'obscénité. La *Vénus et les Amours*, appartenant à M. le baron de Sénès (d'Aix), peuvent passer pour un chef-d'œuvre pornographique. La déesse, sans autre ornement que sa beauté, est à demi-couchée sur un moëlleux divan. Sa tête charmante, allanguie par le plaisir, et le haut de son corps sont dans l'ombre ; toute la lumière se concentre sur ses flancs délicatement arrondis, — théâtre de la volupté. A ses pieds sont groupés des amours folâtres et mutins ; l'un d'eux éteint, d'une façon trop irrévérencieuse pour être décrite, le flambeau de l'hyménée. Ses compagnons sourient à son effronterie. On ne saurait imaginer des mines plus espiègles, plus friponnes. Les séductions du dessin et du coloris ajoutent encore au charme de cette composition frivole.

Domenico (1) Zampieri, plus connu sous le nom de Dominiquin (1581-1644), a plus d'un point de ressemblance avec l'Albane, son ami ; il s'en rapproche surtout par la pureté du dessin et l'habileté de la touche, mais il en diffère par un sentiment beaucoup plus juste de l'expression et par une simplicité qui tient à l'étude constante qu'il fit de la nature. L'Exposition nous offre de lui trois dessins (2) et dix tableaux : ni plus, ni moins. Nous écarterons d'abord, comme peu dignes d'attention, deux grandes toiles, deux *Madeleines*, qui n'ont absolument rien de commun avec les œuvres de ce maître.

Il y a loin de ces énormes machines au *St-François en prière* (3), peinture sur cuivre, fine et léchée comme une miniature, comme un Carlo Dolci ou un Van der Werff. Agenouillé devant un rocher taillé en forme de prie-dieu, le saint contemple son crucifix avec une morne douleur. Sa face est belle d'ascétisme ; ses yeux sont rougis par les larmes ; ses mains portent les stigmates de la passion. Le paysage est très-délicatement et très-soigneusement peint ; au se-

---

(1) Ses condisciples l'appelaient le petit Dominique, *Il Domenichino*, dont nous avons fait le Dominiquin. C'est par suite d'une erreur grossière, que certaines personnes écrivent : *Le Dominicain*.

(2) Tous trois à M. Guillaume. Les titres de deux de ces dessins figurent, par double emploi, dans le catalogue des peintures.

(3) A M. Gower.

cond plan, une église rustique s'élève au milieu des arbres, sur un coteau verdoyant ; le fond est occupé par des montagnes d'un bleu très-pâle, baignées par une douce clarté qui tombe d'un ciel sans nuages. Le feuillé des arbres est touché avec une patience incroyable ; mais rien n'égale la préciosité des détails du premier plan : on compterait les fils de la robe de bure du saint, et jusqu'aux points de couture !... Le Dominiquin s'est-il jamais amusé à de pareilles puérilités ?... Cherchons ailleurs l'auteur de ce tableautin dont la mignardise, après tout, n'est pas sans charmes et dont les mille détails se fondent harmonieusement dans un coloris limpide.

Je retrouve la largeur de style du Dominiquin dans la *Sainte-Cécile*, appartenant à M. Gower, grand tableau qui ne manque pourtant ni de finesse dans la touche, ni de recherche dans les détails. La gracieuse patronne des musiciens, vêtue richement comme il convient à une patricienne, est assise devant un orgue dont les touches d'ivoire vibrent sous sa main délicate ; elle chante les louanges du Seigneur et lève au ciel ses yeux où brillent l'enthousiasme et l'inspiration. Un enfant, à demi-caché dans le fond, écoute les accords de la pieuse musicienne. Des tons riches et éclatants, mais bien harmonisés, des ombres légères et transparentes, un dessin savant quoique un peu lourd, voilà pour l'exécution. Si ce n'est pas là une production originale du maître, c'est du moins celle d'un bon copiste. — Il en est de la *Sainte-Cécile* du Dominiquin, comme de la *Madeleine* du Guide, on en trouve des exemplaires dans toutes les galeries. Des trois dessins que possédait l'Exposition deux figurent, avec de légères variantes, l'assomption de la sainte ; ils sont très-beaux l'un et l'autre (1).

La *Galatée sur les eaux* (à M. Olive) a pu être une peinture agréable avant les *restaurations* qui l'ont gâtée ; elle me semble pour le moins aussi près du style de l'Albane, que de celui du Dominiquin.— *L'Entrée des rois mages à Jérusalem* (à M. le docteur Jouve) est une vaillante esquisse. — Il y a dans le *Mardochée conduisant Esther à Assuérus*, appartenant à M. Gaubert, des têtes copiées sur nature et peintes avec fermeté, mais je ne reconnais pas du tout la couleur du Zampieri. — *Thémis désarmée par l'Amour* (à M. Perret) est tout-à-fait dans sa manière : l'Amour, — une main dans la main de la déesse aux pieds de laquelle il est assis, et, de l'autre, tenant une balance brisée, — a une attitude charmante. Le type de Thémis est calqué sur celui de la Sainte-Cécile.

(1) L'un est un crayon rouge ; l'autre est un dessin à la plume, ombré à l'encre de chine et rehaussé de blanc.

Ce qui a manqué au Dominiquin, comme à l'Albane, c'est l'élévation dans le sentiment, la grandeur dans les idées, la variété dans l'invention. Le Guide, plus original et plus puissant, dut à ces qualités mêmes d'être l'héritier de la prépondérance des Carraches, et de régenter l'art italien. Nul ne forma plus d'élèves (1) et n'eut plus d'imitateurs. Son disciple préféré, Francesco Gessi (1588-1649) parvint si bien à s'assimiler la manière douce et facile du maître, qu'on lui fit l'honneur de l'appeler un second Guido; mais les critiques sérieux avouent qu'il resta fort au-dessous de son modèle, dont il n'eut jamais ni la correction élégante, ni le coloris enchanteur. Les *Petits Enfants* (à M. Olive), que le livret lui attribue, ne seraient pas faits, en tout cas, pour nous donner une haute idée de son talent.

Ce n'est pas non plus sur les ouvrages exposés sous leur nom, qu'il doit être permis de juger deux autres imitateurs renommés du Guide : Guido Canlassi ou Cagnacci (1601-1681), aux tableaux duquel Lanzi reconnaît des qualités de l'école de Guido Reni, avec une certaine originalité dans la beauté des têtes et dans l'effet du clair obscur; — et Simone Cantarini (1612-1648) qui, après avoir copié et recopié le maître de mille façons, poussa l'outrecuidance jusqu'à dénigrer son modèle, comme il dénigrait d'ailleurs les meilleurs peintres de son époque.

Nous avons hâte d'arriver à Giovanni Francesco Barbieri, surnommé le Guerchin (1591-1666), qui sut se créer une manière puissante et personnelle, en alliant avec beaucoup d'habileté le style des Carraches et celui du Caravage, et qui a mérité d'être appelé, par quelques critiques, le *Magicien de la peinture*. Deux beaux dessins (une *Madeleine* et des *Pleureurs*), appartenant à M. Pascalis, et six tableaux sont donnés à ce maître par le catalogue de l'Exposition; mais tous ces ouvrages ne sont pas, tant s'en faut, d'une égale valeur. — L'*Adoration des bergers* n'est qu'un misérable pastiche. — La *Madeleine* (à Mme la marquise du Muy) est une brune piquante, qui montre complaisamment son torse nu, d'un modelé un peu lâché, mais d'une couleur délicieuse.

Le *Joseph chez la femme de Putiphar*, appartenant à M. Villard, ne me semble pas une page bien authentique; je trouve çà et là des morceaux d'une exécution solide; mais le coloris n'a pas cette chaleur, cet éclat auquel nous a habitués le Barbieri.

---

(1) Il ouvrit deux écoles : une à Rome et une à Bologne même. Cette dernière ne comptait pas moins de 200 élèves, au dire de Crespi.

Les fils de Jacob apportant à leur père *La robe de Joseph* (à Mme la marquise de Castillon), voilà une œuvre qui décèle, du premier coup, le magicien de la peinture ! Modelé vigoureux, couleur substantielle, types pleins d'énergie et de distinction. Les personnages, au nombre de trois seulement, sont vus à mi-corps et se détachent sur un fond de paysage. Jacob, la tête ceinte d'un turban blanc, lève les yeux au ciel avec une expression de sublime résignation. Celui de ses fils qui lui présente la robe verte de Joseph, teinte de sang, a une figure d'un relief superbe ; il est coiffé d'un turban rouge.

Dans l'esquisse exposée par M. Magne, et représentant *Saint Benoît et Saint Laurent*, montant au ciel, on reconnaît la touche d'un coloriste, et l'on ne peut qu'applaudir à l'agencement de la composition. Mais tous les ouvrages que nous venons d'indiquer pâlissent et s'effacent devant la *Sainte Thérèse* provenant de l'église des Missions, d'Aix, l'une des plus belles pages que nous connaissions du Guerchin. Le Christ, debout, retenant son manteau de la main gauche, et, de l'autre, montrant le ciel à la sainte agenouillée devant lui, a une fierté d'attitude, une grandeur et une noblesse d'expression qui en imposent. L'ange qui se tient debout derrière Sainte Thérèse, et ceux qui entourent dans les cieux le Père Éternel, sont dessinés avec une rare distinction. Que dire de la couleur ?... Elle a une puissance et un éclat incomparables : la robe rouge et le manteau bleu du Christ, si élégamment drapés, sont peints dans des tons superbes. — Cette admirable toile nous paraît supérieure à toutes les compositions que le Louvre a du Guerchin.

L'influence que les Carraches et leurs disciples eurent sur la peinture italienne fut considérable ; on peut dire qu'au XVIIe siècle presque toutes les écoles étaient asservies à leur style.

Un élève de l'Albane, le chevalier Cignani (1628-1719), opéra une sorte de révolution dans l'école bolonaise ; il fonda, avec le concours de Lorenzo Pasinielli, élève de Cantarini, une académie de peinture qui reçut la sanction et le nom du pape Clément XI, et qui produisit un assez grand nombre d'artistes de mérite. Le Cignani, témoignait une admiration sans égale pour le Corrége ; il le choisit entre tous pour modèle, mais sa manière trahit, plus qu'il ne voulut sans doute, l'imitation des Carraches. Il peignit, à l'exemple du Sassoferrato, une quantité prodigieuse de *Madones* ; celle qui a été exposée par M. Rougier, est une figure élégante, d'un coloris solide et harmonieux.

Les élèves du Cignani furent les derniers soutiens de l'école bolonaise, qui, grâce à eux, put encore jeter quelque éclat au XVIII° siècle.

V. — Ecole Vénitienne.

G. Bellini. — Le Giorgione. — Sébastien del Piombo.— Le Titien. — Les Palma. — Le Tintoret — Le Bassan. — Le Véronèse. — Le Trévisan. — Tiepolo.— Canaletti. — Guardi.

Giovanni Bellini (1426-1516), dont nous avons signalé, en parlant des peintres primitifs, une délicieuse *Madone* appartenant à Mgr Chalandon, fut le premier peintre vénitien qui rompit avec les traditions de l'école du Giotto. Il donna à ses personnages des attitudes moins compassées ; il arrondit les contours de ses figures, élargit la perspective et employa des couleurs plus éclatantes. Quelques historiens ont prétendu que ce fut lui qui répandit en Italie l'usage de la peinture à l'huile (1) dont il aurait surpris le secret en faisant faire son portrait par Antonello de Messine, le confident de Van Eyck. Ce fait a été contesté. Quoiqu'il en soit, Giovanni Bellini ou, comme on l'appelait autrefois en France, Jean Belin, fut un artiste vraiment supérieur. Contemporain du Pérugin, du Ghirlandajo, du Francia et d'Andrea Mantegna (2), il concourut avec ces maîtres célèbres à la rénovation de l'art, et c'est avec raison qu'on le regarde comme le fondateur de l'école vénitienne.

Le plus illustre de ses élèves, fut Giorgio Barbarelli (1477-1511), surnommé le *Giorgione* (le gros George), à cause de l'élévation de sa taille et aussi, ajoute Lanzi, de celle de son esprit. Ce peintre éminent agrandit la méthode de son maître, donna au trait plus d'accent, à la touche plus de largeur et de fermeté. Il excella surtout et se montra véritablement novateur dans l'art d'appliquer les couleurs, de les fondre dans des teintes d'une finesse et d'une harmonie exquises, ou de les faire valoir par d'habiles contrastes ; il donna, pour tout dire, l'exemple de ce merveilleux coloris qui est le caractère distinctif et comme le cachet des peintres de Venise.

---

(1) On conserve en Italie plusieurs tableaux de Giovanni Bellini, peints à la détrempe ; ils appartiennent tous à sa première manière.

(2) Giovanni Bellini et son frère Gentile durent beaucoup aux conseils de Mantegna qui avait épousé leur sœur.

Le Giorgione, — mort à trente-quatre ans du chagrin qu'il eut de voir une maîtresse adorée le quitter pour suivre son élève Luzzo de Feltre, — exécuta, durant une existence si courte, de nombreux et importants ouvrages ; le temps a détruit la plupart des fresques dont il orna les façades d'une foule de maisons, à Venise et dans diverses cités du Trévisan ; ses tableaux à l'huile sont devenus très-rares aussi, mais ceux qui nous ont été conservés, suffisent pour attester la puissance du maître. — Le *Concert seigneurial*, appartenant à M. Sallier (d'Aix), aurait dû occuper, à notre avis, une place d'honneur dans la grande galerie de l'Exposition ; mais les vrais amateurs ont su le découvrir, sans doute, dans le coin obscur où il était relégué. Ce beau tableau qui a, à peu près, les dimensions du *Concert champêtre* du Louvre, ne présente pas moins de six figures à mi-corps, de grandeur presque naturelle. Les contours sont fortement accusés, le modelé est énergique, mais enveloppé dans des tons très-chauds et très-harmonieux. Au centre de la composition, une jeune femme décolletée, la tête penchée et coiffée d'une toque large et plate, chante en s'accompagnant de la mandoline ; un jeune homme, debout devant elle et vu de trois-quarts, tient un cahier de musique ; il est vêtu d'un pourpoint jaunâtre à plis crevés, et on prendrait sa coiffure pour un bonnet écossais ; son visage est une merveille de modelé, et tout son corps est admirablement posé. Une seconde femme, jouant du violoncelle, et un homme d'un âge mûr, la face épanouie, le front ceint de lauriers, espèce de poussah sentimental, chantent en chœur avec les précédents ; ils se détachent puissamment dans le clair-obscur ainsi que deux autres musiciens, soufflant dans d'énormes flageolets. Toutes ces figures sont assurément peintes sur nature : on ne peut rien souhaiter de plus vrai et de plus vigoureux comme dessin, de plus riche comme couleur — bien que le fond ait *poussé*.

Si les œuvres du Giorgione sont rares, il est encore moins facile de rencontrer celles de son élève Sébastien del Piombo (1485-1547), qui abandonna de bonne heure la peinture pour vivre paisiblement des revenus de son emploi de gardien des *plombs* (1) ou sceaux de la chancellerie romaine que lui avait donné le pape Clément VII. Nous pouvons donc regarder comme une bonne fortune d'avoir pu admirer, à l'Exposition, un *Saint-Sébastien* (à M. Auphan), dû au pinceau de ce maître : c'est une belle étude de nu qui n'est peut-

---

(1) De là, son surnom de Fra Bastiano del *Piombo*. Son véritable nom était Sébastien di Luciano.

être pas d'une pureté irréprochable, mais qui se distingue par la hardiesse des contours, la noblesse de l'attitude et la mâle austérité du coloris. Le saint complétement nu, lève la main pour recevoir la palme du martyre que lui apporte un ange ; son visage est illuminé par la foi. — On reconnaît dans cette peinture sur bois, comme aussi dans les deux dessins exposés par M. Pascalis, le style énergique de Michel-Ange qui fut l'ami et le guide du Piombo. L'un de ces dessins représente une *Flagellation* : le Christ, attaché à une colonne, s'affaisse sous la violence des coups que lui assènent des bandits demi-nus, armés de verges et de cordes. — Le sujet de l'autre dessin est un épisode des persécutions contre les chréteins : au premier plan, les tortionnaires étendent sur le chevalet un saint évêque dont les insignes ont été jetés à terre. Plus loin, sur une route hérissée de ronces et de cailloux, des chevaux fougeux traînent le corps d'un confesseur de la foi. Le proconsul qui a dicté la sentence préside à l'exécution du haut de son tribunal dressé en plein air. Les assistants témoignent plus de stupeur que de compassion.

Les meilleures productions de Sébastien de Piombo appartiennent à la manière qu'il adopta sous l'influence du Buonarotti ; et, à cet égard, il serait juste de le ranger parmi les illustrations de l'école florentine. Le Titien (Tiziano Vecelli) au contraire, qui reçut des leçons de Giovanni Belli et qui, dans la suite, se rallia à la méthode du Giorgione, son condisciple, passe, avec raison pour être un des coryphées de la phalange vénitienne, l'un des plus grands maîtres de cette école si féconde en artistes de génie. La quantité de tableaux qu'il peignit durant sa longue vie de centenaire (1477-1576) est innombrable ; il n'est pas un Musée en Europe, pas une galerie particulière un peu importante qui ne possède un ou plusieurs de ses ouvrages ; on en compte quarante-deux au musée de Madrid, trente-cinq au Belvédère de Vienne, dix-huit au Louvre, seize à l'Ermitage de Saint-Pétersbourg, seize à l'Eglise *Della Salute* de Venise, seize au palais Pitti, douze au musée de de Dresde, etc. L'Exposition de Manchester n'en réunit pas moins de trente, parmi lesquels plusieurs de premier ordre provenant de cabinets d'amateurs. — Le nombre de six toiles, porté au catalogue de l'Exposition de Marseille, n'aurait donc rien qui dût surprendre ; mais nous avons inutilement cherché le *Joueur de Mandoline* et les *Disciples d'Emmaüs*, et il faut bien l'avouer, les quatre autres tableaux ne présentent pas grand caractère d'authenticité.

Je ne dirai rien de la *Madeleine* (à M. le curé Bastide) pastiche flagrant de la célèbre *Danaé* des *Studj* de Naples, dont on a fait une pécheresse repentante, en ajoutant une croix lumineuse dans le ciel, une tête de mort et un livre ouvert. Je parlerai encore moins du *Jupiter et Antiope* (à M. Olive), médiocre peinture sur cuivre, que les rédacteurs du livret ont classée, en même temps, parmi les ouvrages attribués au Titien et parmi les œuvres des maîtres inconnus.

L'Arrestation de la princesse Ferinda par les Médicis (à M. Ferrary), est une composition trop étendue pour qu'elle ait pu, étant du Titien, échapper jusqu'à ce jour à la curiosité du monde artiste ; il y a certainement des qualités très-précieuses dans cette peinture : les personnages (grandeur nature) sont groupés et posés avec un art parfait ; les carnations, brossées dans une pâte lumineuse et rosée, ont une coloration d'une rare puissance ; mais le ton a plus d'éclat que de justesse et la touche s'amollit en certains endroits. Si le maître eût produit ce tableau, il aurait eu besoin, pour l'attester de le signer comme *l'Annonciation* de San-Salvatore : *Tizianus fecit, fecit*. Encore, ne manquerions-nous pas de mettre en doute l'authenticité de cette signature. *L'Arrestation de la princesse Ferinda*, n'est donc tout au plus, à notre avis, qu'un pastiche réussi ou la copie d'un ouvrage perdu de Tiziano Vecelli.

Nous pouvons en dire à peu près autant du *Christ au peuple* (à M. Olive). Ce tableau, en figurines, offre quelques types heureux et une riche couleur. Le Christ debout, la tête couronnée d'épines, les poignets liés par une corde, tenant un roseau à la main et n'ayant pour tout vêtement qu'une draperie bleue jetée sur ses épaules, est entouré de soldats costumés à la romaine qui l'insultent et le baffouent. Un personnage (Pilate?) coiffé d'un turban et revêtu d'un manteau rouge bordé de fourrure, étend la main et semble prononcer la sentence du Juste.

Nous ne saurions garantir l'originalité du dessin à la plume exposé par M. Pascalis, et représentant *Mars et Venus* surpris par Vulcain ; mais c'est là incontestablement un croquis échappé à un maître. Le groupe des deux amoureux, assis sur un lit de repos, est d'un grand style ; le dieu des forgerons entourant le couple perfide d'un filet métallique, a une physionomie laide et farouche qui constraste avec le noble et impassible visage du dieu de la guerre. Les contours des nudités sont accusés avec une science parfaite de l'anatomie.

Jacopo Palma (1480-1548), — que l'on surnomme le vieux (*il vecchio*) pour le distinguer de son neveu Jacopo Palma, dit le jeune (*il giovine*) — fut le condisciple du Giorgione et du Titien et rivalisa parfois de talent avec eux. *Le Christ au roseau* (à M. César Paul), petite peinture sur cuivre d'une couleur assez énergique, ne saurait donner une idée suffisante du mérite de l'auteur.

Le Tintoret (1512-1594), ainsi nommé parce qu'il était le fils d'un teinturier de Venise (son véritable nom est Jacopo Robusti), comptait cinq tableaux à l'Exposition Marseillaise. — Peu d'artistes ont peint autant que lui. Formé à l'école du Titien, il parvint bientôt à une telle habileté que son maître, redoutant en lui un rival, le congédia de son atelier. Il était doué, dit-on, d'une si prodigieuse facilité et il apporta au travail une ardeur si grande, qu'il sut trouver assez de temps pour produire une quantité immense de tableaux et pour collaborer gratuitement aux ouvrages de ses confrères malheureux ou moins habiles.

Des cinq tableaux de notre Exposition, quatre reproduisent des œuvres célèbres du Tintoret. M. Nano nous a offert une esquisse très-confuse du *Jugement dernier*, que l'artiste peignit pour l'église Santa-Maria d'ell'Orto.

Vue de près, l'esquisse du *Massacre des Innocents* (à M. Bourillon), ne présente qu'un amas de touches incohérentes, appliquées sur la toile avec une fougue brutale ; les figures dessinées en pleine pâte, se mêlent, s'effacent. De loin, les contours s'accusent, les groupes se dégagent ; l'œil embrasse une scène des plus mouvementées et des plus énergiques : les meurtriers agitant leurs poignards, des femmes défendant leurs enfants avec toute l'énergie de l'amour maternel, d'innocentes victimes gisant à terre, et le roi contemplant du haut d'une estrade, cette horrible boucherie. La scène se passe dans une salle du palais d'Hérode.

M. Gower a exposé, à lui seul, une esquisse et une réduction de la fameuse *Adoration du Veau d'or*. — Nous ne parlerons que de la réduction qui, sans doute, n'aurait pas été enfouie dans l'obscurité de l'une des galeries annexes, si les organisateurs de l'Exposition avaient pu croire un seul instant, qu'elle fût du Tintoret. Autant qu'il nous a été permis d'en juger, cette peinture nous a paru posséder des qualités de coloris vraiment supérieures ; elle conservait dans les ténèbres une vigueur et un éclat qui attiraient le regard. Les hommes qui portent le brancard sur lequel trône le Veau d'or, la femme en robe bleue qui montre l'idole et celles qui se dépouillent de leurs bijoux ont une tournure magnifique. — Si ce tableau n'est pas de la main du Tintoret, ce dont nous faisons plus que douter, il peut passer, suivant nous, pour l'œuvre d'un copiste consommé.

Le *Portrait de Henri de Merle* (à M. le Marquis de L'Espine), est affreusement craquelé ; avec un peu de bonne volonté, on parvient cependant à distinguer une figure de vieillard d'un modelé savant, d'une belle couleur. On lit, inscrit au bas de la toile : « Henri de Merle, ambassadeur de Malte à Rome en 1640, ensuite grand prieur de Toulouse. » Or, nous savons que le Tintoret mourut à l'âge de 82 ans, en 1594 ; en supposant donc qu'il ait pu, cette même année, peindre Henri de Merle, tel qu'il nous apparaît dans la toile qui nous occupe, c'est-à-dire, âgé d'environ 70 ans, il s'en suivrait que ce dernier aurait été presque nonogénaire en 1640, à l'époque de son ambassade... Ce simple rapprochement de dates suffirait pour inspirer le doute le plus profond sur l'exactitude de l'attribution de ce portrait.—Cela n'enlève rien d'ailleurs au mérite de la peinture, que l'on regrette de voir si maltraitée par la vétusté.

Les progrès de la peinture ne furent pas circonscrits dans la seule ville de Venise ; ils s'étendirent aux autres cités du territoire de la république. — La petite ville de Bassano, donna naissance à tout une pléiade de peintres distingués qui y fixèrent leur séjour et qui en tirèrent tous le surnom de *Bassan*. Le véritable nom de ces artistes qui ne formaient qu'une même famille était *Ponte*. Le plus célèbre d'entre eux fut Jacopo (1510-1592), le premier, de tous les maîtres italiens, qui eut l'idée de mettre en scène des sujets pris dans la vie réelle, qui se plut surtout à introduire dans ses tableaux, — même dans ceux qui ont trait à la religion, — des animaux de diverses espèces, des ustensiles, des torches allumées, en un mot, les accessoires les plus vulgaires et les détails les plus familiers. On cite même de lui diverses compositions sans figures, entre autres un intérieur de cuisine, garni de sa batterie, et une basse-cour. — Des deux tableaux qui ont été exposés sous son nom, l'un (la *Vierge*) est à peu près insignifiant ; l'autre, appartenant à M. Gower, représente une *Adoration des Bergers*, en figurines, remarquable sinon par la perfection et la grâce du dessin, du moins par la naïveté heureuse de certains détails et surtout par l'habile distribution de la lumière et la vivacité du coloris. A la porte de l'étable, la Vierge déploie les langes qui enveloppent l'enfant nouveau-né. Derrière elle, saint Joseph debout, appuyé sur un bâton. Les pâtres viennent contempler et adorer le Messie. L'âne et le bœuf traditionnels approchent leur tête du berceau. Du haut du ciel, des anges font pleuvoir des fleurs sur le divin bambino.

Tandis que le Bassan associait à ses tableaux les côtés les plus humbles de la nature, Paolo Caliari, surnommé le Véronèse, (1528-1588) cherchait à ennoblir ses compositions par une pompeuse mise en scène. Cet artiste illustre qui doit être placé sur la même ligne que le Giorgione, le Tintoret, et le Titien, l'emporte sur tous ses émules, dans l'art de grouper de nombreux personnages, de les faire mouvoir sans confusion, de varier leurs attitudes, de les entourer d'une multitude de détails charmants, sans que jamais l'unité de la composition souffre de la multiplicité des figures et des accessoires.

Le plus grand reproche qu'on lui adresse est d'avoir commis dans ses compositions d'étranges anachronismes. Il n'hésitait pas à donner aux personnages bibliques les costumes des Vénitiens du seizième siècle, à les placer dans de superbes palais construits et meublés suivant le goût de son époque, et, ce qui n'est pas moins singulier, à leur donner les traits des princes contemporains, des artistes, ses amis, des membres de sa famille et de lui-même, pour tout dire. On sait qu'il peignit dans ce goût-là une grande quantité de *Cènes*, pour satisfaire aux demandes qui lui étaient adressées de la plupart des cours européennes. Le Louvre en possède trois des mieux exécutées et des plus célèbres : *Les Noces de Cana*, le *Repas chez Simon le Pharisien* et le *Repas des pèlerins d'Emmaüs*. Le Veronèse fit lui-même un grand nombre de répliques et de réductions de ses principales Cènes, aussi n'est-il pas étonnant qu'on en trouve des exemplaires dans presque toutes les galeries.

La Cène, exposée par M. Gower, est plutôt une esquisse qu'un tableau ; elle est d'une authenticité très-problématique, mais nous pouvons, sans trop nous aventurer, la considérer comme une assez bonne copie du temps. — La table du festin est dressée sous la riche colonnade d'un palais. Le pape, en grand camail et la tête coiffée d'un bonnet rouge, occupe le centre de la composition. Le Christ, tenant un plat à la main, est assis à ses côtés. En deçà de la table sont placés deux cardinaux en robe écarlate et en surplis brodé ; celui de droite regarde dans un lorgnon ! Les autres convives sont vêtus à la mode vénitienne. Tous ces personnages, parfaitement posés, causent, mangent ou boivent. Des femmes et des enfants sont groupés, à gauche, sur un escalier, et reçoivent des mets que leur tend l'un des convives. Des serviteurs, arrivant par l'escalier de droite, apportent des plats et des amphores. Le devant du tableau est occupé par un magnifique lévrier, un singe trônant pacifiquement sur un piédestal, un page portant un petit chien épagneul et deux personnages, l'un assis, l'autre debout, spectateurs inactifs de la *Cène*. On aperçoit dans le fond, d'élégants édifices dont les balcons sont couverts de curieux. La lumière, savamment distribuée, tombe d'un ciel bleu très-cru et découpé par des nuages lourds. Deux anges, arrêtés dans les airs au-dessus des convives, soutiennent une banderole sur laquelle on lit : *Pax domini sit semper vobiscum.*

Le *Saint-Sébastien encourageant au martyre Saint-Marc et Saint-Marcellin* (à M. le baron de Samatan), n'est encore qu'une copie (1), mais beaucoup plus importante que celle de la *Cène*. Nous ignorons où se trouve l'original qui doit compter pourtant parmi les chefs-d'œuvre du maître, si nous en jugeons par les mérites de cette copie. La composition est pleine de grandeur et de style. Les deux jeunes confesseurs chargés de chaînes descendent les degrés d'un palais. Saint Sébastien, couvert de son armure, leur montre le ciel et les exhorte à la fermeté. Une vieille femme, — la mère des confesseurs, — s'abandonne au désespoir. Des vieillards à la figure grave et noble, des femmes, d'une tournure élégante, regardent avec tristesse, ces jeunes gens si vaillants et si beaux que l'on entraîne au supplice. Les enfants, effrayés, se cachent contre le sein de leurs mères. Sous le péristyle même du palais, des personnages coiffés à l'orientale, des nègres en costumes éclatants, se hissent sur le socle des colonnes, afin de mieux voir. Un singe, — l'animal favori de P. Véronèse, — pose gravement au milieu de la cohue. A gauche, dans un recoin de l'escalier, un mendiant demi-nu et bronzé par le soleil, est accroupi; près de lui, est son chien. — Ici encore le fond est occupé par des édifices d'imposante architecture, au-dessus desquels s'étend un lambeau de cet azur monotone, tâché de petits nuages blancs, qui dépare trop souvent les œuvres du maître. — Je ne doute pas que le copiste n'ait beaucoup exagéré les imperfections de son modèle, et que sa main n'ait faibli souvent ; P. Véronèse n'eût pas peint, assurément, un ange aussi lourd que celui qui, du haut d'un nuage épais, contemple les deux jeunes gens marchant au martyre. Quoiqu'il en soit, cette peinture qui semble dater d'hier, tant elle est fraîche et brillante, mérite d'être distinguée de la foule des pastiches. — Nous ne saurions en dire autant de la *Judith coupant la tête à Holopherne* (à M. Madon).

Il n'y a véritablement que le Véronèse qui ait pu imaginer la magnifique composition dont M. Pascalis nous a offert un délicieux

---

(1) Copie réduite, sans doute, comme la précédente.

croquis sous ce titre : *Un grand festin*. Il n'est pas impossible que cette cène existe peinte quelque part ; mais nous sommes à peu près sûr qu'elle n'a jamais été décrite : elle mérite de l'être. Nous ferons remarquer d'abord qu'ici la plupart des convives sont des femmes. Celle qui semble présider à la fête, assise dans un fauteuil, à l'extrémité gauche d'une longue table, se détourne pour accueillir deux jeunes enfants que lui présente un vieillard, debout derrière eux. Ces deux enfants sont charmants : l'un paraît écouter la noble dame ; l'autre accorde toute son attention à des serviteurs qui, près de lui, remplissent des amphores. Les attitudes des convives sont pleines de variété et de distinction. Une jeune fille se penche avec un mouvement des plus gracieux vers la dame au fauteuil ; une autre, assise sur un escabeau sculpté et tournant le dos au spectateur, tend sa coupe à un serviteur qui l'emplit. Des esclaves, hommes et femmes, portant des mets, circulent autour des tables. Un soldat, hallebarde au poing et casque en tête, fait sentinelle dans un coin ; il a près de lui un grand chien. A gauche, au-dessus d'un dressoir chargé de vaisselle, s'élève une espèce d'estrade, ou pour mieux dire, une tribune garnie de musiciens et de chanteurs. La salle où a lieu le festin est percée de trois grandes arcades qui laissent la vue s'étendre hors de l'enceinte. On aperçoit une élégante canéphore gravissant les marches d'un palais. Toutes les parties de cette composition sont merveilleusement ordonnées ; figures, draperies, accessoires, tout y est indiqué avec une largeur et une science magistrales. Nous n'affirmerions pas qu'il s'agit encore ici d'un repas biblique ; mais avec un peu de bonne volonté, ne pourrait-on pas y reconnaître un simulacre, nous allions dire une parodie, — tant les mœurs hébraïques y sont singulièrement travesties ! — des *Noces de Cana*, une variante très-piquante du célèbre tableau que le Véronèse peignit pour le couvent de San-Giorgio-Maggiore (1), et qui est devenu l'un des trésors du Louvre ?

Mais il nous tarde d'arriver au *Jupiter foudroyant les Vices*, appartenant à M. Paul Autran, magnifique esquisse du plafond du Louvre (2), peinte avec une hardiesse de touche, une beauté de

(1) On sait qu'il s'engagea à exécuter cette œuvre colossale en 15 mois, moyennant 324 ducats d'argent, outre les dépenses de bouche et le don d'un tonneau de vin. — Le ducat d'argent valait 6 livres 4 sous de Venise, environ 3 francs de notre monnaie ; 324 ducats représentaient donc 972 fr., ce qui équivaudrait, de nos jours, à moins de 3,000 fr.

(2) Ce plafond, exécuté primitivement pour la salle du Conseil des Dix, à Venise, a figuré longtemps à Versailles, dans la chambre de Louis XIV, avant de venir prendre place dans le salon carré du Louvre (1859).

couleur et une sûreté de main qui ne permettent pas le moindre doute sur l'originalité de cet ouvrage. Jupiter, la foudre en main et son aigle à ses côtés, chasse devant lui les Vices, géants au col de taureau, qui tombent éperdus dans l'abîme et tourbillonnent, à travers l'espace, comme des feuilles emportées par l'ouragan. On comprend tout ce qu'il a fallu d'audace, de fougue, de puissance, pour jeter ainsi sur la toile ce fouillis de corps renversés en tout sens ; tout ce qu'il a fallu de science pour peindre ces raccourcis étranges, pour modeler ces torses si bizarrement contournés, et dont la musculature est si violemment mise en jeu. Au premier aspect l'œil est déconcerté par cet enchevêtrement qui blesse toutes les lois ordinaires de l'équilibre, et l'on a peine à se rendre compte de l'agencement de la composition ; mais il ne faut pas oublier que cette peinture est l'esquisse d'un plafond et qu'elle a dû être exécutée, par conséquent, d'après des règles spéciales de perspective et d'harmonie. Plaçons-la dans sa position normale ; regardons-la de bas en haut : aussitôt les groupes se dégagent, s'éclairent, s'harmonisent ; le dieu vengeur, qui nous semblait tomber la tête en avant à la suite des Vices qu'il foudroie, se redresse de toute sa hauteur et plane victorieusement au-dessus de l'impure cohorte. Toutes les parties de la composition se relient dans une merveilleuse unité ; les contours s'épurent, s'ennoblissent ; les lignes acquièrent une rectitude et une élégance souveraines ; l'œuvre apparaît, en un mot, dans toute sa majestueuse grandeur, telle qu'elle est sortie de l'imagination puissante du Véronèse.

Après avoir enfanté les maîtres glorieux dont nous venons d'examiner les œuvres, l'Ecole vénitienne resta comme épuisée. — Nous sommes obligés de traverser le dix-septième siècle presque tout entier pour retrouver un nom qui ait joui de quelque réputation. Encore ce nom est-il celui d'un artiste qui, né sur le territoire de la république vénitienne (1), se rendit de bonne heure à Rome où il se fixa et où il mourut. Nous voulons parler de Francesco Trevisani (1656-1746), qui suivit tout d'abord la méthode de Carle Maratte ; mais qui, doué d'une extrême habileté de pasticheur, imita tour à tour, au gré des amateurs qui lui faisaient des commandes, les maîtres les plus divers, le Guide, le Cignani, le Corrège, le Parmésan et jusqu'à son compatriote, l'illustre Véronèse. Il aborda tous les genres et produisit beaucoup : les églises et les galeries particulières de Rome sont remplies de ses ouvrages. Un

(1) A Capo d'Istria, suivant les uns, — à Trévise, suivant d'autres (Lanzi), d'où son surnon de Trévisan.

excellent petit tableau, — nous pouvons dire une des meilleures pages que nous connaissions de lui, — a été exposé par M. Autran, l'heureux propriétaire de la *Joconde* et du *Jupiter foudroyant les Vices*. Le sujet est : *Saint Dominique et Saint François demandant à Dieu l'extirpation de l'hérésie*. Le Christ, assis sur les nuées et soutenu par des séraphins, nous a frappé par la beauté du type, la majesté du geste, la couleur dorée de son torse nu. Sa main droite levée est prête à lancer la foudre ; l'éclair brille dans son regard courroucé. C'est bien là l'Arbitre Souverain, le Très-Haut devant lequel s'inclinent les Trônes et les Dominations. Les anges baissent timidement leur front en sa présence. Agenouillée devant lui, la Vierge, sa mère, lui adresse une humble supplique, écho des prières que les deux saints moines, à genoux sur la terre, murmurent avec ferveur. On reconnaît saint François d'Assises à sa figure macérée, aux sacrés stigmates empreints sur ses mains jointes. Saint Dominique revêtu du costume de son ordre et tenant un livre à la main, a une noble et douce physionomie, d'une expression plus souriante qu'ascétique. Couché près d'eux, le monstre de l'hérésie, hydre à têtes de chien, vomit des flammes et des tourbillons de fumée. — Cette composition, si habilement conçue, est exécutée avec une extrême finesse de pinceau ; le coloris est riche et harmonieux.

De Giambattista Tiepolo (1727-1769) que Lanzi appelle le dernier des vénitiens, M. Foulc (d'Avignon), nous a offert un *Triomphe de Bacchus*, esquisse de plafond lestement et spirituellement traitée : le dieu, escorté par une bande de petits musiciens ailés, est nonchalamment étendu sur les nuages ; une blanche déité, assise sur une draperie bleue, partage avec lui les honneurs de l'apothéose. — Un autre motif de plafond a été exposé par M. Casimir de Millaudon (d'Avignon), croquis gracieux d'*Amours folâtrant*. — C'est à M. Kaercher que nous devons le morceau le plus important, une *Rébecca à la fontaine* qui rappelle par l'élégance des figures, la richesse des costumes et surtout par la vivacité et l'harmonie des tons, la manière du Véronèse, que notre artiste se proposa pour modèle et dont il fut parfois l'heureux imitateur. — Le vieux serviteur d'Abraham, un arc et un carquois sur le dos, présente un collier à Rebecca qui le reçoit avec une grâce et une modestie charmantes. Elle est debout près de la fontaine autour de laquelle sont groupées, deux par deux, six jeunes filles, ses compagnes. Derrière Eliézer, deux chameaux montrent leur tête difforme ; un esclave au torse bronzé les conduit à une citerne où s'abreuvent déjà des moutons. Au fond, sur une colline, s'élève une construction massive.

Tiepolo fit souvent des figures dans les tableaux de son ami Antonio da Canal (1697-1768), plus connu sous le nom de Canaletti, auquel on doit une quantité prodigieuse de *Vues de Venise*. — Le livret de l'Exposition a enregistré sept tableaux de cet artiste fécond. — Autant que nous avons pu la juger à la hauteur effrayante où elle était accrochée, l'étude d'*Architecture* appartenant à M. Olive, nous a paru savante; il est fâcheux que les ombres soient devenues tout à fait noires. Ce morceau pourrait bien d'ailleurs n'être pas plus du Canaletti que l'affreuse *croûte* inscrite sous le numéro 157.—Nous pouvons nous arrêter devant le tableau (n° 156) que M. Imbert a intitulé, je ne sais trop pourquoi, *Palais de l'Escurial*; cela ne ressemble nullement, d'abord, au célèbre monument et puis je ne sache pas que notre vénitien se soit jamais arrêté en Espagne, si ce n'est peut-être en se rendant à Londres où il alla deux fois et où il réalisa des gains considérables. Mais voyons le tableau : un large escalier conduit du premier plan à une place qu'entourent des édifices d'architectures diverses. Des personnages, en costumes Louis XV, sont placés au bas des degrés à gauche; dans un coin bleuit l'eau assez peu transparente d'un bassin. La lumière est habilement distribuée et les teintes de la pierre, d'un ton très-juste, se dégradent à merveille suivant les accidents de la perspective. Nous inclinons toutefois, après mûr examen, à croire que ce tableau n'est pas du Canaletti, mais d'un de ses imitateurs, du plus habile peut-être, le Guardi, dont nous reparlerons tout à l'heure.

Il n'y a pas de doute à émettre relativement à la paternité d'une *Vue du Canal*, appartenant à M. le marquis de L'Espine (d'Avignon); c'est là une petite page franche et solide, tout-à-fait dans la manière du maître. Le motif est fort simple : au fond, une ligne d'édifices aux murailles blanches et roses, au milieu desquels se détache un palais orné de balcons et surmonté de deux obélisques. Ces constructions vivement éclairées se reflètent dans l'eau du canal sur lequel glissent des gondoles. A gauche, un autre palais se dessine dans une ombre diaphane.

L'*Intérieur de Saint-Marc* (à Madame Blachet-Gassier) est peint plus grassement et dans des tons plus riches : il ne serait pas impossible que les personnages qui circulent dans l'église et ceux qui occupent les tribunes fussent de Tiepolo; ils valent beaucoup mieux que les gondoliers du tableau précédent.

Deux tableautins vraiment précieux et qui peuvent donner la plus haute idée du talent du Canaletti, nous ont été envoyés d'Aix, l'un (n° 152) par Madame la marquise Félix du Muy, l'autre (n° 153) par M. d'Agay. — Le premier nous transporte dans le vestibule spacieux d'un de ces palais qui faisaient jadis l'orgueil de *Venezzia la bella*, et qui, aujourd'hui, mirent tristement leurs façades délabrées dans les eaux des canaux solitaires. Un escalier monumental, soutenu par des colonnettes accouplées et décoré, dans la partie supérieure, de guirlandes et de drapeaux ; des figurines en costumes brillants, vivement et spirituellement touchées ; une porte cintrée encadrant un pan de ciel bleu et un coin du canal où se meut une gondole : voilà tout le tableau.... Mais que d'air et de lumière dans ce petit cadre ! quels beaux tons dorés ! quelle ravissante harmonie ! — Le n° 153 est encore un *Intérieur*, moins orné et moins grandiose ; le cadre est plus petit aussi : mais qu'importent les dimensions et le sujet ? C'est l'exécution qu'il faut admirer ici. Au fond d'une salle qui pourrait bien n'être encore qu'un vestibule, car il n'y a guère d'autre meuble qu'une énorme lanterne suspendue à la voute, une femme monte, en relevant coquettement sa jupe, les degrés d'un escalier qui mène à une galerie extérieure : rien de plus gracieux et de plus séduisant que cette petite figure. A droite, au premier plan, un homme, tournant le dos au spectateur, est assis sur le seuil de la porte que l'eau vient baigner. Même distinction de touche, même finesse de coloris que dans le n° 152.

Le Canaletti eut, comme nous l'avons dit, de nombreux imitateurs dont les œuvres ont été trop souvent confondues avec les siennes ; on compte, parmi ses meilleurs élèves, Bernardo Bellotto, son neveu, Antonio Visentini, dans les tableaux duquel Tiepolo fit aussi des figures, Jacopo Marieschi, Giuseppe Moretti, Francesco Battaglioni, etc. Mais nul ne se montra aussi rapproché de sa manière que Francesco Guardi (1712-1793) qui mérita, dit Lanzi, d'être appelé un second Canaletti. Madame la marquise du Muy a exposé, sous le nom de cet artiste, deux *Vues de Venise* pleines de mouvement. Les gondoles qui sillonnent en tous sens la surface des canaux, les quais couverts de boutiques en plein vent, les porches des églises et les portiques des palais sont animés par une multitude de figures qui ont malheureusement le tort d'être assez lourdement peintes. Mais on ne peut nier qu'il n'ait fallu un pinceau très-exercé pour exécuter les mille détails qui égaient ces deux grandes toiles. Toute la partie architecturale, d'ailleurs, laisse peu à désirer.

Les mêmes éloges et les mêmes reproches peuvent s'appliquer au *Pont du Rialto* exposé par M. Robert Gower. Le dessin est d'une exactitude merveilleuse; la touche a une grande fermeté ; mais où sont les bonshommes charmants que mettait, dans les tableaux de son ami Antonio da Canal, Tiepolo, le dernier des Vénitiens ?

VII. — Ecole Napolitaine.

Salvator Rosa. — Massimo Stanzioni. — Le Calabrese. — Luca Giordano. — Francesco Solimena.

Les maîtres primitifs de l'école napolitaine (1) sont extrêmement rares en France ; à l'Exposition marseillaise, comme au Louvre, le premier qui se présente, dans l'ordre chronologique, est Salvator Rosa (1615-1673) le plus vaillant peintre de paysages qu'ait produit l'Italie.

Nous n'avons pas à raconter ici l'existence romanesque de cet aventurier de génie, tour à tour conspirateur, soldat (2), bandit par occasion, mendiant par nécessité et favori des grands. Doué d'un esprit vaste et d'une organisation fougueuse, il cultiva à la fois les arts, les sciences et les lettres, et obtint du succès dans tous les genres. Comme peintre, il traita avec une sorte de prédilection les sujets historiques dans lesquels il se montra généralement médiocre, plein de confusion et dépourvu de style. On ne peut nier toutefois qu'il n'ait déployé dans ses batailles une verve et une énergie peu communes, mais sa véritable supériorité fut dans le paysage.

Nous n'avons pu découvrir les deux *Evangélistes* inscrits au catalogue sous les n°s 900 et 901 ; on a eu sans doute des motifs très-valables pour les cacher. Nous aurions peu perdu à ne pas voir

---

(1) Parmi les plus célèbres nous pouvons citer :
Tommaso de Stefani, contemporain et émule de Cimabué, — Antonio Solario (1382-1455), plus connu sous le surnom de *Zingaro* (bohémien), qui fut d'abord forgeron, comme Quentin Matzys, et qui, comme lui, se fit peintre pour obtenir la main d'une fille qu'il aimait ; — Andrea Sabbatini, de Salerne (1480-1545), digne élève de Raphaël ; — etc.

(2) Enrôlé dans la compagnie de la Mort, que commandait son maître Aniello Falcone, l'un des lieutenants de Mazaniello.

la *Nativité* (à Mme Ferrary), petite composition éclairée à la façon du tableau célèbre de *La Nuit* du Corrége. La Vierge présente le divin bambino emmaillotté, à l'adoration des anges. Saint Joseph se tient à distance respectueuse. Le ciel est nuageux. De grands arbres et des montagnes forment le cadre de la scène.

Les paysages sont au nombre de trois. Celui qui appartient à M. le docteur Jouve (d'Aix), a pu être une œuvre de mérite ; mais le temps l'a horriblement maltraité. Le coloris est froid et terne. Reste la composition qui a de la grandeur, mais qui rappellerait bien plutôt Zuccharelli que Salvator. A gauche des ruines imposantes, entremêlées d'arbustes et de plantes parasites, s'élèvent sur un coteau au bas duquel coule une rivière qui va mêler ses eaux à celles d'un golfe, dans le fond du tableau. En deçà de cette rivière, le peintre est assis sous un arbre ; un pâtre le regarde dessiner. La lumière vient de gauche, à travers les arbrisseaux et les ruines qu'elle revêt d'une belle teinte rose. — La petite toile ovale, exposée par M. le premier président Poulle, est bien dans la manière du Napolitain ; elle représente un site des plus sauvages : un torrent bondissant et écumant sur la pente d'une colline abrupte, au milieu de rochers bizarrement découpés. Un chasseur et son chien et un pâtre demi-nu animent cette solitude ; sur le ciel d'un bleu vif courent de grands nuages blancs. Les tons sont chauds, éclatants, nourris ; la composition, dessinée dans la pâte, est un peu confuse.

Mais le meilleur, ou, pour mieux dire, le seul ouvrage qu'on puisse, avec quelque certitude, attribuer à Salvator, est le grand paysage qui nous a été offert par M. Gérard (de Gardanne). Ce qui frappe tout d'abord, dans cette belle page, ce qui attire l'œil, ce sont les grands rochers qui surplombent, à gauche, les bords de la rivière. Quel entassement audacieux ! Quelles lignes pittoresques ! Quelle couleur puissante ! L'eau ronge, dans son cours rapide, la base de cette falaise gigantesque à laquelle sont accrochées des touffes verdoyantes et que couronnent quelques maigres arbrisseaux. Les figures ont peu d'importance ; ce sont des pêcheurs et des mariniers conduisant de petites embarcations. A droite, un berger fait paître ses moutons à l'ombre de grands arbres ébranchés par les orages. Des montagnes bleuâtres, couvertes de massives constructions, se silhouettent à l'horizon, sur un ciel tout ruisselant de lumière.

Massimo Stanzioni (mort en 1656) que l'on a surnommé *Guido di Napoli* parce qu'il se montra imitateur habile du peintre bolonais, était représenté à l'Exposition par une *Vierge* (à Mme Bounein) que nous avons peu remarquée. — Le Catalogue range Stanzioni dans l'école vénitienne et lui donne pour père un certain Massimo, né à Vérone, en 1599, et mort en 1679. Il y a là une erreur flagrante, car les biographes s'accordent à faire naître Stanzioni vers 1585, quatorze ans avant le Véronais. Nous n'avons aucune notion sur ce dernier. Le tableau qui est inscrit au livret, sous son nom, est une œuvre importante, représentant *les Disciples d'Emmaüs* (1). — Ils sont assis autour d'une table recouverte d'une nappe blanche et sur laquelle sont placés un plat de légumes, un pot de faïence à fleurs et un couteau effilé. Le Christ, vêtu d'une robe rouge à manches bleues et tenant à la main un pain qu'il s'apprête à rompre, lève les yeux au ciel : son visage, noble et beau, respire une douce mélancolie. C'est le moment où les deux disciples le reconnaissent : l'un le contemple d'un air effaré, la main sur sa poitrine comme pour protester de son dévouement ; c'est un homme d'un âge mûr, à la barbe grisonnante. L'autre, la figure imberbe, les traits durs et communs, tient un bâton à la main ; on dirait un personnage détaché du grand tableau de Finsonius (l'*Incrédulité*) dont nous reparlerons. — L'hôtelier, bonhomme à la mine épanouie et indiscrète, se dessine dans la pénombre du fond et un lévrier tend sa tête dans un coin du cadre. La table est mise en plein air, le ciel est assombri par le crépuscule. — Une couleur puissante et vraiment vénitienne, mais qui rappelle plus le Titien que le Véronèse, ajoute aux mérites de cette composition si remarquable par la fermeté du dessin et l'expression vigoureuse des types.

Mattia Preti (1613-1699), plus connu sous le nom de *Calabrese* (2), débuta, comme Massimo Stanzioni, par l'imitation du Lanfranco ; mais comme lui aussi, il s'écarta de bonne heure de son premier modèle : il fut séduit par le style énergique et le puissant coloris du Guerchin. — M. d'Agay nous a offert une *Charité* sur laquelle il serait difficile de se faire une juste idée de la manière de ce maître « qui peignait avec un tel feu et une telle rapidité, au rapport de Mariette, qu'un homme qui l'avait vu peindre et qui avait même demeuré chez lui, dit qu'à la façon dont il distribuait ses teintes sur la toile et dont il maniait le pinceau, on aurait cru qu'il jouait du tambour, expression bizarre mais significative (3). »

(1) Appartenant à un collectionneur aixois que le catalogue ne nomme pas.
(2) Il naquit à Taverna, dans la Calabre.
(3) Note écrite par Mariette sur l'exemplaire de l'*Abecedario* d'Orlandi qui est à la Bibliothèque impériale.

La rapidité d'exécution semble, d'ailleurs, l'apanage de la plupart des maîtres napolitains du XVIIe siècle. — Luca Giordano (1632-1705), élève de Ribera et de Pierre de Cortone, dut à sa merveilleuse facilité le surnom de *Fa presto* (qui fait vite). Il remplit de ses œuvres les églises et les palais de Naples, de Florence, de Madrid. Aucun artiste, sans excepter Rubens, n'a produit autant que lui. Ce n'est donc pas trop de trois tableaux portés sous son nom au catalogue de l'Exposition marseillaise. Le plus important est l'*Adoration des Mages* (à M. Carpentin). L'enfant, assis sur les genoux de sa mère, examine curieusement et touche un vase que lui présente un des adorateurs. Ceux-ci sont magnifiquement vêtus. Le roi nègre a une figure du plus beau noir avec laquelle contraste la tête blonde, rayonnante de grâce et d'espièglerie, d'un jeune garçon placé près de lui. Derrière la Vierge, saint Joseph est debout. — Ces diverses figures, de grandeur naturelle, sont peintes dans des tons riches et brillants qui rappellent que Luca fit, d'après le Véronèse, de nombreuses études et s'efforça surtout d'imiter son coloris.

La *Communion de la Vierge* (à M. X., d'Aix) n'est qu'une esquisse, mais très-spirituellement et très-largement jetée. Le Christ, debout, tenant une patène dans la main gauche, présente l'hostie à la Vierge agenouillée devant lui. Un ange étend une draperie bleue sous la patène ; un autre joue avec le calice ; un troisième suspend une couronne d'étoiles au-dessus de la tête de Marie. Des chérubins voltigent dans les rayons d'or qui descendent du ciel. — Ce tableautin est délicieux.

Le *Saint-Joseph* (à M. Mengelle) est d'un style tout différent de celui des deux ouvrages dont nous venons de parler ; il a été évidemment peint sous l'influence de Ribera, qui fut, comme nous l'avons dit, un des maîtres de Luca Giordano et qui trouva en lui un pasticheur habile. — Le saint, en robe jaune, se penche vers l'Enfant-Jésus qui est assis devant lui, sur une table, et qui, par un mouvement très-vrai, détache une des fleurs du bouquet de lys traditionnel. La figure de Joseph est très-vigoureusement accusée ; les mains sont belles, surtout celle qui tient les lys.

Francesco Solimena (1657-1747) fut l'ami intime et le disciple de Luca Giordano, auquel il emprunta sa manière expéditive et plus brillante que solide. Il jouit, durant sa longue carrière, d'une réputation et d'une vogue immenses ; plusieurs papes, une foule de monastères, et la plupart des princes, ses contemporains, lui firent des commandes.

Le Musée de Toulon a envoyé à l'Exposition deux tableaux de

Solimène, qui ont appartenu, dit-on, à P. Puget. Ils sont d'égale grandeur.— L'un représente l'*Abdication de Charles-Quint*. L'empereur, à genoux sur la marche la plus élevée d'un autel, se retourne vers les gens de sa suite par un mouvement plus juste que noble. Derrière lui, un enfant de chœur agite un encensoir. Trois princesses sont agenouillées sur les degrés de l'autel ; l'une d'elles, coiffée d'un gigantesque diadème, porte un mouchoir à son visage ; celle qui est vue de dos, — une blonde à la chevelure opulente, — est d'une belle tournure. Il faut applaudir aussi au mouvement plein de vérité que fait, en se penchant pour voir la cérémonie, une petite suivante noire qui soutient la robe traînante de l'une des princesses. Des soldats, vêtus à l'antique, les pieds chaussés de sandales, forment la garde d'honneur. On ne s'expliquerait guère cet anachronisme de costume et encore moins la présence, au milieu de cette brillante assemblée, d'un mendiant au torse nu, si l'on ne savait que Solimène avait une prédilection pour ces détails antiques et ces nudités qui prêtent admirablement, il faut l'avouer, à un certain ragoût pittoresque. — Tous les groupes du tableau qui nous occupe sont, d'ailleurs, savamment et élégamment ordonnés et se détachent, sans confusion, sur un fond d'architecture d'une grande simplicité.

L'autre tableau représente *Saint Benoît* (?) *guérissant les pestiférés*. — Escorté par un serviteur qui porte un sac, le saint est arrêté sur la place publique, au milieu des malades et des morts confusément entassés. Il touche au front une femme livide, tuméfiée, plus semblable à un cadavre qu'à un être vivant. De toutes parts accourent des malheureux que le fléau a frappés : une vieille femme s'avance appuyée sur une béquille ; une mère apporte son enfant ; un vieillard est amené, étendu sur un petit chariot qu'un âne traîne. Au premier plan, nous retrouvons le mendiant demi-nu, au torse d'une couleur chaude et puissante. Dans le fond, des montagnes. Cette composition vaut la précédente ; elle est bien ordonnée et pleine de détails heureux.

L'*Eliezer et Rébecca* (à M. d'Agay) nous plaît moins quoique plus importante par les proportions. Les figures à mi-corps sont presque de grandeur naturelle. Rébecca tenant à la main une aiguière délicatement ciselée, verse de l'eau dans un coquillage que lui présente Eliezer. Celui-ci regarde, d'un air scrutateur, l'aimable fille de Nachor qui sourit modestement. Il est vêtu d'un magnifique manteau doublé de rouge et à larges raies vertes, grises et jaunes, alternées ; un gigantesque yatagan pend à sa ceinture. Un serviteur à la face bronzée, aux épaules et aux bras d'hercule, vraie figure michélangesque, tire d'un coffret des parures de perles, présents destinés à la jeune fille. Au second plan, se dessinent d'élégantes canéphores. — Le coloris est riche, éclatant, plein de *brio*. Le style est une sorte de compromis entre le faire énergique de l'école du Caravage et la manière facile du *Fa-presto*.

La *Toilette de Vénus* (à M. César Paul) se rapproche visiblement du style de l'Albane et il n'y a guère plus de raison vraiment à l'attribuer à Solimène qu'à tout autre pasticheur du maître bolonais. Vénus, le haut du corps entièrement nu, est assise devant une table sur laquelle est posé un miroir que soutient un amorino. Les Grâces président à la toilette de la déesse ; l'une met des perles dans sa chevelure ; l'autre agenouillée devant elle, dans une attitude charmante, semble attendre ses ordres ; la troisième, reléguée au deuxième plan dans une pénombre lumineuse, arrange les plis d'un rideau. De petits Amours tirent d'un coffret des bracelets et des colliers étincelants. A droite, un guerrier, revêtu d'une riche armure et coiffé d'un casque à panache blanc, s'avance la main tendue vers la déesse comme pour lui témoigner le plaisir de la revoir. Ce mortel privilégié doit être le bel Adonis ou Anchise le phrygien. On aperçoit derrière lui, dans l'ombre, d'autres guerriers ; mais un Amour écarte les profanes du sanctuaire. Au fond, des enfants ailés folâtrent sur la terrasse d'un jardin. — Ce tableau ne ressemble en rien aux œuvres ordinaires de Solimène ; les figures sont dessinées avec cette recherche un peu maniérée des Bolonais de la décadence ; l'Anchise, toutefois, est d'un bon style, dans le goût du Primatice. L'exécution est plus agréable que solide : les tons sont riches, harmonieux, délicats ; les ombres ont une légèreté, une transparence qui dénotent une science consommée du clair obscur.

Solimène eut de nombreux élèves : Francesco de Mura, le comte Ferdinando Sanfelice, Scipione Capella, Andrea dell'Asta, Giuseppe Bonito, Niccolo-Maria Rossi et Sébastiano Conca furent les plus habiles ; mais aucun d'eux ne sut préserver l'école napolitaine de la décadence profonde où elle tomba vers le milieu du XVIIIe siècle.

VIII. — Ecole Génoise.

Luca Cambiaso. — Benedetto Castiglione. — J.-B. Gaulli.

Nous avons vu qu'après la prise de Rome, en 1528, Pierino del Vaga, dépouillé de sa fortune, se rendit à Gênes où le prince Doria

l'accueillit avec bienveillance et lui confia le soin d'orner son palais ;
il y fonda une école de peinture d'où sortirent plusieurs artistes de
mérite. — Luca Cambiaso (1527-1585) ne reçut pas directement
des leçons de lui, mais il s'inspira beaucoup de ses travaux qui,
d'ailleurs, lui avaient été recommandés comme des modèles par
Giovanni, son père, grand admirateur du Vaga. Ce Luca (1) est
considéré comme l'un des plus grands maîtres de l'école génoise ;
Raphaël Mengs, Lomazzo, Boschini, en font le plus grand cas.
Il avait un très-remarquable talent de dessinateur, arrangeant avec
goût des compositions ingénieuses et piquantes, et nous lisons
dans Lanzi « qu'il exécutait ses idées avec une si grande vivacité,
avec une sûreté si parfaite que l'Armenini affirmait l'avoir vu
peindre avec deux pinceaux, et d'une touche non moins franche et
même plus sûre que celle de Tintoret. » Un petit dessin à la plume
(à M. Pascalis) représentant une *Sainte Famille*, est peu propre à
nous faire apprécier ce que valent ces éloges. Les contours sont
simplement et fermement indiqués. La Vierge, assise sur un petit
lit de repos, tient sur ses genoux l'Enfant qui se baisse pour embrasser une femme prosternée devant lui.

Benedetto Castiglione, connu aussi sous le nom de *Il Grechetto*
(1616-1670), puisa à l'école de Van Dyck une finesse de pinceau
et une élégance de lignes qu'on retrouve dans ses grandes comme
dans ses petites compositions. Il exécuta un assez grand nombre de
tableaux d'église ; mais il doit surtout sa réputation aux animaux
qu'il peignit, seuls ou dans des sujets historiques, avec une rare
habileté. — Nous ne saurions porter un jugement sérieux sur le
vaste tableau envoyé d'Avignon par M. Céri et représentant, suivant
l'indication du livret, un *Paysage avec animaux*. Cette toile avait
été accrochée si haut par les organisateurs de l'Exposition que
nous avons eu grand peine à entrevoir une femme tenant dans
ses bras un enfant et galopant sur un cheval blanc, à travers un
paysage qu'éclaire un ciel sombre..... — L'*Adoration des Mages*,
provenant du cabinet de M. le docteur Jouve, a été, du moins,
exposée à la portée du regard. L'un des rois, vieillard à la barbe
blanche, vêtu d'un grand manteau gris, à ramages jaunes, tient
sur ses genoux l'Enfant-Jésus auquel un autre mage, agenouillé et
inclinant sa tête nue, offre des pièces d'orfévrerie ; le roi nègre
baise les pieds du divin bambino. La Vierge, debout, enveloppée
d'une draperie bleue, les mains jointes, contemple son fils avec

(1) Appelé aussi Luchetto de Gênes.

amour et respect. Des serviteurs portant des présents et conduisant des chameaux occupent le second plan. — Cette peinture a de la vivacité, de l'éclat, mais elle manque un peu de corps.

Nous avons beaucoup admiré le dessin au crayon rouge envoyé par M. Pascalis et représentant : *le Passage de la mer Rouge*. — Les eaux se sont refermées derrière les Hébreux qui s'enfuient ; une mère étreint avec amour son enfant si miraculeusement arraché à la terre de la servitude. Arrêté sur le rivage, Moïse se retourne et anathématise le Pharaon qui, debout sur son char, au milieu des flots en courroux, semble invoquer la pitié de son ennemi. Les chevaux de l'attelage royal, effarés, la crinière au vent, hennissent et se cabrent. Ils sont dessinés de main de maître. Toute la scène d'ailleurs est admirablement mouvementée.

Bien qu'il doive beaucoup à Van Dyck, comme nous l'avons remarqué, Castiglione peut être regardé comme un artiste original ; son contemporain Giovanni-Battista Gaulli (1639-1709), surnommé le Baccicio, se montra, au contraire, un adepte fervent et presque servile de la manière du Bernin : ce fut, d'ailleurs, un artiste d'un vrai mérite, plein de grâce et de vivacité. — C'est encore de la riche collection de M. Pascalis que provient le grand dessin à la plume, exposé sous le nom de ce maître. Il représente l'*Apothéose* d'un pape. La composition est belle : les personnages sont nombreux ; saints divers, cardinaux, évêques, etc., sont groupés avec goût. C'est là vraisemblablement le croquis d'un plafond.

Avec le Baccicio, l'école génoise perdit tout caractère national, elle adopta tour à tour le style romain et le style parmésan et partagea ainsi la décrépitude des autres écoles italiennes.

ÉCOLE ESPAGNOLE

Luis Moralès. — Ribera. — Murillo. — Zurbaran. — Velazquez. — Francisco Herrera. — Valdès Léal. — Gaspar Lopez. — Goya.

Les peintres espagnols n'ont commencé à être bien connus en France que vers 1840, à l'époque où M. Taylor,—chargé par Louis-Philippe de former une galerie où ces artistes fussent dignement représentés,—ramena d'Espagne une collection qui ne comprenait pas moins de vingt-deux tableaux d'Alonzo Cano, de neuf portraits de Coello, de trois tableaux d'Herrera le vieux, de trois Moralès, de trente-huit Murillo, de vingt-cinq Ribera, de dix-neuf Velazquez, de soixante-cinq Zurbaran, etc. Splendide réunion de chefs-d'œuvre qui durent être restitués aux héritiers de l'ancien roi, après les événements de 1848! — Le Louvre, qui n'offrait guère, à cette époque, qu'une quinzaine de tableaux de l'école espagnole, s'est enrichi, depuis, au prix de sacrifices considérables, de quelques œuvres capitales de Murillo, de Zurbaran, d'Herrera le vieux ; mais quelque importance qu'aient ces ouvrages, il faut bien avouer que de toutes les écoles de peinture, celle d'Espagne est la moins bien représentée dans les musées français.

L'Exposition marseillaise ne nous a offert qu'un très-petit nombre de pages de cette école (1); quelques-unes, du moins, seraient dignes de figurer dans des galeries princières.

A Luis Moralès, de Badajoz (1509-1586), qui fut surnommé le Divin (*el Divino*) parce qu'il peignait habituellement des sujets de sainteté avec une beauté d'expression et, en même temps, avec une délicatesse et une douceur de pinceau incomparables, le Catalogue attribue un *Ecce Homo* en buste (à M. Gérard) et un *Christ au roseau* (à M. Olive), tous deux sur bois et de petites dimensions. Le premier, le visage amaigri et dévasté par la souffrance, — très expressif, d'ailleurs, et d'une couleur austère, — pourrait bien n'être qu'une copie, sinon une peinture de la primitive école flamande. On attribue à Moralès une quantité prodigieuse de Madones et d'*Ecce Homo* peints dans ce style violent; mais les véritables Moralès sont d'une exécution moins heurtée, plus habile dans la dégradation des teintes, plus élégante dans les contours (2). Le *Christ au*

---

(1) Les historiens de l'art comptent pour le moins quatre écoles de peintures en Espagne :

1° L'Ecole de Tolède, la plus ancienne de toutes, qui fut illustrée par Antonio del Rincon, Inigo de Commontès, Gallegos, — l'Albert Durer de l'Espagne, — le grec Theotocopuli, Luis Moralès (dont il est question dans notre étude), Luis Tristan, etc. ;

2° L'Ecole de Valence, qui introduisit en Espagne le style italien et dont les plus glorieux représentants furent Juan-Vicente Juanès, heureux imitateur de Raphaël, Francisco Ribalta, qui étudia en Italie le Sanzio et le Piombo et fut le premier maître de Ribera, Ribera lui-même et les deux Espinosa ;

3° L'Ecole de Madrid, qui s'honore d'avoir produit Navarrete le Muet (*el Mudo*) qui reçut des leçons du Titien, — Vicente Carducho, né à Florence, peintre de Philippe III et de Philippe IV, — Juan Carreno, imitateur de Velazquez, — Claudio Coello, l'un des derniers représentants, en Espagne, des traditions italiennes ;

4° L'Ecole andalouse (Grenade, Séville et Cordoue), illustrée par Pedro de Moya, qui étudia Van Dyck en Angleterre et donna à son tour des leçons à Murillo, — Alonzo Cano, surnommé le Michel-Ange espagnol, — Pablo de Cespedès (de Cordoue), auteur de divers traités sur la peinture, — Luis de Vargas et Pedro Campana, fondateurs de la célèbre école de Séville, — Juan de las Roellas, le maître de Zurbaran, — Francisco Pacheco, qui forma Velazquez et Alonso Cano ; — les deux Herrera, — et enfin les trois grands artistes: Zurbaran, Velazquez et Murillo.

(2) Qui ne connaît la charmante nouvelle où Mérimée, racontant à sa façon les aventures de Don Juan, substitue à la statue du commandeur un prétendu tableau de Moralès, *les Ames du Purgatoire*, dont la hideuse fantasmagorie poursuit le trop galant hidalgo au milieu de ses orgies ?

roseau, nous paraît réunir ces qualités à un degré assez éminent pour que nous n'hésitions pas à le croire authentique. Il est vu à mi-corps, la tête inclinée et couronnée d'épines, les yeux noyés de larmes, la bouche ouverte pour laisser passage aux sanglots; ses poignets sont liés par une corde et un roseau est placé dans sa main; un manteau de pourpre recouvre ses épaules; sa poitrine nue est d'une belle couleur dorée.

Il existe à Badajoz, au dire de Bermudez, des tableaux de Moralès, datés de 1546; c'est donc à tort qu'on a prétendu que cet artiste s'était formé sous la direction de l'italien Pietro Campana qui ne vint en Espagne qu'en 1548.

Ce fut en Italie même que Jose de Ribera (1588-1656) alla chercher des leçons (1). La vie de ce grand artiste est un véritable roman. Arrivé à Rome, sans appui, sans ressources, vivant des aumônes de ses camarades qui l'appelaient plaisamment le petit Espagnol (*lo Spagnoletto*), il étudia avec ardeur les œuvres du Caravage, dont il ne pouvait se lasser d'admirer le génie audacieux. Après la mort du maître, dans l'atelier duquel il était parvenu à se faire admettre, mais dont il reçut à peine quelques enseignements, Ribera, alors âgé de vingt ans, se rendit à Parme, s'enthousiasma du Corrège, le prit pour modèle et fit sur les traces de ce merveilleux artiste, des progrès rapides. De retour à Rome, il revint à l'imitation du Caravage et produisit quelques ouvrages remarquables; mais tracassé par les envieux, toujours harcelé par la misère, il se décida à aller se fixer à Naples; là, il parvint à gagner les bonnes grâces d'un riche marchand de tableaux qui lui donna sa fille en mariage. Son sort changea dès-lors complètement. En peu de temps il acquit célébrité et fortune.

Comblé de commandes par le vice-roi, comte de Monterey, et par Philippe IV, l'Espagnolet devint l'égal des plus grands seigneurs de la cour de Naples, le chef d'une école qui fleurit, ou, pour mieux dire, qui régna despotiquement dans toute la basse Italie, n'hésitant pas à se servir du poignard pour écarter les artistes étrangers.

Ce n'est pas faire un mince éloge de Ribera que de dire qu'il surpasse Le Caravage, son maître : il n'a pas moins d'énergie, pas moins de fougue, pas moins de réalisme; il est plus correct, plus ingénieux.

Le Catalogue lui attribue six tableaux, qui, pour la plupart, sont

(1) Il commença ses études, en Espagne, sous Francisco Ribalta, mais il était trop jeune encore pour subir l'influence de ce maître.

très-dignes d'attention, sans qu'il soit permis toutefois de les certifier authentiques.

L'*Agneau pascal* (1), — un agneau égorgé, gisant auprès d'un panier d'œufs, — n'est, à bien prendre, qu'un tableau de nature morte; l'insignifiance du sujet est rachetée par l'austère énergie de la couleur.

Mme Bounin a exposé un *Saint Jérôme* savamment dessiné; son attitude a malheureusement quelque chose de trivial : à le voir ainsi, les mains tendues en avant et les doigts crispés, les épaules demi-nues et le corps entier teint de reflets rougeâtres, — on dirait un vieillard transi cherchant à se réchauffer à un foyer invisible. En réalité, le grand solitaire est saisi d'une sainte frayeur en entendant les sons de la trompette divine que l'on entrevoit dans un coin obscur du ciel. Devant lui sont placés une écritoire, un manuscrit et une tête de mort d'une couleur superbe. Son visage, encadré par une longue barbe grise, est noble et grave; la coloration des chairs est d'un ton brique que nous avons remarqué souvent dans les œuvres de l'Espagnolet.

Le *Saint Barthélemy*, appartenant à un collectionneur aixois, est, comme le *Saint Jérôme*, une figure de grandeur naturelle, vue à mi-corps; l'exécution, pour être ici moins finie, ne manque ni de justesse, ni de puissance. L'apôtre, drapé comme un hidalgo dans les plis d'un manteau gris, tient, je ne saurais dire pourquoi (2), un couteau ou un poignard à la main. Sa figure, sillonnée de rides, est très-expressive : les ombres, fortement prononcées, donnent aux parties éclairées un relief extraordinaire.

Nous n'avons pu découvrir le *Jésus au milieu des docteurs*, que le livret dit avoir été exposé par M. R. Gower; il pourrait bien se faire pourtant que ce tableau fût celui qui a été porté avec le même titre, sous le numéro 1259, parmi les ouvrages dont les auteurs sont inconnus ; c'est là bien moins, en effet, une peinture de l'école de Valentin, comme l'ont supposé les rédacteurs du Catalogue, qu'un pastiche, très-remarquable d'ailleurs, de la manière espagnole. Les personnages, grands comme nature, sont peints à mi-corps. Jésus, vêtu d'une tunique rouge, le doigt levé vers le ciel, est debout au milieu de la docte assemblée ; sur ses traits enfantins se reflète sa divine intelligence. L'un des docteurs, vieillard à la barbe blanche,

(1) A M. Roux, de Marseille.
(2) Nous aurions beaucoup trop à faire, en vérité, si nous voulions redresser tous les titres plus ou moins absurdes qui fourmillent dans le Catalogue.

lui montre un livre qu'il tient entr'ouvert ; les autres accueillent avec un sourire moqueur les paroles du jeune inspiré ;—on admirera surtout l'expression de hauteur dédaigneuse peinte sur le visage de l'un d'eux.

Le *Lazzarone*, exposé par M. Achille Bonnet (d'Avignon), est un magnifique mendiant tout-à-fait dans le goût du Caravage ; on ne peut souhaiter un type plus vulgaire, plus réaliste, traité avec plus de vigueur, dans ces tons olivâtres qu'affectionnait le sombre Amerighi.

Nous avons réservé pour le dernier le *Saint Paul ermite*, provenant de la galerie de M. Bourguignon de Fabregoule, superbe tableau qui, malgré quelques retouches maladroites, doit être considéré comme l'une des pages les plus dignes d'admiration qui aient figuré à l'Exposition marseillaise. Le saint anachorète, agenouillé dans sa grotte, les épaules et les jambes nues, le torse enveloppé d'une peau de bête, les mains jointes et les yeux levés vers le ciel, prie avec une expression de foi, de ferveur, d'enthousiasme, merveilleusement rendue. Nous sommes bien loin des figures bestiales et des réalités cyniques du Caravage. L'exécution a, dans sa force même, quelque chose de moelleux, de brillant et de délicat, qui nous porte à croire que Ribera, en peignant cet ouvrage, songeait bien plus au Corrège qu'à son premier maître.

On nous a dit que ce *Saint Paul*, avant de figurer à l'Exposition de Marseille, était classé comme un Zurbaran, dans la collection de M. Bourguignon de Fabregoule ; on a eu raison, suivant nous, de le restituer à Ribera ; mais s'il fallait lui chercher un autre auteur, nous ne serions pas éloigné de nommer Bartolome-Esteban Murillo (1618-1682), qui a peint dans ce style et dans cette admirable couleur une foule de saints en extase.

Nul artiste, on le sait, n'a plus souvent changé de manière que Murillo. Les Espagnols classent ses peintures en trois genres bien distincts, qu'ils caractérisent par les épithètes de *froid*, de *chaud*, de *vaporeux*. Les mendiants, les pouilleux, les chanteurs ambulants, les guenilles et les misères de toute sorte appartiennent au genre froid. Les ravissements des saints, les visions célestes, les élancements de la créature vers le Créateur rentrent dans le genre chaud. Quant au genre vaporeux, il embrasse les sujets religieux de l'ordre le plus élevé, les compositions où la Divinité est mise en scène, telle que les Annonciations, les Ascensions, les Assomptions, etc., etc. Murillo employait alternativement ces trois manières, mais il lui est arrivé quelquefois de les associer dans une même peinture.

Ce grand artiste n'aurait pas compté à l'Exposition moins de dix tableaux, si nous en croyions le Catalogue : mais d'abord il convient d'écarter les *Deux mendiants*, — un jeune gars déguenillé et une laide paysanne déjeunant en plein air, — le *Chanteur buvant* et le *Petit pourvoyeur* (tous trois à M. R. Gower) : le premier de ces ouvrages est une assez bonne copie d'une toile du Musée de Madrid ; nous ne savons si les deux autres sont des reproductions ou des pastiches, mais ils n'ont aucune des qualités du maître

Retranchons encore : une *Tête de Christ* (1), presque entièrement noire sur un fond gris, encadrée par cette légende : *Deus meus, quid me reliquisti ?* figure qui n'est pas sans caractère, mais qui ne ressemble absolument à rien de ce que nous connaissons de Murillo ; — une petite *Vierge* (à M. Michélis) d'un coloris doux et distingué, mais d'une touche hésitante ; — une *Vierge constellée* (à M. Reynès), affreusement mutilée par des repeints ; — et enfin un *Saint André* (à M. R. Mauri), morceau qui a d'incontestables qualités, mais des qualités d'un ordre tout à fait secondaire.

Restent trois tableaux qui, s'ils ne sont pas d'une authenticité irrécusable, peuvent du moins être inscrits sous le nom de Murillo, sans que cette attribution soit une offense à un maître aussi illustre.

Le plus important (2) de ces tableaux représente le vieux *Dédale* adaptant des ailes aux épaules de son fils *Icare*. Les attitudes des deux personnages, vus à mi-corps et de grandeur naturelle, sont pleines de vérité et d'expression ; les raccourcis sont habiles, les têtes ont du style, le coloris est d'une grande suavité et d'un moelleux exquis ; il est bien regrettable que certaines parties, notamment le visage d'Icare, aient été souillées par des repeints d'une maladresse extrême.

Les deux autres toiles, qui sont de très-petites dimensions, appartiennent à M. R. Gower.— Celle qui porte le numéro 660, figure un *Arracheur de loupes* et non un *Arracheur de dents*, comme dit le livret. L'artiste nous introduit dans la boutique d'un barbier espagnol : l'armet de Membrin et un petit miroir sont accrochés à la muraille du fond, au-dessous d'un rayon sur lequel s'étalent des pots d'onguent, des bouquins et une tête de mort. Dans la patrie de Don Quichotte et de Gil-Blas, — médecin, chirurgien, pharmacien et

(1) A M. Carpentin.
(2) A M. Ferrary.

barbier, c'est tout un, comme on sait. A ces divers métiers se joint, le plus souvent, celui de messager d'amour, mais ce n'est pas ici le cas : le Figaro de céans, compère ventru et jovial, est occupé à extraire une loupe de l'épaule d'un campagnard, qui fait la plus piteuse mine du monde, la tête renversée sur le dossier du fauteuil où il est assis. Au fond de la boutique, un aide-barbier, en train de savonner la face béate d'un Castillan, s'égaie des contorsions et des lamentations de l'homme à la loupe, qui, à en juger à sa veste de gros drap bleu et à ses bas tombants, est de ces clients que l'on peut mener grand train. Le gai soleil d'Espagne se glisse par une fenêtre entr'ouverte et enveloppe les objets d'une belle teinte dorée. Les ombres sont chaudes et transparentes. La tête du patient, peinte en pleine lumière, est très-vivante. Un morceau excellent aussi, comme dessin et comme couleur, est le jeune garçon qui est debout au premier plan, à gauche, et qui tourne le dos aux spectateurs.

L'autre tableautin (les *Petits chanteurs*) n'est pas moins agréablement composé, et l'exécution, qui semble dater d'hier, tant le coloris a conservé de finesse et de fraîcheur, est certainement d'un maître. — Nos artistes en herbe ont pris pour estrade une grosse pierre de taille placée dans le coin d'un carrefour; ils sont deux : l'un joue de la vielle, l'autre chante. Leurs physionomies sont intelligentes et expressives, surtout celle du chanteur, dont l'insouciante gaîté contraste avec le délabrement pittoresque de son costume. Cinq ou six enfants font cercle autour du théâtre improvisé : un blondin mélancolique et maladif, appuyé sur un bâton ; une fillette tenant un matou dans ses bras ; un charmant espiègle, coiffé d'une toque à plumes ; un voyou, les mains derrière le dos, les pieds nus, une épaule sortant de sa chemise en lambeaux ; deux autres garnements se disputant à coups de poing je ne sais quelle misérable loque, et, témoin impassible de la rixe, un jeune garçon portant devant lui un étalage de marchand ambulant. Jamais nous n'avons rencontré minois plus fripons, plus amusants, plus vivement et plus délicatement croqués. Dans le fond, une femme est debout sur le seuil de sa maisonnette; on entrevoit un coin de paysage pardessus un parapet qui s'élève à droite derrière les musiciens.

Francisco Zurbaran (1598-1662) n'a ni la grâce d'expression, ni la douceur de coloris de Murillo, mais il ne lui cède pas en élévation ; il excelle à peindre les types graves et rayonnants d'enthousiasme des cénobites, et il déploie, dans la reproduction des scènes de la vie ascétique, beaucoup de fermeté, de vigueur, et, j'ajouterais volontiers, une austérité incomparable.

Des quatre tableaux inscrits sous son nom, la *Sainte Thérèse*, provenant du cabinet de M. X. (d'Aix), est celui qui peut donner l'idée la plus juste du talent de l'artiste. C'est une page d'un grand caractère, d'un coloris sombre et grave comme le sujet. La sainte est représentée à mi-corps, les épaules recouvertes d'un manteau grisâtre, la tête entourée par le capuchon noir des carmélites, les yeux levés vers le ciel, dans l'attitude de l'extase. Elle tient une plume à la main et a devant elle un épais manuscrit sur lequel on lit ces mots : *Misericordiam Domini in æternum cantabo*.

Le *Saint François ermite*, appartenant à M. Roux, est le *nec plus ultrà* de l'ascétisme ; ce saint, les yeux caves, la face amaigrie et livide, les mains décharnées et jointes pour la prière, ressemble tout-à-fait à un cadavre.

M. Olive a exposé un autre *Saint François*, à demi-couché, un crucifix sur la poitrine, les mains posées sur un livre, et semblant dormir d'un sommeil extatique, tandis qu'un ange placé devant lui joue du violon. Cet ouvrage n'est pas sans mérites, mais il est plus dans la couleur de Ribera que dans celle de Zurbaran qui ne sortait guère d'une gamme bleuâtre dans laquelle il fondait avec beaucoup d'habileté les autres tons. — J'en dirai autant d'un *Saint Jérôme*, appartenant à M. Perrée, peinture qui a bien le cachet de l'école espagnole, mais que le temps a fort maltraitée.

Don Diego Rodriguez da Silva y Velazquez (1599-1660), qui donna des leçons à Murillo, a joui, de son vivant, d'une grande réputation que le jugement de la postérité a consacrée. Peintre officiel de la cour d'Espagne, ami de Philippe IV, il produisit une quantité considérable de portraits ; mais il ne se renferma pas dans ce genre qui pouvait suffire cependant à sa gloire : il peignit des intérieurs, des paysages, des fruits, des fleurs, des animaux et jusqu'à des sujets d'histoire.

Le *Portrait d'enfant*, tiré de la riche collection de M. Bourguignon de Fabregoule, est un chef-d'œuvre dont nous ne récuserons pas l'authenticité. — Cet enfant, vêtu d'une robe de brocard blanc brochée d'or et bordée de larges dentelles, est assis, tenant un hochet dans sa main droite ; son visage, modelé avec une puissance étourdissante, — avec trop de décision, peut-être, pour des traits enfantins, — a une expression d'adorable mutinerie ; ses yeux bleus, grand ouverts, pétillent de malice, et ses lèvres sont plissées par une petite moue aristocratique qui lui sied à ravir. Les plis et les cassures des étoffes sont indiqués avec une suprême élégance. La couleur a quelque chose de vénitien. C'est un morceau magnifique, digne assurément du Véronèse auquel un critique sérieux, M. Lagrange, a cru devoir l'attribuer (1).

Le *Portrait d'infante* (2) exposé par M. Sallier (d'Aix), quelque inférieur qu'il soit au précédent, se fait remarquer néanmoins par la fermeté du relief. Cette tête de jeune fille, aux yeux noirs et perçants, épanouie au milieu d'une triple collerette de Malines, est bien vivante. La taille est étroitement emprisonnée dans une robe rouge, rayée de jaune, à larges manches, d'où sortent des bras mignons, enveloppés de sous-manches collantes ; la main gauche est gantée.

Le *Portrait en pied* d'un *baby* (à M. Gower) tenant à la main un chapeau à plume et ayant une épée au côté, n'a pas l'accent énergique des Velazquez ; c'est une copie, sinon une peinture flamande. — Nous ne dirons rien de deux autres portraits mentionnés par le Catalogue, n'ayant pu réussir à les découvrir.

Quant au *Charles-Quint se rendant au monastère de Saint-Just*, esquisse peinte, appartenant à M. Victor Moreau, — nous inclinons fortement à croire qu'elle est du napolitain Solimène (3) ; elle est tout-à-fait dans sa manière, et n'a rien d'un Velazquez. On y retrouverait, au besoin, quelques-unes des figures du tableau de l'*Abdication* que nous avons décrit plus haut. — Charles-Quint, descendu de cheval, se prosterne au pied de l'abbé de Saint-Just, vieillard vénérable qu'entourent les moines de son couvent. Les gentilshommes de la suite de l'Empereur sont montés, pour la plupart, sur de magnifiques chevaux blancs, les autres, sur des mulets richement caparaçonnés. Des gens du peuple se pressent sur le passage du cortége ; on remarque dans la foule un de ces mendiants au torse nu et fauve, comme les aime Solimène. Le ciel est chargé de nuages sombres, sauf un coin doré où s'ébattent des chérubins. Il est à regretter d'ailleurs que la plupart des teintes aient poussé, par suite, sans doute, de la mauvaise impression de la toile dont la trame grossière apparaît sous les couches minces de la pâte.

Les autres peintres espagnols dont on a pu réunir des œuvres à l'Exposition marseillaise, se placent bien au-dessous des maîtres que nous venons de nommer.

(1) *Gazette des Beaux-Arts*, 65e livraison (1er novembre 1861).
(2) C'est évidemment par erreur que le livret a désigné ce portrait comme étant celui de l'infant don Balthasar.
(3) Nous avons eu le plaisir de voir cette opinion que nous avions émise dans le journal *la Méditerranée* (13 septembre 1861), adoptée par M. Lagrange dans la *Gazette des Beaux-Arts* (livraison précitée).

Francisco Herrera (1622-1685), dont M. Carpentin nous a offert un *Marché aux fleurs*, est moins connu que son père Herrera le vieux (1576-1656), qui fut le maître de Velazquez, et qui ne le cède en vigueur, en audace, en emportement à aucun de ses compatriotes, — témoin son *Saint Basile* du Louvre ; peinture exubérante de vie et de réalité, brossée avec une fougue qui n'exclut pas la correction des détails. — Venons au tableau de Francisco : c'est une toile oblongue, représentant un paysage traversé par une rivière, avec un pont et des maisonnettes qui se mirent dans l'eau. La lumière vient du fond, où se silhouettent des montagnes bleuâtres. Un assez grand nombre de figurines, en costumes éclatants, peuplent ce paysage. Le marché est des plus animés : ce sont des bouquetières qui vont et viennent d'un groupe à l'autre, des paysannes portant des corbeilles sur leur tête, une femme qui pince de la guitare, assise sur un âne qui brait, un berger jouant de la flûte au milieu de ses moutons, des villageois dispersés sur les coteaux, arrêtés sur le pont ou au bord de la rivière. Il est vraiment dommage que les ombres soient devenues si noires.

A Juan Valdès Léal (1630-1691), qui fut l'un des premiers peintres de la petite école de Cordoue, le livret attribue une *Allégorie* appartenant à M. Edouard Geille, morceau d'une riche couleur et d'un dessin très-distingué. Un enfant nu, dormant entre un sablier et une tête de mort, sur une magnifique draperie rouge ; voilà tout le tableau : est-il besoin d'ajouter que l'allégorie a trait à la brièveté de la vie, au peu de distance qui sépare notre berceau de notre tombe ? — Le sujet, on l'avouera, est bien espagnol ; mais la peinture ne serait-elle pas d'une main italienne, d'un disciple d'Augustin Carrache, par exemple, sinon d'Augustin lui-même ?

Le *Vase de fleurs* (anémones, roses et œillets), que M. le marquis de Forbin d'Oppède a exposé, sous le nom de Gaspar Lopez, qui florissait vers 1731, se distingue par la simplicité de l'arrangement, la douceur et la vérité du coloris.

Après avoir brillé du plus vif éclat, durant le dix-septième siècle, l'école espagnole retomba dans une obscurité profonde ; quelques noms à peine ont échappé à l'oubli et sont venus jusqu'à nous.

Vers la fin du dix-huitième siècle, nous rencontrons pourtant un artiste d'un mérite hors ligne, Francisco Goya y Lucientes (1746-1828), improvisateur éblouissant, fantaisiste ardent et spirituel, qui, d'aventure en aventure, vint terminer ses jours à Bordeaux. — M. Jourdan a exposé, comme venant de lui, une esquisse qu'il peignit, dit-on, en trois heures, en présence des fabriciens de la cathédrale de Sarragosse, et qui, acceptée par eux, aurait servi de modèle à un grand tableau de dix mètres de hauteur qu'on voit dans l'église de cette ville. Le sujet est : *Saint Jacques de Compostelle* recommandant les malheureux à la célèbre madone *del Pilar*. L'apôtre, vêtu de son costume de pélerin, entouré de pauvres et de malades, occupe le bas du tableau. Marie, environnée d'étoiles, lui apparaît sur les nues et lui montre, d'un geste, sa statue et la colonne (*el pilar*) miraculeuse que des anges soutiennent. Les trois personnes de la Trinité trônent dans les splendeurs de l'empyrée, au milieu des séraphins, qui jouent de divers instruments. Si l'artiste n'a mis réellement que trois heures pour concevoir et ébaucher cette composition, on ne peut qu'admirer une aussi prodigieuse facilité.

Un pareil tour de force n'étonnera pas d'ailleurs ceux qui connaissent Goya par ses œuvres répandues à profusion en Espagne, ou qui ont appris à apprécier son merveilleux talent dans l'excellente étude que lui a consacrée, il y a quelques années, un écrivain bordelais, M. Laurent Matheron (1). On peut, en effet, en lisant ce travail, le plus complet qui ait été publié sur Goya, se faire une idée de ce maître étrange, fantasque, héritier direct des Velazquez et des Herrera ; « artiste doué d'aptitudes diverses, multiples ; penseur hardi, rêveur en plein soleil, contour piquant et de libre langage ; robuste et impétueux jusqu'à la furie dans la grande peinture ; ferme, saisissant de vérité, serrant de près la nature dans le portrait ; spirituel, enjoué, prime-sautier dans la peinture de genre ; observateur profond, espagnol jusqu'au bout des ongles dans la peinture de mœurs ; graveur inspiré, fantastique, éclatant de spontanéité. »

Francisco Goya est le dernier grand nom de la peinture espagnole.

(1) Goya, par L. Matheron ; Paris, 1858.

ÉCOLE ALLEMANDE

Albert Dürer. — Holbein. — Rottenhamer. — Rosa di Tivoli. — Stern. — Charles Brandt. — G. Treutmann. — Dietrich. — Rafael Mengs.

Les maîtres primitifs de l'école allemande (1) ne sont pas moins rares au Louvre que les maîtres espagnols. Il est à peine croyable que notre Musée national ne possède aucun ouvrage de l'immortel Albert Dürer (1471-1528) qui a été surnommé, non sans raison,

---

(1) On ne connaît encore que très-imparfaitement l'histoire même de cette école qui apparaît étroitement liée, pour ne pas dire confondue, à l'origine, avec l'école flamande. Les églises et les galeries allemandes sont remplies de peintures extrêmement remarquables, exécutées aux XVe et XVIe siècles : on ignore généralement quels en sont les auteurs ; mais, quels qu'ils puissent être, ils procèdent visiblement des Van Eyck. Parmi les maîtres de cette période obscure, dont les noms sont venus jusqu'à nous, il faut citer : Meister Stephan Lothener, l'auteur du fameux triptyque de la cathédrale de Cologne, — Martin Schon (mort en 1488) que l'on croit élève du flamand Rogier van der Weyden — Mathias Grünewald d'Aschaffenburg (1450-1510), — et Michael Wohlgemüth (1434-1519), qui eut la gloire d'être le précurseur et le maître d'Albert Dürer.

le Raphaël de l'Allemagne, artiste à la fois gracieux et austère, grave et enjoué, toujours fort et puissant, peintre, graveur, architecte, sculpteur et écrivain. — On ne cite de lui qu'un tableau en France, appartenant au Musée de Lyon, et encore existe-t-il quelques doutes sur l'authenticité de cette peinture, qui paraît bien avancée pour l'époque.

C'est donc un trésor inestimable que la grande *Annonciation* qui a été envoyée par la paroisse de la Madeleine (d'Aix) à l'Exposition marseillaise. Ce tableau, dit le Catalogue, est attribué presque unanimement à Albert Dürer.

Si la fermeté de la touche, si la clarté et la franchise du coloris, si la finesse de certains détails et la naïveté bien primitive de quelques autres, si l'admirable disposition des draperies et la raideur un peu sculpturale des attitudes suffisent pour caractériser la manière de ce merveilleux génie, nous ne craignons pas de dire que ces qualités et ces imperfections ne se retrouvent nulle part plus accentuées que dans cette *Annonciation*, véritable chef-d'œuvre, bien digne, dans tous les cas, d'être signé par l'élève du vieux Wohlgemüth!

La Vierge, revêtue d'une chape de drap d'or à grands ramages noirs, est agenouillée devant un élégant prie-dieu, dans la chapelle latérale d'une église gothique. Elle a les mains jointes et détourne timidement ses regards de son livre d'heures. Un bel ange, à cheveux roux, les ailes déployées, les genoux en terre, lui annonce la nouvelle de sa maternité; une magnifique chape rouge déroule autour de lui ses plis ondoyants. Par une rosace de l'église, Dieu le Père, revêtu aussi d'une chape dont un ange soutient la queue, fait descendre sur Marie les effluves de sa grâce. Un vase de cuivre, dans lequel est placé un lys, emblème de la chasteté, est posé à terre auprès de la Vierge. Les détails piquants et emblématiques abondent dans la mise en scène. Un singe sculpté est perché au sommet du prie-dieu. Au fond de l'église, un prêtre célèbre à l'autel le sacrifice de la messe. Enfin, ce qui dépasse toute naïveté, un *bambino* microscopique nage dans les rayons d'or qui vont de Dieu à Marie. L'architecture est à elle seule un chef-d'œuvre; toutes les parties en sont dessinées avec une rectitude et une précision merveilleuses. Par une fenêtre tréflée de la chapelle latérale, la vue embrasse un coin de paysage qu'orne un arbre grêle.

Tous ceux qui ont su apprécier la valeur de cette splendide peinture exprimeront, avec nous, le désir qu'on lui fasse subir au plus tôt une restauration intelligente qui la débarrasserait des mille souillures dont le temps l'a couverte, et qui rendrait au coloris,— devenu en certaines parties terne et froid,—sa vigueur première (1).

M. Valli s'est trop attaché, peut-être, à faire disparaître toutes traces de vétusté du petit panneau cintré qu'il nous a offert comme étant d'Albert Dürer ; il est bon que les vieux tableaux conservent la patine harmonieuse du temps. — On a quelque peine à croire que le tableautin dont il s'agit, représentant un *Calvaire*, soit de la même main que l'*Annonciation*, bien qu'il porte le monogramme très-lisible d'Albert Dürer, un A barré au sommet et un D entrelacés. Nous laisserons à de plus experts le soin de décider si cette signature est apocryphe ; mais, selon nous, la peinture a un caractère primitif bien incontestable, et nous avouerons qu'elle nous a paru posséder des qualités d'exécution telles et des rapports si frappants avec certaines gravures du maître allemand, que nous serions tenté de croire à l'exactitude de son attribution. — La composition est pleine de grandeur dans sa simplicité. Le sublime sacrifice est consommé ; l'Homme-Dieu,— la tête couronnée d'épines, les pieds fixés par un seul clou au bois de la croix, le milieu du corps entouré d'une draperie blanche, dont les bouts flottent au gré du vent, — a rendu le dernier soupir. La foule aveugle de ses bourreaux s'écoule par les sentiers pratiqués sur les pentes du Calvaire, et regagne la ville dont les hautes tours et les remparts apparaissent au loin enveloppés d'une lumière bleuâtre et baignés par les eaux d'un fleuve. Seuls au pied de la croix, Marie, la mère aux Sept-Douleurs, et Jean, le disciple bien-aimé, donnent un libre cours à leurs larmes.

Je ne sais si c'est avec intention que les organisateurs de l'Exposition avaient placé près de ce *Calvaire* un panneau de la même grandeur et représentant le même sujet, dont le Catalogue ne fait pas mention ; quoi qu'il en soit, ces deux peintures nous ont paru offrir entre elles de si nombreux points de ressemblance, que nous n'hésitons pas à les croire du même maître, ou du moins de la même école. La composition toutefois est bien différente, beaucoup plus compliquée dans le tableau anonyme que dans le tableau signé ; en revanche, le coloris a moins d'éclat, et le paysage, quoique présentant à peu près la même disposition, est moins soigné. Nous assistons ici au dernier acte de la Passion ; les bourreaux, attroupés au pied de la croix, insultent à l'agonie de leur victime ; un soldat

---

(1) Peut-être aussi conviendrait-il de remplacer le panneau vermoulu sur lequel la toile est collée.

perce le flanc du Christ d'un coup de lance ; un autre apporte l'éponge trempée de vinaigre ; la Vierge s'évanouit au premier plan ; la Madeleine étreint désespérément l'arbre de la croix ; les deux larrons sont accrochés, l'un à gauche du Christ, l'autre à droite, — ce dernier tournant le dos au spectateur.

Les peintures de Hans Holbein, le jeune (1498-1554), qui fut l'un des plus grands maîtres de l'art allemand après Dürer, sont moins rares que celles de ce dernier. — On sait que, cédant aux instances du comte d'Arundel et aux conseils de son ami Erasme qui lui donna des lettres de recommandation pour le célèbre chancelier Thomas Morus, Holbein quitta Bâle pour aller en Angleterre, où il ne tarda pas à obtenir une vogue prodigieuse et la faveur particulière du terrible Henri VIII. Il fit, à la cour de ce monarque, une grande quantité de portraits ; nous en avons vu figurer une vingtaine à la seule Exposition de Manchester, la plupart très-dignes d'admiration et très-authentiques. Le Louvre en possède huit. A Marseille, il en a été exposé deux : l'un provenant du Musée d'Avignon et donné comme étant le portrait d'Holbein lui-même ; l'autre, appartenant à M. Bourguignon de Fabregoule et figurant sir Thomas Morus, le protecteur du peintre.

Ce dernier est un morceau capital. — Le grand chancelier est représenté en buste demi-nature. Il est coiffé d'une toque noire qui ne laisse apercevoir que quelques cheveux gris coupés court, et il porte un vêtement de même couleur sur lequel se détache une chaîne d'or passée au cou. Ses yeux, armés de besicles, s'abaissent sur un livre ouvert qu'il tient avec ses mains gantées, et se dessinent, en forme de croissant, au fond de leurs larges orbites. Il est tout entier à sa lecture : on croit voir remuer ses lèvres entr'ouvertes. Si, par réalisme, il faut entendre la reproduction minutieuse et fidèle de la nature, Holbein est le plus grand de tous les réalistes ; ce portrait est une merveille de vérité, de vie, un vrai *trompe l'œil* ; exécuté depuis plus de trois siècles, il a conservé une puissance, un éclat qui éblouissent, qui fascinent. Il semble que ce vieillard ridé, à la fois grave et souriant, va se détacher de son cadre à fond vert (1) et venir à vous. — Que si vous cherchez à vous rendre compte des procédés d'exécution employés par l'artiste, vous serez étonné qu'une peinture aussi sobre, aussi claire, aussi mince, puisse avoir un tel relief.

(1) Sur ce fond sont tracées les lettres initiales T. M. A. C., qui désignent vraisemblablement Thomas Morus.

Après avoir vu ce tableau, nous admettrons volontiers comme historique l'anecdote suivante que rapportent les biographes d'Holbein. — On raconte qu'à l'époque où il habitait Bâle, menant joyeuse vie, notre artiste fut chargé de peindre une danse de paysans sur les murs d'une salle de bals publics. Le cabaret était trop près de cette salle, et Holbein aimait trop la dive bouteille pour ne pas faire traîner la besogne en longueur. De vives réclamations lui ayant été adressées par l'individu qui lui avait commandé ce travail, il imagina de peindre sur la muraille, au-dessous de son échafaudage, deux jambes pendantes et si parfaites de ressemblance qu'elles trompèrent le propriétaire de la salle, et que, depuis, celui-ci croyant voir notre artiste sans cesse à l'œuvre, s'émerveillait d'une transformation aussi radicale dans ses habitudes, et se gardait bien de le déranger.

Le portrait du Musée d'Avignon est loin d'avoir l'importance de celui que nous venons de décrire. Holbein (si toutefois nous admettons que ce soit là sa figure), est représenté sous les traits d'un homme jeune encore (tiers nature), ayant les cheveux blonds, la barbe rousse et taillée carrément, les yeux clairs et le teint frais, portant une toque noire et un vêtement de la même couleur, — vraie figure de Hollandais, qu'on pourrait croire détachée d'une assemblée de Conseillers, peinte par Ravenstein ou Frans Hals, si l'exécution n'était incontestablement antérieure à ces maîtres et très-rapprochée de la manière d'Holbein.

Le troisième tableau que le livret donne à ce dernier est tiré de la collection de M. R. Gower. Il représente la Vierge *(Mater dolorosa)* soutenant sur ses genoux le Christ mort; la Madeleine et saint Jean contemplent en pleurant le cadavre divin (1). Il est probable que ces deux dernières figures sont celles du donateur et de sa femme; ce sont évidemment des portraits; celui de la femme est très-remarquable. Nous ne saurions assez louer, d'ailleurs, l'expression naïve de ces visages éplorés, la beauté du dessin, la clarté harmonieuse du coloris. — C'est là, sans contredit, l'œuvre d'un maître, et nous pensons que Hans Holbein ne la désavouerait pas.

Quand, après Albert Dürer et Holbein, — on a nommé Lucas Cranach (1472-1553), — le peintre de la réforme, qui fut leur contemporain et leur émule, on est fort embarrassé à citer une seule illustration vraiment nationale dans l'école allemande. Les artistes qui vinrent après ces maîtres, firent preuve de plus ou

---

(1) Toutes ces figures sont à mi-corps et peintes sur bois.

moins d'habileté, mais aucun d'eux ne fut original : il adoptèrent tous, sans exception, la manière italienne ou la manière flamande.

Johann Rottenhamer, de Munich (1564-1623), alla étudier à Venise les secrets de l'admirable couleur du Tintoret ; il parvint, en suivant un si beau modèle, à acquérir une grande réputation, et il produisit beaucoup, ce qui ne l'empêcha pas de mourir de misère à Augsbourg où il s'était établi. — Trois tableaux nous ont été offerts sous son nom : l'*Apollon devant les dieux* (1) nous a paru très-médiocre ; nous avons remarqué des bambins nus assez joliment tournés, s'ébattant et se bousculant sous des ombrages d'un vert pâle, dans la *Ronde d'Amours*, appartenant à M. Denans ; mais le *Jugement de Pâris* (à M. Perrée), est seul digne de fixer sérieusement notre attention. Composition spirituelle, personnages habilement groupés, torses nus modelés avec une exquise délicatesse, tons délicieux des chairs, coloris riche et harmonieux, tout concourt à faire de cette petite peinture sur bois, sinon l'une des plus belles, du moins l'une des plus jolies de l'Exposition. — Vénus, demi-nue, retenant avec la main une draperie rouge qui glisse sur ses genoux, s'avance, noble, gracieuse et souriante, pour recevoir la pomme de Discorde, présent offert à la plus belle par le berger phrygien. Cupidon, l'arc à la main, précède sa mère. Deux petits Amours ailés voltigent au-dessus de la déesse de Cythère, portant une couronne et un bouquet. Junon, ayant près d'elle le paon, emblème de son orgueil, tend le bras vers Pâris. Minerve, en costume guerrier, est assise à gauche au pied d'un arbre. Mercure, coiffé de son pétase ailé et tenant son caducée, sourit à Vénus. Des satyres chauves et des égipans semblent, ainsi que lui, applaudir au jugement du berger. La scène est encadrée par des arbres soigneusement peints ; — par une éclaircie du fond, la vue s'étend sur un lointain bleuâtre où s'ébauchent les tours et les murailles d'une ville.

Le surnom seul de Rosa di Tivoli, qui fut donné à Philipp-Peters Roos (1655-1705), de Francfort-sur-le-Mein, indique assez que ce peintre appartient plus à l'Italie qu'à l'Allemagne. Il se rendit de bonne heure, en effet, à Rome, où il étudia sous le Brandi, dont il finit par épouser la fille, après avoir abjuré la religion réformée. Il se fixa à Tivoli, d'où il tira son surnom, et il peignit, avec une facilité prodigieuse, un grand nombre de tableaux d'animaux. Celui qui a été exposé par Mme Blachet-Gassier (d'Aix), est des plus

---

(1) A M. le marquis d'Olivari, d'Aix.

remarquables. Il représente un jeune pâtre assis au milieu de son troupeau, composé de trois moutons, d'une chèvre blanche et d'un chevreau ; un chien blanc et noir dort aux pieds du berger ; un autre regarde l'horizon. Cette toile a eu beaucoup à souffrir des injures du temps ; les ombres ont perdu leur transparence ; les fonds surtout sont très-lourds. Une restauration délicate rendrait peut-être à la peinture une partie de son éclat primitif. Les animaux, de grandeur presque naturelle, sont dessinés de main de maître.

Il y a de grandes qualités aussi dans les deux *Trophées de chasse*, appartenant à M. Cartier (de Tarascon) ; mais nous croyons reconnaître la main d'Oudry ou d'un de ses élèves, au magnifique chien blanc tigré de noir qui, dans le n° 895, flaire un cerf entouré de diverses autres pièces de gibier. Le n° 894, destiné dès l'origine à faire pendant au précédent, représente un sanglier mort flanqué d'un lapin, d'un canard, de bécasses et de perdrix, sous la garde de deux chiens.

Nous ne savons à quelle époque a vécu ni à quelle nation appartient le Stern, dont M. Girard (de Gardanne) nous a offert deux tableaux de fleurs. Mais assurément il ne saurait être question ici, comme l'ont cru les rédacteurs du Catalogue (1), d'Ignace Stern (1698-1746), plus connu sous le nom de Stella, qui étudia en Italie à l'école du Cignani, et qui exécuta, à Rome, des fresques pour les églises et des tableaux d'histoire profane pour les particuliers.

(1) Nous regrettons d'avoir si souvent l'occasion d'incriminer le Catalogue ; mais comme ce document officiel pourrait passer, aux yeux de certaines personnes, pour un inventaire fidèle des richesses artistiques de la Provence, il importe, croyons-nous, de signaler les inexactitudes qu'on y rencontre à chaque page. Il serait injuste, toutefois, de ne pas tenir compte des difficultés que les rédacteurs de ce travail ont rencontrées. Faute d'avoir confié à des employés intelligents le soin de relever les titres exacts des tableaux, au fur et à mesure de leur présentation, il s'est produit, dans le dépouillement de ce relevé, indispensable à la confection du livret, les erreurs les plus étranges. N'avons-nous pas vu, par exemple, le nom de Courdouan, l'aquarelliste toulonnais, transformé en celui de *Corduba*, peintre espagnol? Nous conservons une *troisième* épreuve typographique où s'étale cette splendide bévue ; ce ne fut qu'en recourant au tableau indiqué comme étant de ce Corduba, qu'on reconnut cette plaisante attribution. Malheureusement, la confrontation n'a été faite que pour un petit nombre de tableaux : qu'on juge dès lors de la confiance qu'il faut accorder au Catalogue imprimé ! — La seconde édition, publiée plus de trois mois après l'ouverture de l'Exposition, est, à très-peu de chose près, la copie littérale de la première.

Les deux ouvrages dont il s'agit sont peints dans des tons clairs et distingués, et la composition est pleine d'élégance. Celui qui porte le n° 982 nous a plu tout particulièrement : l'œil s'y fixe d'abord sur un grand vase de forme originale ; la panse est décorée par un essaim de petits Amours modelés en demi-relief, et un serpent s'enroule autour de l'anse. Des tulipes, des anémones, des volubilis, de magnifiques œillets jaunes s'entrelacent autour du socle écorné de ce beau vase et se mirent dans l'eau d'un bassin. — Le n° 981 présente des fleurs groupées parmi des fragments d'architecture antique.

De Charles Brandt, dont Mme la marquise de Castillon a exposé deux petits paysages (1), nous ne savons rien, si ce n'est qu'il naquit à Francfort, en 1695. Ses ouvrages nous le montrent imitateur un peu pâle du Lorrain.

Quant à Georges Treutmann, qui naquit à Deux-Ponts, en 1713, et qui mourut à Francfort, en 1789, il était représenté par un *Incendie* (à M. Dufour), pastiche flagrant, mais assez réussi (2), de Van der Neer. — Une statue, sur un haut piédestal, s'élève au premier plan de ce tableautin et se silhouette en noir sur le fond, qu'empourprent les flammes d'un violent incendie. La foule s'agite confusément.

Christian-Wilhem-Ernst Dietrich (1712-1774), n'est qu'un pasticheur, lui aussi, mais un pasticheur qui atteint parfois à la vigueur des maîtres. Je n'en voudrais pas d'autres preuves que son *Paralytique guéri* (à M. R. Gower), peinture blonde et dorée, empâtée avec une merveilleuse habileté, et qui fait tout d'abord l'effet d'un Rembrandt. La composition est des plus heureuses : Jésus, debout, vêtu d'un manteau rose, la tête lumineuse mais peu accentuée, étend la main au-dessus du paralytique couché sur une brouette. Une foule d'autres malades et de mendiants se pressent autour de lui ; les uns, se traînant sur leurs genoux, les autres, appuyés sur des béquilles, tous dans des attitudes d'une extrême vérité : étalage pittoresque de formes étiolées, de membres étiques, de faces décrépites, de guenilles sordides. Les figures, très-réalistes, rappellent tout-à-fait les types du maître hollandais que Dietrich alla tout exprès étudier dans son pays, et qui ne cessa pas d'être, surtout comme coloriste, son modèle de prédilection.

(1) *Bords de rivière*, signés : Brand, 1745.
(2) Signé d'un T et d'un M entrelacés. Est-ce bien là le monogramme de G. Treutmann ?

La *Chaste Suzanne*, appartenant à M. le marquis de Ribiers, est peinte dans cette manière lumineuse et chatoyante imitée de Rembrandt; mais ce n'est ici qu'une copie dont l'original, par un singulier hasard, a été envoyé à l'Exposition par M. Valet, conseiller à la Cour d'Aix, et a été classé, sous le n° 1173, parmi les ouvrages des maîtres inconnus.

Nous ne dirons rien de la *Prédication de Saint Jean* (1), petit tableau d'un coloris bizarre; mais la *Fuite en Egypte* (2) mérite une mention particulière : le style, tout différent de celui du *Paralytique* et de la *Suzanne*, est moitié italien, moitié flamand. — Joseph, tenant une torche à la main, conduit par la bride l'âne sur lequel la Vierge est assise, portant dans ses bras le *bambino* endormi. Un ange, savamment dessiné, plane au-dessus de la Sainte Famille, et lui montre du doigt, au milieu des ténèbres, la route qu'elle doit suivre. — La signature *J. Ernest Dietrich f.*, qu'on lit au bas du tableau, pourrait bien être apocryphe.

Dietrich, qui eut la singulière fantaisie d'italianiser son nom et de se faire appeler Dietrici, pasticha à peu près tous les maîtres en renom, depuis Raphaël et Salvator Rosa, jusqu'à Karel Dujardin et Watteau. — Nous avons de lui des peintures aussi finies et aussi léchées que des Gérard Dow et des Van der Werff, assez semblables au *Jésus prêchant* (à M. Meissonnier), délicieux tableautin, inscrit parmi les ouvrages dont les auteurs sont restés inconnus.

Tout en laissant aux connaisseurs experts le soin de décider si cette mignonne et délicate peinture est l'œuvre de l'artiste allemand ou celle d'un maître hollandais, nous demanderons la permission de la décrire ici. L'auteur, quel qu'il soit, a fait preuve d'une prodigieuse finesse de pinceau en réunissant sur un panneau qui mesure à peine vingt centimètres de long sur un décimètre et demi de haut, une trentaine de personnages ayant chacun sa physionomie et son attitude propres. Le Christ, en robe grise, une draperie rouge sur l'épaule, les pieds nus, la tête rayonnante, les mains levées comme pour bénir, est debout au milieu de ses auditeurs. Ces derniers, vêtus pour la plupart de costumes hollandais, sont groupés dans des poses d'un naturel exquis, les uns assis, les autres debout, ceux-ci témoignant leur incrédulité, ceux-là leur foi, d'autres gardant une froide réserve. Il n'y a dans l'assemblée qu'une seule femme : elle est placée au premier plan, tenant dans

---

(1) A M. Louis Dauphin.
(2) A M. Meissonnier (de Marseille).

ses bras un nourrisson et tournant le dos au spectateur. Près d'elle, un petit garçon, couché le ventre contre terre, dessine avec un doigt des arabesques sur le sable ; ses jouets, une toupie et un fouet, sont à côté de lui. — Toutes ces figures, touchées avec autant d'esprit que de précision, sont peintes dans des tons d'une finesse incomparable. La scène se passe dans un intérieur rustique très-habilement éclairé.

Il y a certes une énorme différence de facture entre cette précieuse production et la grande toile que M. le marquis de Ribiers a exposée sous ce titre : l'*Usurier*, sans indication de nom d'auteur (n° 1202 du Catalogue). Nous ne serions pas étonné pourtant que ce tableau, qui a été l'un des plus remarqués de l'Exposition, fût de la main même de notre Dietrich : nous ne voyons pas d'artiste à qui il puisse être attribué avec plus de probabilité. Les personnages sont de grandeur naturelle. Habillé somptueusement et tout chamarré de pierreries, sans doute pour en imposer par ce luxe aux solliciteurs, — l'usurier est assis dans un fauteuil vert, près d'une table toute couverte d'or, de billets et de papiers d'affaires. Le doigt sur l'une des pièces d'or, montrant avec l'index de l'autre main un diamant enchâssé dans une agrafe qui retient les plis de son manteau, il lève les yeux et semble interroger un jeune et élégant seigneur penché vers lui. Celui-ci, debout, la main sur la hanche, près de la poignée de sa dague, ayant pour coiffure une toque surmontée d'une aigrette de plumes blanches, écoute d'un air moitié câlin, moitié dédaigneux, les propositions de l'astucieux Shylock. Rien de plus saisissant que le constraste de ces deux figures, l'une flétrie par l'âge et par l'âpre passion du gain, l'autre brillante de jeunesse et de distinction aristocratique. Autant la première est énergiquement et brutalement fouillée, étalant en pleine lumière ses rides, ses muscles flasques, ses lèvres bleuies, ses joues collant à sa machoire édentée, ses yeux liserés en rouge, — autant la seconde, blonde, vermeille, respirant la santé et la force, est délicatement modelée dans les teintes adoucies du second plan. Il y a certes du Rembrandt dans la touche large et fière de cette peinture. La tête de l'usurier a une parenté très-étroite avec certains types du tableau de M. Gower (*le Paralytique*), surtout avec une figure de vieille qui occupe à peu près le centre de la composition. De quelque main qu'elle soit sortie, cette belle page honore son auteur ; si elle est de Dietrich, ainsi que nous le pensons, elle peut être regardée comme un de ses meilleurs ouvrages.

Tandis que Dietrich pastichait, indifféremment et avec plus ou moins de succès, les maîtres les plus divers, le bohémien Mengs (1) (1728-1779) se vouait à l'imitation exclusive de Raphaël. Esprit ingénieux et praticien habile, cet artiste jouit, dans son temps, d'une célébrité que le jugement de la postérité n'a pas consacrée ; il fit preuve dans ses peintures, comme dans ses écrits sur les arts, de plus de subtilité que de force.

Deux petits sujets peints sur marbre noir, ont été exposés, sous son nom, par M. Fournier ; ils ont été acquis tous deux à Rome, en 1801, et proviennent de l'oratoire de la chambre à coucher de Pie VI.

Le meilleur est, sans contredit, celui où nous voyons *la Vierge entre deux anges* qui lui présentent, l'un les clous, l'autre la couronne d'épines : c'est celui qui trahit, de la façon la plus évidente et nous ajouterons la plus heureuse, la préoccupation du style raphaëlesque. On ne sait ce qu'il faut le plus admirer de la suprême élégance d'attitude de l'ange agenouillé qui tient les clous, ou de la tristesse suave et de la grâce vraiment céleste de celui qui porte la couronne.

L'autre tableau, représentant le *Couronnement d'épines*, est d'un coloris plus vif, plus éclatant : le dessin, en revanche, sent trop l'académie et vise trop au triomphe de la difficulté vaincue. Il faut louer, toutefois, l'expression farouche des bourreaux, de celui surtout qui appuie son gantelet de fer sur la couronne. Le soldat demi-nu qui relève les pans du manteau de pourpre jeté sur les épaules du Christ, a une physionomie bestiale qu'enlaidit encore un sourire cynique.

Rafael Mengs, quoique Allemand, doit être considéré comme l'un des derniers représentants de l'art italien au dix-huitième siècle.

(1) Anton-Rafael Mengs, né à Aussig, en Bohême.

ÉCOLE FLAMANDE

Les Van Eyck. — Rogier van der Weyden. — Memling. — Quinten Massys. —M.Cocxie.—Van Cleef.— Les Porbus. —Erasme Quillyn. —Frans Floris.— Les Francken. — PaulBril. — Les Breughel. — Van Kessel. — Pieter Neefs.— Otto Venius.—Rubens.— Van Balen.—Jordaens.— Van Thulden.—Diepenbeek — Snyders.— Van Dyck. — Philippe de Champaigne. — David Téniers. — Van Artois. — Van der Uden. — Jan Miel. — Lingelbach. — Gérard de Lairesse. — Van Bloemen. — Van der Meulen. — Breydel. — Van Falens. —Rysbrack. — Ommeganck. — Van Regemorter.

Ce qui nous frappe tout d'abord dans les tableaux de la primitive école flamande, c'est leur merveilleuse conservation : — les œuvres des vieux maîtres italiens ont subi pour la plupart des altérations graves ; on dirait que celles des artistes flamands du XVe siècle, sont peintes d'hier, tant leur coloris a gardé de fraîcheur et de vivacité ! Les brumes du nord ont passé sur elles sans les ternir.

Il est certain que les peintres primitifs des écoles du Nord se préoccupèrent, beaucoup plus que ceux du Midi, de la préparation de leurs panneaux et de leurs couleurs et qu'ils portèrent les procédés matériels d'exécution à une perfection que les modernes eux-mêmes n'ont jamais atteinte.

Il résulte de la longue et intéressante discussion à laquelle ont donné lieu les origines de la peinture à l'huile, que les fondateurs de l'école flamande, les frères Jan et Hubert Van Eyck, furent, sinon les inventeurs, du moins les propagateurs de cette façon de peindre ; ils eurent surtout le très-grand mérite de la rendre aisément praticable en inventant un siccatif rapide qui dispensait de l'usage ancien d'exposer au soleil les peintures exécutées par ce procédé (1).

(1) Au XIe siècle, un moine du mont Athos, nommé Théophile, a rédigé un traité *De omni scientia picturæ artis* (appartenant aujourd'hui à la bibliothèque du collége de Cambridge), dans lequel il décrit la préparation des couleurs mélangées à l'huile de lin. S'étayant de ce document irréfutable, Lessing, Raspe, Montabert, et plus récemment, MM. le baron d'Escalopier et Guichard, contestèrent aux Van Eyck la gloire d'une invention qui leur avait été attribuée par leurs contemporains même. J'ignore si M. Benjamin Gastineau a réellement lu, dans le manuscrit de Cambridge, que « le moine Théophile, tout en déclarant le procédé de la peinture à l'huile excellent pour peindre les murs, les statues, les boiseries, reconnaît qu'il est inapplicable aux tableaux. » Ce sont bien, en effet, des décorations murales que sont chargés de peindre à l'huile, Gérard d'Orléans, en 1343, et Jehan Coste, en 1355 (*Biblioth. de l Ecole des Chartes*, 1844-45, et *Archives de l'Art français*, II, 340, III, 65 ; voir aussi les *Artistes français à l'étranger*, par Dussieux). Dans les *Comptes des ducs de Bourgogne*, M. de Laborde parle de semblables travaux confiés, en 1395, à Melchior Brodlain, — et, enfin, M. de la Fons, baron de Mélicocq, dans le premier volume de la *Revue de l'Art chrétien* (1857), p. 176, cite un artiste lillois du nom de Pietre qui, en 1423, du vivant même des Van Eyck, s'engagea à peindre de « coulleur à olle (huile), le heuse d'une noefve capelle de l'eschevinage. » Mais il est bien certain que, vers la fin du XIVe siècle, peut-être même avant la naissance de Jean de Bruges, on exécutait déjà à l'huile des tableaux mobiles : dans l'article que nous venons de citer, de M. le baron de Mélicocq, nous voyons qu'un peu après 1389, Jehan Desgodeaux, orfèvre de Lille, céda aux échevins, moyennant six livres, un *diptyque* « lequel étoit point (peint) et figuré de la représentacion de Dieu et Nostre Dame et aultres sains, à coulleur à olle (huile) et à or. »

Pour ce qui est de l'usage où l'on était avant les Van Eyck, de vernir à l'huile les tableaux et de les faire sécher au soleil, nous en trouvons la preuve dans un manuscrit du XIIe siècle, intitulé : *Mappœa Clavicula*, et récemment publié par M. Albert Way, dans le 32e volume des *Mélanges* de la Société des Antiquaires de Londres :

« Ut pictura aquâ deleri non possit. Oleo quod appellatur cicinum, super picturam ad solem perunge, et ita constringitur ut nunquam deleri possit. »

Ce manuscrit donne les renseignements les plus curieux sur la préparation et l'emploi des couleurs au moyen-âge ; il complète les révélations que nous avait faites le traité de Théophile.

Les frères Van Eyck ne furent pas seulement d'admirables praticiens : la postérité les glorifiera surtout de ce qu'ils ont donné le branle au mouvement de la renaissance artistique dans les Flandres, et de ce qu'ils ont formulé, dans des œuvres impérissables, les principes de cette révolution. Quittant résolûment les sentiers étroits de l'art gothique, ils entreprirent de régénérer la peinture par l'imitation de la réalité : aux figures compassées et aux vagues personnifications, ils substituèrent des individualités de chair et d'os, des types, des caractères, des passions; à la place des ciels d'or (1), ils peignirent l'air limpide, les lointains horizons, les mille détails d'un site agreste; ils recherchèrent la vérité anatomique et l'atteignirent avec un singulier bonheur, comme on peut le voir dans les deux volets d'*Adam* et d'*Eve*, qui faisaient jadis partie de la merveilleuse composition de l'*Agneau symbolique* et qui, récemment retrouvés, ont été acquis par le musée de Bruxelles ; ils s'enhardirent enfin jusqu'à représenter les objets les plus vulgaires des intérieurs flamands, jusqu'à revêtir leurs personnages de costumes contemporains, et, comme ils excellèrent dans la reproduction de toutes ces réalités, chacun de leurs tableaux est resté pour nous comme un témoignage historique, comme un document irréfutable des mœurs de leur époque.

C'est à Jan Van Eyck (1390-1441), désigné communément sous le nom de Jean de Bruges (2), que l'on fait plus particulièrement hon-

(1) Le fond d'or ne subsiste que dans trois des compartiments de l'*Agneau mystique*, ceux précisément qu'on attribue à Hubert Van Eyck qui, beaucoup plus âgé que son frère, eut moins de part que lui à la réforme.

(2) Les Van Eyck n'étaient pas nés à Bruges, mais bien au hameau d'Eyck (auj. *Alden-Eyck*, dans le Limbourg), d'où ils tirèrent leur nom. Ils commencèrent à peindre à Maeseyck, ville voisine, qu'ils quittèrent bientôt pour aller à Bruges, emmenant avec eux leur sœur Margaretha qui, elle aussi, était peintre, et qui, par dévoûment pour l'art et pour ses frères, voulut rester fille. Ce fut en 1420 que les deux frères se rendirent à Gand pour y peindre, dans la chapelle de famille de l'échevin Jodocus Vydt, cette célèbre *Adoration de l'Agneau symbolique*, qui ne comprend pas moins de 330 figures. Hubert, né en 1366, mourut en 1426, six ans avant l'achèvement de ce chef-d'œuvre, dont Jan dut, d'ailleurs, interrompre l'exécution, en 1428, pour faire partie d'une ambassade chargée par Philippe-le-Bon d'aller en Portugal demander au roi Jean Ier la main de sa fille Isabelle. L'artiste avait reçu l'ordre de faire le portrait de l'infante ; il le termina et le fit partir pour Bruges le 12 février 1428. S'étant embarqué lui-même, au mois de septembre de la même année, avec la princesse et l'ambassadeur, il faillit

neur de cette direction nouvelle imprimée à l'art. Les rédacteurs du catalogue de l'Exposition marseillaise ont pu, sans faire injure à ce maître illustre, le déclarer l'auteur du magnifique triptyque de l'église métropolitaine d'Aix, représentant le *Buisson ardent*. Cette attribution a, d'ailleurs, pour elle les plus graves autorités : elle a été formulée pour la première fois, croyons-nous, en 1823, par M. Porte, habile connaisseur, dans un livre sur *Aix ancien et moderne*; adoptée plus tard par M. Jules Renouvier, dans le beau travail relatif aux *Peintres et enlumineurs du roi René* (1857), elle a été confirmée, en dernier lieu, par le savant docteur Waagen, conservateur du musée de Berlin, qui passe justement pour être profondément versé dans la connaissance des maîtres primitifs.

Malgré tout le respect dû à un aussi éminent critique, nous n'hésitons pas à déclarer, avec M. Pointel de Chennevières (*Recherches sur les peintres provinciaux*, I, 130) qu'il y a de graves motifs pour regarder cette attribution comme étant erronée.

Nous ferons remarquer d'abord qu'elle ne repose sur aucun document historique et qu'elle n'a pas même pour elle la tradition, puisque de temps immémorial, pour ainsi dire, le triptyque aixois passe pour être l'œuvre du roi René. — Jean-Scholastique Pitton, auteur d'une *Histoire de la ville d'Aix*, publiée en 1666, s'est fait l'écho de cette opinion populaire (p. 227); Pierre-Joseph de Haitze la reproduit en 1679, — avec force commentaires à l'appui, — dans son intéressant petit livre sur les *Curiosités les plus remarquables de la ville d'Aix* (p. 151-154), et il ajoute : « Ce tableau a mérité l'estime du brave Mignard de Rome ; à la vérité il ne répond pas à ce grand goût ; mais il ne laisse pas que d'avoir quelque chose du bon et du grand ; les ouvrages se ressentent toujours de leur auteur. » — Mignard qui vivait à l'époque où ces lignes furent écrites et qui exprima son admiration, en présence, peut-être, de Joseph de Haitze, ne dut pas contredire à l'opinion générale qui faisait de René l'auteur de ce tableau ; autrement, l'écrivain aixois n'eût pas manqué de nous en informer.

Les recueils biographiques les plus sérieux ont répété les naïves assertions de Pitton et de Joseph de Haitze relatives au triptyque d'Aix. M. de Quatrebarbes, de l'Institut, dans la magnifique édition qu'il a donnée, en 1845, des *Œuvres complètes de René*

---

périr en mer. Des quatorze vaisseaux qui composaient l'escadre bourguignonne, trois seulement échappèrent au naufrage. Rentré à Bruges, Jan se remit au tableau de la chapelle de Vydt ; il l'acheva en 1432, et mourut neuf ans après.

d'Anjou (1), n'a pas manqué de citer en première ligne et de décrire tout au long « ce tableau dont une tradition très-ancienne, dit-il, et *qui n'a jamais été démentie*, fait honneur au pinceau du roi René. »

Nous verrons plus loin, — lorsque nous en serons au chapitre de l'école provençale, — ce qu'il faut penser du talent que le bon roi a pu avoir comme peintre, mais nous pouvons dire d'avance que l'examen de ses peintures authentiques ne permet, en aucune façon, de le croire l'auteur du chef-d'œuvre qui nous occupe.

Revenons à l'attribution à Jean de Bruges.

Non-seulement, elle n'a pour elle ni la tradition, ni l'appui d'aucun texte historique, mais encore ceux qui la défendent ont-ils dû, pour la rendre vraisemblable, recourir à une combinaison des plus spécieuses. Obligés de reconnaître que le roi René, tel qu'il est figuré sur l'un des volets, c'est-à-dire déjà fort avancé en âge, n'a pu être ainsi peint par Van Eyck, — car il n'avait que 33 ans lorsque ce dernier mourut, — ils ont supposé que la composition centrale seule était l'ouvrage du grand artiste brugeois et que les deux volets avaient été peints postérieurement.

« L'individualité des têtes, le réalisme expressif des physionomies et des mouvements, le modelé précis et ferme sans sécheresse, le rendu patient de tous les détails, le caractère poétique du fond du paysage » telles sont, suivant les partisans de M. Waagen, « les qualités décisives qui désignent hautement Jan Van Eyck » (2). Mais ces qualités que nous ne contesterons pas au père de l'école flamande, ont été aussi le partage de ses plus illustres disciples, de Rogier Van der Weyden, de Pieter Christophsen, de Gerard Van der Meire, de Hugo Van der Goes, de Memling, à ce point que les plus fins connaisseurs confondent fréquemment les œuvres du maître et des élèves (3).

(1) M. P. Hawke a reproduit, dans une série de gravures au trait, annexées à cet ouvrage (4 vol.), l'ensemble du triptyque, et, séparément, les figures les plus importantes.

(2) Lagrange, *Gazette des Beaux-Arts*, 1er novembre 1861.

(3) De l'école de Jan Van Eyck sortirent une foule d'artistes vraiment supérieurs, dont la gloire personnelle a été quelque peu étouffée par l'immense renommée du maître. Ce n'est que depuis quelques années que l'on commence à les distinguer, à les connaître, à s'enquérir de leur vie et de leurs travaux. — Un mot sur ceux que nous venons de citer :

Pieter Christophsen, ou Petrus Christophorus, ou Pietro Christa, comme le nomme Vasari, paraît avoir été le disciple bien-aimé de Jean de Bruges,

D'ailleurs, la plupart de ces qualités même, la finesse de la touche, la précision merveilleuse des détails, l'expression réaliste des têtes, éclatent dans les volets à un degré non moins éminent que dans le reste de l'ouvrage.

Il y a plus : si quelques parties du triptyque aixois rappellent la manière de peindre de Van Eyck, ce sont certainement ces volets aux tons chauds et éclatants, bien plutôt que le panneau du centre, dont le coloris est plus clair, plus tendre, plus moelleux que celui des peintures authentiques de Gand et de Bruges.

M. Lagrange reconnaît, à vrai dire, que l'auteur des volets « sortait de l'école de Bruges ou méritait d'en sortir », mais il rabaisse quelque peu sa valeur en ajoutant qu'il eut seulement à faire « œuvre de portraitiste », tandis que « Van Eyck, au contraire, a pu, dans

qui l'initia de bonne heure à l'usage de la peinture à l'huile. M. Villot cite de lui un tableau exécuté par ce procédé et daté de 1417 ; mais, MM. Wauters, Michiels et W. Bürger, s'appuyant sur ce que l'on ne connaît pas de tableau de Jan Van Eyck lui-même, antérieur à 1420, et faisant observer, d'ailleurs, qu'autrefois le chiffre 5 ne différait pas beaucoup d'un 1 contourné, prétendent qu'il faut lire 1457 au lieu de 1417. — Cologne, Francfort et Berlin possèdent des tableaux de Christophsen signés et datés de 1449 et 1452.

Rogier van der Weyden, qui est nommé meister Rudiger par Albert Dürer, Ruggieri da Bruggia par Vasari ; Rugerus, Rugerius et Rogerius Brugiensis par les latinistes de l'époque, n'est pas né à Bruges, mais à Bruxelles, ainsi que l'a prouvé M. Wauters. Il travailla en Italie et y jouit, dès 1449, d'une grande réputation.

L'abbé Colucci, dans ses *Antichità picene* (t. XXIII, p. 143), reproduit un passage d'un manuscrit de Ciriaco Anconitano, qui dit avoir vu, à cette époque, chez le duc régnant de Ferrare, une *Descente de croix* de Rugerius de Bruges, dont il fait le plus grand éloge. Lanzi cite, parmi les peintures du palais Nani, à Venise, un *Saint-Jérôme*, de notre Rogier, avec cette fière épigraphe : *Sumus Ruggieri manûs*. Suivant Morelli, on possède, à Venise, son propre portrait peint en 1462. On croit qu'il fut le maître de Memling qui, selon d'autres, aurait pris directement des leçons de Jan Van Eyck. Vasari donne, pour élève à Rogier, un certain Aussi, que Baldinucci (IV, 17), nomme plus exactement Ans ou Hans, et qui pourrait bien être Hans Memling.

Gerard ou Guerard van der Meire, passe pour avoir collaboré à l'*Agneau symbolique*. — Gand, Anvers et Bruges possèdent de lui de très-beaux ouvrages.

Hugo van der Goes, de Gand, que Vasari appelle Hugo d'Anvers, et qu'il dit avoir travaillé en Italie, « fut, dit M. Bürger, un homme passionné, rêveur et sombre. » Il finit sa vie dans un cloître. Ses œuvres sont extrêmement rares, on n'en connaît pas qui soient signées de lui avant 1467.

la partie centrale, donner carrière à son imagination mystique, encouragé peut-être par les rêveries du roi. » — Or, si la conception du sujet et la manière élevée dont il a été entendu par l'artiste, devaient suffire pour faire nommer Jean de Bruges, nous aurions encore le regret de prouver que ces mérites même n'appartiennent pas en propre à l'auteur du tableau d'Aix. M. l'abbé Barbier de Montault décrit, en effet, dans une étude sur la *Poésie liturgique du moyen-âge*(1), un triptyque portatif à fond d'or, sur lequel un peintre byzantin, bien antérieur à Van Eyck, a symbolisé par le *Buisson ardent*, la virginité de Marie. Ce triptyque est conservé au Musée du Vatican. Au reste, le sujet était familier aux peintres de l'école flamande; il a été traité diverses fois par eux, et notamment avec beaucoup de suavité, dans un petit tableau exposé à Manchester en 1857 : tableau que le catalogue donnait, il est vrai, comme étant de Van Eyck, mais que M. W. Bürger, un excellent juge, a cru plus rapproché de la manière de Memling (2).

Ainsi, toutes les raisons qu'on a fait valoir en faveur de l'attribution à Jean de Bruges, nous paraissent dénuées de fondement, soit qu'elles contredisent à la vérité historique, soit qu'elles fractionnent, sans preuve sérieuse et sans nécessité, l'exécution d'un ouvrage dont toutes les parties sont également belles, soit qu'elles se fondent sur des analogies de style communes aux principaux maîtres de la primitive école flamande.

Devons-nous maintenant nous ranger à l'opinion de M. Pointel de Chennevières, qui déclare que l'œuvre est tout entière de la main du divin Hans Memling (3)? « Elle s'accorde, dit-il, avec son plus beau temps; elle est digne de lui par la profondeur et la naïveté de sa beauté poétique, » et il ajoute : « Il ne me souvient pas si le bois est peint à l'huile ou à l'œuf : s'il était peint au moyen des *anciens* procédé, la question ne serait pas douteuse. » En d'autres termes, M. de Chennevières, persuadé que Memling conserva l'usage de peindre à la détrempe, se montre tout prêt à lui retirer la

(1) *Revue de l'Art chrétien*, I, p. 124.
(2) *Trésors d'art exposés à Manchester*, etc., p. 154.
(3) Aucun nom n'a eu plus de variantes que celui-ci. Les Italiens écrivent Memmelino ; le catalogue d'Anvers, Memmelinghe ; le catalogue de la Haye, Hemmelinck ; d'autres, Hemmeling, Hemmelinc, Memmelinck, et plus généralement Hemling ou Memling. Un archéologue anglais, M. Weale, vient de publier un mémoire où il dit avoir trouvé, dans les archives de Bruges, treize manières différentes d'écrire le nom de l'artiste ; il a adopté la forme *Memlinc*, qui revient le plus souvent.

paternité du triptyque aixois, dans le cas où ce dernier serait peint à l'huile.

L'observation serait parfaitement juste, s'il n'était bien avéré que la célèbre *Châsse de Sainte Ursule* est peinte au moyen des *nouveaux* procédés, ainsi que tous les autres ouvrages de Memling qui sont à Bruges et qui ont longtemps passé pour être exécutées à la détrempe.

De ce que le *Buisson ardent* est réellement peint à l'huile, il n'y a donc pas motif à conclure contre l'attribution à Memling.

M. de Chennevières a eu raison d'avancer que cette magnifique composition s'accordait avec le plus beau temps du maître; elle réunit, dans son ensemble, les deux manières bien caractérisées de son talent : l'une douce, gracieuse, spirituelle, idéale, telle qu'elle se révèle dans la *Châsse de sainte Ursule* et dans le *Mariage de sainte Catherine*; l'autre, ferme, énergique de dessin et de couleur, minutieuse et patiente dans les détails, telle qu'elle apparaît dans l'*Adoration des Mages*, de la Pinacothèque de Munich; — manières si opposées que M. Viardot, ne pouvant admettre qu'elles appartinssent au même maître, a imaginé, — bien à tort (1), croyons-nous, — qu'il y eut deux Memling dont on aura confondu les ouvrages.

La seconde de ces manières, que Memling dut puiser à l'école de Bruges et qu'il tint directement peut-être de Van Eyck, est celle qui a présidé à l'exécution des volets du triptyque aixois; la première, — plus rapprochée du style allemand qui florissait alors à Cologne, — resplendit dans la composition centrale qui est, sans contredit, la partie capitale de l'œuvre, car, à un sentiment prodigieux de la réalité, elle joint une grandeur poétique et une noblesse d'expression que Jan Van Eyck n'a pas eues en partage (2).

Si, comme nous le pensons, le *Buisson ardent* a été peint à Aix même, autour de l'année 1470 (3), à l'époque où le roi René, dégoûté

---

(1) *Musées d'Allemagne*, p. 38 et suiv.; *Musées de France*, p. 124. — Toute l'argumentation de M. Viardot pour établir l'existence de deux Memling repose, ainsi que l'a remarqué M. Bürger (*Musées de Hollande*, II, 327), sur cette supposition erronée que les tableaux de Bruges ne sont pas peints à l'huile.

(2) « Dessinateur, coloriste, penseur, Van Eyck ne possède ni la beauté, ni la grâce, autrement il serait plus qu'un homme. » C. de Sault.

(3) A cette date, René avait 62 ans, et sa femme Isabelle de 30 à 35; — âges qui s'accordent bien avec ceux que les portraits accusent.

des affaires d'État et retiré dans sa *bonne ville*, ne s'occupait plus
que de peindre, d'inventer des fêtes et de versifier, — il faudrait
donc admettre que Memling dut séjourner en Provence : cela n'aurait rien de contraire, hâtons-nous de le dire, avec ce que l'on sait
de la vie aventureuse de ce grand artiste, que ses historiens font
voyager en Allemagne, en Italie et en France, avec son maître Van
der Weyden, et que quelques-uns même envoient mourir en Espagne, dans la chartreuse de Miraflores (1). Maintenant, aura-t-il été
mandé directement par le roi ou attiré à sa cour par la faveur que
tous les hommes de mérite étaient sûrs d'y trouver? Cette dernière
conjecture est sans doute la bonne; cependant, nous savons d'une
façon positive que René ne se faisait pas faute d'appeler à lui, du
fond de la Flandre, les artistes peintres et sculpteurs dont il avait
besoin. Une lettre de lui, extraite des archives d'Angers et publiée
par M. J. Renouvier, — lettre adressée à un certain « maistre Jehanot le Flamant », en qui l'on a voulu voir Jean de Bruges lui-
même, — nous montre le roi demandant à son correspondant
« deux bons compaignons peintres » au lieu de deux qui lui ont été
déjà envoyés et dont il n'est pas satisfait.

En supposant que maistre Jehanot et Van Eyck ne fassent réellement qu'un, n'est-il pas à croire que le maître brugeois dut recommander à René deux de ses meilleurs élèves, Rogier van der Weyden et Memling, par exemple, deux bons compaignons peintres,
s'il en fut?

Un critique instruit, qui semble n'avoir écrit sa trop courte brochure sur l'Exposition de Marseille (2) que pour s'occuper du *Buis-*

---

(1) Où l'on conserve, dit-on, des tableaux datés de 1496 et des années
suivantes, et présentant des analogies frappantes avec ses œuvres. — On
n'est pas d'accord sur la date de sa naissance ; les uns la fixent à l'année
1425, d'autres à 1440. L'ouvrage le plus ancien que l'on connaisse de lui
est son propre portrait, daté de 1462, et exposé à Manchester. M. Villot dit
qu'il exécuta ses principaux ouvrages entre 1470 et 1484 ; M. Viardot, entre
1478 et 1493. On le fait assister, en 1477, à la bataille de Nancy, dans les
rangs de l'armée de Charles-le-Téméraire. Ce fut aussitôt après qu'il commença de peindre sa fameuse *Châsse* pour l'hôpital Saint-Jean, de Bruges, où
il avait été soigné et guéri de ses blessures. — Plusieurs biographes placent
sa mort en 1499 ; mais Weale a trouvé, assure-t-il, d'excellentes raisons
pour reporter cette date à 1495, ce qui enlèverait toute authenticité aux tableaux de Miraflores.

(2) *Souvenir de l'Exposition des Beaux-Arts*. Marseille, impr. Barlatier-
Feissat et Demonchy. — 68 p.

son ardent, — M. P. Trabaud, après avoir combattu par d'excellentes raisons l'attribution à Van Eyck, déclare qu'à son avis « tout le triptyque, fond et volets latéraux sont de la même main, exécutés par un bon élève de l'école de Bruges, peut-être par Guérard Van der Meire, très-probablement par Rogier van der Weyden, qui fit deux fois le voyage d'Italie, et dut passer par Angers ou par Aix, en admettant que René d'Anjou n'eût point exporté lui-même le tableau de Flandre. »

Il va sans dire que l'on ne saurait affirmer, d'une façon absolue, que ce tableau est de tel ou tel de ces maîtres de l'école brugeoise qui sont encore si mal connus malgré les savants travaux de MM. Passavant, Kugler, Michiels, Forster, Waagen, de Laborde, etc., et dont les œuvres présentent entre elles des rapports si frappants qu'elles sont journellement confondues (1). L'attribution à Van der Weyden est donc parfaitement soutenable. Toutefois, jusqu'à ce qu'un document historique vienne nous révéler quel est le véritable auteur du *Buisson ardent*, nous continuerons de nommer Memling, dont les deux manières si distinctes peuvent seules expliquer, d'une façon satisfaisante, les différences notables de style qu'on a signalées entre les volets et le tableau central.

Arrivons à la description de cette magnifique composition (2) qui, par son importance, méritait que nous insistassions un peu longuement sur ses auteurs présumés.

Tout dans le sujet principal concourt à la glorification de la virginité incorruptible de Marie. Sur ce buisson merveilleux « qui brûlait sans se consumer », et où Dieu apparut jadis à Moïse pour lui annoncer qu'il allait tirer son peuple de la terre d'exil, la Vierge est gracieusement posée au milieu de feuilles, de fleurs et de petites flammes assez semblables à celle des cierges ; elle tient dans ses bras son divin fils, le Messie, qui doit arracher le monde à la servitude du péché. Assis au pied de ce trône de feuillage et de feu, Moïse ôte d'une main sa chaussure, suivant le commandement de Dieu, et, de l'autre, protège ses yeux contre l'éclat éblouissant de la lumière céleste. Un ange portant un sceptre à la main, s'adresse à lui et lui

---

(1) Le chef-d'œuvre de Rogier, les *Sept-Sacrements*, du Musée d'Anvers, n'a-t-il pas été longtemps attribué à Van Eyck, et la *Messe de Saint-Grégoire*, que le catalogue de l'Exposition de Manchester donnait à ce dernier, sur la foi de M. Waagen, n'a-t-elle pas été restituée au même Rogier par MM. Paul Mantz et de Laborde ?

(2) Elle mesure 12 pieds en hauteur sur une largeur de 6.

transmet sans doute les promesses divines. Cette allégorie du mystère de l'Incarnation n'est pas, comme l'a cru M. de Quatrebarbes, un de ces anachronismes familiers au moyen-âge et qu'il faille mettre sur le compte de l'imagination de l'auteur du triptyque. Nous avons vu que d'autres avant lui avaient traité ce sujet de la même façon, et l'Eglise la première avait consacré ce gracieux rapprochement par le verset suivant de l'office de la Circoncision, aux antiennes des vêpres, — verset que notre artiste n'a pas manqué d'inscrire au bas de son cadre : *Rubum quem viderat Moyses incombustum conservatam agnovimus tuam laudabilem virginitatem, sancta Dei genitrix* (1).

Le ruisseau qui jaillit du pied du rocher que couvre le buisson ardent, symbolise l'eau du baptême, la source de la vie nouvelle, l'eau vivifiante de la grâce, « ce fleuve de l'eau de vie, brillant comme le cristal, qui, dans l'*Apocalypse* (XXII, 1) découle du trône de Dieu et de l'agneau. »

Des moutons, à la toison propre et soyeuse, et une petite chèvre paissent, au premier plan, sous la garde d'un chien couché près de Moïse. La prairie est parsemée de fleurettes et d'insectes minutieusement rendus. Dans le fond, éclairée par les lueurs dorées du soleil couchant, se dessine une ville que sillonne un fleuve capricieux ; çà et là, des ponts unissent les deux rives et, parmi les constructions féodales qui se mirent dans l'eau, on a cru reconnaître le château de Tarascon. — Ce lointain magique, où circulent des flots d'air pur, encadre admirablement les personnages. On peut répéter à propos du *Buisson ardent*, ce que M. Paul de Saint-Victor a si bien dit de la *Châsse de sainte Ursule* : « En créant ce monde surnaturel, Hemling l'a enveloppé de son atmosphère. Tout se transfigure sous son pinceau, les visages, les corps, les vêtements, les édifices, les eaux, les arbres et l'air même. En évoquant dans ses tableaux les Saints et les Vierges, il a dérobé au Paradis sa lumière » (2).

Les personnages du *Buisson ardent* ont bien aussi cette sveltesse idéale de formes, cette noblesse de physionomie et de gestes, toutes ces qualités que Memling, aussi grand poète que grand praticien, déploya dans la peinture religieuse. — La figure un peu ronde de la Vierge est empreinte d'une ineffable candeur ; ses yeux

---

(1) « Au buisson incombustible que Moïse avait vu, nous avons reconnu ton admirable virginité, sainte mère de Dieu. »

(2) *Les grands peintres avant Raphaël.* — (*Presse*, 23 décembre 1859.)

laissent tomber sur la terre un clair et limpide regard où respire la tendresse. Elle est vêtue d'une robe couleur gorge-de-pigeon dont les plis s'étalent autour d'elle avec une rigidité sculpturale. Le bambino entièrement nu n'est peut-être pas d'un dessin irréprochable, au point de vue anatomique ; il tient à la main un petit cadre, qui représente son image et celle de sa mère. — L'ange a dans le maintien une grâce incomparable. Un diadème de pierreries en forme de croix, est posé sur sa blonde chevelure. La magnifique chape qui enveloppe son corps est retenue sur la poitrine par un camée représentant Adam et Eve debout près de l'arbre de la science autour duquel est enroulé un serpent à tête d'homme. — Quant à Moïse, personnage plus humain, il est traité aussi d'une façon plus réaliste : sa figure sillonnée de rides, ses yeux effarés, son cou musculeux, ses mains et celui de ses pieds qui est nu, ont été certainement dessinés d'après nature; la couleur des chairs est excellente. Je reconnais encore la vraie manière flamande au petit baril de bois placé à côté du prophète et peint avec une précision qui trompe l'œil.

Le tableau que nous venons de décrire, « est orné dit de Haitze, d'un cadre d'or plat, ombragé et rehaussé de couleurs, où douze Roys de Judas sont dépeints, avec des ornements à l'antique si délicats et si bien travaillés qu'il ne se peut rien voir de mieux. » — Ces Rois, dont pas un n'est accoutré, coiffé et posé de la même façon, et qui ont l'air de statues gothiques au fond de leurs niches, semblent dessinés à la plume.

Le couronnement du cadre si élégamment arrondi et terminé par une galerie formant retour de tabernacle (1), est orné de nombreuses figures exécutées par le même procédé que les Rois. Immédiatement au-dessus du cintre du tableau, dans les angles, l'*Annonciation* est figurée par la fable de la licorne : à gauche, l'ange Gabriel, armé d'un épieu et tenant plusieurs levriers en laisse, souffle à pleins poumons dans un oliphant; à droite, la Vierge, agenouillée, étreint dans ses bras la licorne effrayée. — M. de Quatrebarbes, le seul qui ait parlé de cette partie de la composition, s'est trompé en y voyant une allégorie de la pitié ; c'est comme nous venons de le dire, un symbole de l'Annonciation qui a été fréquemment employé par les artistes du moyen âge (2). —

---

(1) Elle fait un ressaut d'un pied et demi sur le cintre.
(2) D'après la croyance des anciens, on ne pouvait prendre une licorne vivante qu'en plaçant près de son gîte une Vierge, aux pieds de laquelle elle ne manquait pas de venir se coucher pour rendre hommage à sa vertu.

La décoration de la partie supérieure du cadre est complétée par des chœurs d'anges prosternés devant Dieu le Père qui porte le globe surmonté d'une croix. Au-dessous se lisent ces mots tirés du livre de la Sagesse : *Qui me invenerit, inveniet vitam et hauriet salutem a domino. Sapi* (1).

Les deux volets, réservés à la *pourtraicture* des donateurs « suivis de toute leur cour, » d'après de Haitze, ne comportaient pas le déploiement de qualités poétiques et la magnificence vraiment céleste de la composition centrale. Ils sont tels qu'ils devaient être, d'une exécution ferme, accentuée, vraie jusqu'à faire illusion, et d'une énergie de tons bien propre à faire ressortir le suave coloris et la lumineuse profondeur du tableau qu'ils encadrent.

Celui qui est à la gauche du spectateur représente René, agenouillé devant un prie-dieu que recouvre un tapis fleurdelisé et blasonné aux armes de Provence (2), et sur lequel sa couronne et son livre d'heures, à fermoirs d'argent, sont posés. Sa physionomie a une expression placide et débonnaire qui répond bien à sa renommée. Il est coiffé d'une barette noire à bords relevés et vêtu d'une longue robe de velours violet garni d'hermine. Un caniche au poil frisé est couché auprès de lui. — Trois saints, patrons de la Provence et de l'Anjou, sont debout derrière le roi : saint Maurice, le casque sur la tête, une main sur la garde de son épée, et l'autre portant un étendard ; saint Antoine, ermite, appuyé sur un bâton, et sainte Madeleine tenant le vase aux parfums.

Dans l'autre volet, Jeanne de Laval est à genoux comme René, devant un prie-dieu recouvert par un riche tapis de velours, sur lequel sont brodées les armes de Bretagne et de Laval. C'est bien là la figure pâle, sèche, impassible de cette reine, qui, dit-on, ne rit qu'une fois dans sa vie, le jour où elle vit défiler la grotesque procession de la Fête-Dieu imaginée, à Aix, par son royal époux. Elle joint les mains et regarde fixement devant elle ; sur le prie-Dieu est son missel ouvert à l'office de la Vierge. Sa chevelure, d'un blond ardent, est relevée sous un diadème de pierreries ; un collier, dont

---

Acceptant ces traditions, l'art chrétien primitif a placé la licorne à côté de la Sainte Vierge, de sainte Justine et même de quelques saints, notamment de saint Cyprien, évêque d'Antioche, de saint Firmin, évêque d'Amiens, etc. (Voyez le *Dictionnaire iconographique* de Guénebault, II, 116.)

(1) « Celui qui m'aura trouvé, trouvera la vie et puisera son salut dans le Seigneur. »

(2) Ecartelées de Sicile, d'Aragon, de Jérusalem, de Lorraine et de Bar

les rubis et les topazes étincellent, descend sur le surcot fourré d'hermine qui emprisonne sa taille frêle ; sa robe est en velours pourpre. — Derrière elle se tiennent debout : saint Jean l'évangéliste, ayant à la main un ciboire d'où sort un serpent ; sainte Catherine, vêtue d'une robe de velours vert et portant la palme du martyre, et saint Nicolas, en grand costume épiscopal, ayant les mains gantées, donnant de l'une la bénédiction et de l'autre soutenant une superbe crosse décorée d'une petite statuette de la Vierge. Auprès de ce dernier est placé son attribut ordinaire, le baquet où s'ébattent les trois enfants nus ressuscités par ce saint évêque.

Les faces extérieures des volets sont ornées de grisailles qui représentent : d'un côté, l'ange Gabriel, le front ceint d'un bandeau, tenant à la main un rameau d'olivier, et de l'autre côté, la Vierge portant un livre d'heures ouvert et ayant les cheveux épars sur les épaules. Ces deux figures sont debout, dans des niches.

Tel est ce chef-d'œuvre dont s'enorgueillit, à bon droit, l'église métropolitaine d'Aix. Il appartenait, avant la Révolution, à l'église des Carmes, et décorait l'autel au pied duquel les entrailles du bon roi avaient été déposées. Le catalogue de l'Exposition marseillaise nous apprend qu'il fut sauvé de la tourmente sacrilège de 93 par le maire d'Aix et par l'artiste Clérian, qui, à l'insu de la population, le firent transporter à Marseille, où, mis en sûreté par la municipalité de cette ville, il resta jusqu'en 1804.

Le même catalogue a enregistré sous le nom de Memling un *Saint Luc peignant la Vierge* (à M. Gower), que nous avons vainement cherché dans toutes les galeries de l'Exposition : un véritable Memling nous eût sauté aux yeux.

Nous ne saurions considérer comme étant de Van Eyck la petite peinture sur cuivre exposée par M. le marquis de Ribiers et représentant une *Prédication* ; mais c'est là assurément une œuvre flamande de la primitive école, comme l'attestent les détails de costumes, la minutie de l'exécution et la vigueur du coloris. Les personnages en figurines sont étudiés sur nature et peints avec une certaine fierté. — Du haut d'une chaire placée à la porte d'une église ou d'un couvent, un dominicain, le rosaire à la main, harangue la foule assemblée en plein air. Il y a parmi les auditeurs, hommes et femmes, des types précieusement fouillés et que l'on pourrait prendre pour des portraits. Au premier plan, sur lequel se projette l'ombre d'une arcade, un homme est assis contre un pilier, qui le sépare du reste des fidèles ; il a la main posée sur un grand livre : ne serait-ce pas le portrait du peintre ? Au fond, un paysage lumineux avec des arbres grêles, des coteaux verdoyants et un coin de mer : les lois de la perspective ne sont pas parfaitement observées.

Cette *Prédication* est, à bien prendre, un tableau de genre, et nous savons que Jean de Bruges et ses élèves directs ne sortirent pas des sujets religieux, des portraits. L'un des premiers artistes flamands qui s'adonna à la peinture de mœurs fut Quinten Massys (1), le forgeron d'Anvers, à la main duquel l'amour, dit-on, mit un pinceau (2). Né vers 1450, suivant quelques biographes, plus probablement vers 1470, suivant d'autres, il se montra, dans les tableaux de religion, le digne continuateur des Van Eyck, de Rogier Van der Weyden et de Memling, comme on peut le voir par sa *Mise au tombeau*, du Musée d'Anvers ; — mais ses œuvres ont je ne sais quoi d'intime et d'humain, qu'on chercherait inutilement dans ses devanciers : il saisit et fixe fortement sur la toile certaines passions, certains caractères, témoins ces types d'usuriers et de peseurs d'or qu'il affectionnait. — Le Catalogue lui attribue une *Vierge* (3) en cornette blanche, en robe et en manteau rouges, avec une agrafe de pierreries sur l'épaule, tenant sur ses genoux le bambino debout, dont elle enlace le cou avec son bras. Les têtes ont une grâce charmante. Les mains effilées de la madone sont très-belles ; mais le buste nous a paru d'une longueur exagérée. La peinture a un léger accent italien qui rappelle moins la manière de Quinten Massys que celle de Jan Gossaert, son contemporain (4), qui séjourna une dizaine d'années à Rome, et y oublia quelque peu les traditions de son école. — C'est ce Jan Gossaert que les Italiens nommaient *Maboggio*, *Malbogi*, qui signait lui-même Johannes *Melbodie* ou *Malbodius*, et que nous appelons communément *Mabuse*, d'après le nom corrompu de sa ville natale, Maubeuge (5).

(1) Son nom a été écrit très-diversement : *Messys*, *Metsys*, *Matsys*, *Massis*, *Messis*, *Metzys*, *Matzis*, etc. Le seul tableau de ce maître que possède le Louvre est signé *Quinten Matsys*. Nous avons suivi l'orthographe qui reparaît le plus souvent dans les registres de la confrérie de Saint-Luc. — Quant au prénom de *Quinten*, c'est notre *Quentin* français.

(2) Des biographes sérieux ont traité de fable cette anecdote, d'après laquelle il se serait épris d'une jeune fille qui ne voulait avoir qu'un peintre pour mari, et ils attribuent aux suites d'une maladie la nécessité où il fut de quitter son ancienne profession dans laquelle il excellait d'ailleurs.

(3) Bois. Appartenant à M. le marquis Ruffo de Bonneval.

(4) Jan Gossaert, que l'on fait naître vers 1470, mourut un an après Quinten, en 1532.

(5) En latin, *Malbodium*.

Durant la période qui suit le grand siècle des Van Eyck et des Memling et qui précède l'avénement de Rubens, l'influence du style italien se fait sentir dans les œuvres de la plupart des maîtres de l'école flamande.

A l'exemple de Mabuse, Bernard van Orley (1) alla étudier en Italie et s'efforça de refléter le Sanzio, son maître ; à son tour, il forma Michel Cocxie (1497-1592) qui poussa l'imitation au point d'obtenir le surnom de *Raphaël flamand*. — Les peintures de ce dernier sont extrêmement rares en France ; le Louvre n'en a pas ; on prétend que les meilleures ont été accaparées, il y a longtemps, par l'Espagne ; mais on peut en voir encore de fort belles dans les églises de Bruxelles, de Louvain, de Bruges, et dans les galeries du musée d'Anvers. Un dessin à la plume (2) fort intéressant a été envoyé à l'Exposition marseillaise par M. Pascalis ; il représente le *Passage du Jourdain*. Les prêtres, portant l'arche d'alliance, se sont arrêtés au milieu du lit miraculeusement desséché du fleuve que traverse la foule innombrable des Hébreux. Déjà plusieurs de ceux-ci ont mis le pied sur les rives fleuries de la terre promise. Josué est sans doute le personnage, coiffé d'un turban, qui se tient, au premier plan, près d'un palmier d'étrange structure, et qui semble surveiller des hommes occupés à ramasser des pierres. La Bible nous apprend, en effet, que, par l'ordre de Dieu, Josué choisit douze israélites, un dans chaque tribu, — et qu'il leur commanda de prendre douze pierres très-dures au lieu même où l'arche s'était arrêtée ; il disposa ces pierres en monceau sur le rivage où les Hébreux campèrent pour la première fois, « afin de conserver la mémoire du nouveau miracle que Dieu avait fait en faveur de son peuple. » — L'artiste, d'ailleurs, a pris soin lui-même de rappeler, par l'inscription suivante, l'épisode biblique qu'il a mise en scène : « *Præcepto Domini filiis Israël Jordanem transeuntibus, XII ex ipsis viri singuli singulas, in res gestæ memoriam, deferunt lapides.* » — La date 1527, qui est vraisemblablement celle de l'exécution du dessin, est écrite dans un coin de la composition. On lit, d'un autre côté, les mots : *Cocsie*

---

(1) Appelé encore Barent van Brussel. Les uns le font naître en 1470, d'autres en 1490. La date de sa mort n'est pas moins incertaine ; on la place entre 1544 et 1560. — Il ne faut pas le confondre avec Dietrich Barent, que l'on appelait à Venise, Barent le Sourd, et qui, au dire de Baldinucci (III, 154), fut choyé, à l'égal d'un fils, par le Titien, son maître.

(2) Non catalogué.

van Aloi ; est-ce là une des signatures de Michel Cocxie de Malines, que les latinistes de son temps appelaient *Coxis* , les italiens *Coxie* ou *Cockier* , et ses compatriotes *Cocxcie* , *Coxcie* ou *Cocxie* ? — L'ouvrage en lui-même est plus curieux que beau : nous n'y trouvons guère la trace de ce grand style raphaëlesque dont l'artiste flamand fut un imitateur si fervent et si habile (1) ; la manière italienne se révèle, tout au plus, dans le groupe si gracieux que forment, à gauche, deux femmes regardant un enfant qui cherche à renverser un idole. Il se pourrait bien, du reste, que ce dessin eût été exécuté avant le voyage de Cocxie pour l'Italie.

Ce n'était pas Rome seulement qui attirait les artistes étrangers ; les puissants coloristes de la Vénétie devaient avoir un charme tout particulier pour les compatriotes de Van Eyck. Vasari parle avec beaucoup d'éloges d'un flamand nommé Jean Calker ou Calcar (mort à Naples en 1546), qui excella dans le portrait et dont quelques ouvrages, suivant Sandrart, ont pu être attribués au Titien. Il ne nous reste rien de lui non plus que d'un autre artiste du même pays, Paolo Franceschi ou *de'Freschi* (des fresques) qui se forma à l'école du Tintoret et que Ridolfi cite comme ayant été un des meilleurs paysagistes de son temps.

Le Louvre possède une toile (*Vénus et l'Amour*) de Lambert, de Liége (1506 après 1550), qui fit des paysages dans les tableaux du Titien et du Tintoret, et qui dut à son long séjour dans la haute Italie le surnom de Lombard (2).

---

(1) Il paraît même qu'il s'appropria certaines esquisses de Raphaël. Lanzi dit qu'il fut convaincu de plagiat, ce que l'on serait tenté de croire en voyant les trente-deux dessins de l'*Histoire de Psyché*, gravés par Agostino Veneziano.

(2) Zanetti et, après lui, Lanzi, croient que ce Lambert n'est autre que le Lambert Susterman (Suster, Sustris), — surnommé *Suavis*, et *il Tedesco* (l'allemand), — peintre et graveur dont Vasari vante le mérite. L'Orlandi et Sandrart veulent au contraire qu'il y ait eu deux artistes très distincts du nom de Lambert. M. Villot en admet même un troisième auquel il donne les noms de *Zustris*, *Sustris* ou *Suster*, et qui, né à Amsterdam, aurait commencé ses études sous l'allemand Christophe Schwartz, et les aurait achevées à l'école du Titien. C'est ce Zustris qui serait l'auteur de la *Vénus* du Louvre. Ce qu'il y a de certain c'est que le Lombard et le Suavis étaient contemporains et travaillaient ensemble : on connaît une gravure signée à la fois des initiales L. S. du second, et du nom en toutes lettres du premier qui figure comme auteur du dessin. — On trouverait sans doute des éclaircissements sur ce point dans la biographie de Lambert le Lombard, publiée à Bruges, en 1565, par Hubert Goltz, son élève. Voy. Lanzi (Trad. Dieudé), III, p. 154.

Son disciple, Frans de Vriendt (1520-1570), plus connu sous le nom de Frans Floris, chercha à associer le style de Michel-Ange à celui de Raphaël ; — tentative qui devait conduire son auteur à un genre faux, boursouflé, prétentieux. — Le tableautin exposé par M. Arnaud et représentant la *Madone*, *l'Enfant Jésus et Saint-Jean*, au milieu d'une guirlande de roses, de tulipes et de myosotis, ne rappelle en rien la manière de ce maître qu'il faut étudier dans *la Chute des mauvais Anges*, du musée d'Anvers.

L'école que Frans Floris fonda dans cette dernière ville, ne compta, dit-on, pas moins de cent vingt élèves : de ce nombre fut Martin de Vos (1524-1603 ou 1604) qui acheva ses études, à Venise, sous le Tintoret, dont il chercha à reproduire le dessin, l'exécution et jusqu'aux idées.

Tous cés pseudo-italiens contribuèrent, par leur talent même, à l'abâtardissement de l'art national ; c'est à peine si, parmi les peintres de cette époque de transition, on peut citer quelques maîtres vraiment originaux :

Joost van Cleef (1479-1529), que ses compatriotes, — sans doute les fanatiques de Raphaël, dit M. Bürger, — surnommèrent le *Fou*, fut un portraitiste énergique et puissant dont le *Saint-Jérôme* apocryphe, exposé par M. Mauri., ne saurait donner la moindre idée (1).

Erasme Quillyn ou Quellin (1507-1578) nous apparaît comme un imitateur un peu pâle de Quinten Massys, dans une peinture sur cuivre (à M. Gower) représentant la *Chananéenne* prosternée devant le Christ qui lui tend la main pour la relever. Trois disciples suivent Jésus. Au fond, un paysage un peu terne, orné de ruines. La tête du Christ est belle.

Pieter Porbus ou Pourbus (1510-1583) devrait, à la rigueur, être rangé parmi les Hollandais, puisqu'il est né à Gouda ; mais comme il a passé la plus grande partie de sa vie à Bruges, et qu'il y a produit ses meilleurs ouvrages, les Flamands le revendiquent comme un des leurs. M. Bürger prétend que son style est resté hollandais ; cela est vrai pour les compositions religieuses, dans lesquelles Pieter Pourbus se rapproche beaucoup de Lucas de Leyde, mais comme portraitiste, il semble s'inspirer et procéder d'Holbein. — Le portrait de *Charles-Quint*, exposé par M. Gower, est une mer- superbe toutes royales. Les sourcils sont d'un blond très-pâle ; la

---

(1) Cette toile qui nous a paru très-médiocre, serait-elle de Jan van Cleef, peintre de sujets religieux, élève de Gaspar de Crayer ?

veille de modelé clair et minutieux, de vérité et d'expression : le sang pétille et court sous la peau ; les yeux vous fascinent par leur éclat ; on y lit une volonté calme et inflexible, une hauteur et une barbe, clair-semée sur les joues, s'épaissit sur la lèvre supérieure et sur le menton, dont le développement accuse un tempéramment énergique. Les cheveux sont courts et d'une nuance moins ardente que celle de la barbe. On ne voit du costume qu'une petite fraise et le haut du justaucorps. Le fond, entièrement noir, fait saillir puissamment ce beau masque impérial, peint en pleine lumière.

Frans Pourbus *le vieux* (né à Bruges en 1540, mort en 1580), hérita de la réputation de Pieter Pourbus, son père et son premier maître ; il reçut aussi des leçons de Frans Floris, dont il épousa la nièce. Il peignit, avec un égal succès, les animaux, le portrait et l'histoire. Ses œuvres sont très-rares. — Supérieur à son père, il fut surpassé lui-même par son fils, Frans Pourbus *le jeune* (1570-1622), qui, après de longs voyages, vint se fixer à Paris, où il eut beaucoup de vogue comme portraitiste et comme peintre d'histoire. On voit au Louvre, entre autres ouvrages de Pourbus le jeune, une *Cène* qu'il peignit pour l'église de St-Leu, deux petits portraits en pied de Henri IV, et celui de Marie de Medicis, de grandeur naturelle ; les commandes officielles ne lui firent pas défaut : il fut chargé notamment d'exécuter, pour l'hôtel de ville de Paris, deux tableaux représentant, — l'un, *Louis XIII encore enfant, recevant les hommages des magistrats municipaux,* — l'autre, la *Majorité du Roi* (1614). L'ouvrage qui lui est attribué par le catalogue de l'Exposition marseillaise est un morceau capital : c'est le portrait en buste et de trois quarts d'une jeune *Dame de la famille de Forbin* (1).

On ne peut souhaiter une figure plus noble, plus pure, plus sereine. Ses grands yeux laissent tomber un clair regard sur son livre d'heures à tranche dorée. Ses lèvres purpurines s'entr'ouvrent comme pour murmurer une prière. Une cornette blanche, d'un tissu léger et transparent, est posée sur sa blonde chevelure ; une robe de velours pourpre dessine les contours délicatement arrondis de son sein et emprisonne ses bras dans des plis raides et droits, laissant passer de courtes manchettes aux poignets ; les mains, qui tiennent le livre, sont superbes. — L'exécution a cette franchise dans les tons, cette puissance dans la sobriété, dont les modernes n'ont pu retrouver le secret.

(1) Exposé par M. le marquis de Forbin d'Oppède. — Les armoiries de la noble dame sont peintes sur le fond vert du tableau.

La pléiade des Francken (1) est plus nombreuse encore que celle des Pourbus. Le chef de la famille, Nicolas Franck ou Francken, doyen de la gilde ou confrérie de St-Luc, en 1588 et 1589, n'était, dit-on, qu'un peintre médiocre; je ne sache pas que l'on conserve des ouvrages de sa main. Il mit à l'école de Frans Floris, ses trois fils : Frans (1544-1616), Hieronymus (vers 1554 — vers 1620), et Ambros, frère puiné des précédents, mort en 1619. Frans fut de beaucoup le plus célèbre : il eut lui-même trois fils, Frans (1580-1642), Hieronymus (qui florit vers 1605), Sebastiaen (vers 1575—vers 1636). — On cite enfin deux enfants de ce dernier, Gabriel, qui fut doyen de la gilde de St-Luc, en 1634, et Jan Baptist, qui fut un ami et un imitateur de Van Dyck.

Les œuvres des divers Francken offrent de si grandes analogies de facture et de composition (2), qu'il n'est pas toujours facile de discerner leur véritable auteur. On a pu remarquer toutefois qu'il existe des différences de style assez notables entre les six tableaux que le catalogue marseillais n'attribue qu'à un seul des Francken, à Frans le vieux. Il ne faut pas être un profond connaisseur pour reconnaître, par exemple, que les *Vierges sages et les Vierges folles*, provenant du cabinet de M. Bouvier (d'Avignon), ne sont pas de la même main que le *Repos des Hébreux dans la terre promise*, exposé par M. de Fabregoule.

Le premier de ces ouvrages présente sur le même panneau quatre compositions qui se relient entre elles par une idée commune : le triomphe de la vertu sur le vice. A droite, les vierges folles entourent une table chargée de mets : huîtres, faisan en galantine, volailles rôties, quartier de chevreuil, etc. L'une joue du violon,

---

(1) La biographie des artistes de cette famille n'a pas encore été bien éclaircie. Leur généalogie même est l'objet de beaucoup de controverses. Voy. *Cat. du Louvre* (1861), par M. Villot, et les *Musées de la Hollande* (II, p. 331-335), par M. Bürger. — Le nom de *Vrancx*, que la plupart des critiques disent avoir été commun à tous ces artistes,—ainsi que ceux de *Franck* et de *Francken*, — fut porté principalement (nous pourrions dire exclusivement) par Sébastiaen, ce qui a décidé le savant conservateur du musée de Rotterdam, M. Lamme, à distinguer deux Sébastiaen : l'un, Seb. Vrancx, né à Anvers en 1573, mort en 1647 ; l'autre, Séb. Francken (le fils de Frans le vieux), né à Anvers en 1575, mort en 1636.

(2) M. de Pesquidoux, — dans son *Voyage artistique en France* (p. 111), — a donc eu raison, jusqu'à un certain point, de dire « que les Franck ne se distinguent point entre eux » ; mais il a commis une étrange erreur en ajoutant qu' « ils forment une trinité d'artistes qui ont les mêmes noms, François Floris. » — Ce dernier surnom n'appartient qu'à Frans de Vriendt.

l'autre de la harpe ; deux autres chantent, debout, les seins nus, le verre en main ; une cinquième, la main droite sur la hanche, le coude sur la table, dort du lourd sommeil de l'ivresse. Un étrange pêle-mêle de cartes, de dés, de jetons, de masques, de guitares, de cahiers de musique, d'écailles d'huîtres, de citrons coupés, de vases renversés, de verres brisés, jonche le sol : c'est le désordre qui suit l'orgie. — Tout, au contraire, respire la sérénité et la douce quiétude de la vertu dans les occupations et les attitudes des vierges sages, groupées à gauche. Celle-ci file, celle-là coud ; une troisième remplit d'huile les lampes du sanctuaire ; deux autres prient et chantent des hymnes sacrées. — Dans le fond, un essaim de jeunes filles forme une ronde, sur un vert préau, à la porte d'une église, et, comme contraste, d'horribles bacchantes, arrêtées près d'un tonneau, font d'amples libations. Au ciel, le Christ apparaît, entouré de saintes, et tend les bras aux vierges sages, tandis qu'un ange tourné du côté des vierges folles, sonne de la trompette du jugement dernier. — Il y a dans ce tableau une multitude de détails rendus avec une incroyable précision ; le coloris est vif, mais le fond manque de légèreté et la dégradation des plans est loin d'être irréprochable. Ces qualités et ces défauts même peuvent faire reconnaître Frans Francken le vieux qui, dans l'atelier du romain Frans Floris, n'avait pas tout-à-fait dépouillé la préciosité et la naïveté des Flamands primitifs.

Nous remarquons un faire beaucoup plus avancé dans le *Repos des Hébreux* : l'influence de Rubens commence à se faire sentir ; les nombreuses figures qui se pressent sur les coteaux verdoyants de la Terre-Sainte, sont touchées avec une fierté toute moderne ; le dessin est plus libre, la couleur plus chaude, plus transparente. Il ne viendra donc à personne, en voyant cet excellent petit tableau, l'idée de l'attribuer au vieux Francken qui, bien qu'ayant assisté à l'invasion du nouveau style, eut toujours un pied dans l'ancienne école. Tout au plus nommera-t-on un de ses fils, Frans le jeune, ou mieux encore Sébastiaen qui fut le condisciple de Rubens dans l'atelier d'Adam Van Noort. — A dire vrai, ce Sébastiaen ne fit guère que des batailles et des paysages avec animaux ; Frans le jeune peignit l'histoire, mais, sauf de légères concessions aux nouvelles idées, il s'attacha à imiter son père : il adopta ses procédés d'exécution, ses types et jusqu'à ses sujets favoris.

L'*Esther aux pieds d'Assuérus* (1) est tout-à-fait dans la ma-

(1) Cuivre. A M. Arnaud (de Marseille). — Le seul tableau que le catalogue

nière léchée et précieuse du vieux Francken : les grands seigneurs assis autour du roi et les femmes qui escortent la reine sont d'irréprochables figurines ; les têtes et les mains ne perdraient rien à être vues au microscope ; mais la patience de l'artiste s'est surtout signalée dans la peinture des broderies de la robe d'Esther et dans les dessins capricieux du tapis qui recouvre les marches du trône d'Assuérus.

Mme la marquise Félix du Muy a exposé un *Calvaire* qui est, à quelques détails près, la reproduction d'un tableau du Louvre signé *ffranck. in* (1). — Le Christ expire sur la croix entre les deux larrons ; la Vierge, entourée des saintes femmes et de saint Jean, contemple son divin fils avec un morne désespoir. La Madeleine étreint le pied de la croix. Cette agonie et cette immense douleur ont pour témoins d'insolents soldats coiffés de turbans et vêtus de costumes d'un rouge vif ; le chef de la troupe est monté sur un beau cheval gris-blanc. A quelque distance, les bourreaux, le poignard à la main, se disputent les vêtements du Christ. Dans le fond, Jérusalem s'élève en amphithéâtre.

La *Présentation au peuple* (à M. Girard, de Marseille), est bien certainement de la même main que le *Calvaire*. Jésus est debout, sur une estrade, entre deux bourreaux qui soutiennent par dérision les pans de son manteau. La populace s'agite confusément et demande à grands cris la mort du *Juste*. Pilate se lave les mains. Barrabas délivré reçoit un coup de bâton et s'enfuit poursuivi par les huées des enfans. Des femmes portant leurs nourrissons sont placées au premier plan où se fait remarquer également un soldat cuirassé, d'une tournure excellente. Des constructions couronnent une hauteur et bornent l'horizon.

Dans ces deux derniers ouvrages, la touche a beaucou perdu de sa finesse ; mais les personnages n'en sont pas moins parfaits d'attitudes et de mouvements, les costumes spirituellement traités, les tons riches et brillants.—Dans l'*Antoine et Cléopâtre* (à M. Roux), l'exécution a plus de largeur encore : ce n'est là qu'une pochade, il est vrai, mais une pochade charmante. La reine d'Egypte, debout, les bras et les seins nus, reçoit les hommages du capitaine

---

du Louvre cité comme étant de Frans le vieux, est un panneau sur lequel sont réunis plusieurs épisodes de l'*Histoire d'Esther*.

(1) Frans le jeune fait précéder ordinairement sa signature des lettres D°, parce qu'à son retour d'Italie, dit M. Bürger, on l'appelait Don Francesco. — M. Viardot s'est donc trompé en voyant là les initiales d'un *Franck* du nom de Dominique, en italien *Domenico*.

romain qui, le casque sur la tête, le corps enveloppé d'un manteau de pourpre, s'incline devant elle. L'entrevue a lieu sur les bords du Nil dont l'eau se teint de reflets superbes à l'ombre de la galère royale. Des femmes apportant de riches pièces d'orfévrerie, des officiers enturbannés et armés de yatagans forment le cortége de Cléopâtre. Le paysage manque de consistance et d'accent.

Paul Bril (1554-1626), ou Paolo Brilli, — ce Flamand italianisé, qui passa la plus grande partie de sa vie à Rome et y mourut, et qui remplit le Vatican d'immenses paysages (1), — fut le premier, sinon à peindre la nature pour elle-même (il avait eu pour précurseurs, parmi ses propres compatriotes, Joachim Patenier, de Dinant, et Matthaus Bril, son frère) du moins à étendre la perspective, à varier les points de vue, à chercher la vérité ; aussi lui attribue-t-on l'honneur d'avoir fait de la peinture de paysage un genre spécial. Le Catalogue a enregistré cinq tableaux sous son nom ; je n'ai pu découvrir le n° 135. — Les n°s 133 et 134, exposés par M. Seytres, m'ont paru d'une exécution bien antérieure à Paul Bril, et n'offrent, en tous cas, aucune des qualités de couleur et de style que ce dernier puisa dans l'étude du Titien et des Carraches; peut-être sont-ils de la main de Matthaus (1550-1584), qui, suivant Lanzi, « conserva toujours sa manière ultramontaine, un peu sèche et d'un coloris manquant de vérité. » Quoi qu'il en soit, ces deux petits panneaux sont dignes d'attention comme spécimens d'un art naissant. — Le n° 133, — assez semblable à une mosaïque, tant les tons se juxta-posent durement, — représente un fleuve encaissé par des rochers dont les sommets bizarrement découpés sont couronnés, çà et là, de constructions plus bizarres encore. Un pont de pierre est jeté d'un bord à l'autre. Des bonshommes microscopiques sont dispersés jusque dans le lointain, sans grand respect pour la perspective. Des oiseaux, comme en voit sur les cahiers des collégiens, volent au ciel. Il y a quelques bonnes parties cependant, par exemple, un petit chemin à gauche, s'enfonçant sous une voûte. — L'autre tableau nous offre encore une rivière dont le miroir limpide réfléchit bien le ciel. Les rives sont ornées de verdures fantastiques et d'arbres peints par larges touches. Un pâtre joue du flageolet sous l'ombrage, au premier plan. La lumière a été curieusement cherchée, et il y a dans le résultat obtenu quelque chose de naïvement faux qui n'est pas sans charme.

(1) L'un de ces paysages, exécuté à fresque dans le salon du pape, n'avait pas moins de soixante-huit pieds de long.

Les deux paysages appartenant à M. Estrangin (d'Arles), sont à peu près de la même dimension que les précédents ; ils en diffèrent complètement par l'exécution, sans se rapprocher davantage de la manière de Paul Bril. Ils représentent, l'un et l'autre, un intérieur de forêt avec un grand nombre de figurines, en costumes flamands, très-délicatement et très-spirituellement peintes. Hommes et femmes, venus sans doute à un rendez-vous de chasse, ont des attitudes très-variées. Les manteaux de couleur éclatante, les fraises empesées, les chapeaux à plumes sont indiqués avec une minutieuse perfection. Le paysage est traité avec non moins de finesse. Des vapeurs bleuâtres estompent les derniers plans.

Il suffit d'avoir vu un paysage de Jan Breughel ou Brueghel, de Velours (1568 ou 1569-1625), pour reconnaître que les deux jolis tableaux de M. Estrangin doivent être attribués à ce maître précieux qui, avant de peindre à l'huile, avait fait de la miniature et de la gouache et ne se déshabitua jamais entièrement de ces deux procédés.

Les tableaux que le catalogue a donnés comme étant de cet artiste, sont loin d'être aussi bien dans sa manière que ceux dont nous venons de parler. Le *Jésus guérissant les malades* (1), au milieu d'une forêt bizarrement éclairée, offre quelques parties qui, à tout prendre, rappelleraient Brueghel ; mais les figures sont d'un très-méchant peintre. — Quant aux deux marines (*Tempête* et *Effet de Lune*) (2), elles ont tellement poussé au noir qu'il serait imprudent de se prononcer sur leur paternité. — On sait que Brueghel de Velours ne fut point étranger à ce genre ; mais sa véritable supériorité fut dans le paysage. Il excella aussi à peindre les fleurs et les fruits : aussi, n'hésitons-nous pas à le croire l'auteur, l'unique auteur d'un très-intéressant tableau, — la *Madeleine et le Christ jardinier* (à M. Dufour) — que, d'après le Catalogue, il aurait exécuté en collaboration avec Johann Van Kessel, né en 1626, mort en 1679 : assertion d'autant plus étrange que, dix lignes plus haut, ce même Catalogue fait mourir Jan Brueghel en 1625, un an avant la naissance de son collaborateur !!!

D'un autre côté, nous lisons, dans l'excellente étude de M. W. Bürger, sur le Musée d'Anvers (3) que Johann ou Jan Van Kessel, élève de Simon de Vos en 1634 et 1635, — comme le constatent les registres de la gilde ou confrérie de Saint-Luc, — « fut surtout le

---

(1) Toile. A M. Roux (de Marseille). — La lumière vient du fond.
(2) Toiles. A M. Gérard (de Gardanne).
(3) *Gazette des Beaux-Arts*.

disciple de *son oncle* Brueghel de Velours, avec qui il a travaillé *si souvent.* » Or en admettant même, avec Félibien, que ce dernier soit mort en 1642, que faut-il penser de cette fréquente collaboration de l'oncle et du neveu ? Jan Van Kessel fut, sans doute, un artiste précoce, comme le prouve l'époque de son séjour dans l'atelier de Simon de Vos et son admission au titre de franc-maître de la gilde en 1644-1645 ; mais cette précocité lui aurait-elle valu l'honneur insigne de travailler aux ouvrages d'un artiste en renom ?... Ce que nous savons positivement c'est qu'il prit Brueghel de Velours pour modèle, et qu'il l'égala par la suite dans la peinture des fleurs, des oiseaux et des insectes. Il se lia étroitement avec Teniers le jeune, qui lui servit de témoin lorsqu'il épousa la fille du peintre Ferdinand Abtshoven. Il passa plus tard en Espagne, sur l'invitation de Philippe IV, et mourut à Madrid, en 1678 ou 1679, suivant plusieurs auteurs, — en 1708, selon Palomino Velasco (1).

M. Léon Lagrange s'est probablement fondé sur les mêmes raisons que nous pour nier la collaboration de Jan Van Kessel au *Christ Jardinier* ; mais nous ne comprenons pas quelle nécessité a pu le pousser à substituer au nom de cet artiste celui de Franck. Il est bien vrai que, de tous les maîtres flamands de l'époque, Franck le jeune est celui qui a le plus de rapport avec Brueghel de Velours : même amour des détails, même finesse de touche, même richesse de coloris ; — mais je ne sache pas que le fils du vieux Francken ait jamais peint des sujets semblables à celui qui nous occupe. Aussi bien, il est temps d'arriver à la description de cette curieuse peinture.

Le Christ, vêtu de rouge, les pieds nus et une épaule nue, la tête coiffée d'un chapeau de paille, est debout, une bêche à la main, près d'une brouette sur laquelle une citrouille, des choux-fleurs, des artichauts et d'autres légumes sont entassés. Des melons, des raves, des pastèques coupées jonchent le sol. Un écureuil joue derrière la brouette et des oisillons sont perchés sur un énorme plant d'artichauts qui s'élève à gauche. A droite, de magnifiques œillets en pots et des rosiers grimpent le long d'un treillage sur lequel s'ébattent un ara et une perruche. Des arbres au feuillage vert-pâle garnissent le fond du tableau et couronnent le sommet

---

(1) Jan Van Kessel, le flamand, ne doit pas être confondu avec son homonyme hollandais, né en 1648 et mort en 1698, maître distingué que ses deux beaux tableaux du musée de Rotterdam (*Une écluse* et un *Intérieur de forêt*) nous montrent sectateur très-habile d'Hobbema.

d'une colline qu'un fleuve sépare d'une ville bâtie en amphithéâtre. Les mille détails du paysage nous ont fait oublier, un instant, l'un des principaux personnages, la Madeleine qui, dans un vrai costume de courtisanne, est agenouillée aux pieds du divin jardinier, son vase de parfums près d'elle. D'autres figurines s'agitent sous les arbres du fond, à l'entrée d'une grotte creusée dans la colline. Fleurs, fruits, légumes, animaux sont très-minutieusement faits et ont, pour le moins, autant d'importance que les personnages. Le coloris est clair, vif, éclatant de fraîcheur; mais les verts de toutes nuances dominent trop.

Quelque grand que soit l'intérêt qui s'attache à cette peinture, il est encore dépassé par celui qu'excite en nous une *Adoration des Mages* (1), en figurines, signée *P. Brueghel*, 1607. La scène se passe en plein pays flamand, sur les bords d'un canal dont l'eau est gelée, à deux pas d'une église en construction et d'un cabaret, auquel un pot, accroché à un bâton, sert d'enseigne. La neige tapisse les rues que bordent des maisons en briques rouges; d'honnêtes wallons font cercle autour d'un brasier allumé en plein air; d'autres courent pour s'échauffer. De pauvres hères ramassent du bois mort. Un gamin, assis dans un petit traineau, se voiture sur la glace du canal. A gauche, sous un hangar, s'abrite la Sainte Famille : la Vierge tient sur ses genoux le divin bambino; St-Joseph, les mains cachées sous son manteau à cause du froid, fait triste mine. Les rois mages, vêtus de costumes flamands, se prosternent devant le Messie; ils sont suivis par de nombreux domestiques et par des mulets richement caparaçonnés. Des hallebardiers en pantalons rouges montent la garde à la porte de la crèche.....

Je reconnais bien à ces anachronismes plaisants, à ces détails burlesques, le créateur du genre comique, qui devait faire la fortune des écoles néerlandaises, — le père de Brueghel de Velours, Pieter Brueghel *le vieux* auquel ses étranges compositions valurent les surnoms de Brueghel le Drôle (*Viesen Brueghel*), et de Brueghel le Rustique (*Boeren Brueghel*). C'est le même esprit comique qui a inspiré les fantaisies religieuses du Belvédère de Vienne : l'*Édification de la Tour de Babel*, le *Combat de Saül contre les Philistins* et ce *Portement de Croix* qui nous montre Jésus traînant un tronc d'arbre, au milieu d'une foire wallonne, tandis qu'un moine, le crucifix à la main, exhorte les deux larrons à mourir saintement. Les deux tableaux (*Vue d'un village* et *Danse de*

---

(1) Bois. Appartenant à M. Mathieu, receveur municipal, à Aix.

Paysans), que le catalogue du Louvre a enregistrés comme étant de Brueghel le vieux, n'ont rien de commun avec ces *drôleries* amusantes; aussi, des critiques sérieux ont-ils mis en doute leur authenticité (1).

Si tout nous engage, au contraire, à accepter l'attribution que les rédacteurs du catalogue marseillais font à Brueghel le Vieux, de l'*Adoration des Mages*, — il y a lieu de s'étonner, du moins, qu'ils aient admis, en même temps, une opinion assez répandue qui fait mourir cet artiste en 1600, sept années avant celle inscrite sur le tableau. Est-ce à dire que cette dernière date (2) doive nous obliger à chercher une autre paternité pour le tableau qui nous occupe? Nous ne le pensons pas. On sait, en effet, combien est obscure la biographie des peintres flamands de cette époque; celle de Brueghel le Vieux est particulièrement pleine d'incertitudes : quelques auteurs le font naître en 1510 ; d'autres, en 1530; M. Viardot fixe sa mort à l'année 1570, mais la plupart des historiens la placent *vers* 1600; nous sommes donc en droit de supposer, jusqu'à preuve contraire, qu'il vivait encore en 1607. — Il laissa deux fils : Jan Brueghel de Velours, qui s'éloigna complètement de sa manière, et Pieter Brueghel d'*Enfer* (3) qui, après avoir imité quelque temps son père, finit par adopter la spécialité des incendies et des scènes infernales d'où il tira son surnom. Nous avons été tenté un instant d'attribuer l'*Adoration* à ce dernier dont le Musée d'Anvers montre un *Portement de Croix*, daté de cette même année 1607, et exécuté dans le sentiment des œuvres paternelles; mais, en vérité, Brueghel le Drôle était seul capable d'imaginer la scène grotesque dont nous

---

(1) « On ne trouve là, dit M. Viardot (*Musée du Louvre*, p. 158), ni son esprit burlesque et sa verve railleuse, qui font de lui le Rabelais des peintres, ni sa touche fine et patiente, ni ses tons rougeâtres ou azurés, ni le tour étrange de ses compositions historiques ou religieuses, qui deviennent, sous son pinceau, non moins drôles et risibles que le pantagruélique combat des gras contre les maigres. » — Toutes particularités qui, au contraire, distinguent l'*Adoration des Mages* de l'Exposition marseillaise.

(2) Cette date est tracée dans la pâte.

(3) Franc-maître de la confrérie de St-Luc en 1609; mort à l'âge de 56 ans, en 1625, selon M. Villot, en 1637, suivant M. W. Bürger. Lanzi fait bien certainement erreur, lorsqu'il dit avoir vu, à Rome, un tableau de Brueghel d'Enfer, signé *P. Brueghel, 1660*. — On cite d'autres artistes du nom de Breughel (Ambros, Abraham, Jan-Baptist, Caspar), qui florirent au XVIIe siècle, un peu après les fils de Brueghel ou Breughel le Vieux ; ils furent tous peintres de fleurs et de fruits.

avons fait la description, le seul aussi qui ait pu trouver pour la peindre ces tons rougeâtres dont il raffolait.

Pieter Neefs (vers 1570-1651), dans les tableaux duquel Brueghel de Velours a souvent peint de charmantes figurines (1), était représenté à l'Exposition marseillaise par trois *Intérieurs d'Eglise* catholiques. L'*Intérieur de la cathédrale d'Anvers* (à M. Bourguignon de Fabregoule), panneau d'assez grande dimension, réunit toutes les qualités qui ont fait la réputation de l'auteur : rectitude des lignes architecturales, vérité de la perspective poussée jusqu'à l'illusion, savante distribution de la lumière, finesse de la touche et justesse du coloris. Les personnages sont nombreux : un prêtre dit la messe dans une chapelle de la nef collatérale de droite; un gentilhomme fait l'aumône à un mendiant demi-nu accroupi au pied d'un pilier; un jeune gars implore la charité d'une dame, etc. Dans le fond de l'église s'élève un jubé. Le tableau est signé : NEFS. — L'Intérieur, exposé par M. le conseiller Fabry (d'Aix), a moins d'importance que le précédent; mais l'exécution est la même. Les figures de proportions microscopiques sont lestement touchées : deux prêtres célèbrent l'office divin, l'un au maître-autel, l'autre dans une chapelle latérale; des gens prient, d'autres conversent. Signé : P. NEFS. — Quant au tableautin appartenant à M. Grisard (de Marseille) et portant la signature P. NEEFS (2), il nous a paru plus sombre que ne le sont, d'ordinaire, les œuvres de l'ami de Brueghel; le fond est obscur; la lumière n'arrive que par les côtés.

Pieter Neefs appartient, comme les Francken et les Brueghel, à la phalange des artistes indépendants qui conservèrent les vieilles traditions de l'école flamande et qui assistèrent à la révolution opérée par Rubens, sans subir son influence.

Otho van Veen ou, comme on l'appelle communément, Otto Venius (1556-1634), qui est regardé comme le précurseur du glorieux maître d'Anvers auquel il donna des leçons, — Otto Venius, mathématicien distingué, poète et historien, en même temps que peintre, avait trop d'érudition pour s'en tenir au style naïf de l'école indigène. Il passa sept ans de sa jeunesse à Rome et y

(1) Jan Brueghel a rendu le même service au hollandais Hendrik Van Steenwyck le vieux (1550 — après 1604), qui fut le maître de Pieter Neefs. *Voir plus loin le chapitre consacré à l'école hollandaise.*

(2) Peu d'artistes se sont montrés aussi capricieux dans leurs signatures que l'a été Neefs; il signe, en effet, indifféremment : *Nefs*, *Ncefts*, *Nceffs*, *Neefs*. Il eut un fils : Pieter *le jeune*, qui peignit dans sa manière.

étudia les chefs-d'œuvres des grands maîtres de la péninsule (1). Son *Ensevelissement du Christ* (à M. le docteur Jouve) (2) justifierait assez bien par la richesse de la couleur, la beauté du clair-obscur et la hardiesse des raccourcis, le titre de *Corrège flamand* que lui donne M. W. Bürger; mais nous sommes un peu dérouté par certaines bizarreries d'expression; les figures manquent, pour la plupart, de caractère, et les attitudes, de noblesse. La tête du Christ est renversée en arrière au point de ne montrer que le menton, ce qui produit un effet des plus étranges. Joseph d'Arimathie et Nicodème qui soutiennent le cadavre divin ont des physionomies bien réalistes. La Vierge, la Madeleine, St-Jean et une sainte femme regardent en pleurant.

La femme adultère(3), n'est certainement pas de la même main que l'*Ensevelissement*; la touche en est plus sèche, le coloris plus terne; mais, ce n'en est pas moins une œuvre remarquable. La pécheresse, vêtue de blanc, s'avance, triste et résignée, au milieu de la populace qui l'insulte et la bafoue. Un licteur la conduit. Un individu, le genou en terre, montre avec le doigt des caractères tracés sur le sol; un vieillard en bésicles se penche pour les lire. D'autres personnages, dont quelques-uns sont coiffés d'une espèce de capuchon noir numéroté, complètent le groupe. Toutes ces figures, vigoureusement accusées, ont été sans doute copiées sur nature. On remarquera, entr'autres physionomies expressives, celle d'un homme à l'œil poché.

Il est probable que ce fut dans l'atelier d'Otto Venius que Pierre-Paul Rubens (1577-1640), puisa le goût de la peinture italienne; mais, dans le voyage qu'il fit en Italie pour achever son éducation artistique, le fougueux Anversois (4), au lieu de s'adresser aux Lombards comme avait fait son maître, fut poussé chez les Vénitiens par son tempérament de coloriste.

Il y aurait folie à vouloir apprécier en quelques lignes le roi de

---

(1) Les peintures d'Otto Venius, très-rares en France, sont assez nombreuses en Belgique; nous citerons notamment: un *Calvaire*, à Bruxelles, les *Charités de Saint-Nicolas* et la *Vocation de Saint-Mathieu*, à Anvers, la *Résurrection de Lazare*, à Gand. Au sujet de ce dernier ouvrage, M. Kervyn de Volkaersbeke ne craint pas de dire que « l'école italienne n'a rien produit « de plus beau. »

(2) Bois. Personnages à mi-corps; grandeur tiers-nature.

(3) Bois. Appartenant à M. Auphan.

(4) Rubens est né à Siegen, mais sa famille était d'Anvers, et il fut élevé dans cette dernière ville, où il vint habiter à l'âge de onze ans.

l'école flamande. Aucun maître n'a soulevé à la fois plus de critiques acerbes et plus de panégyriques enthousiastes. C'est dans l'excellente monographie que lui a consacrée M. Alfred Michiels, qu'il faut chercher la vérité sur ce génie merveilleux, fécond jusqu'à l'exubérance, brillant jusqu'à l'éblouissement, énergique jusqu'à la violence, passionné jusqu'à l'emportement, et, en dépit de ses défauts même, toujours grand, toujours imposant, toujours digne d'admiration.

Le catalogue de l'Exposition marseillaise a enregistré sept tableaux et deux dessins sous le nom de Rubens. C'est peu, si l'on songe que les productions de l'immortel Flamand sont presque innombrables (1) : il n'est pas de galerie un peu importante qui ne puisse se glorifier d'en posséder au moins une. Pourquoi faut-il avouer que de nos sept tableaux de Marseille, six sont d'une authenticité plus que douteuse? Le seul qui soit vraiment original est un *Portrait d'homme*, appartenant à M. Gower. Ce n'est point à la signature PPR, — qui pourrait bien être apocryphe, — que nous reconnaissons le maître; c'est à la largeur et à la puissance du modelé, à la fermeté des lignes, à l'éclat et à la transparence de la pâte, à l'expression et à la vie qui animent ce portrait. Le personnage est un vieillard à barbe blanche, gras, sanguin, à demi plongé dans cette somnolence béate qui est la marque d'un excès de santé. Sa face épanouie et rubiconde, sa bouche entr'ouverte pour laisser passage à une respiration bruyante, ses bras tombant de lassitude, tout dénote un homme qui n'a certainement pas mis en pratique le précepte : il ne faut manger que pour vivre. Les yeux, abrités sous d'épais sourcils, ont seuls conservé leur vivacité; la physionomie ne laisse pas du reste d'être spirituelle et avenante. C'est là sans doute quelque honnête bourgmestre ou conseiller des Pays-Bas; ses armoiries, — trois étoiles d'or sur champ d'azur, — ornent un rideau vert à frange d'or, dont un pan relevé laisse entrevoir la mer et le ciel.

Nous ne comprenons guère que le possesseur de ce magnifique portrait ait pu donner, comme un Rubens, l'étrange toile repré-

---

(1) On compte, à Munich 95 tableaux de Rubens, parmi lesquels le célèbre *Jugement dernier*; à l'Ermitage de Saint-Pétersbourg, 54; au Louvre, 41; à Madrid, 30; à Dresde, 27; au Musée de Bruxelles, 12; au Musée d'Anvers, 16, et dans les collections particulières plus de 100; à la National Gallery, de Londres, 11, etc. L'Exposition de Manchester en réunissait près de 40. M. Van Hasselt, dans son Catalogue des œuvres de Rubens, a enregistré 1461 numéros; M. Bürger dit qu'on pourrait aisément pousser à 2000.

sentant le *Repos de la sainte Famille* (1). Un coloris rougeâtre, des détails réalistes, la vulgarité du style et l'absence de toute idée vraiment chrétienne, déparent trop souvent, nous le savons, les compositions religieuses du maître Anversois, mais l'exécution, du moins, décèle toujours la griffe du lion. — Que dire d'une *Vierge* inscrite sous le n° 915, sinon qu'elle ne méritait en rien l'honneur d'être admise à l'Exposition? Passe encore pour le *Christ au roseau* (à M. Gower), excellent petit pastiche de l'école vénitienne, et pour un dessin à l'encre de Chine, très-vigoureux et très-savant, représentant la *Trinité* (à M. Pascalis).

Les petits tableaux de Rubens sont, en général, meilleurs que ses grandes compositions; ils sont malheureusement plus rares aussi. Il y a des qualités peu communes dans le *Moïse frappant le rocher*, composition en figurines, appartenant à M. Jean, de Marseille. Le législateur, vêtu d'une tunique bleue et d'un manteau rouge, tient encore à la main la baguette avec laquelle il a opéré le miracle; sa tête est puissante, énergique, inspirée. A côté de lui, son frère Aaron, coiffé de la mître, joint les mains et admire. Le peuple hébreu est tout entier à la joie que lui cause le prodige. Les femmes emplissent de grands vases dans le ruisseau qui vient de jaillir et qui coule à flots pressés sur un lit de cailloux; leurs attitudes sont charmantes de vérité et de grâce. Mais il nous faut louer surtout la tournure élégante de la jeune israélite qui est debout, au premier plan, portant son nourrisson dans ses bras. Avec quel empressement cette autre mère approche des lèvres de son enfant, une écuelle pleine du précieux liquide! Tout à côté, deux hommes, — dont l'un, coiffé d'une toque à plume, tient à la main une canette, — sont assis sur un rocher et devisent comme deux buveurs de Brauwer. A droite, un cheval jaune et blanc, médiocrement dessiné, se désaltère dans le ruisseau. Les personnages, groupés dans le fond, sont très-délicatement touchés. — Somme toute, un dessin châtié, un style gracieux, un coloris brillant sans crudité, beaucoup de finesse dans les têtes et de recherche dans les détails, voilà ce que nous trouvons dans ce tableau: nous sommes bien loin des peintures de la galerie de Médicis et pourtant, n'étaient certaines imperfections dont nous n'avons rien dit, nous n'hésiterions pas à accepter l'attribution de cet ouvrage faite à Rubens par le Catalogue.

(1) Deux dames parées de riches atours, des guerriers cuirassés, portant des étendards rouges, se tiennent aux côtés de la Vierge assise dans un jardin. L'Enfant nu dort sur les genoux de sa mère. Au deuxième plan, saint Joseph est étendu sous un arbre.

Pour ce qui est des deux tableaux figurant l'un *la Terre* et l'autre l'*Eau* (1), sous les traits d'une femme, de grandeur naturelle, entourée de riches attributs, il n'est pas douteux pour nous qu'ils ne soient, — au moins, quant à ces attributs, — de la main de Jan Brueghel qui eut la spécialité de ce genre d'allégories (2). Les figures, bien inférieures aux accessoires, doivent être de Hendrik van Balen (1560-1632) ou de l'Allemand Rottenhamer, dans les tableaux desquels Brueghel de Velours fit souvent des fonds de paysages, — service qu'il a rendu plus d'une fois à Rubens lui-même. — La Terre est personnifiée par une jeune femme assise près d'un rosier en fleurs, sous un arbre chargé de fruits. Son visage est animé par de grands yeux noirs. Ses épaules nues, ses pieds et ses mains ne sont pas d'un modelé irréprochable. Les plis de son vêtement manquent de distinction et dessinent assez mal les contours du corps. Elle tient sur ses genoux une corne d'abondance d'où tombent des raisins, des prunes, des cerises, des groseilles, etc. D'autres fruits et des légumes, peints dans des tons vifs et réjouissants, jonchent la terre : figues, pommes, poires, asperges, artichauts, citrouilles, melons, pastèque coupée. La finesse des détails et la vérité du coloris rappellent bien le *Jardin* attribué à Van Kessel. Le fond est évidemment sacrifié : on y distingue des moissonneurs, des paysannes liant des gerbes et des attelages flamands.

C'est une femme blonde qui personnifie l'*Eau*. Des coraux et des coquillages mêlés à sa chevelure, lui forment comme un diadème ; un collier de perles fines complète sa parure. Elle est assise au milieu d'une touffe de roseaux d'où s'envolent un canard et des poissons ailés. De l'urne, sur laquelle elle s'appuie, tout un peuple aquatique s'échappe et va rouler sur le sol : brochet, carpe, anguille, thon, rouget, esturgeon, turbot, murène, crabes, homards, haliotides, — les habitants de la mer réunis à ceux des lacs et des fleuves.

De tous les imitateurs de Rubens, Jakob Jordaens (1593-1678), est celui qui sut le mieux conserver son originalité native : son

---

(1) Appartenant à M. Robert Gower.

(2) « On conserve, dit Lanzi (IV, 128), la correspondance que le cardinal Federigo Borromeo entretint avec Jean Breughel qui peignit pour l'Académie de Milan les quatre *Éléments* et une multitude d'autres ouvrages dans lesquels on n'admire pas moins la finesse du pinceau que l'éclat de la couleur. » — A l'exposition de Manchester se trouvaient réunis les quatre *Éléments* par Brueghel, avec figures de Rottenhamer ; le Louvre n'a que la *Terre* et l'*Air*, avec figures de Van Balen. — Ces six ouvrages sont beaucoup plus petits que ceux de notre Exposition.

dédain des beautés conventionnelles, sa préoccupation constante du mouvement et de la vie, la hardiesse un peu brutale de son dessin, la vigueur trop souvent exagérée avec laquelle il produit le relief, sont autant de qualités et de défauts qu'il a pu sentir se développer en lui sous l'influence du grand maître Anversois, son compatriote et son ami (1), mais qu'il tenait certainement de sa rude et plantureuse nature. — Le tableau de *Judith et Holopherne* (2) que le Catalogue lui attribue, était placé si haut, qu'il nous a été impossible de l'apprécier à sa juste valeur : il nous a frappé, toutefois, par l'énergie de la couleur, et nous a paru exécuté dans cette manière violente qui a fait donner à Jordaens le surnom de Caravage flamand. — A cette peinture d'une authenticité très-douteuse, nous préférons de beaucoup le beau dessin exposé par M. Menut, et représentant une *Bacchanale :* des enfants, jouant de la conque, — des nymphes, du tympanum, — des faunes, du flageolet, entourent Bacchus à demi-couché et soutenu par un satyre. — Je reconnais bien ici les lignes onduleuses, les formes rebondies des types jordanesques.

Sous le nom d'Abraham van Diepenbeek (1607 ou 1620-1675), qui se forma dans l'atelier de Rubens, et qui fut nommé directeur de l'Académie de Saint-Luc en 1641, M. Victor Moreau a exposé une *Chasse au sanglier*, peinte sur bois, dont la couleur est riche et puissante, mais dont le dessin laisse beaucoup à désirer : les animaux surtout, chiens, chevaux et sanglier, n'ont rien à voir avec la nature : on dirait des bêtes héraldiques. Les personnages, — Hercule enfonçant un épieu dans la gueule du sanglier, Diane, cavaliers et valets, — ont des expressions et des attitudes dont la naïveté semble assigner au tableau une date bien antérieure à celle que donne le Catalogue. — Les peintures de Diepenbeek sont rares ; en revanche, la gravure a reproduit une quantité considérable de ses dessins.

C'est encore par erreur que l'on a désigné Jan-Philip van Thielen (1618-1667) comme étant l'auteur d'une *Vierge*, vue de profil et de grandeur naturelle, — à M. Olive, — tenant dans ses bras l'Enfant-Jésus qui, par un mouvement très-vrai, se penche en arrière et sourit à sa mère. Un ange contemple le bambino. Le dessin n'est

---

(1) Il ne reçut, du reste, que des conseils de Rubens : son véritable maître fut Adam Van Noort dont il épousa la fille, celui-là même sous lequel Rubens étudia, avant d'entrer à l'école d'Otto Venius.

(2) A M. le marquis Ruffo de Bonneval.

pas dépourvu de style ; la couleur est belle, pleine de franchise et de vivacité. Cet ouvrage a beaucoup d'analogie avec ceux que nous connaissons de Theodor van Thulden (1607-1686), qui fut employé par Rubens, son maître, dans les travaux de la galerie du Luxembourg, et qui associa à la fougueuse manière de ce grand artiste, la rectitude du style italien (1). Van Thielen, — dont le beau-frère, Théodor Rombouts, eut la prétention de rivaliser avec Rubens, — n'a guère fait, quant à lui, que de la peinture de fleurs.

De Frans Snyders (1579-1657), qui reçut des leçons de Pieter Brueghel et de Van Balen, et qui plaça souvent des animaux, des fruits et des fleurs dans les tableaux de Rubens et de Jordaens, — nous pouvons admettre comme authentique une *Chasse aux renards* (à M. Cantini), peinte d'une façon un peu décorative, mais pleine de mouvement ; les animaux, de grandeur naturelle, sont dessinés de main de maître : le levrier, blanc et gris, et l'épagneul qui mordent à belles dents un renard renversé, sont superbes et d'attitudes et de couleur. Deux autres chiens accourent, haletants, à la curée. Dans le fond, quelques arbres se détachent sur un ciel gris.

Le *Combat entre chiens et chat* (à M. Grisard), a lieu dans un garde-manger ; l'objet du litige est un magnifique gigot qui gît sur le carreau au milieu des débris d'un plat de faïence. Un chien tient victorieusement sous sa patte un chat, sans doute le premier auteur du larcin. Arrive un troisième larron, — un mâtin qui tire tout doucement à lui le gigot. Cette composition, largement et spirituellement traitée, est bien dans la manière de Frans Snyders. — Il y a d'excellentes parties aussi dans la *Nature morte* (homards cuits, lièvre, perdrix, raisins, melon, artichauts, asperges, etc.), exposée par Mme la marquise de Montgrand : comme vérité de détails, on ne peut rien exiger de plus ; mais il nous semble que le coloris de Snyders est plus réjouissant, plus vigoureux, plus flamand, pour tout dire.

Bien qu'il soit né à Anvers et qu'il ait été formé par Rubens, Van Dyck (1599-1641) n'est rien moins que flamand, lui : son style n'est entaché par aucune de ces trivialités qui s'étalent brutalement dans les œuvres de la plupart des peintres de son pays ; chez lui tout est distingué, délicat, spirituel, aristocratique ; son dessin est d'une suprême élégance ; sa couleur a une finesse, une limpidité, une puissance d'harmonie qui séduisent, qui enchantent. — Le Cata

---

(1) Van Thulden dessina et grava les *Travaux d'Ulysse*, — peints à Fontainebleau par Nicolo dell'Abate, d'après les dessins du Primatice.

logue n'a pas enregistré moins de quinze tableaux et de quatre dessins sous son nom : il va sans dire qu'il y a beaucoup à rabattre de ce nombre ; nous nous bornerons à indiquer comme pouvant être attribués au maître avec plus ou moins de certitude : — le *Portrait de Jacques de Bannes* (1), peint dans le style énergique et coloré, que Van Dyck adopta durant son séjour à Gênes ; — un *Portrait de famille*, exposé par Mme la marquise de Castillon, et représentant un homme gros et gras, tête nue, portant mouche et moustaches, vêtu de vert foncé, ayant la main appuyée sur la poitrine, une très-belle main vraiment ; — le *Portrait d'un orateur*, au visage pâli et fatigué par l'étude, à l'air impérieux, vu de trois quarts, avec de longs cheveux châtains, le nez gros, le front plissé entre les arcades sourcilières, belle peinture, d'un coloris distingué (à M. le marquis de Ribiers) ; — un très-joli portrait de *Dona Geronima Doria*, miniature à l'huile (appartenant au même) ; — un portrait de *Snyders* (à M. Reynes), qui a conservé, sous de fâcheuses retouches, un caractère poétique et une expression puissante.

Ces divers portraits sont en buste ; M. R. Gower en a exposé un en pied, de grandeur naturelle, qui est certainement un morceau remarquable, mais où l'on ne retrouve pas les qualités qui ont fait de Van Dyck, le plus délicat et le plus harmonieux des coloristes. — Le personnage représenté est un homme de haute taille, à cheveux grisonnants, vêtu d'une ample robe noire, coiffé d'une toque de la même couleur et tenant un papier à la main ; il met le pied sur la première marche d'un escalier et se détourne pour donner un ordre à un négrillon bizarrement accoutré. Une draperie rouge, à demi relevée, laisse voir un fond d'architecture.

Nous citerons encore comme une œuvre de mérite, mais sans admettre la paternité de Van Dyck, — un portrait en buste, provenant du Musée de Toulon, figure aristocratique, animée par de beaux yeux d'un bleu vif et encadrée par une perruque blonde à la Louis XIV.

Des cinq tableaux religieux auxquels on a accolé le nom de Van Dyck, il n'en est pas un qui puisse justifier cette attribution. A ces peintures prétentieuses, tout véritable connaisseur préférera les trois petits dessins, appartenant à l'Ecole des Beaux-Arts de Marseille : au premier aspect, ils font l'effet de griffonnages d'écoliers, mais si

---

(1) Appartenant à M. de Pontcharrat, marquis de Bannes. — Au bas de la toile, on lit : *Jacques de Banne commandant une armée française de six mille hommes envoyée à la république de Venise.*

on les examine de près, on ne tarde pas à reconnaître que ces quelques coups de plume, en apparence si maladroitement jetés, ont suffi pour fixer des contours d'une élégance et d'une pureté irréprochables, pour indiquer une gracieuse composition. Deux de ces dessins représentent, — à quelques détails près, — le même sujet : un Moine adorant l'Enfant Jésus, placé sur les genoux de sa mère. Ils proviennent, je crois, du cabinet de Louis XIV, ainsi que le n° 1360, deux Anges ou plutôt deux Amours se luttinant.

Philippe de Champaigne, né à Bruxelles en 1602, mort à Paris en 1674, n'est pas plus flamand dans sa peinture que Van Dyck ne l'est dans la sienne ; et, s'il est vrai que les Anglais aient quelque raison de revendiquer, comme un des leurs, le peintre des *ladies* et des *gentlemen*, nous sommes bien plus fondés à ranger parmi nos gloires nationales, le collaborateur du Poussin, le peintre attitré de Richelieu (1), le décorateur de maintes églises de France et de maintes habitations royales, l'ami des Pascal, des Arnauld, des Nicole, des Lemaistre de Sacy, le portraitiste en vogue à la cour de Louis XIV. A ce dernier titre, Philippe de Champaigne ne pouvait manquer d'être représenté à une Exposition qui s'est recrutée, en grande partie, dans les galeries de la vieille noblesse aixoise.

M. le marquis de Forbin-d'Oppède a envoyé le *Portrait du cardinal de Forbin-Janson*. Le prélat, vu à mi-corps et presque de face, est revêtu de tous les insignes de sa haute dignité. Il est assis et a la main posée sur un livre. Sa tête est couverte d'une calotte rouge ; ses cheveux, d'un blond cendré, sont longs et épais.

De la galerie de M. Bourguignon de Fabregoule, nous est venu le portrait d'un magistrat, — en robe rouge, fourrée d'hermine, — tenant de la main droite un pli scellé et appuyant la gauche sur son genou : — œuvre correcte, savante, dont un critique a eu tort, selon nous, de mettre en doute l'authenticité. Au modelé des mains seulement, on reconnaît la touche du maître.

Le portrait de fantaisie, exposé par M. Grisard, n'a pas la solidité d'exécution et l'expression noble et sévère des deux précédents ; il se pourrait bien, d'ailleurs, qu'il ait eu à souffrir d'une restauration trop hardie, mais tel qu'il est, il attire le regard par la singularité du type qui est celui d'un vieillard coquet et libertin, ayant la bouche en cœur, le regard lascif, le sourire narquois.

(1) C'est à ce ministre qui voulait l'ennoblir que P. de Champaigne fit cette fière réponse : « Vous ne pouvez pas me rendre plus habile peintre ; en conséquence, je ne désire que l'honneur de vos bonnes grâces. »

Avec David Teniers le jeune (1610-1694), nous nous retrouvons en pleine Flandre, dans le pays des kermesses, des tabagies, des corps-de-garde, des fumeurs et des buveurs de bière.

D'après le Catalogue, l'Exposition renfermait dix-huit ouvrages de Teniers, trois de plus qu'au Louvre ; ce chiffre n'étonnera pas ceux qui savent combien ce maître fut actif et fécond ; il disait lui-même : « Pour loger tous mes tableaux, il faudrait deux lieues de galeries (1). » La plupart de ces dix-huit ouvrages nous ont paru dignes de leur attribution, et ils avaient cela d'intéressant, qu'étant exécutés dans des manières fort distinctes, ils permettaient d'apprécier la merveilleuse facilité de l'auteur. A qui n'était pas initié aux transformations de ce talent souple et délié, il pouvait sembler impossible que la même main eût peint ces toiles si différentes, non seulement de sujet, mais surtout d'exécution.

Le Teniers populaire, le Teniers des kermesses nous est apparu dans la *Fête champêtre*, exposée par M. Bec, œuvre capitale, gravée par Le Bas, sous le titre de *IIe Fête flamande*. Il y a un mouvement, une animation extraordinaire dans cette composition. Des paysans de tout âge et de tout sexe se pressent autour d'une table longue, dressée du côté gauche, à la porte d'une auberge. Les uns boivent, les autres mangent, d'autres pérorent ; le voisin embrasse sa voisine ; chacun ne pense qu'à se divertir. Deux musiciens, un violon et une basse, sont installés sur une estrade. Au premier plan, devant ses marmites qui bouillent et ses chaudrons qui fument, le cuisinier, vrai roi de la fête, — une écumoire à la main, en guise de sceptre, — distribue des ordres à ses aides ; ceux-ci vont et viennent des fourneaux à la table, de la table aux tonneaux. — A droite, un bonhomme s'arc-boutant contre un poteau, soulage son estomac par le procédé que les Romains avaient mis à la mode. Plus loin, une femme relève son époux que Bacchus a fait trébucher ; plus loin encore, dans la cour d'une ferme, des gens armés de bâtons renouvellent après boire, le combat des Centaures et des Lapithes. Mais, à quelques pas de là, la gaîté éclate sous l'ombrage : un joueur de cornemuse, juché sur un tonneau, fait danser la jeunesse. — Tous ces personnages ont été croqués avec une verve incomparable ; les types touchent à la caricature ; mais, pour être un peu exagérés, ils

---

(1) Le Musée de Madrid possède plus de 60 Teniers ; l'Ermitage de Saint-Pétersbourg en compte 47 ; le Belvédère de Vienne, 23 ; le Musée de Dresde, 23 aussi ; le Louvre, 15, etc. La grande Exposition de Manchester en avait réuni 16.

n'en reflètent pas moins, avec une grande vérité, les passions les plus diverses. Et que dire de la couleur? Elle a un brio, un éclat, et en même temps, une solidité et une justesse admirables.

Esprit mordant et plein d'*humour*, David Teniers ne pouvait envisager l'humanité sous ses côtés nobles et poétiques ; il n'en a vu que les faces grotesques et n'en a saisi que les ridicules. Aucun peintre flamand n'est entré aussi avant dans l'intimité de la vie bourgeoise, aucun n'a observé plus finement, et n'a traduit avec plus de verve les mœurs du peuple. — M. Seytres a exposé cinq petits panneaux, d'une authenticité irrécusable, qui reproduisent autant de types, croqués sans doute d'après nature. Voici le ménétrier, coiffé d'une toque rouge, tenant sous son bras sa cornemuse, et souriant, comme il convient au boute-entrain de la fête. — Son voisin fait, en revanche, la plus piteuse grimace du monde ; aussi bien, le pauvre hère est-il occupé à arracher un emplâtre posé sur sa main. — Cet autre ne pense qu'à satisfaire un appétit vorace ; il tient à la main un jambon qu'il fouille avec son couteau et dont il ne restera bientôt plus que l'os. A son chapeau noir, une pipe est accrochée en guise de cocarde. — Il n'y a qu'un fumeur de Teniers (1), pour examiner une pipe neuve avec autant de soin qu'en apporte le personnage du quatrième panneau. — Il est impossible, également, d'être plus attentif et plus absorbé que ne l'est le lecteur représenté dans le cinquième et dernier cadre de cette piquante série.

Les *Deux paysans* (à M. Olive), le *Joueur de mandoline* (au Musée de Toulon, le *Cabaret* (à M. Roubion, d'Arles), sont des pastiches sans valeur. — Le *Rouet*, signé : *D. Teniers fec.*, est beaucoup plus fait que ne le sont d'ordinaire les œuvres du même maître. Une vieille femme, vêtue d'une robe grise, ayant un fichu blanc sur le cou et une coiffe blanche, fait tourner son rouet ; un bonhomme à la barbe grisonnante, assis sur un escabeau, tient la bobine. Les figures sont minutieusement et spirituellement fouillées. Un caniche, une cage, une armoire sur laquelle sont placés divers ustensiles, garnissent l'appartement.

Nous avons pensé à Ad. Van Ostade plutôt qu'à Teniers, en voyant le tableau d'assez grande dimension, intitulé la *Cuisinière*. Ce qui attire tout d'abord les regards, dans cette composition, c'est un veau fraîchement écorché et suspendu au plancher, à l'aide d'un

---

(1) On prête à Greuze le mot suivant : « Montrez-moi une pipe et je vous dirai si le fumeur est de Teniers. »

cerceau : la chair saignante est d'une vérité de couleur qui trompe l'œil. La cuisinière ou pour mieux dire la bouchère, en coiffe blanche, caraco rouge et tablier blanc, est occupée à taillader, sur un billot, la tête de l'animal.

M. Robert Gower, le propriétaire des deux tableaux que nous venons de décrire, en a exposé un troisième, un *Corps-de-Garde*, — éclairé par une petite fenêtre, — où cinq soudards entourent une table de jeu, dans des poses d'une extrême vérité. L'homme à la rapière, assis en avant, est surtout excellent. La physionomie des joueurs exprime bien l'âpre préoccupation du gain. Trois autres personnages causent, dans le fond, sous le manteau de la cheminée.

On conçoit que l'auteur de ces scènes familières, que le créateur de ces *magots* spirituels qui offensaient la majesté gourmée de Louis XIV, n'ait pas su apporter, dans la peinture religieuse, toute la gravité nécessaire. David Teniers entendait ce genre à la façon du vieux Brueghel, dont il épousa la petite-fille ; il associait sans scrupule le profane au sacré, témoin le tableau du Louvre, où il nous montre saint Pierre reniant Jésus, dans un corps-de-garde flamand. — L'*Assomption*, petite esquisse sur cuivre, exposée à Marseille par M. Laffitte (d'Arles), n'est pas conçue dans cet esprit comique. La Vierge, debout sur le globe que soutiennent des chérubins, et foulant aux pieds le serpent, s'élève au ciel, environnée par des anges qui portent ses divers emblèmes, la Tour de David, l'Arche d'alliance, le Miroir de la justice, l'Etoile de la mer, la Rose mystique, le Siège de la sagesse. Est-ce bien là une œuvre originale de Teniers ou l'esquisse d'une des nombreuses copies qu'il fit pour l'archiduc Léopold, son protecteur, d'après des tableaux de maîtres de toutes les écoles ? La sécheresse de l'exécution ne permet d'admettre ni l'une, ni l'autre de ces suppositions, en dépit de la signature : *David Teniers* MINOR *fecit* 1664.

En revanche, nous n'hésitons pas à croire que Teniers soit l'auteur d'un *Paradis terrestre*, appartenant à M. le baron G. d'Albertas, — composition toute remplie d'animaux, dessinés avec une perfection que Potter n'a pas dépassée. La franchise spirituelle de la touche, la finesse du coloris, la vérité des détails désignent clairement le maître, sans qu'il soit besoin de recourir à la signature : D. TENIERS FEC. 1679. — Les animaux, destinés à vivre en domesticité, — le bœuf, la vache, le porc, les moutons, le bouc, les chèvres, les coqs, les canards, les oies, les dindons, etc. — sont groupés au premier plan ; ce sont ceux qui sont le mieux réussis, sans doute parce qu'ils ont été dessinés d'après nature. A gauche, des perroquets, des paons et des singes sont perchés sur un arbre. Des cygnes et d'autres oiseaux aquatiques s'ébattent sur une flaque d'eau, au second plan. Puis viennent les animaux des espèces plus nobles, le cheval, le lion, l'ours, le loup, le cerf, le chameau, etc. Les bêtes les plus inoffensives vivent en paix, comme on voit, au milieu des bêtes fauves; il n'est pas jusqu'aux lièvres qui ne folâtrent bravement sous le nez des chiens de chasse. A quelques pas de là, Adam, assis sur un banc de gazon, reçoit des mains d'Eve la pomme fatale. Le démon, sous la forme d'un serpent à tête d'homme, s'enroule autour du tronc de l'arbre de la science. Ces figures sans importance ne sont là que pour donner au tableau une signification; tout l'intérêt s'attache aux nombreux animaux qui s'agitent, sans trop de confusion, dans un espace des plus restreints.

Il nous reste à parler des paysages. — Celui qu'a exposé M. Emile Pascal (n° 1000) représente un site agreste, avec un horizon montagneux et un château flanqué de trois tours (le château de Perk, propriété de Teniers?) dans le bas d'un vallon. Deux chasseurs, entourés de leurs chiens, occupent le premier plan. Ce tableau, d'assez grandes proportions (1), nous a semblé un peu vide; il est peint dans cette gamme d'un gris lumineux, qui constitue ce que l'on est convenu d'appeler la manière *argentine* de Teniers.

Le n° 993, appartenant à M. Théron, me plaît davantage, bien que le sujet n'ait guère plus d'importance. C'est peut-être là un de ces *après-dîner* que Teniers, harcelé par les commandes, exécutait avec une verve intarissable, entre son repas du soir et son sommeil. —Un chemin capricieux, aux ornières profondes, jaunit sur le revers d'un coteau que couronne une maigre haie; deux bonshommes qu'on dirait échappés au crayon burlesque de Baric, sont plantés au milieu de ce chemin; à gauche, sur le devant, une chaumière avec une tête de vieille encadrée dans une lucarne, deux arbres entrelaçant leurs branches sur un ciel pluvieux : — voilà tout le tableau de M. Théron... Mais, quel délicieux ragoût de tons gris-verdâtres! quelle largeur et quelle prestesse de touche! quels accents vifs et spirituels!

Le n° 1001 (*Départ pour le marché*, à M. Dufour) ne ressemble en rien aux précédents; l'exécution en est beaucoup plus soignée, la couleur plus chaude. Le paysage est animé par un grand nombre

---

(1) Teniers n'est guère connu en France que par de petites toiles; mais il en a peint quelquefois de fort grandes, notamment la *Foire italienne*, du musée de Munich, qui mesure 12 pieds et demi de haut sur 8 pieds et demi de large.

de figurines dont la plus haute mesure à peine un pouce, et qui, malgré cette exiguité, sont dessinées avec une précision merveilleuse. Ce sont des gens de la campagne qui se rendent au marché ou à une kermesse. La route qu'ils suivent, est des plus pittoresques ; elle traverse une sorte de clairière entourée de grands arbres dont l'ombre répand la fraîcheur. Des paysans à cheval, des mulets lourdement chargés, un troupeau de bœufs, deux forts chevaux traînant une carriole de famille, défilent au premier plan. Quelques piétons, harassés, ont déposé leur fardeau et se sont assis sur le gazon. On distingue à travers les arbres un village, dans le fond d'une vallée, et des montagnes à l'horizon. Les mille accidents du paysage sont très-habilement éclairés.

Teniers qui, arrivé au faîte de la gloire, vit les amateurs, — des souverains même, — se disputer ses œuvres, n'eut pas des débuts très-heureux : on lui préféra d'abord des artistes qui, malgré tout leur mérite, étaient bien loin de le valoir, entre autres Jakob Van Artois, son ami, plus jeune que lui de trois ans. Ce dernier, élève de John Wildens, fit preuve d'un talent sérieux dans le paysage qu'il peignait avec une rare finesse ; il était, en revanche, très-maladroit dans les figures, et dut plus d'une fois recourir à Teniers pour exécuter celles de ses tableaux.

Plus favorisée que le Louvre, qui n'a rien de Van Artois, l'Exposition marseillaise comptait deux ouvrages de ce maître. — De petits personnages lestement touchés, et quelques animaux bien dignes de Teniers, auquel le Catalogue les attribue, animent l'*Intérieur de forêt*, provenant du cabinet de M. Paul Autran. Le fond, — où se dessine, au milieu des arbres, un clocher entouré de quelques maisonnettes, — nous a paru un peu lourd, mais les devants sont vigoureusement et richement empâtés. — La composition, exposée par M. Dufour, est beaucoup plus compliquée. Au premier plan, des bœufs, des moutons et des chèvres ; une charrette attelée de deux chevaux qui vont se jeter dans un fossé si leur conducteur n'a pas la force de les retenir ; à droite, une chaumière sous des arbres ; un homme monté sur un cheval blanc, et deux pèlerins avec des coquilles sur leur vêtement et le bourdon à la main, etc. Au second plan, un *Moulin à vent* qui agite ses grandes ailes ; plus loin, des attelages et des figurines microscopiques, un château et des chaumières ; et, tout-à-fait à l'horizon, des collines d'un vert bleuâtre, comme on en voit dans les tableaux de Brueghel de Velours. Le ciel brouillé de nuages est très-joli.

Van Artois n'est pas le seul paysagiste dans les tableaux duquel

Teniers a fait des figures ; Lucas van Uden (1595-1660 ou 1662) obtint la même faveur et eut aussi pour collaborateurs les deux autres grands maîtres de l'école flamande, Rubens et Van Dyck.—Rien d'original et de plaisant comme le petit paysage exposé par M. Maurel, sous le nom de cet artiste. Qu'on se figure une immense perspective de champs de blé et de prairies, coupée çà et là par des haies vives et sillonnée par une rivière ; une plaine s'étendant à perte de vue, et, dans le lointain, des moulins à vent. Un grand nuage projette son ombre sur les moissons jaunissantes ; le paysage, ainsi éclairé, offre un aspect des plus bizarres ; mais cette étrangeté même a son charme. A gauche, des paysans et des paysannes, portant des râteaux sur l'épaule, viennent par un chemin que domine un bouquet d'arbres dont le feuillage tamise les rayons du soleil ; ces figurines pourraient bien être de Teniers ; elles sont de la famille de ses grotesques.

Après Rubens, Teniers et Van Dyck, l'école flamande ne produisit guère de talents originaux. Les trois grands artistes eurent une foule d'imitateurs, mais ils restèrent rois, chacun dans son genre.

On ne sait presque rien de la vie de Pieter de Bloot qui a peint avec une rare habileté dans le genre de Teniers ; M. Ad. Siret qui le fait naître à Bruxelles vers 1667, vante l'agrément de son coloris, son entente du clair-obscur et de la perspective, et ajoute qu'il poussa l'imitation de la nature « au point de rendre les types les plus ignobles tels qu'ils se présentaient à lui (1). » Cette appréciation est justifiée de tous points par un *Intérieur de ferme*, exposé par M. Rougier et signé : *P. de Blout*. Au premier plan, un paysan à la tête énorme, — véritable hydrocéphale, — tient à la main une quenouille et file, assis sur une corbeille renversée. Près de lui sont placés divers accessoires peints avec beaucoup de finesse et de vérité : un saloir, un coquemard de cuivre, un plat de terre, une chaîne d'oignons, une lanterne accrochée au mur, un chat et deux poules. Au fond, dans une pénombre lumineuse, de laides commères jasent devant le foyer.

Nous n'avons pu découvrir sur quelle preuve s'est appuyé Lanzi pour donner Jan Miel (1) ou Meel (1599-1664 ou 1655), comme élève de Van Dyck : la plupart des biographes s'accordent à dire qu'il

(1) *Dictionnaire historique des Peintres*, etc., 2me édition (1862).

(1) Les Italiens le nommaient *il cavaliere Jamieli* ou *Giovanni delle vite*, et les Hollandais, *Bicker*.

fit ses premières études à Anvers, sa ville natale, sous Gerard
Zeeghers, et qu'il alla les achever à Rome, sous la direction d'Andrea
Sacchi. Ce dernier, désespérant, dit-on, d'en faire un peintre sérieux,
finit par le congédier. Jan Miel était entraîné au genre burlesque,
et par goût et par intérêt, car, suivant Lanzi (II, 234), « ses petits
tableaux remplis d'esprit, coloriés et ombrés avec beaucoup d'art,
étaient payés fort cher par les amateurs. » Il ne laissa pas cependant
de mettre à profit les leçons du Sacchi, en peignant quelques tableaux d'autel pour les églises de Rome, et, plus tard, des allégories
païennes à la gloire de la maison royale de Savoie, dont le duc
régnant, Charles-Emmanuel II, l'avait attiré à sa cour et l'avait
nommé son premier peintre. — Jan Miel, si nous le jugeons d'après
ses œuvres, appartient à cette phalange pseudo-italienne qui chercha
à associer, dans le genre et le paysage, le style italien à la
pratique néerlandaise, — école bâtarde, recrutée en grande partie
parmi les Hollandais, et dont Berghem, Karel Du Jardin, Moucheron, Jan Both, etc., furent les coryphées.

Des trois tableaux que le Catalogue a donnés à Jan Miel, *le Dîner
en plein air* (à Mme Blachet-Gassier), est le seul, à mon avis, qui
ait droit à cette attribution. Il rappelle assez bien *la Dînée des
voyageurs*, qu'on voit au Louvre. — Des gens sont attablés à la
porte d'une auberge; les bouteilles circulent, les verres s'emplissent
et se vident. Un mendiant joue de la cornemuse pour égayer la
compagnie. Des chiens se disputent un os. A droite, un voyageur
a arrêté son cheval au milieu de la route, et attend, le verre à la
main, que le cabaretier lui verse à boire. Ces figures sont excellentes.
Le paysage est délicatement touché : on distingue, dans le fond,
une rivière et un pont. Des chèvres sont accroupies, à droite, au
premier plan.

Le n° 612, représentant un *Intérieur d'auberge* (à Mme la baronne
du Laurent, d'Avignon), n'a pas la même valeur : c'est une imitation
assez pâle d'Adriaan van Ostade. — Quant au n° 611, provenant
de la même collection, c'est, à ne pas en douter, l'œuvre de l'Allemand
Johann Lingelbach (1625-1687), contemporain de Jan Miel et,
comme lui, enrôlé dans la Bande académique, imitateur très-habile
de Karel Du Jardin, collaborateur de J. Wynants, de Philip Koninck, de Moucheron, de Dirk Maas, [dans les paysages desquels il
a fait souvent des figures.

Dans la notice que M. Villot a consacrée à Lingelbach (*Catalogue
du Louvre*, p. 141), nous voyons que cet artiste, né à Francfort-
sur-le-Mein, vint fort jeune à Amsterdam, se rendit ensuite à Paris,

vers 1642, et, deux ans après, partit pour Rome, où il resta huit ans, « dessinant les monuments et faisant de nombreuses études d'après nature. » Puis, il revint se fixer en Hollande et prit rang parmi les maîtres. — Le Louvre possède, entre autres ouvrages dûs à son pinceau, un *Marché aux herbes, à Rome*, signé : I. LINGELBACH, 1670, et le Musée de la Haye, un *Port de mer italien*, daté de la même année : « double date, — dit M. Bürger (*Musées de Hollande*, I, 269), — qui prouve que Lingelbach a séjourné à Rome dans son âge mûr, après y avoir étudié dans sa jeunesse. » Cette preuve, que ne confirme le témoignage d'aucun biographe, n'est pas d'une logique rigoureuse : il ne serait pas impossible, en effet, que l'artiste eût peint ces deux toiles en Hollande, d'après ses études rapportées d'Italie, ou d'après de simples souvenirs. Il est à remarquer, toutefois, que le tableau de l'Exposition marseillaise, portant la même signature et la même date, représente une *Fête villageoise*, dont les personnages sont costumés à l'italienne. — Ces personnages sont réunis sous un grand arbre découronné par la vieillesse, devant une hôtellerie à laquelle deux bouteilles, accrochées au-dessus de la porte, servent d'enseigne. La composition comprend trois groupes principaux. — Au milieu, un homme d'un âge mûr, tenant son bonnet à la main, danse une *saltarella* avec une jeune femme. L'orchestre, placé à gauche, se réduit à deux musiciens qui, sans doute, font du bruit comme quatre, — l'un, jouant de la vielle, l'autre, du tambourin et du galoubet. Tout près de là, des amants s'embrassent, en attendant que leur tour de danser soit venu. Un gros gaillard, amoureux à sa façon, caresse la dive bouteille ! — A droite, on joue à colin-maillard : une jeune fille, les yeux bandés, marche à tâtons à la poursuite des paysans qui s'écartent en riant ; elle est sur le point d'en saisir un, mais un jeune gars se jette sur son passage et cherche à la dérouter. Un bonhomme, monté sur un âne, regarde les joueurs. Tout ce groupe est charmant. — Enfin, tout-à-fait sur le devant du tableau, une femme, étendue à terre, appuie sa tête sur les genoux d'un villageois qui l'embrasse : couple heureux qui n'a aucun souci des indiscrets ! Il n'y a que les Hollandais et les Flamands pour peindre, avec ce sans-façon et ce naturel, les mœurs de la campagne. — Le tableau exposé par Mme la baronne du Laurent, ne le cède, ni pour l'étendue de la composition, ni pour la vérité des détails, ni pour la chaleur du coloris, aux tableaux du Louvre. — Le paysage qui sert de fond est peint avec beaucoup de finesse ; le ciel doré par les rayons du soir est très-réussi.

Le Liégeois Gerard de Lairesse (1640-1711) appartient, par ses travaux, à l'école hollandaise, de même que l'Allemand Lingelbach ; artiste ingénieux et érudit, il peignit l'histoire et l'allégorie avec succès, sans mériter, toutefois, le titre de *Poussin du Nord*, que lui ont décerné ses compatriotes. Deux petits tableaux, peints sur cuivre, ont été exposés, comme étant de ce maître, par M. Jules Rougemont. Le meilleur représente *Bethsabée*, — entourée de ses suivantes, — se lavant les pieds dans un bassin où l'eau tombe des mamelles d'un sphinx. Au fond, le roi David, debout sur une terrasse, joue de la harpe. Les têtes du premier plan, grandes comme l'ongle, sont peintes avec une préciosité qui rappelle bien plus le chevalier Van der Werff, que Gerard de Lairesse. La suivante, en robe de couleur orange, qui tourne le dos au spectateur, a une attitude des plus heureuses.

Parmi les flamands italianisés, il faut encore ranger les frères Van Bloemen, natifs d'Anvers, dont le catalogue marseillais a confondu les œuvres et n'a fait qu'un même artiste du nom de Julius-Franz, dit *Orizzonte*. Celui des Van Bloemen auquel les Italiens donnèrent ce dernier surnom (1), est Jan-Frans (1662-1740), qui, au sortir de l'atelier d'Antoine Goubau, son premier maître, imita Van der Kabel, et qui, plus tard, — étant allé se fixer à Rome où il passa la plus grande partie de sa vie et où il mourut, — adopta le Poussin pour modèle. Du temps de Lanzi, les palais romains étaient remplis de ses paysages arcadiques. Deux des six tableaux que lui attribue le catalogue du Louvre, ont été gravés sous le nom de Gaspard Dughet. — Le *Paysage avec nymphes*, mentionné par le catalogue marseillais, n'avait sans doute pas grande importance puisqu'il nous a été impossible de le découvrir dans les galeries de l'Exposition.

L'*Orizzonte* eut deux frères : Norbert (1672 - 1746) qui peignit des portraits, des intérieurs, ne fit qu'un assez court séjour à Rome et mourut à Amsterdam, — et Pieter (1657-1719) qui obtint en Italie une réputation presque égale à celle de son frère Jan-Frans, collabora à Rome avec le saxon Leandro (Christian Reder), — un des

---

(1) Jan-Frans van Bloemen ou Van Bloom, ou comme l'appelle Lanzi, *Francesco Vamblomen*, fut surnommé l'*Orizzonte*, à cause de la limpidité et de l'éclat de ses ciels, et de la profondeur de ses perspectives. — M. Villot, qui lui donne le prénom de *Julius*, le fait naître en 1656 et mourir en 1748 ou 1749. Nous avons adopté, d'après M. Siret, les dates de 1662-1740, qui ont été déterminées tout récemment à l'aide de documents authentiques.

bons élèves du Bourguignon, — revint en Flandre et fut nommé, en 1699, directeur de l'Académie d'Anvers. — Ce Pieter que les Italiens surnommèrent *Standardo* (l'Etendard) a peint principalement des batailles, des fêtes rustiques, des caravannes, auxquelles il savait donner une belle ordonnance, et où il plaçait des chevaux dessinés avec un talent particulier. M. le marquis de Ribiers nous a offert, comme étant de cet artiste, deux petits pendants *(Choc de cavalerie)* qui se rapprochent beaucoup de la manière de Joseph Parrocel. Le n° 80 nous montre un turc, le pistolet à la main, monté sur un cheval blanc qui rue; dans le n° 79, un cavalier de la même nation est renversé sous son cheval.

Les victoires que les Autrichiens et les Vénitiens remportèrent sur les Ottomans, vers la fin du XVIIe siècle et le commencement du XVIIIe, servirent de thèmes à un grand nombre de peintres de cette époque. M. Perret a exposé une petite toile représentant, si nous en croyons le Catalogue, cette célèbre *Bataille de Belgrade* (1717) où le prince Eugène mit en déroute 150,000 Turcs qui l'avaient investi dans son propre camp. La composition, en figurines, n'offre pas d'épisode principal, — contrairement à ce que nous voyons, d'ordinaire, dans les tableaux de l'école du Bourguignon; c'est une mêlée pleine d'animation et de fougue : de tous côtés, on se bat, on s'attaque corps à corps, les cavaliers désarçonnés roulent à terre, les chevaux hennissent et se cabrent, les coups de feu retentissent, l'atmosphère est obscurcie par une épaisse fumée. A l'horizon, se dessine la silhouette d'une ville turque.... de Belgrade, si l'on veut. — Cette peinture d'un accent bien flamand, est attribuée au chevalier Breydel (1679-1750) qui eut pour maître Gaspard-Jacques Van Opstal le jeune. Le livret donne encore à cet artiste très-peu connu, la paternité d'un *Choc de cavalerie*, tableautin finement touché avec un fond de paysage charmant (à Mme la marquise du Muy).

Anton-Frans Van der Meûlen, de Bruxelles (1634 - 1690), qui a passé la moitié de sa vie à retracer sur la toile les prouesses militaires de Louis XIV, nous semble avoir moins de droits encore que Philippe de Champaigne, à prendre place dans l'école flamande: n'a-t-il pas renié lui-même son origine en célébrant la conquête de son pays par la France? Sachons gré, en tout cas, à Colbert de l'avoir attiré à Paris, et au roi-soleil de l'avoir choisi pour en faire le narrateur officiel de ses campagnes. Van der Meulen avait toutes les qualités requises pour remplir en véritable artiste ces fonctions ingrates de peintre-historiographe : beaucoup de noblesse et de gravité dans l'esprit et, en même temps, une légèreté de main et une verve d'exécution toutes flamandes ; la connaissance approfondie des mœurs militaires et des costumes de l'époque ; un talent hors ligne pour peindre les chevaux et l'art de faire oublier, par la vérité et l'esprit des détails, la froide solennité du sujet. Il lui est arrivé plus d'une fois d'ailleurs de quitter la trompette épique et de raconter dans de petites toiles les anecdotes de la vie des camps. M. le baron de Samatan a exposé, en ce genre, une petite composition (*Campement d'armée*) qui n'est pas sans intérêt : au premier plan, trois officiers déjeûnent, — assis par terre, devant une rangée de tentes ; un hallebardier debout leur adresse la parole. A quelque distance, un valet monté sur un alezan et tenant en main un cheval noir, attend sous un arbre. A gauche des cavaliers font caracoler leurs montures. — Le tableau, inscrit sous le n° 622, a plus d'importance (1) : au premier plan, sur un monticule, Louis XIV suivi d'une escorte de cavaliers et ayant à ses côtés un prince, — le seul qui ait, ainsi que le roi, la tête couverte, — donne des ordres à un officier et semble lui désigner avec sa canne un point à occuper dans la plaine ou une direction à suivre. Cet officier qui s'avance à toute bride, le chapeau à la main, montre derrière lui une troupe de soldats à cheval qui gravissent le côteau au galop. Une église rustique et des maisonnettes sont disséminées dans la plaine, et on aperçoit à l'horizon une ville baignée par un canal. Louis XIV, vêtu d'un habit garni de rubans ponceau, est monté sur un magnifique cheval bai clair. Le vêtement du prince est chamarré de galons d'or et de rubans jaunes (2).

Carl Van Falens (1684-1733), élève de F. Francken, a peint des chevaux qu'il est permis de louer même après ceux de Van der Meulen : mais je ne crois pas qu'il ait jamais fait de marines, bien que le catalogue marseillais en ait enregistré une sous son nom. On voit de lui au Louvre deux *Rendez-vous de chasse* qu'il exécuta dans la manière de Ph. Wouwerman, pour sa réception à l'Académie de peinture, en 1726.

Nous touchons à la décadence de l'Ecole flamande ; les peintres du XVIII° siècle ne sont pour la plupart que les pasticheurs des anciens maîtres, et les plus habiles d'entr'eux vont exploiter dans les

---

(1) C'est par erreur que le Catalogue le désigne comme appartenant à M. Dauphin ; il provient du cabinet de M. A. de Surian.

(2) Sous le même numéro figurait un paysage d'une bonne couleur, avec des animaux lourdement peints ; nous avons lu dans un coin la signature : *M... en, 1641.*

pays étrangers leur talent d'imitation. — A l'exemple de Van Falens, Pieter Rysbrack vint tout jeune se fixer à Paris ; il était déjà maître de la gilde de St-Luc, ce qui ne l'empêcha pas de prendre des leçons de Francisque Millet, le paysagiste ; il se perfectionna par l'étude du Poussin et ne retourna en Belgique qu'après un assez long séjour en France. Le Catalogue s'est trompé en lui attribuant deux tableaux de *Nature morte*, —bien dessinés, mais d'un coloris pâle et froid, — exposés par M. Meissonnier. J'ai lu sur l'un de ces ouvrages (n° 937) la signature *G. Rysbrak 1757*, qui désigne, je crois, un fils de Pieter. L'autre toile était placée si haut qu'il m'a été impossible de vérifier si elle était signée ; mais les deux ouvrages sont incontestablement de la même main. Le premier nous offre des abricots, des pêches, des raisins, un melon, un quartier de mouton, un canard dans un panier, une pile d'assiettes, une bouteille, un pot-à-eau à petites fleurs bleues, et, dans le fond, un bas-relief représentant des enfants ; — le second, des poissons, un canard, un gigot saignant, un lièvre, des oiseaux morts, un pain, un moulin à café, et un bas-relief à peu près semblable à l'autre.

La réputation de Balthazar-Paul Ommeganck (1755-1826) est une de celles qui ont eu le moins à souffrir du contrôle sévère de la postérité. Les œuvres de cet artiste, — bien inférieures sans doute à celles des maîtres anciens, — ont cependant été jugées dignes de prendre place dans les plus belles collections, et nous les voyons atteindre, dans les ventes publiques, des prix fort élevés. Les deux petits tableaux exposés à Marseille attestent un talent gracieux, une grande finesse de pinceau, et, à défaut de solidité, beaucoup de coquetterie et de délicatesse.

La composition portant le n° 686 (à M. Bargès) nous a plu tout particulièrement. Un paysan et une paysanne, montés chacun sur un âne, chassent devant eux un troupeau de moutons et de chèvres qui viennent, en cabriolant, droit au spectateur. L'homme et la femme ont rapproché leurs montures et causent, chemin faisant. L'ânon noir de la paysanne est charmant. Deux bœufs ferment la marche. Le paysage vaut les figures pour la légèreté de la touche et la préciosité des détails : une petite rivière que le troupeau vient de traverser, coule au second plan et de blanches vapeurs flottent dans le lointain. Le ton général, d'un blond doré, est plus agréable que juste.

Le motif du tableau (n° 687), exposé par M. Perret, est, à quelques détails près, le même que celui qui vient d'être décrit. Ici seulement, nos gens vont à pied, au milieu de leurs bêtes qu'ils ont grand'peine à rallier, après avoir passé le gué. Les deux ânons portent des paniers remplis de denrées. A gauche s'élève un talus à pic auquel sont accrochés de verts arbrisseaux.

Ommeganck qui avait obtenu, en 1799, le premier prix pour le paysage à l'Exposition de Paris et qui avait été nommé membre de l'Institut en 1809, fit partie, en 1814, d'une commission chargée de réclamer au gouvernement français les objets d'art provenant de la Belgique. Il laissa, toutefois, le soin de faire les recherches nécessaires à ses deux collègues Odevaere et P. van Regemorter. C'est à ce dernier, — paysagiste de talent, né à Anvers et mort vers 1830, — qu'il faut restituer un paysage très-fin, très-lumineux, exposé par M. Rougier sous le nom parfaitement inconnu de *Mégemort!* Une rivière que le ciel teint de jolis reflets roses et sur laquelle glisse une embarcation, une maisonnette au milieu des arbres, quelques figurines dessinées avec une rare précision, un lointain délicieux, tel est ce tableau qui porte la signature *P. Regemorter* et qui a beaucoup de rapport avec la manière d'Ommeganck.

A la même école appartient un tableautin (à M. Madon) signé : *J. W. Siermont, 1783* (1); mais ici, le fini de l'exécution arrive à la sécheresse : on dirait d'un dessin à la mine de plomb teinté de gouache. Une chaumière, une vache blanche couchée et une vache noire qu'une paysanne trait, un lointain embrumé où s'ébauche, au milieu des arbres, la silhouette d'un moulin à vent, un ciel taché de petits nuages roses, — tout cela est peint avec une mignardise bourgeoise et pédante.

La grande école flamande n'existe plus depuis longtemps.

(1) Le Catalogue a donné à l'auteur de ce tableau le nom de *I. W. Giermonth*.

ÉCOLE HOLLANDAISE

I

Lucas de Leyde. — Miereveld. — Moreelse. — Le chevalier Lely. — Van Ravestein. — G. Honthorst.

Au XV⁰ siècle, l'école hollandaise se confond dans la grande école flamande fondée par les Van-Eyck (1). Ce n'est guère qu'au siècle suivant que nous voyons des groupes d'artistes se former dans les principaux centres, à Haarlem, à Leyde, à Louvain, à Bois-le-Duc.

Luc Jacobz, plus connu sous le nom de Lucas de Leyde (1494-1533), — élève de Cornelis Engelbrechtsen, — est considéré généralement comme le premier émancipateur de l'art hollandais. Ce grand artiste, dont tous les historiens vantent le génie, mais dont

---

(1) Parmi les maîtres hollandais de cette période primitive, il nous suffira de citer : — Dirk Stuerbout, de Haarlem (mort à Louvain, vers 1480), dont la manière a une étroite parenté avec celle de Memling ; — Cornelis Engelbrechtsen (1468-1533), qui fut le maître de Lucas de Leyde ; — Jan Mostaert, de Haarlem (1474-1555) ; — Hieronymus Agnen, surnommé Van Bosch, du nom de sa ville natale, Bois-le-Duc.

les peintures sont excessivement rares (1), était représenté à l'Exposition marseillaise, si nous en croyons le livret, par une œuvre vraiment intéressante, *le Christ et ses attributs*, appartenant à M. le vicomte de Cambis. — Le Christ nu, ayant la tête couronnée d'épines et le flanc droit percé, est debout auprès du sépulcre, entre sa mère et saint Jean auxquels il donne la main. La Vierge, en robe rouge et en manteau bleu, et saint Jean, également vêtu de rouge, sont agenouillés sur un tapis de verdure qu'émaillent de jolies fleurettes, les unes blanches, les autres purpurines. Sur le fond entièrement noir du tableau se dessinent les instruments de la Passion, — la croix avec l'inscription INRI, la lance, l'éponge, le fouet, — et divers épisodes, tels que le Baiser de Judas, le Renoncement de saint Pierre, le Lavement des mains, le Couronnement d'épines, indiqués seulement par les mains et les têtes des personnages. Le dessin est ferme et précis; les bras du Christ nous ont paru un peu longs, toutefois. Les figures ont du caractère. La couleur est énergique et l'ouvrage entier a un cachet de vétusté qui éloigne toute idée de falsification ; c'est évidemment là un morceau primitif et, de plus, l'œuvre d'un maître.

Lucas de Leyde fut un artiste vraiment national; à l'exemple du forgeron d'Anvers, Quinten Massys, son contemporain, il laissa de côté les rêveries mystiques et s'attacha à fixer par la couleur l'expression des mœurs sociales et des passions humaines dans ce qu'elles ont de plus intime et parfois de plus familier (2). Comme praticien, il perpétue les traditions du style flamand, mais il en corrige l'austérité et la raideur primitives par une hardiesse qui le rapproche de Michel-Ange et du Caravage. L'intimité dans laquelle il vécut

---

(1) Ni les musées de France, ni ceux de Hollande ne possèdent d'ouvrages de Lucas; à Munich on cite un triptyque ; à Anvers, cinq peintures « contestées, la plupart, — et contestables, » dit M. W. Bürger, — sauf un tableau intitulé *l'Anneau* et représentant un homme qui met une bague au doigt d'une jeune fille ; à l'Hôtel-de-Ville de Leyde, un chef-d'œuvre : *Le Jugement dernier* ; dans la galerie des *Studj*, à Naples, un *Calvaire*, une *Adoration des bergers* et une *Adoration des mages*.

(2) Le tableau d'Anvers, intitulé *l'Anneau*, dont il a été question dans la note précédente, est un véritable tableau de genre. L'Exposition de Manchester nous en a montré un autre plus intéressant encore : la *Partie de cartes*, appartenant au comte de Pembroke.

avec le Mabuse (1), le mit sans doute en communion avec le génie des grands maîtres italiens; mais, s'il emprunta quelque chose à ces merveilleux modèles, il sut conserver du moins toute son originalité et toute son indépendance, tandis qu'après lui l'école hollandaise se fit complétement italienne avec Jan Schoreel ou Van Schoorl et ses élèves, Antonis de Mor et Marten Van Heemskerk, avec Cornelis Van Haarlem et Abraham Bloemaert. Ces artistes, — les trois premiers surtout, — déployèrent un talent dont la vigueur et l'éclat n'étaient malheureusement que trop propres à retarder la renaissance d'un art autochtone; l'engouement pour les pastiches des maîtres italiens fut poussé en Hollande aussi loin que nous l'avons vu dans la Flandre, à la même époque. Aussi était-il devenu à peu près indispensable pour les jeunes artistes d'aller achever leur éducation à Rome, à Venise, à Florence. C'était un romain pur sang que Pieter Lastman dans l'atelier duquel fut placé le fils du meunier de Leyde, Rembrandt van Ryn, qui devait secouer le joug du style italien.

Il est juste de dire pourtant qu'au moment où parut le grand réformateur de l'école hollandaise, quelques artistes d'un talent original et libre jouissaient d'une légitime renommée. De ce nombre était Michiel-Jansz Miereveld (1567 ou 1568-1641), l'un des plus féconds portraitistes qui aient existé (2), peintre consciencieux, du reste, et qui interprétait la nature avec beaucoup de sincérité. Le Catalogue lui attribue un portrait en pied (à M. Ferrary) d'une exécution serrée, — bien naïf et bien vivant, d'ailleurs. C'est le portrait d'une *Jeune fille*, de six à sept ans, engoncée dans une large collerette blanche, ayant une robe noire qui lui descend jusqu'aux pieds, un tablier blanc à bavette et une coiffe, de la même couleur, d'où s'échappent des touffes de cheveux blonds. Elle tient d'une main un panier de cerises et de l'autre un petit pain en forme de navette. Sa tête se détache sur un rideau rouge à demi relevé et, derrière elle, s'ouvre une avenue bordée d'arbres.

Sous le nom de Paulus Moreelse (1571-1638), élève de Miereveld,

---

(1) A la suite d'un voyage qu'il fit en compagnie de son ami Mabuse (Jan Gossaert), Lucas étant tombé malade, prétendit que ce dernier l'avait empoisonné par jalousie. « La vérité est, dit M. Bürger, que le terrible Mabuse, avec ses orgies, avait tué le frêle artiste, si facile aux entraînements de la vie. »

(2) Houbraken prétend que Miereveld a fait 5,000 portraits ; Descamps ne craint pas de porter ce chiffre jusqu'à 10,000.

Madame la marquise de Muy a exposé le portrait en buste d'une *Dame de l'époque de Louis XIII* qui n'est autre que Henriette de France, — peinture si délicate, si harmonieuse, que beaucoup de personnes n'ont pas hésité à l'attribuer à Van Dyck. Nous partagions nous-même cette opinion, lorsque notre ami, M. J. Rave, professeur à l'école des Beaux-Arts de Marseille, nous a dit avoir vu récemment, dans la galerie de la duchesse de Berry, à Venise, une reproduction exacte de ce portrait, signée du nom de Lely (1). — Pieter van der Faës, ou, comme on l'appelle généralement, le chevalier Lely (1618-1680) fut l'un des plus habiles disciples de Van Dyck. A la mort de son maître, arrivée en 1641, il passa en Angleterre et devint successivement le peintre attitré de Charles Ier, de Cromwell, et de Charles II. Il fut particulièrement honoré par ce dernier qui l'admit au nombre des gentilshommes de sa chambre. Plus de trente portraits de sa main, tous fort remarquables, figuraient à l'Exposition de Manchester. M. W. Bürger qui a pu apprécier là sa manière, dit qu'il tient le milieu entre Van Dyck et notre Mignard; mais le portrait de l'Exposition de Marseille nous le montre beaucoup plus rapproché du premier que du second. Malgré de fâcheux repeints, cet ouvrage présente une harmonie de tons blanc-doré et de tons gris-perle d'un moelleux exquis. Pas une note criarde : le buste est emprisonné dans une robe de soie blanche garnie de perles; la figure, vue de trois-quarts, ressort sur un fond neutre. Les cheveux frisottants, à la Sévigné, sont traités avec une légèreté merveilleuse.

Je ne connais rien de Moreelse dont les œuvres sont extrêmement rares, surtout en France; mais tous ceux qui ont vu, au musée de Rotterdam, son portrait de J. P. Coen, fondateur de Batavia, s'accordent à louer la largeur et la mâle fermeté de sa touche, qualités bien différentes de celles que nous venons de signaler dans le portrait de Henriette de France.

Ce fut encore un admirable portraitiste que Jan van Ravestein (1582-1657) qui, dans de vastes tableaux — dont plusieurs sont conservés à l'hôtel-de-ville de La Haye, — peignit des compagnies de

---

(1) Cet artiste que l'on range d'ordinaire dans l'école flamande, parce qu'il procède de Van Dyck, naquit à Soest, en Westphalie ; mais il eut pour père un Hollandais, Jan van der Faës, capitaine d'infanterie, « surnommé le capitaine du Lys ou Lely, dit M. Villot, parce qu'il était né à La Haye, dans une maison dont la façade était décorée d'une fleur de lys. » Le premier maître du jeune Lely fut un peintre de Haarlem, nommé Pieter Grebber.

la garde bourgeoise, des assemblées du Conseil de ville, — véritables compositions qui valent les chefs-d'œuvre exécutés dans le même genre par Bartholomeus van der Helst et par Frans Hals. Est-ce à ce maître consommé (1) qu'il faut attribuer le *Portrait de femme* exposé par M. Dufour sous le numéro 807 ? Nous laisserons à de plus experts le soin de résoudre ce problème ; il nous suffira de dire que cet ouvrage, — digne assurément de la paternité que lui assigne son propriétaire, — présente des analogies très-frappantes avec les magnifiques portraits du vieux Gerritz Cuyp, dont nous aurons tout à l'heure à nous occuper ; c'est le même dessin ferme et précis, le même modelé clair et puissant, la même vérité et la même vigueur d'expression. — Ne dirait-on pas que la vieille dame représentée ici va prendre la parole et venir à nous ? Elle respire, elle vit, elle pense. Son nez aquilin, ses yeux pétillants, sa bouche souriante mais légèrement bridée dans les coins par des rides, donnent à sa physionomie quelque chose d'aimable et de malicieux à la fois. Une cornette blanche d'un tissu léger et une large fraise tuyautée rehaussent la fraîcheur de son teint. Elle est vêtue d'une robe noire garnie de fourrures. Ses armoiries sont peintes dans le haut du panneau (2).

Gerard Honthorst (1592-1666 ou 1680) peut passer pour un peintre national et pour un digne précurseur de Rembrandt, si on l'étudie dans la première période de sa carrière, avant son voyage en Italie. Il peignit, à cette époque, des portraits et des figures de musiciens qui rappellent beaucoup la manière de Miereveld ; et, bien que formé à l'école d'Abraham Bloemaert, il se montra franchement original dans ses compositions familières et historiques dont son propre pays fournissait les sujets. Une fois à Rome, il s'italia-

(1) Les rédacteurs du Catalogue ont accepté le nom de Ravestein, qui leur a été indiqué par M. Dufour lui-même ; mais ils ont eu la singulière fantaisie de choisir, parmi les artistes qui ont porté ce nom, un certain Nicol, peintre obscur de la fin du XVIIe siècle, qu'ils ont fait vivre 120 ans, de 1661 à 1781 !!! Ce Nicol est-il de la famille du grand Jan van Ravestein ?... Nous ne connaissons à ce dernier qu'un fils, Arnold, qui a fait des portraits estimés. — Les œuvres de Jan, assez nombreuses en Hollande, ne se rencontrent en France dans aucun musée et dans aucune galerie notable.

(2) Parmi les emblèmes de l'écusson se trouvent des coquilles qui désignent d'ordinaire une noblesse remontant aux croisades, et plus particulièrement dans les provinces néerlandaises, une famille dont le chef a été affilié à l'ordre militaire de Saint-Jacques, institué au XIIIe siècle par un comte de Hollande.

nisa complétement. Le Caravage et le Corrège devinrent ses modèles de prédilection ; il dépensa toute son habileté à produire des effets de lumière plus ou moins fantastiques qui, à dire vrai, lui valurent un grand succès dans sa nouvelle patrie et le firent surnommer *Gherardo dalle notti* (Gerard des nuits). — Le tableau de *Judith et sa suivante*, exposé par M. Perret, n'est pas seulement curieux parce qu'il présente un de ces effets bizarres ; il nous a frappé par l'énergie du dessin, l'accentuation puissante des types, la vigueur du coloris. Les personnages vus à mi-corps sont de grandeur naturelle. Judith, tenant d'une main un glaive, soulevant de l'autre la tête monstrueuse d'Holopherne, a une prestance superbe ; son visage illuminé par l'enthousiasme, contraste avec la figure effarée de la suivante.

II.

Rembrandt. — L. Bramer. — Pieter de Hooch. — Van der Meer, de Delft. — Jan Victoor.

Nous voici enfin arrivé à ce Rembrandt van Ryn (1608-1669), dont l'éblouissant génie, si longtemps nié par les partisans de l'enflure académique, ne rencontre aujourd'hui que d'enthousiastes admirateurs.

Rembrandt est le roi de l'école hollandaise comme Rubens est le roi de l'école flamande : coloriste puissant, dessinateur fin et expressif, il mériterait, à ces titres seuls, d'être classé parmi les magiciens de la peinture, si son observation profonde et juste de la nature, si l'esprit et la verve de ses compositions ne marquaient plus fortement encore la supériorité de son génie. — On a beaucoup critiqué les anachronismes de ses tableaux d'histoire, on lui a fait un crime d'avoir substitué aux types consacrés de la peinture religieuse des figures plus humaines, des personnages habillés à la mode de son temps ; mais, en formulant ces accusations, on a oublié sans doute que les types et les costumes adoptés par les maîtres italiens ne sont pas plus près de la vérité biblique et n'ont pas plus la couleur locale que ceux de Rembrandt. Les œuvres de Paul Véronèse sont-elles donc moins dignes de notre admiration, parce que nous y voyons figurer des Juifs habillés en Vénitiens ?

Dans le tableau de Rembrandt qui provient du cabinet de M. Perret, *Joseph allant à la rencontre de Jacob*, les personnages ont de magnifiques costumes hollandais : Joseph vêtu d'un pourpoint jaune, coiffé d'une toque à plumes et ayant une épée au côté, s'avance vers son père agenouillé, vieillard à barbe blanche qui, sous son manteau rouge à collet d'hermine, n'a assurément rien d'un patriarche de Chanaan. Le carrosse du ministre de Pharaon, — lourd véhicule surmonté par un large parasol et attelé de deux chevaux bruns, — est arrêté à quelque distance. Des guerriers armés de piques et de hallebardes, des pages et des femmes richement parées, assistent à l'entrevue de Jacob et de son fils. Dans le fond, à droite, une voiture, traînée par deux chevaux blancs, passe sur un pont; à gauche s'élève un coteau. — Le panneau, signé *Rembrandt*, 1667, est peint dans ces tons dorés (1) qu'affectionnait le maître; les ombres ont une légèreté et une transparence merveilleuses.

Cet ouvrage est le plus important de ceux qui ont été exposés sous le nom de Rembrandt, et, nous ajouterons, celui dont l'authencité nous a paru le moins discutable. — Si la date inscrite sur le panneau n'est pas apocryphe, nous aurions donc là une production des dernières années du grand artiste, de cette sombre période où, ruiné par sa manie des collections, il fut réduit à habiter un misérable logis, — dans le Roosgracht, l'un des quartiers les plus pauvres d'Amsterdam, — et y vécut obscurément, travaillant peu, mais conservant jusqu'à la mort toute la puissance de son génie. Le Louvre possède le portrait qu'il fit de lui-même en ce temps-là (1664), — admirable peinture dont l'exécution décèle une sûreté de main extraordinaire. L'Ecole des Beaux-Arts de Marseille avait envoyé à l'Exposition un petit croquis de ce chef-d'œuvre; j'ai entendu des gens se demander comment on avait pu exhiber un pareil *gribouillage* : en revanche, les connaisseurs ont été émerveillés de tout ce qu'il y a d'esprit et de science dans ces quelques coups de crayon.

Un dessin plus informe encore en apparence, mais non moins intéressant, — *Abraham renvoyant Agar*, — a été exposé par

---

(1) On a prétendu que pour donner à sa peinture plus d'éclat, Rembrandt peignait ses petits tableaux sur fond d'or pur. M. W. Bürger qui a constaté cette singulière préparation dans le *Tobie* de la galerie d'Arenberg, à Bruxelles, déclare qu'il ne l'a jamais rencontrée ailleurs. « Ce qu'il y a de certain, » ajoute-t-il, c'est que Rembrandt a mis de l'or sur sa peinture, sinon » dessous. »

M. Gendarme de Bévotte ; c'est là, si je ne me trompe, la première pensée d'une des plus belles eaux-fortes du maître (Bartsch, 30).

Combien je préfère ces deux dessins, si peu prétentieux, à la *Tête de Vieillard*, provenant du cabinet de M. R. Gower, — figure sillonnée de rides profondes, aux yeux caves et atones, modelée avec une certaine énergie, mi-partie dans l'ombre, mi-partie en pleine lumière, œuvre de quelque mérite, mais œuvre de faussaire.

L'autre portrait (n° 826) tiré de la même collection, peut passer jusqu'à preuve contraire pour être de la main de Rembrandt, ou tout au moins, de l'un de ses plus habiles imitateurs. C'est le portrait, — en buste et de trois quarts, — d'un jeune homme coiffé d'une toque rouge à plume blanche, ayant les cheveux blonds et une petite moustache de la même couleur. Il est peint avec une ampleur et, en même temps, avec une fermeté surprenantes, dans ces tons d'or fauves qui donnent aux figures de Rembrandt la coloration ardente des marbres antiques de la Grèce.

Nous placerons encore au-dessus des pastiches vulgaires une *Tête de jeune fille*, exposée par M. Perret. — Quant au *Portrait de femme*, appartenant à M. Sallier (d'Aix), c'est un morceau parfaitement original et d'une très-belle exécution ; mais nous n'y reconnaissons pas bien l'accent particulier de Rembrandt. La dame est assise dans un fauteuil, appuyant ses mains l'une sur l'autre et tenant un mouchoir. Le costume est d'une grande simplicité : une robe et une cornette noires, une immense fraise empesée et tuyautée, des manchettes blanches et plates. Les chairs sont pleines de sang et de vie ; mais, au-dessus de la réalité matérielle, il y a le sentiment poétique, il y a l'expression intime que les maîtres seuls savent traduire ; l'âme de cette charmante femme est peinte sur sa figure.

Cette excellente page que l'on avait reléguée dans une obscure galerie, est, à ne pas en douter, l'œuvre d'un sectateur de Rembrandt, d'un élève devenu maître à son tour ; de plus connaisseurs que nous décideront s'il faut nommer Govert Flinck ou Ferdinand Bol, Nicolas Maas ou Theodor de Keyser, Salomon Koninck ou Jan Lievens, tous portraitistes du plus grand mérite, qui ont entre eux des différences assez notables, mais qui reflètent plus ou moins habilement leur commun modèle.

Indépendamment du grand nombre de disciples qu'il forma directement, Rembrandt compta une multitude d'imitateurs, même parmi les artistes qui l'avaient devancé dans la carrière. C'est ainsi que Léonard Bramer, plus âgé que lui d'une douzaine d'années, se rangea parmi ses plus ardents sectateurs, au point de lui emprunter ses procédés, ses *ficelles*, et jusqu'à ses motifs favoris. Le *Rabbin*, que lui attribue le Catalogue, est un pastiche sans valeur et qui m'a semblé d'une exécution toute récente.

Pieter de Hooch (1), que quelques biographes se sont plu à nous présenter comme un disciple de Berghem, — se rattache à Rembrandt par la distinction et l'harmonie de sa couleur, par son sentiment de la nature et surtout par la vérité et la puissance de ses effets lumineux ; mais il ne doit qu'à lui-même la simplicité exquise et la grâce naïve de ses compositions. Ses œuvres sont rares : elles représentent le plus souvent des scènes de la vie bourgeoise et des intérieurs de maison admirablement éclairés. — Des deux compositions que M. Gower nous a offertes comme étant de ce maître, nous devons citer, en première ligne, une *Dentelière*, assise sur une chaise au dossier sculpté, tenant sur ses genoux son métier, mais se disposant sans doute à suspendre sa tâche, car je vois la table mise dans un coin, près du foyer qui flambe. La jeune ouvrière, en robe brune et en tablier noir, a une attitude charmante : elle se retourne en souriant du côté du spectateur. Tout près d'elle, son chat dort sur un coussin. La lumière s'introduit discrètement par une fenêtre du fond. — Bien que nous ne retrouvions pas ici la vigueur accoutumée de Pieter de Hooch, nous ne nous refuserons pas à le croire l'auteur de cette petite peinture très-finement touchée, solide sans sécheresse, délicate sans mièvrerie, signée, d'ailleurs, des initiales P et H entrelacées. — En ce qui concerne l'*Enfant jouant avec un chien* sur la terrasse d'un parc (même collection), nous imiterons la prudence du Catalogue qui n'en admet l'authenticité que sous toutes réserves.

On ne sait rien de la vie de Pieter de Hooch ; Descamps, Pilkington et leurs copistes placent en 1643 l'époque de sa naissance ; mais il semblera plus rationnel de la reporter à l'année 1628, — comme l'a proposé M. Kramm, le continuateur d'Immerzeel, — si l'on songe que plusieurs tableaux du maître sont datés de 1658. Quant à l'année de sa mort, quelques auteurs ont cité 1708, sans fournir de document à l'appui de leur assertion.

La biographie de Jan van der Meer, de Delft, n'est guère plus précise que celle de Pieter de Hooch. Un de nos plus savants critiques d'art, M. W. Bürger, vivement épris des peintures de cet illustre

---

(1) Le nom de cet artiste s'écrit encore : *De Hoech, De Hooghe*. — La signature *P. D. Hooch* est celle des deux tableaux du Louvre.

inconnu est arrivé, après de longues et consciencieuses recherches (1), à établir que Jan van der Meer naquit à Delft, en 1632, qu'il eut pour premier maître un de ses compatriotes, Karel Fabritius, peintre de perspectives et de portraits, et qu'après la mort de ce dernier, arrivée en 1654 (2), il passa dans l'atelier de Rembrandt, où, suivant toutes probabilités, il dut rencontrer Pieter de Hooch, avec lequel il a des rapports si frappants, qu'on a confondu et que l'on confond souvent encore leurs ouvrages (3).

Selon Van Eynden et Van der Willigen, — auteurs d'une histoire des artistes hollandais, — Van der Meer, qui était revenu se fixer dans sa ville natale, y travaillait encore vers 1667. M. Bürger pense qu'il devait être mort en 1696, époque où vingt et un tableaux de lui furent vendus à Amsterdam.

A cette vente, dont le détail nous a été conservé, figurait une toile vendue 70 florins et intitulée : *Jeune femme prenant une lettre d'une servante* (4). Il y a tout lieu de croire que ce tableau est celui qui a été exposé à Marseille par M. Dufour, sous ce simple titre : *la Lettre*. Une gravure au trait de ce petit chef-d'œuvre a été publiée en 1809, par Lebrun. La composition, qui ne comprend que deux figures à mi-corps, ne laisse pas d'avoir beaucoup de caractère dans sa simplicité même. Assise à une table que recouvre un tapis vert, une jeune Hollandaise, — la main droite posée sur une feuille

---

(1) *Musées de Hollande*, I, p. 272-273, II, 67-88. Voir aussi dans l'étude sur la Galerie d'Arenberg, le chapitre consacré aux peintres hollandais.

(2) K. Fabritius, fut enseveli sous les décombres de sa maison, lors de l'explosion de la poudrière de Delft. Immerzeel qui rapporte le fait et qui donne Fabritius pour maître à Van der Meer, nomme ce dernier *Johannes Vermeer*; M. Villot reproduit cette orthographe qui, suivant la remarque de M. Bürger, n'est qu'une contraction du nom véritable. Le catalogue marseillais a confondu Van der Meer, de Delft, avec un artiste du même nom, né à Schoonhaven, en 1628 ; ce dernier, élève de Berghem, peignit la marine et le paysage.

(3) M. Villot dit formellement que Samuel van Hoogstraten, Joost van Geel, Van der Meer de Delft et Nicolaas Koedick ont souvent imité la manière de Pieter de Hooch ; — l'assertion me paraît complètement erronée en ce qui concerne notre Van der Meer, dont l'originalité ne saurait être mise en doute ; sa parenté avec de Hooch vient seulement de ce qu'ils ont eu le même maître.

(4) Cet ouvrage reparut dans une vente faite à Rotterdam, en 1730, et fut adjugé au prix de 155 florins, sous ce titre : *Jeune femme assise à écrire une lettre pendant qu'une servante debout attend.* En 1770, on le retrouve dans la collection de Hendrik van Slingelandt, bourgmestre de la Haye, avec le titre : *Une jeune femme qui écrit.*

de papier et tenant une plume, la gauche appuyée sur le menton, — se retourne vers une grosse servante qui se présente de face, une lettre à la main. Cette lettre a-t-elle été écrite par la dame ou lui est-elle apportée du dehors? On ne devine pas au juste. Pourtant l'air narquois de la fille et la physionomie un peu inquiète de la jolie Hollandaise sembleraient indiquer qu'il s'agit d'une missive amoureuse, introduite par contrebande. Le sujet n'est après tout que secondaire; ce qu'il faut admirer sans réserves, c'est la beauté de l'exécution, l'élégance suprême du dessin, la puissance et l'harmonie de la couleur. Il n'y a qu'un disciple, ou pour mieux dire, qu'un émule de Rembrandt, qui ait pu modeler ainsi, en pleine lumière, la tête si vivante de cette jeune femme, en accuser, avec une force et en même temps avec une délicatesse si extraordinaires, le profil perdu. Des cheveux d'un blond d'or, roulés en torsade et entremêlés de perles, couronnent cette ravissante figure et s'épanouissent sur les tempes en boucles légères et soyeuses. Le costume, composé d'un caracot jaune citron, bordé d'hermine, et d'une jupe de la même couleur, est vigoureusement empâté, dans des tons d'une franchise et d'une justesse incomparables. La servante, vêtue d'une robe grise, est placée au second plan, dans un clair-obscur tout-à-fait rembranesque.

Décidément, c'est un maître de premier ordre que ce Delfsche Van der Meer, dont hier on citait à peine le nom et dont tout l'œuvre connu jusqu'à présent ne comprend guère plus d'une douzaine de tableaux disséminés dans sept à huit galeries!

Mais voici un autre inconnu qui ne mérite pas moins d'attirer notre attention, Jan Victoor, dont le Musée de Toulon nous a envoyé un beau portrait d'homme. Certains biographes le disent élève de Rubens, d'autres voient en lui un sectateur de Rembrandt. L'orthographe de son nom n'a même rien de précis; on cite des tableaux de lui, signés: *Victors, Victor, Victoor, Fictoor, Fictor*. Pilkington le fait vivre de 1600 à 1670. Le rédacteur du catalogue du Louvre, dont l'érudition n'est pas suspecte, n'a trouvé rien de mieux que de constater les incertitudes et les contradictions qui se sont produites dans la biographie de ce maître. C'est encore à M. W. Bürger que revient l'honneur d'avoir jeté quelque jour au milieu de ces ténèbres. Cet intrépide chercheur s'est aperçu que les historiens avaient jusqu'alors confondu trois artistes bien distincts du nom de Victor, à savoir (1): Victor Wolfvoet, flamand, imita-

---

(1) *Musées de Hollande*, I, 51; II, 29, 41, 179-181. Voir aussi dans la *Gazette des Beaux-Arts*, XII, p. 158, l'étude consacrée par M. Bürger, au Musée d'Anvers.

teur de Rubens, auteur d'une *Visitation* que l'on voit dans l'église Saint-Jacques, à Anvers; — Jacomo Victor, hollandais, qui a peint des oiseaux vivants de grandeur naturelle; — Jan Victor, hollandais, peintre de portraits, de paysanneries et de compositions bibliques, dont le Louvre possède un *Isaac bénissant Jacob* et un *Portrait de jeune fille* qui le rangent parmi les meilleurs disciples de Rembrandt (2). Le tableau du Musée de Toulon est à ne pas en douter, de ce dernier Victor. C'est le portrait d'un jeune homme vêtu d'un pourpoint brun, garni de brandebourgs, et coiffé d'une toque violette d'où s'échappe une abondante chevelure noire. Le visage, vu de trois quarts, est vigoureusement accentué, et peint dans une belle lumière; le nez est un peu gros, la moustache fine et de la couleur des cheveux. Les mains sont très-belles, la gauche appuyée sur une canne, la droite renversée sur la hanche. Le fond d'un gris verdâtre, très-harmonieux, porte la signature : *Jan Victoor*, 1654.

III

Gerard Dov. — Les van Mieris. — G. Schalcken. — Q. Brekelenkamp. — G. Metsu. — G. Terburg. — G. Netscher. — G. Mathes. — A. van der Werff.

Nous avons séparé, avec intention, Gerard Dov (1598 ou mieux 1613 — 1674 ou 1680) de la grande pléiade rembranesque, car, bien qu'il en soit l'une des plus brillantes étoiles, il a une individualité très-distincte : il fut lui-même le chef de toute une phalange de petits-maîtres qui rivalisèrent de patience et d'adresse pour arriver à la perfection du *rendu*, mais qui, par cela même, perdirent toute spontanéité et s'arrêtèrent pour la plupart à la surface des sujets.

Gerard Dov sut du moins faire oublier, a force d'habileté pra-

---

(2) M. Bürger suppose qu'il dut travailler chez Rembrandt, de 1635 à 1640, en même temps que F. Bol, G. Flinck et Van den Eeckhout. La date de sa naissance devrait se placer alors entre 1615 et 1620. Les tableaux que l'on conserve de lui, et qui sont presque tous datés, ont été exécutés de 1640 à 1654. Quant aux variantes de sa signature, elles n'ont rien qui puisse étonner ceux qui savent combien les maîtres hollandais de cette époque se sont montrés capricieux en signant leurs œuvres.

tique, le vide de ses petites compositions. Aussi réaliste que Rembrandt, mais plus délicat dans le choix du *motif*, il reproduisit, avec une justesse absolue et une sûreté de main incomparable, la physionomie extérieure des choses. — Quand on connaît sa *Femme hydropique*, du Louvre, on est peu disposé à accepter comme authentiques les trois tableautins de l'Exposition marseillaise. Ceux qu'a envoyés M. R. Gower, la *Dame comptant ses écus* et les *Enfants à la fenêtre*, ont toutefois des qualités incontestables. Le premier joint à la préciosité des détails le mérite plus sérieux d'être habilement éclairé. La dame, le visage tourné vers le spectateur, est assise dans un fauteuil, devant une table recouverte d'un tapis oriental; elle tient à la main gauche une sacoche d'où elle tire des pièces d'or qu'elle place près d'un parchemin orné d'un large sceau de cire rouge. Un ample rideau, tombant du plafond, la sépare de deux scribes occupés à écrire dans le fond de l'appartement, près d'une fenêtre grillagée d'où vient le jour. La lumière s'accroche, par touches vives et justes, aux boiseries, aux meubles, aux tissus. Les ombres manquent de chaleur, mais non de transparence. — Ce tableau pourrait servir de pendant au *Peseur d'or*, du Louvre, dont il répète beaucoup de détails.

Les *Enfants à la fenêtre* reproduisent également une disposition très-fréquente dans l'œuvre du maître, et adoptée par la plupart de ses élèves. Un jeune garçon, en toque rouge et en pourpoint bleu, tenant sur son doigt un petit oiseau qu'un chat guette d'un air fripon, prend un raisin noir dans une corbeille déposée sur l'appui d'une fenêtre. Derrière son épaule, un autre enfant tend son visage curieux. Divers objets, un cahier de musique, une basse, un flageolet, sont placés à côté de la corbeille de raisins. Un rideau rougeâtre à ramages noirs, à demi relevé, laisse pénétrer les regards dans la cour intérieure d'une riche habitation. J'ai rarement vu de peinture plus finie, plus léchée que celle de ce petit panneau; mais le coloris est trop froid pour qu'il soit permis d'accepter l'attribution à Gerard Dov. L'auteur, en tout cas, ne peut être qu'un imitateur de ce maître : Dominicus van Tol, par exemple, qui a peint beaucoup de sujets analogues, ou Willem van Mieris (1662-1747), dont le joli tableau du Louvre, — les *Bulles de savon*, — offre un arrangement identique et une figure d'enfant sur laquelle semble avoir été calquée celle de notre jeune garçon tenant un oiseau.

L'*Ermite écrivant* (à M. de Samatan) est encore un des sujets favoris de Gerard Dov et de plusieurs de ses élèves, entre autres de Jan Adriaan van Staveren ; mais ici la touche est si maigre, si déliée, le sujet si insignifiant, qu'on hésite à s'enquérir du nom du véritable auteur.

Gerard Dov ne fut pas toujours, comme on le croit généralement, un peintre précieux et recherché dans les détails ; on cite de lui des portraits en buste et de grandeur naturelle, dessinés avec fermeté et largement peints. N'ayant encore rien vu d'analogue dans son œuvre, je ne puis garantir l'authenticité des deux beaux portraits de vieille femme que lui attribue le catalogue marseillais, mais il me sera permis du moins de constater qu'ils sont dignes de ce maître et qu'ils ont été peints sous l'influence de Rembrandt. Celui qui provient de la galerie de M. Bourguignon de Fabregoule, offre un contraste d'ombres et de lumières des plus énergiques ; l'obscurité du fond ajoute à la puissance du relief ; on voit saillir les os sous la peau flasque et ridée du visage. — Le *Portrait*, exposé par M. Olive, est tout aussi vigoureusement modelé, mais sans empâtements ; la physionomie a une expression maussade ; l'œil est fier et dur. Les cheveux grisonnants descendent le long des joues et tombent sur les épaules.

Gerard Dov n'avait pu oublier les leçons du grand van Ryn, et il en subit plus d'une fois l'heureuse influence ; mais la génération de peintres qui sortit de lui, ne garda rien des traditions rembranesques. Frans van Mieris, le vieux (1635-1681), — qu'il appelait lui-même le prince de ses élèves, — poussa la préciosité jusqu'aux dernières limites ; on assure qu'il eut recours au miroir concave pour réduire et copier ses modèles..... Le *Portrait de femme*, exposé par M. Olive, quoique assez finement touché ne saurait être admis comme authentique ; rien ne s'opposerait, au contraire, à ce que l'on donnât au vieux Mieris, ou tout au moins à l'un de ses fils, (1) un délicieux petit tableau de genre : la *Toilette*, appartenant au même propriétaire et catalogué, sous le n° 1255, parmi les ouvrages des auteurs inconnus. Une jeune femme, en caraco de soie bordé de petit gris, est assise devant son miroir posé, à côté d'une aiguière, sur une table couverte d'un tapis turc. Une servante, au minois éveillé, arrange la coiffure de sa maîtresse. La lumière entre par une fenêtre ouverte à gauche. Une riche tenture tombe, à droite, du plafond jusqu'à terre. Les détails sont très-finis ; le coloris est léger, limpide, harmonieux.

---

(1) Il va sans dire, que, notre intention n'est pas de placer sur la même ligne Frans van Mieris le vieux et ses fils, Willem et Jan, qui n'ont fait que le pasticher.

Bien qu'il ait joui, de son vivant, d'une grande réputation, Gottfried Schalcken (1643-1706) fut loin d'égaler son condisciple Frans van Mieris. Sa touche est plus maigre, son dessin moins spirituel. Il n'en faut pas moins citer, comme une production charmante, sa *Marchande de poissons* (à M. Rougier). Nous retrouvons ici l'arrangement stéréotypé à l'usage de l'école : la marchande, jolie blonde, ayant sa coiffe coquettement posée sur le derrière de la tête, est encadrée par une fenêtre sur le rebord de laquelle s'étalent des légumes, des fleurs, des poissons fumés et des harengs dans une caque. Une cage et un coquemard sont accrochés extérieurement aux montants du chambranle. La signature *G. Schalcken* se lit sur une espèce de bas-relief qui orne l'appui de la fenêtre (1).

Quiryn Brekelenkamp passe pour s'être formé à l'école de Gerard Dov, mais sa couleur chaude et onctueuse, sa touche ample et solide le rapprochent davantage d'Adriaan van Ostade. On ne connaît ni l'année de sa naissance, ni celle de sa mort ; on sait seulement qu'il peignit de 1653 à 1669. Cette dernière date se lit sur un petit panneau exposé par M. Mathieu (d'Aix), à la suite de la signature *Q. Breklenkam* (2). Le *Pêcheur*, que représente ce panneau, est un homme déjà âgé, en toque rouge et en vêtement bleu, occupé à écailler un poisson sur une table où est posé un panier. Dans le fond, un chaudron et une canette sur un bahut.

Ce ne fut pas un imitateur vulgaire que Gabriel Metsu (1615-1670); il emprunta à Gerard Dov ses procédés d'exécution, mais il sut être original dans la composition de ses tableaux et dans le choix de ses types, et il fit preuve d'une véritable puissance d'observation. — *La couseuse*, que M. Dufour nous a donnée comme étant de ce maître, est un morceau excellent ; la facture en est presque aussi ferme, aussi vigoureuse que dans les tableaux de Pieter de Hooch. La signature *R. Metzu f.* est évidemment apocryphe : le nom ne se trouve jamais écrit avec un *z* et l'initiale du prénom est un *G* (Gabriel) et non un *R*. Cette couseuse, en caraco noisette, en tablier blanc et en coiffe blanche, est assise de profil devant une table sur laquelle se trouvent des cahiers ouverts et un poêlon renversé. A gauche, une fenêtre en face de l'ouvrière ; à droite, un rideau.

(1) Le Catalogue attribue ce tableau à un peintre flamand du nom de Guillaume Schalken, né à Anvers en 1754, mort en 1830!....

(2) Dans cette signature, le dernier jambage de l'*m* final est plus allongé que les autres. Il paraît, d'ailleurs, que l'artiste signait indifféremment : *Brekelenkamp, Breklenkamp, Brekelenkam.*

Gerard Terburg (1608-1681) eut sur Gabriel Metsu presque autant d'influence que Gerard Dov ; il ne lui donna pas directement des leçons, mais il l'attira par ses œuvres et le forma par son exemple. Il ne procède lui-même de personne : après avoir parcouru l'Allemagne, l'Italie, l'Espagne, l'Angleterre et la France, après avoir étudié les maîtres de toutes les écoles, il rentra dans son pays natal, aussi libre d'allures, aussi indépendant, aussi original qu'au moment de son départ. Laissant à Brauwer, à Van Ostade, à Jan Steen, les scènes populaires et les réalités grotesques, — il se constitua en quelque sorte le peintre de l'aristocratie hollandaise, des belles dames en robes de satin et des cavaliers en pourpoints de velours, des intérieurs confortables et des boudoirs discrets, des tête-à-tête galants et des réunions intimes. En ce genre dont il fut véritablement le créateur, il déploya un talent hors ligne. Il a fait aussi beaucoup de portraits, quelques-uns de grandeur naturelle, la plupart en pied et de petites dimensions. Celui qu'a exposé M. Olive n'est qu'à mi-corps ; il est peint sur bois et accuse une touche fine et élégante : le personnage représenté est un peintre, jeune et imberbe, ayant une grande perruque noire, un rabat de guipure, un gilet vert à boutons de métal et un habit brun à larges manches. Il est debout, la main gauche pendante et le bras appuyé sur une console de pierre où se trouvent une palette, des pinceaux, un flacon, un couteau et une statuette antique.

A l'allemand Gaspard Netscher (1639-1684) que l'on donne pour élève à Terburg, le Catalogue attribue une petite toile allégorique représentant *Madame de Montespan*, sous les traits de Pomone (à M. de Surian). La belle marquise n'est plus dans la première fleur de sa jeunesse, et le moment n'est pas loin peut-être ou Vertumne (Louis XIV) la délaissera pour la veuve Scarron. Elle ne manque pourtant ni de majesté, ni de grâce. De grands cheveux blonds encadrent son visage très-délicatement modelé. Derrière elle se tient une duègne à la figure grimaçante.

Je suppose que Terburg dut compter parmi ses meilleurs disciples ou pour mieux dire parmi ses rivaux, Christian-Gottfried Mathes qui a signé le merveilleux petit *Portrait de bourgmestre* provenant de la galerie de M. Bourguignon de Fabregoule. C'est la première page que je vois de cet artiste sur la vie duquel je n'ai pu me procurer aucun renseignement ; mais je le tiens, dès aujourd'hui, pour un maître de premier ordre. Son bourgmestre, vu jusqu'aux genoux et de face, est un beau jeune homme à l'air intelligent et aristocratique, aux yeux bleus, à la chevelure et à la barbe blondes.

Toute la tête est éclatante de vie. Les mains sont superbes aussi, la droite tenant des gants, la gauche un chapeau noir à larges ailes. On ne peut rien souhaiter de plus fin, de plus distingué et, en même temps, de plus solide comme exécution ; cela vaut les meilleurs portraits de Frans Hals, de van der Helst et de Govert Flinck, que G. Mathes pourrait bien avoir étudiés pour la coloration des chairs, mais je ne vois guère que Terburg qui ait pu lui apprendre à peindre avec tant d'habileté les reflets soyeux et les cassures brillantes de l'habit de satin de son bourgmestre.

L'école précieuse, dont Gerard Dov fut le père, devait aboutir au plus minutieux, au plus coquet, au plus raffiné, et, il faut bien le dire, au plus froid de tous les peintres, au fameux chevalier Adriaan Van der Werff (1659-1722), dont les peintures-porcelaines, longtemps vendues au poids de l'or, ont fini par perdre complètement cette vogue imméritée. M. Meissonnier a exposé une répétition de la *Vierge aux cerises*, tableau célèbre que l'on regarde comme l'un des chefs-d'œuvre de Van der Werff. L'original, gravé par Rousseau, dans la *Galerie Choiseul*, se trouve actuellement au Musée d'Amsterdam. La copie que nous avons vue à Marseille, est trop soigneusement exécutée pour ne pas être de la main même du chevalier. Assise à l'ombre d'un rocher, la Vierge, le visage souriant, le sein découvert, se penche vers son divin nourrisson, qu'elle a déposé tout nu sur un coin de son manteau bleu. L'Enfant lève ses petites mains et prend des cerises à une branche que lui présente Joseph, placé un peu en arrière, dans une pénombre transparente. A droite, un coin de ciel, et, au premier plan, une sébille remplie de cerises. Cette composition est complètement dépourvue de caractère ; mais on ne peut nier qu'il n'ait fallu une adresse prodigieuse pour en rendre les détails avec une aussi désespérante perfection.

A défaut de style, on peut louer, du moins, le fin coloris de la *Chaste Suzanne* (à M. Roux). Cette peinture, signée des initiales A W, me paraît être de la première époque d'Adriaan, peu de temps, sans doute, après qu'il aura eu quitté l'atelier d'Eglon van der Neer, l'adroit pasticheur de Metsu et de Terburg ; à coup sûr, il n'avait pas encore été anobli par l'électeur palatin, Jean-Guillaume, car il n'eût pas manqué de prendre en signant le titre pompeux de *Chev[er] V[r] Werff*. — Assise sous un portique, auprès d'un bassin de marbre, où s'épanche l'eau d'une fontaine, Suzanne presque nue, oppose une résistance désespérée aux deux vieillards impudents qui n'ont pas craint de violer sa chaste retraite. L'un d'eux, penché vers elle, lui étreint le bras et s'efforce de lui arracher son dernier vêtement; l'autre cherche à l'apaiser par de douces paroles. Les colonnes de marbre rose, les tissus aux vives nuances, les cassolettes qui fument, tous les détails enfin, sont peints avec la minutie habituelle. Le rideau du fond, écarté par les vieillards, laisse voir un jardin. Le corps de Suzanne, modelé en pleine lumière, a des tons ambrés d'une exquise finesse. — Ce petit tableau nous réconcilie presque avec le chevalier Van der Werff. Nous n'en dirons pas autant du *Couronnement de la Vierge* (à M. Gower), tableautin mignard et léché, s'il en fût, mais qui pourrait bien être, après tout, de la main de Pieter van der Werff (1665-1718), frère puîné et collaborateur d'Adriaan.

IV

Les van Ostade. — Cornelis-Dusart. — Th. Wyck. — Ad. Brauwer. — Sorgh. — Heemskerck le vieux. — Cornelis Saftleven. — Jan Steen — R. Brakenburgh. — Jan Verkolie. — Jan Molenaar.

En mettant le pied dans les boudoirs galants et dans les salons de la *bonne* compagnie, l'école hollandaise devait tout naturellement se faire coquette, mignarde et précieuse, renoncer aux vives couleurs, au jour éclatant, dépenser tout son esprit en futilités, et se ruiner en brimborions. Mais, Dieu merci, Gerard Dov avait laissé au cabaret et dans les chaumières, bon nombre de gais viveurs, de robustes compagnons et de poètes en sabots, qui gardèrent la franchise d'allures et la bonhomie narquoise particulières à la race néerlandaise, et qui excellèrent dans la peinture des mœurs populaires. — A la tête de ce groupe, il faut placer Adriaan van Ostade (1610-1685), artiste éminent qui tient, à la fois, à Rembrandt par la puissance et l'harmonie de la couleur, et à Teniers par la sincérité de l'observation et la naïveté des types. Le Catalogue lui donne un tableau de genre, *La bonne aventure* (à M. R. Gower), et deux paysages. Disons d'abord un mot du premier.

Une femme, en caracot rougeâtre et en tablier gris, le derrière de la tête couvert d'une draperie blanche qui descend sur les épaules, — est assise au premier plan. Elle tient à la main droite un fuseau et a une quenouille sur ses genoux. Son visage soucieux se dessine hardiment en profil perdu, comme celui de la jolie Hollandaise du tableau de Van der Meer. Debout et de face, un vieux Bohémien, appuyé sur un bâton et coiffé d'un chapeau noir à haute forme, se penche pour lire dans la main gauche que la femme lui tend. Derrière celle-ci et tout-à-fait dans l'ombre, s'ébauche un troisième personnage. — Quelques lettres très-confuses, mais dont avec un peu de bonne volonté on peut former le nom d'*Ostade*, et la date de *1640*, qui semble inscrite à l'aide d'un poinçon, composent une signature sans doute apocryphe. La peinture, toutefois, n'est pas indigne d'Adriaan : elle rappelle assez bien sa couleur vigoureuse, sa lumière savante, ses types favoris.

J'avouerai, maintenant, n'avoir jamais vu, de sa main, de *Paysage* aussi important que celui qui a été exposé par M. Gower, sous le n° 688. Adriaan van Ostade n'a guère peint, en effet, que des intérieurs de cabaret, des scènes de famille ; s'il lui arrive de nous conduire en plein air, c'est le plus souvent pour nous montrer des réunions villageoises à la porte d'une hôtellerie ; mais dans les compositions de ce genre, le paysage est toujours plus ou moins sacrifié. Ici, au contraire, il a le rôle principal. Le motif est, d'ailleurs, d'une extrême simplicité : une route effondrée occupe le devant du tableau ; de l'autre côté, s'élève un massif d'arbres, magnifiquement empâté, qui tamise les rayons d'or du soleil couchant. La lumière pique aux feuilles et aux branches des paillettes étincelantes, et vient teindre d'un reflet superbe une flaque d'eau placée au milieu du chemin. A droite, la vue s'étend sur une plaine immense indiquée par un coup de pinceau. Quelques figurines, en costumes éclatants, animent le premier plan, les unes en marche, les autres assises. Le ciel a une transparence, une profondeur extraordinaires. — Je ne vois, parmi les paysagistes hollandais, qu'Aalbert Cuyp, à qui l'on pourrait donner cette excellente page (1).

Quant au *Paysage avec figures*, joli tableautin qui appartient à M. le marquis de Ribiers, et qui représente des gens attablés à la porte d'une auberge, sur la grande route, et des valets attelant un cheval à une carriole, — il doit encore être retiré à Adriaan van Ostade, mais je ne vois pas d'inconvénients à ce qu'on le donne à Isack qui a traité souvent des motifs analogues.

Sous le nom de cet Isack (1613 ou 1617-1654), frère puîné et élève d'Adriaan, M. R. Gower a exposé trois petits tableaux de qualités fort diverses. Celui qui porte le numéro 693 et qui représente une famille de paysans ou de *Bohémiens* dormant sous un arbre,

---

(1) La signature OSTADE, tout court, a dû être mise après coup par un marchand. Nous savons, en effet, par tous les tableaux que nous connaissons des deux frères, Adriaan et Isack, que ces artistes ne manquaient amais de faire entrer leurs prénoms dans leurs signatures.

est un pastiche médiocre. — Il y a des animaux (veaux, vaches, bœufs, porcs, volailles) fort bien dessinés, dans le *Marché* (n° 691, qui se tient à l'entrée d'un village, à l'ombre d'une grosse tour toute tapissée de lierre. La composition est des plus originales et justifierait l'attribution si l'exécution était moins lourde (1). Reste le *Paysage avec figures*, inscrit sous le numéro 692. A droite, devant une maisonnette, des gens de tout âge font cercle autour d'un paysan qui est en train d'écorcher un veau suspendu à une échelle par les pattes de derrière. Un vieux bonhomme écarte du groupe un gamin qui regimbe. Une jeune fille voiture un poupon dans un petit chariot. Tous ces personnages en miniature et d'autres encore, groupés çà et là, vivent, s'agitent et pérorent ; ils sont de la famille des amusantes figurines de Teniers. Le paysage est simplement et délicatement traité. Dans le fond s'élèvent un moulin à vent et le clocher d'une église gothique. Le ciel est d'un gris bleuâtre très-harmonieux, avec de grands nuages au-dessus de la chaumière. A droite, au premier plan, un homme est accroupi au bord d'une mare, près d'une palissade, où se trouve une signature que nous n'avons pu déchiffrer. Isack van Ostade ne perdra rien dans l'estime des amateurs, si on lui laisse la paternité de ce charmant panneau.

Les biographes s'accordent généralement à citer Cornelis Dusart comme élève d'Adriaan van Ostade ; mais s'il est vrai, comme ils l'ajoutent, que cet artiste soit né en 1665, il ne dut fréquenter que bien peu de temps l'atelier d'Adriaan, car il n'aurait eu que vingt ans lorsque ce dernier mourut (1685). Toujours est-il que ses œuvres, — très-rares en France, puisque le Louvre n'en a point (2), — nous le montrent sectateur très-habile des deux frères. La figure de *Fumeur* (grandeur naturelle), provenant du musée d'Avignon, est très-expressive, très-réaliste, d'un modelé énergique et d'une riche couleur. Le personnage, assis sur une chaise, le buste posé de profil, le visage de face, tient à la main une petite pipe et lance du côté du spectateur une bouffée de fumée. Il a la tête nue, les cheveux coupés court, une barbiche et des moustaches grisonnantes.

(1) Le tableau est signé et daté, mais ce qui dénote une falsification c'est que l'initiale du prénom ressemble beaucoup plus à un J qu'à un I, et que la date 1670 est en opposition avec les dires des biographes, qui font mourir Isack van Ostade en 1654.

(2) Dusart mourut en 1704 ; il n'avait alors que 39 ans, si nous maintenons l'année 1665 pour la date de sa naissance ; ainsi s'expliquerait le petit nombre de ses productions.

Thomas Wyck (1616 ou 1682-1686) se rattache à l'école des Ostade (1) par ses intérieurs rustiques ; il a peint, du reste, dans des manières fort opposées, les sujets les plus divers ; M. P. Autran avait exposé, de lui, une *Marine* et un *Paysage* que je regrette de n'avoir pu découvrir. — En revanche, j'ai cru lire la signature *Wyck* au bas d'un petit tableau que M. de Samatan a exposé sous ce titre : *Méditation*, et que le Catalogue donne comme étant l'œuvre d'un certain « Pierre-Corneille van Ryck, qui florissait à Delft au XVIII° siècle. » Ce tableau représente un savant au front sillonné de rides, à la barbe blanche, courbé sur un bouquin dont il semble examiner soigneusement les feuillets et assis devant une table, sur laquelle sont placés d'autres livres, une tête de mort et un sablier. Thomas Wyck a traité souvent des sujets analogues ; il aimait surtout à peindre les alchimistes, et il s'en tirait avec beaucoup d'habileté : ici, la touche est un peu maigre, mais cette maigreur est rachetée par la chaleur et la transparence de la couleur dans les ombres.

Frans Hals, le maître d'Adriaan van Ostade, avait une façon singulière de former ses élèves ; il se faisait accompagner par eux au cabaret et les habitués du lieu, fumeurs et ivrognes, étaient les modèles vivants qu'il leur proposait, — si bien que du même coup il leur apprenait à boire et à peindre. — Adriaan Brauwer ou Brouwer (1608-1640), profita à merveille de ce double enseignement : en peu de temps, il acquit une habileté de main consommée et devint un débauché émérite. Mais il paraît que Hals avait le vin querelleur, il fit payer en fort mauvais traitements les leçons gratuites qu'il avait données au fils de la pauvre brodeuse d'Haarlem (2). Celui-ci finit par prendre la clef des champs et se mit à courir le monde, dépensant dans de continuelles orgies ce que lui rapportaient ses ouvrages. Il alla ainsi d'Amsterdam à Paris ; puis il revint s'établir à Anvers, où, — après avoir mis un pinceau à la main du boulanger Craesbeke, son compagnon de débauche, et lui avoir légué une portion de son génie, — il mourut à l'hôpital, à l'âge de trente-deux ans !....

On conçoit que, durant une vie si courte et si agitée, Brauwer

(1) Il est à présumer qu'il connut Adriaan et qu'il fut peut-être son condisciple chez Frans Hals, qui a peint le portrait de Thomas Wyck et celui de sa femme.

(2) On rapporte que Brauwer commença, tout enfant, par faire à la plume des dessins de broderie pour sa mère, et que Frans Hals, frappé de ses heureuses dispositions, conçut le projet d'en faire un peintre et le prit chez lui.

n'ait pu produire qu'un nombre assez limité d'œuvres capitales (1); mais on finira, je pense, par découvrir dans les galeries particulières plusieurs de ces admirables pochades qu'il exécutait avec une verve incomparable, dès qu'il avait vidé sa bourse dans un tripot, ce qui, fort heureusement pour l'art, lui arrivait souvent. Je ne serais pas surpris d'ailleurs qu'il eût à revendiquer quelques-uns des ouvrages qu'on attribue à son condisciple Adriaan van Ostade, à ses élèves Teniers le jeune et Joost van Craesbeke, et à ses nombreux imitateurs (2). Il est probable aussi, qu'il ne fut pas toujours égal à lui-même; sa touche, d'une légèreté si merveilleuse dans les bonnes pages, n'a pas été sans s'allourdir un peu sous l'influence d'une orgie récente. — Cela posé, j'espère ne pas être taxé d'hérésie si je déclare que des six tableaux exposés à Marseille, sous le nom de Brauwer, deux m'ont paru mériter cette glorieuse attribution.

Des critiques autorisés ont reconnu avant moi l'authenticité de l'*Intérieur de cabaret* du musée d'Avignon, délicieux petit panneau où l'artiste a peint un buveur endormi, la tête renversée en arrière, la face rayonnante comme celle d'un homme qui fait un rêve d'or, — un rêve d'ivrogne, — les coudes appuyés sur une table où sont posés un broc et une pipe. Il n'y a véritablement que Brauwer ou Adriaan van Ostade qui pouvaient rendre, d'une façon aussi saisissante, l'attitude d'un corps affaissé sous le poids de l'ivresse. — Dans le fond s'ébauchent quelques buveurs attablés.

Quels que soient les mérites de cet ouvrage, je lui préfère, sans hésiter, la *Grande bambochade* (3) provenant du cabinet de madame la marquise Félix de Muy. Autour d'une table sur laquelle est placé un cahier de musique, les dilettanti de la taverne sont assis. Celui-ci joue de la vielle, celui-là râcle du violon; les autres chantent à tue-tête. Quelle réunion grotesque! Quel assemblage de types spirituellement croqués! Decamps, l'auteur des *Singes musiciens*,

(1) Les Musées de Hollande et de Belgique n'ont rien de lui. Le catalogue du Louvre n'a enregistré qu'un petit *Intérieur de tabagie*, mais nous croyons avec M. W. Bürger, qu'il faut restituer à Brauwer, l'*Atelier d'un peintre*, attribué à Craesbeke (voir *Trésors d'art exposés à Manchester*, pages 262 à 265).

(2) On sait que, pendant assez longtemps, Frans Hals ne se gêna pas pour s'arroger la paternité des œuvres de son élève, et pour les vendre à son profit. Que sont devenues ces premières productions de Brauwer?

(3) Bois. Les dimensions, estimées à vue d'œil, m'ont paru être de 35 centimètres de hauteur sur 50 centimètres de largeur.

a-t-il jamais rêvé une figure de babouin plus amusante que celle de ce bonhomme, au museau velu, qui, les bras croisés, le bonnet enfoncé jusqu'aux yeux, le dos tourné au foyer, mâchonne en riant quelque refrain bachique ? Nous touchons de près à la caricature ; mais ces personnages si laids, si vulgaires, sont doués de vie, de sentiment et d'expression, tout autant que les idéales beautés de Raphaël et du Corrège ; c'est du réalisme, si l'on veut, mais, avant tout, c'est de la réalité. Et que dire de la peinture ? Elle est aussi distinguée de tons, aussi harmonieuse que le sujet est trivial. La couleur est appliquée avec une légèreté, une délicatesse et un brio incroyables. Quelques coups de pinceau ont suffi pour indiquer deux groupes excellents dans la demi-teinte lumineuse du dernier plan. Qui donc se refuserait à reconnaître Brauwer à tant de signes caractéristiques de son admirable talent ?

Entre ce chef-d'œuvre et les deux petits tableaux de *Buveurs* qui ont encore été exposés par Mme la marquise du Muy, sous le nom de Brauwer, il y a une analogie d'exécution incontestable ; mais, j'oserais d'autant moins garantir leur authenticité, que cette même analogie m'a paru tout aussi frappante dans deux *Bambochades* provenant de la même collection et cataloguées, sans nom d'auteur, sous les n°s 1166 et 1167. Qui voudrait croire à la présence dans une seule galerie, de cinq ouvrages d'un peintre qui passe pour être aussi rare que Raphaël ?...... Je me bornerai donc à signaler les quatre petits panneaux de Madame la marquise Félix du Muy, comme des productions très-précieuses d'un sectateur d'Adriaan Brauwer. Parlons d'abord des *Bambochades* : celle qui porte le n° 1167 nous montre un buveur, — le visage enluminé, — levant son verre plein ; derrière lui, près d'une porte entr'ouverte, un homme aux traits altérés par l'ivresse, soulage son estomac. D'autres personnages sortent du cabaret. — Dans le n° 1166, le premier plan est occupé par une sorte de pierrot mélancolique ayant un gilet et une calotte rouges, un pantalon blanc et une collerette de la même couleur ; il est assis près d'un tonneau sur lequel est posé son verre. Au second plan, se trouvent deux autres personnages : l'un tient un verre à la main et lève les yeux au ciel, en soupirant ; l'autre rit de tout cœur. — La couleur de ces deux petites pochades est d'une finesse exquise. Les deux tableaux de *Buveurs* valent mieux encore : le n° 118, représente cinq barbons groupés autour d'un tonneau et chantant à gorge déployée ; le n° 119, quatre compagnons qui devisent gaîment devant une table chargée de flacons.

Il n'existe qu'un très-petit nombre de tableaux de Brauwer qui soient signés. M. Robert Gower pourrait donc s'estimer très-heureux s'il possédait dans sa collection une rareté pareille : pourquoi sommes-nous obligé de déclarer que la signature A. B. de son *Arracheur de loupes* n'est qu'une signature de marchand (1), et, ce qui est plus regrettable encore, que le tableau lui-même est apocryphe? — Cet ouvrage, du reste, n'est pas sans mérite : il est peint dans la manière de Jan Steen, et retrace une des scènes familières à ce maître. L'arracheur de loupes tient par la tête un client qui fait des grimaces et des contorsions de possédé. Au dernier plan, sont deux individus que le charlatan vient d'opérer et un cinquième personnage qui entre, une lanterne à la main. A la muraille sont cloués un hibou, oiseau de la sagesse, et un parchemin que décore un énorme sceau de cire rouge. Une tête de mort, des bouquins, des fioles et des pots d'onguent s'étalent sur une table ; l'un de ces pots est revêtu de l'étiquette : POLDO.

De Hendrik Martensz Sorgh (1621-1682), qui associa la manière de son maître Teniers le jeune à celle d'Adriaan Brauwer, — M. Allegrin a exposé un *Joueur de tambourin* (2), d'un coloris un peu gris et un peu froid, mais d'une touche délicate et savante. Le musicien, en costume de couleur chocolat, a près de lui sa femme qui est vêtue d'une robe verte, et qui chante, la main appuyée sur l'épaule de son mari. Une bonne vieille à béquille, enveloppée dans une cape grise, écoute les deux virtuoses de carrefour.

Egbert Heemskerk le vieux, d'Haarlem (1610-1680) et son fils, Egbert Heemskerk, le jeune (1645-1704), passent pour avoir imité Teniers et Brauwer, avec une grande habileté. A mon avis, c'est au père que revient la paternité d'un *Intérieur de cabaret* non catalogué et appartenant à M. Bargès. Cet ouvrage comprend un assez grand nombre de figures ; il est signé E. H K, — les deux dernières lettres accolées.

A cette longue école se rattache encore Cornelis Saftleven (3), de Rotterdam (1606 ou 1612 — après 1664), qui vint se fixer à Anvers et y obtint une grande réputation en peignant des bambocha-

(1) On ne connaît de Brauwer que deux ou trois signatures en toutes ettres ; quand il signe en monogramme, il ne manque jamais d'accoler l'A et le B.

(2) Les rédacteurs du Catalogue n'avaient certainement pas vu le tableau quand ils l'ont intitulé : le *Joueur de cornemuse*. — Quant au nom de *Rokes* sous lequel ils l'ont inscrit, ce serait, d'après M. Villot, le nom patronymique de Hendrik Martensz, et *Sorgh* ou *Zorg* ne serait qu'un surnom.

(3) Le Catalogue écrit *Zacht-Leeven* ; M. Villot, *Zaftleven* ou *Sachtleven*.

des dans la manière de Brauwer, des intérieurs rustiques et des kermesses dans le genre de Teniers. On peut mettre au nombre de ses meilleures pages, l'*Intérieur de ferme*, provenant de la galerie de M. Bourguignon de Fabregoule. La composition est fort simple. Un paysan accoudé sur une table, en compagnie d'un broc, allume sa pipe à un charbon qui étincelle. Mais ici l'homme n'est que l'accessoire ; ce qui attire l'œil tout d'abord, ce qui charme par la finesse inouïe de l'exécution et par la vérité du rendu, ce sont les divers objets entassés au premier plan : un saloir en bois de chêne, un coquemard et un chaudron de cuivre tout bossués et auxquels s'accroche la lumière, des brocs, des cruches, des plats, des assiettes, etc. Le coloris manque de chaleur et de vivacité ; mais les ombres ont beaucoup de transparence. A gauche, près d'une porte, un chat fait un bond pour atteindre un oiseau qui s'envole. La signature *Harman Safezeven* 1636 qui se lit dans un coin du tableau, a été mise, après coup, par quelque ignorant faussaire qui aura confondu Cornelis Saftleven (1) avec son frère Herman (1609-1685), le paysagiste.

Le catalogue du Louvre qui cite Heemskerk le jeune, né en 1645, comme ayant pris des leçons de Brauwer, mort en 1640, commet une erreur analogue en nous disant que Jan Steen passa de l'atelier de Knupfer, peintre d'Utrecht, dans celui de Brauwer. — Jan Steen (vers 1625-1679) naquit à Leyde, quatre ans seulement avant la mort de ce dernier. Son véritable maître fut le paysagiste Van Goyen, dont il séduisit et finit par épouser la fille ; après ce mariage, il se fit brasseur et cabaretier, comme avait été son père ; mais, Dieu merci ! il ne renonça pas pour cela à la peinture : sa taverne devint son atelier, ses clients et les membres de sa propre famille furent ses modèles, et le tableau, sans cesse renouvelé, de son intérieur lui fournit d'inépuisables thèmes qu'il traita avec une grande supériorité de talent. Praticien consommé, observateur fin et caustique, il a sa place marquée à côté des plus grands maîtres de l'art hollandais ; ses compositions éminemment humoristiques sont, — mieux encore que celles de Brauwer, de Teniers et d'Ostade, — des peintures de la vie humaine, car elles reproduisent moins des figures que des passions, moins des caractères détachés que des scènes de mœurs et de véritables pièces de comédie.

Des six tableaux qui ont été exposés sous le nom de Jan Steen, nous ne citerons que ceux qui appartiennent à M. Robert Gower, et d'abord un morceau capital, *Le concert*, toile de 1 mètre 40 c.

---

(1) Cornelis a gravé à l'eau forte une suite de trente petites figures.

de large sur 80 cent. de haut (mesures approximatives). Le peintre s'est représenté ici avec toute sa famille, comme cela lui est arrivé fréquemment. Assis sur le coin d'une table, le pied posé sur un tabouret, les bas tombants et le genou découvert, il occupe à peu près le centre de la composition. Sa figure ouverte et souriante est encadrée par de longs cheveux noirs qui s'échappent d'une toque rouge. Il joue du violon. Sa femme, la grosse et joviale Margaretha van Goyen, est assise près de lui, sur une chaise ; elle a sur ses genoux un cahier de musique et elle chante. Debout derrière elle et, suivant la partition par dessus son épaule, se tiennent les grands parents, le père et la mère de Steen, qui sont tout à la musique tandis qu'un joyeux compère, placé à côté d'eux, paraît s'occuper davantage de la belle Margaretha. Le vieux père Steen, les bésicles sur le nez et la tête coiffée d'un bonnet fourré, a une physionomie des plus expressives. A gauche, en face du violoniste, se tient un autre couple de chanteurs. Un peu en arrière, un homme cherche à embrasser une jeune fille qui n'oppose qu'une faible résistance ; une vieille femme fait plus de façons : elle repousse énergiquement un compagnon qui la poursuit en riant. Par une porte du fond, arrivent en grande hâte un homme et une femme. Enfin, tout à fait au premier plan, le fils aîné de Steen, charmant garçon à l'air intelligent, fait part à un jeune chien des friandises qu'il a dans son chapeau. Un autre chien dort philosophiquement au milieu du vacarme. — Ce qui m'a le plus émerveillé dans ce désordre, c'est la symétrie savante avec laquelle les groupes sont balancés. Je conçois maintenant que Reynolds ait osé dire du style de Jan Steen « qu'il approche du dessin de Raphaël. » La vérité des attitudes, la fierté des tournures, le caractère décidé des têtes, tout dénote, en effet, un crayon ferme et souple. La peinture est d'un maître, aussi ; la couleur est solide et nourrie. Les détails ne perdent rien à être examinés de près : les plis et les cassures des étoffes, les objets inertes, dispersés çà et là (jarres, baquets, balais, cruches et menus meubles), sont indiqués avec une grande finesse de pinceau.

L'*Intérieur de famille* (n° 974) est la réduction d'une toile importante du musée de La Haye, gravée par Oortman et connue sous le titre de *Tableau de la vie humaine*. — Au milieu à peu près d'une vaste salle, — qui n'est autre sans doute que la taverne de maître Steen, — une femme assise se détourne en riant d'un barbon agenouillé à ses pieds et qui lui offre une huître. Cette femme doit être Margaretha, la maîtresse de la maison, qui, en tout bien tout honneur, se laissait volontiers courtiser par les habitués de son cabaret. Ses enfants sont auprès d'elle, l'un assis à terre et jouant avec un chat, — l'autre, une petite fille, tenant un caniche dans son tablier, — un troisième, l'aîné, apportant une corbeille pleine de gâteaux. A gauche, au premier plan, une jeune fille accroupie verse le contenu d'un petit flacon sur un plat d'huîtres. Derrière elle, le grand papa est assis, tenant sur ses genoux un poupon auquel il présente une poire ; un perroquet est perché au-dessus de ce groupe. Plus loin, près d'une fenêtre, un homme ouvre des huîtres. A droite, un peu en arrière, deux hommes et une femme sont assis à une table servie ; Jan Steen, jouant du luth, fait partie de ce trio joyeux : on le reconnaît facilement dans le tableau de La Haye, mais ici les personnages sont trop petits pour avoir une ressemblance quelconque. Des buveurs et des fumeurs sont attablés au fond de l'appartement. Smith intitule cette bruyante composition la *Fête aux huîtres;* mais les succulents coquillages ne composent pas tout le régal, car, au milieu d'un beau désordre de chaises et d'ustensiles divers, j'aperçois un gauffrier, des coquilles d'œufs et un pot à beurre : la gauffre est, comme on sait, une des friandises nationales des Hollandais. — Si cette peinture est l'image fidèle de la *Vie humaine*, les gens de plaisir trouveront que tout y est pour le mieux....; mais nous avons omis un détail qui jette un peu d'ombre sur cette félicité. Il n'est pas de tableau de Steen, tant badin soit-il, qui n'ait un petit coin réservé à l'enseignement moral. Ici, c'est toute une allégorie charmante de la brièveté de la vie ; au fond de la salle, un peu au-dessus de la fenêtre, un enfant, couché à plat-ventre dans une soupente, près d'une tête de mort, lance sur la compagnie des bulles de savon. — Ne connaissant le tableau de La Haye que par la description rapide qu'en a faite M. Bürger (I, p. 253), je ne puis dire si celui de Marseille s'en éloigne beaucoup ou s'il en est la répétition exacte. Celui-ci est signé sous la main de la jeune fille qui assaisonne les huîtres : il est peint dans des tons clairs et légers, mais la touche est un peu maigre : s'il est de la main même de Steen, — ce dont je doute un peu, — il doit avoir précédé le grand tableau, car, en admettant que le fécond artiste ait eu la patience de se répéter, nous devons croire qu'il ne s'y décidait jamais qu'en vue de faire mieux (1).

(1) « Steen ne s'est jamais copié, je crois, — a bien voulu nous écrire à ce propos M. W. Bürger, — mais il s'est répété souvent avec des variantes. Je me rappelle très-bien le *Tableau de la vie humaine*, de La Haye, et je crois être sûr que l'enfant près de la tête de mort n'y est pas. »

Jan Steen, que la rieuse Margaretha rendit plusieurs fois père, excellait à représenter les enfants ; mais je ne sache pas qu'il lui soit arrivé de peindre un intérieur aussi naïf, aussi paisible, aussi franchement rustique que celui inscrit au Catalogue, sous le n° 973. *La Ménagère*, jeune paysanne en corsage rouge, jupe bleue et tablier vert, délivre d'hôtes incommodes un bambin qui s'est abouché sur les genoux maternels, dans une attitude d'une vérité charmante ; un autre marmot, agitant un fouet, chevauche un bâton terminé en avant par un petit cheval de bois. Une fillette, juchée sur un baquet renversé, plonge la main dans une cage d'osier. Le père regarde du dehors par-dessus une porte coupée à hauteur d'appui. On aperçoit, dans le fond, devant l'âtre qui pétille, une casserole de terre et une poêle posée sur un trépied, et, çà et là, des coquilles d'œuf, des oignons, un couperet. Une grosse lanterne est suspendue au plafond. — Cette jolie composition rappelle bien moins Steen que Adriaan van Ostade ; la peinture est d'une excellente qualité ; les demi-teintes ont une clarté et une justesse remarquables.

L'*Homme d'affaires* (n° 976), personnage anguleux, vêtu d'une houppelande gris sale, coiffé d'un chapeau pointu, ayant un menton de galoche que rejoint un nez en bec de corbin, faisant sur ses doigts crochus je ne sais quel mauvais compte et cherchant à endoctriner une vieille commère qui l'écoute avec révérence, voilà un type qui a dû se rencontrer plus d'une fois sous le crayon sarcastique de Jan Steen. Ces deux figures sont placées à la porte d'une auberge dont l'enseigne se balance au-dessus d'une treille ; derrière l'homme d'affaires, un gamin espiègle brandit un bâton. Ce tableau diffère des précédents par une facture précieuse et léchée, par un coloris un peu froid : je crains bien que ce ne soit une copie ; à dire vrai, l'œuvre de Steen est bien mêlé : à côté de pages admirables, on cite des tableaux, non moins authentiques, d'une inconcevable médiocrité (1).

Il est peu probable que Jan Steen — qui cumulait la profession de peintre, le métier de tavernier et les habitudes d'un gai viveur, — ait trouvé le temps de former des élèves ; mais il a certainement influencé plusieurs artistes de son époque : c'est ainsi, à mon avis, que Renier Brakenburgh (vers 1649-1702) dut se modeler sur ses

---

(1) W. Bürger, *Musées de Hollande*, page 131. — Voir encore les pages remarquables que l'auteur de cet excellent ouvrage a consacrées à Jan Steen, I, 104-118 et 252-258 ; II, 107-120 et 262-267. On n'a rien écrit de plus judicieux, de mieux senti, sur le grand peintre de mœurs de la Hollande.

compositions, après avoir appris chez Ostade le maniement du pinceau (1). Cet artiste sur lequel on n'a presque pas de renseignements biographiques et dont le Louvre ne possède point de tableaux, — était représenté à Marseille par des œuvres de choix. La plus importante, — *Le Joueur de vielle*, — provenant du cabinet de Mme Blachet-Gassier (d'Aix), avait été inscrite au Catalogue sous le nom parfaitement inconnu de *Brakenling* !... Cette composition ne comprend pas moins de douze personnages. Assis près d'une table, sur le devant du tableau, le vieux ménétrier chante en s'accompagnant de son instrument. Appuyée sur le dos de sa chaise, une jeune fille l'écoute d'un air charmé. Une femme, assise en face de lui, donne à téter à un bambin debout sur une chaufferette. A côté d'elle, un homme coiffé d'un feutre gris, fume paisiblement sa pipe, et, un peu plus à gauche, un petit vieillard voûté puise dans son verre avec une cuiller. De l'autre côté de la table, un barbon, coiffé d'un bonnet fourré, fait chorus avec le joueur de vielle, en balançant d'une main un large verre ; — il ne se peut imaginer une figure plus expressive que celle de ce brailleur. Son voisin, occupé à bourrer sa pipe, a la mine fleurie et insouciante d'un buveur de profession. A gauche, près d'une fenêtre basse, un fumeur, tournant le dos à la compagnie et regardant la muraille, satisfait un besoin naturel. A droite, au premier plan, un jeune garçon assis à terre, auprès d'un tonneau, joue du flageolet et, tout à fait dans le fond, devant le foyer, deux amoureux se caressent, à demi cachés dans l'ombre d'un vaste paravent que décore une image coloriée et auquel est accroché un chapeau de paille. Une passoire de terre, un chaudron, une bouteille de grès à anses, des coquilles de moules, un balai, un soulier d'enfant et de menues hardes, — tous objets exécutés avec une perfection extraordinaire, — jonchent le sol. A gauche, derrière la chaise de la femme qui allaite, un chien est endormi. — Pour bien saisir tous les détails de ce morceau de maître, il serait nécessaire d'enlever l'épaisse couche de crasse qui recouvre la toile. La signature *R. Brakenburg* (sans l'*h* final) se lit très-distinctement sur le bas de la chaise du joueur de vielle et la date 1691 est inscrite sur le siége de l'homme au chapeau gris.

La vérité des poses et des gestes, l'expression comique des physionomies et l'habileté de la mise en scène placent cette compo-

(1) Certains biographes veulent que Brakenburgh ait reçu des leçons de Hendrik Mommers, élève de Berghem. C'est par erreur, que le catalogue marseillais lui donne le prénom de Richard.

sition à côté des meilleures pages de Jan Steen. Je retrouve encore l'esprit humoristique de ce maître dans un tableau de moindres dimensions, inscrit sous le n° 110 et appartenant à M. le baron de Samatan. Le sujet est de ceux qu'affectionnait particulièrement Steen. A deux pas d'une table qu'entourent de gais buveurs, un gros médecin tâte, d'un air goguenard, le pouls d'une jeune fille rose et joufflue : on devine, de reste, que le mal qui tourmente la belle, est de nature à se guérir avec quelques grains de *matrimonium*. A droite, un compère à la figure réjouie conte fleurette à une femme qui tient à la main un verre plein ; une fillette, de quatre à cinq ans, partage innocemment la gaîté de ce couple. Un coquemard, un pot de grès, des pipes cassées sont à terre. On distingue, dans le fond, un buffet ouvert, un portrait accroché au-dessus de la cheminée et un grand tableau représentant une *Adoration du Christ*. — Nous avons relevé dans un coin la signature *Brakenb...*, à demi effacée.

Le n° 111, — provenant de la même galerie et ayant les mêmes dimensions que le précédent, dont il se rapproche beaucoup, du reste, par les qualités de l'exécution, la beauté du clair-obscur et l'accent spirituel de la touche, — est une *Bambochade* : ici, Brakenburgh est plus près d'Adriaan van Ostade, son maître, et de Brauwer, que de Steen. Les personnages font cercle autour d'une barrique qui leur sert de table, et écoutent un homme qui braille en râclant du violon. A côté de celui-ci, est placée une petite fille à la physionomie bien naïve, et, un peu en arrière, dans la pénombre, une bonne vieille et un jeune gars sont assis. A droite du ménétrier, un gaillard à rouge trogne caresse une donzelle. A gauche, une femme assise lève son verre comme pour porter une santé, et une autre, debout, se tourne du côté du spectateur. D'autres figures s'agitent dans les demi-teintes du fond. Des débris de pipes, des brocs vides, un balai et un plat à feu occupent le premier plan. Un jambon est accroché au plancher et des images sont collées sur la muraille. — Signé *R. Brakenb...*

L'*Intérieur*, appartenant à M. Perret, tient le milieu, pour la dimension, entre les deux petites bambochades de M. de Samatan et le *Joueur de vielle*; il ne ressemble à aucun de ces trois ouvrages pour l'exécution : le coloris est plus vigoureux de ton, la touche plus accentuée ; mais le sujet rentre bien dans le genre que Renier Brakenburgh imita de Jan Steen. Deux personnages vêtus de noir jouent aux cartes ; un troisième les regarde en fumant sa pipe. Le joueur de droite, en costume de médecin de l'époque et en grande perruque blonde à la Louis XIV, tient à la main une carte, une dame. Derrière celui-ci, un vieillard, coiffé d'un grand bonnet fourré, examine une sorte de nain bancroche qui porte devant lui un étalage de marchand ambulant. A gauche, deux femmes, — le corsage dégrafé, les pieds chaussés de babouches, — causent, le verre à la main. Au fond sont placés d'autres personnages, près d'un lit à baldaquin vert. Un tableau est accroché à la muraille; deux grands plats sont posés sur un dressoir. A terre, au premier plan, une pipe et l'as de pique. Il y a beaucoup de mouvement dans cette composition. Le panneau est signé d'un monogramme qui ne me paraît pas se rapporter à R. Brakenburg; il se compose, je crois, d'un *L* ou d'un *J* et d'un *B* entrelacés (1).

Smith range, parmi les sectateurs de Steen, Jan Miense Molenaer, artiste dont la biographie est encore à faire et dont les ouvrages sont très-peu répandus; M. Bürger le rattache au groupe inspiré par Brauwer et les Van Ostade. Un petit tableau de l'Exposition marseillaise, le *Pédicure* (2), — plaisamment attribué par le Catalogue à Arthur *Flamand*, peintre français du temps de Henri IV, — porte la signature *Molenaer*, et rappelle beaucoup plus la manière de Brauwer que celle de Steen. Le sujet est toutefois assez bien dans les données habituelles de ce dernier. Un homme en toque rouge et en veste grise, le *Pédicure*, assis sur un escabeau, tient sur ses genoux le pied d'un client qui crie comme un damné Derrière celui-ci, une femme se lamente et s'essuie les yeux avec la main.

Jan Verkolie (1650-1693), que l'on donne pour élève à Jan Lievens (3), et qui a joui, en son temps, d'une grande réputation, ne

(1) Ce monogramme m'a fait penser, tout d'abord, à Louis Boursse, sectateur de Pieter de Hooch, dont le nom est à peine connu en France, mais dont on possède en Hollande quelques œuvres excellentes. Je n'ai rien vu de cet artiste, mais ce que les critiques accrédités disent de sa manière se rapporte assez bien au tableau qui nous occupe. M. W. Bürger, auquel nous avons soumis une description de cette peinture et un *fac-simile* du monogramme, pense que le sujet peut aller à L. Boursse, à Job (ou Hiob) Berckheyden, à Jan de Baan, peut-être encore mieux.

(2) Bois. Appartenant à M. Mathieu, receveur municipal à Aix. — Au-dessous de la signature *Molenaer* se trouve le mot *Mosch*, qui, en hollandais, veut dire *moineau*, mais dont je ne m'explique pas la présence ici.

(3) Si Verkolie, né en 1650, fut véritablement l'élève de Jan Lievens, ce dernier, — sectateur de Rembrandt, — ne serait donc pas mort en 1663, comme l'ont prétendu quelques-uns de ses biographes. M. Villot dit que Gerard van Zeyl fut le premier modèle que se proposa Verkolie.

fut, suivant M. Ch. Blanc, l'un de ses biographes, qu'un copiste habile, dénué de toute imagination. Il pasticha apparemment les maîtres les plus divers, car je le trouve s'inspirant à la fois de Steen et de Metsu, dans une *Bacchanale* exposée par M. Maurel. — Autour d'une table chargée de mets et dressée dans un parc, huit joyeux convives sont groupés. Sur le devant, un jeune homme en haut de chausses et en veste rouges, assis sur les genoux de sa maîtresse, lève son verre plein. Plus loin, un militaire, casqué et cuirassé, baise le bras d'une femme qui est fort empêchée, d'un autre côté, à repousser les caresses d'un vieux barbon. Trois autres personnages, dont un fumeur et un homme coiffé d'une toque à plume, complètent la compagnie. A quelques pas, un couple amoureux se promène aux pieds d'une haute terrasse, sur laquelle sont placées quelques figurines. Au premier plan, une petite fille et un petit garçon jouent avec un chien ; à gauche, une épée, une bouteille garnie d'osier, une aiguière, un seau à rafraîchir sont à terre. Tous ces détails sont minutieusement peints ; les costumes, d'une grande élégance, ont des nuances vives et délicates, mais la couleur manque de solidité. — Signé VK, 1690.

Jan Verkolie eut pour imitateur son fils Nicolaas (1673-1746), qui lui fut très-inférieur.

V

Jan Wynants. — P. Wouwerman. — Adriaan van de Velde. — Van der Heyden. — Van Goyen. — Ruysdael. — Decker. — Van Asch. — Hobbema. — Naiwjnx.

Ce sera l'éternelle gloire de l'école hollandaise que d'avoir affranchi la peinture de paysage des règles et des conventions classiques, que de s'être tournée vers la nature, d'en avoir étudié amoureusement et reproduit avec naïveté les détails les plus simples, les effets les plus intimes. On fait honneur à Jan Wynants, de Haarlem (vers 1600 — après 1677), d'avoir donné le signal de cette réforme : cet artiste célèbre, dont la biographie est fort obscure (1), et dont on ne connaît pas même le maître, fut un des premiers, en effet, à peindre les aspects mélancoliques de la terre natale, les plages sablonneuses,

(1) La plupart des historiens le font mourir en 1670 ; mais il existe au musée de La Haye un tableau de lui, parfaitement authentique, daté de 1675 et l'on sait, d'autre part, qu'il se fit inscrire en 1677, dans la gilde des peintres de Haarlem.

les landes solitaires et les maigres broussailles, les modestes chaumines situées au bord de l'eau ou sur la lisère des bois. Le Catalogue a enregistré sous son nom deux tableautins apocryphes et complètement insignifiants.

Nous sommes plus heureux avec Philips Wouwerman (1620-1668), l'élève et le collaborateur de Jan Wynants ; des six tableaux qui lui ont été attribués, deux sont très-authentiques et très-intéressants, malgré leurs petites dimensions; un troisième, *le Marché aux chevaux,* (à M. Gower) est, sinon un morceau original, du moins une excellente copie. — Parlons d'abord de ce dernier qui, je crois, est la reproduction exacte d'un chef-d'œuvre de la *National Gallery*. Le marché se tient dans une vaste plaine, dont le lointain, parsemé de hameaux, est estompé par les vapeurs laiteuses d'une matinée de printemps. A droite, au premier plan, un palefrenier essaie un cheval blanc qui, sous le coup de fouet d'un maquignon, se dresse sur ses jarrets de derrière; ce groupe attire particulièrement l'attention des acheteurs et des curieux. Un peu plus sur la droite, un cheval que tente vainement de retenir celui qui le monte, mord sur le dos un cheval de labour. A gauche, deux chevaux gris de fer ruent et font fuir des enfants. Au milieu, enfin, un officier fait caracoler un cheval noir, et, plus en avant, une jument et son poulain sont attachés à un piquet. Je me borne à indiquer les groupes les plus saillants. Gens et bêtes ont d'excellentes tournures ; les détails ont beaucoup de finesse, sans accuser pourtant la touche adroite et spirituelle de Wouwerman; le dessin est élégant et correct, mais la couleur manque de solidité. J'avais cru d'abord à une répétition ; je suis bien forcé de m'avouer que ce n'est qu'une copie.

Il n'y a pas le moindre doute à émettre au sujet de *la Halte de chasse*, appartenant à M. Bourguignon de Fabregoule : la puissance de l'exécution décèle suffisamment le maître; la signature PS. W. est un renseignement superflu. Le sujet est un de ceux que Wouwerman a répétés le plus souvent : dans le fond, un chasseur abat un oiseau d'un coup de fusil; au second plan, un cavalier monté sur un cheval brun et portant un épervier sur le poing, vient droit au spectateur. Au premier plan, un jeune seigneur qui a mis pied à terre et qui tient par la bride un magnifique cheval gris pommelé, fait l'aumône à une pauvresse. A gauche, des femmes et des enfants sont assis sur le bord du chemin. Le ciel, d'un bleu tendre, marbré de nuages gris, est charmant.

Le *Paysage avec figures* (à M. de Millaudon) me plaît surtout par la qualité exquise de la couleur : le ton général, d'un gris perle, a une finesse et une légèreté ravissantes. La composition reproduit un site bien hollandais : des collines sablonneuses, que tapissent quelques lambeaux de gazon et où croissent des arbres rabougris. Une petite rivière, claire, paisible, moirée çà et là de reflets lumineux, vient du fond et passe au premier plan, sous un pont de planches. Des baigneurs prennent leurs ébats dans l'eau ; un paysan fait boire son cheval ; un homme passe le pont ; à droite, au pied d'un talus habilement éclairé, une femme et des enfants se reposent. D'autres figures se meuvent dans un vague lointain.

Adriaan van de Velde (1639-1672), fils, frère et neveu d'artistes distingués, devint après son ami Wouwerman, plus âgé que lui de près de 20 ans, le collaborateur favori du vieux Wynants ; il avait appris de ce dernier à peindre le paysage, mais ce fut Wouwerman lui-même qui lui enseigna à faire les figures. Il dut à sa propre nature, délicate et rêveuse, un sentiment exquis de la poésie champêtre : il a peint de délicieuses pastorales où il atteint à la correction de Paul Potter dans le dessin des animaux, à la simplicité naïve de Wynants dans l'interprétation de la nature. Il lui est arrivé parfois de viser au style, de placer des ruines dans ses paysages, à la façon de Berghem, mais alors même il reste hollandais et garde toute sa délicatesse et toute sa grâce. Le *Paysage avec figures* (n° 1062 à M. Gower) est, en ce genre, un pastiche médiocre. En revanche, le n° 1061 (au même) est un morceau authentique, un véritable bijou. — Au premier plan, une vache rouge, modelée avec une perfection inouïe, est arrêtée au milieu d'un gué et s'y désaltère, en compagnie d'un chien. D'autres animaux, des vaches, des chèvres, des moutons, sont dispersés çà et là sur la rive. Le côté gauche est en grande partie noyé dans l'ombre transparente que projette un coteau boisé ; à droite la vue s'étend sur un vert pâturage. Une jeune bergère, en jupon bleu et en corsage blanc, est assise au bord de l'eau et se lave les pieds. Son attitude est des plus gracieuses. Un rayon de soleil fait étinceler sa gorge demi-nue. Il fait si chaud qu'il est bien permis de se décolleter un peu ; et puis, qui viendra troubler la solitude de ce champêtre asile ? — Au charme de la composition se joignent tous les agréments d'une exécution supérieure : la limpidité harmonieuse du coloris, la beauté du clair-obscur, la finesse de la touche.

Bien qu'il soit mort très-jeune (il avait à peine 33 ans), et qu'il ait adopté la pratique minutieuse de son maître Wynants, Adriaan van de Velde a laissé un assez grand nombre de chefs-d'œuvre, et il a trouvé le temps de placer des figures dans les tableaux de plusieurs de ses contemporains, entre autres de Van der Heyden, de Ruysdael, de Hobbema, de Moucheron, de Jan Hackaert, de Van der Hagen, d'Abraham Verboom, etc. (1) — J'ai nommé Jan van der Heyden (1637-1712) le premier, parce qu'après Wynants il profita plus que tout autre de la collaboration d'Adriaan. Il eut un talent particulier pour peindre l'architecture, les extérieurs d'églises et de châteaux et les vues de villes.

Il faudrait n'avoir jamais rien vu de ce maître pour admettre l'authenticité de la *Vue d'un parc* (à M. Gower), tableau qui lui est attribué et qui porte sa signature en toutes lettres. Ce n'est qu'un médiocre pastiche qui pourrait servir de pendant à certain *Paysage* (n° 324) — dont le Catalogue donne les figures à Van de Velde, tout en l'enregistrant sous le nom de Jacques van Eynden, de Nimègues, mort en 1824 (!!!).

Au même Van Eynden, on a encore attribué un petit panneau (n° 325, à M. Maurel) qui rentre tout à fait dans la manière de Van der Heyden et qui rappelle assez bien l'un de ses tableaux du Louvre (n° 204). — A gauche, une carriole, occupée par trois personnes et traînée par deux chevaux, suit un chemin que borde une rivière et sur lequel se projette l'ombre transparente d'une chapelle au clocher pointu et couvert d'ardoises. Plus loin, près d'une église, se trouvent d'autres figurines, finement touchées, entre autres, un paysan conduisant deux bœufs. De jolis petits arbres s'élèvent çà et là sur le quai. Le ciel, d'un bleu tendre, se réfléchit dans l'eau de la rivière : une embarcation est amarrée au rivage, une autre vient du fond. — Malgré la préciosité des détails, cette peinture a une harmonie suave et un moelleux exquis. La légèreté des demi-teintes est pour beaucoup dans la douceur de l'effet. En un mot, rien ne s'oppose à ce que nous voyions là une œuvre née de la collaboration de Van der Heyden et d'Adriaan.

Un oncle de ce dernier, Esaïas van de Velde (1597-1648), — que M. Bürger croit élève de F. Hals « dont il a la hardiesse et la facilité de touche, la tournure cavalière, même les tons de couleur jaune-verdâtre », — fut le contemporain de Wynants et son émule dans la peinture des sites hollandais ; mais il excella surtout à représenter des combats de cavalerie, des incendies, des paysages d'hiver, avec une multitude de figurines. M. Villot dit qu'il donna

---

(1) Il est vrai qu'il débutait à l'âge de 14 ans par des eaux-fortes dignes d'un maître, et on connaît d'excellents tableaux qu'il fit à 16 ans.

des leçons à Jan van Goyen (1496-1666) (1), lequel engendra, à son tour, une longue et glorieuse lignée de paysagistes. N'ayant jamais rien vu d'Esaïas van de Velde, — dont on cite à peine cinq à six tableaux dans tous les musées d'Europe, — je n'ai pu apprécier jusqu'à quel point Van Goyen a subi l'influence de ce maître ; il paraît certain, d'ailleurs, que leurs rapports ne durent guère précéder l'année 1620, car c'est à dater de cette époque seulement que leurs œuvres offrent entre elles des analogies (2). Si donc il est permis d'admettre comme authentique la signature : VG 1615, que porte le petit panneau exposé par M. Dauphin, sous le nom de Jan van Goyen, nous aurons l'avantage de constater, d'après cette peinture, les qualités de l'auteur dans sa première manière. Or, c'est déjà cette simplicité d'effet, cette harmonie de tons gris, verts et dorés, qu'on trouve dans les œuvres de sa meilleure époque ; toutefois, la facture est un peu maigre et un peu sèche; on sent encore l'indécision et les tâtonnements de l'élève, mais on prévoit le maître à venir.— Une rivière sur laquelle se balancent quelques voiles, une cabane de bûcheron et de petits personnages assez mal tournés, à gauche, sur la rive ombragée ; un joli ciel gris avec de grands vols d'oiseaux : voilà toute la composition.

De l'atelier de Van Goyen sortirent Herman Saftleven, cité plus haut, et Salomon van Ruysdael (vers 1610-1670) qui suivirent des routes opposées et furent les générateurs de deux groupes bien distincts de paysagistes.

Saftleven n'hérita ni du sentiment naïf, ni de la noble simplicité de son maître, mais il se distingua par la finesse de sa touche : il se fixa à Utrecht et fit une grande quantité de vues des bords du Rhin. Son meilleur disciple (3) fut Jan Griffier (1645 ou 1656 - 1718

(1) C'est à tort que la plupart des catalogues — à commencer par celui du Louvre, — font mourir Van Goyen en 1656. Van Eynden cite une *Vue d'hiver* qu'il fit en collaboration avec Jan Steen, son gendre, — peinture signée de leurs deux noms et datée de 1664.

(2) Il serait très-possible, selon M. Bürger, qu'Esaïas et Van Goyen aient été seulement compagnons, — « comme Adriaan van Ostade avec Brouwer. » II, p. 207.

(3) M. Villot, dans sa biographie de Jan Griffier, ne dit pas un mot des leçons que cet artiste reçut de H. Saftleven ; il lui donne pour maître Roelandt Rogman et ajoute qu'il imita successivement Rembrandt, Poelemburg, Ruysdael et Teniers. — Plus loin, il cite Robert Griffier (1688-1750), fils de Jan, comme un imitateur de son père et de H. Saftleven. Enfin, dans les lignes très-courtes consacrées à ce dernier, il est dit que Jan Griffier fut son élève. — Les plus érudits, comme on voit, sont sujets à des inexactitudes.

ou 1724), que le catalogue marseillais appelle Jan Griff et cite bien à tort comme étant l'auteur d'un excellent petit panneau *(Chien et gibier)*, dont la paternité revient au flamand Anton Gryef (1), sectateur de Snyders.

Il y a tout lieu de croire que Salomon van Ruysdael, qui passe généralement pour avoir imité son frère Jacob, plus jeune que lui de 20 ans, dut au contraire l'initier à l'art de peindre et lui transmettre les leçons de Van Goyen. Ce qu'il y a de bien certain, c'est qu'il était déjà un grand peintre, alors que son frère n'était qu'un enfant (2).

Au reste, l'illustre Jacob van Ruysdael (vers 1630-1681), le prince des paysagistes hollandais, paraît avoir subi dans sa jeunesse des influences fort diverses. Plusieurs biographes, M. Villot entre autres, pensent que Berghem pourrait bien lui avoir donné des conseils. D'un autre côté, les ouvrages de sa première manière reflètent assez bien le style du vieux Wynants, chez lequel il doit avoir étudié, selon M. Bürger, en même temps que Jan Wouwerman (1629-1666), — le frère de Philips, — à qui il ressemble un peu par la fermeté de la touche et l'énergie de la couleur. Ce fut encore, dans ses commencements, qu'il prit pour modèle son ami Allart van Everdingen (1621-1675), l'habile faiseur de cascades. Un peu plus tard enfin, dit M. Bürger (II. 299), « il s'est tour« menté du prodigieux artiste d'Amsterdam (Rembrandt) et a suivi « ses traces, presque dans le même sentiment que Philip Ko« ninck. »

Treize tableaux ont été enregistrés dans le catalogue de l'Exposition marseillaise sous le nom de Ruysdael ; — dans ce nombre, il s'en trouve un parfaitement authentique, et deux ou trois douteux ; les autres, œuvres de mérite pour la plupart, feraient

---

(1) On ne sait rien de la vie de cet artiste, si ce n'est qu'il florissait vers le milieu du XVIIe siècle. On trouve son nom écrit : *Gryef*, *Grief*, *Grif*, voire *Grifir*, d'après M. Villot. — Le panneau de l'Exposition marseillaise, appartenant à M. de Surian, est peint avec une finesse extraordinaire et une grande vérité. Le chien, flairant du gibier mort, a une robe magnifique, blanche et noire.

(2) M. W. Bürger, qui cite « un grand et superbe paysage » de Salomon, avec la signature en toutes lettres et la date 1642 (app. au Musée de Berlin), — est le premier critique qui ait rétabli la véritable filiation des paysagistes de ce groupe. « Tout prouve, dit-il (II, 301), que c'est Salomon qui a formé son frère. Il est l'intermédiaire entre le précurseur Van Goyen et le glorieux réalisateur Jacob. Que Jacob ait ensuite réagi sur le talent de Salomon et même sur le talent de Van Goyen, c'est incontestable. »

honneur à un artiste de troisième ordre, mais ne sauraient être acceptées comme étant du maître par excellence.

Le tableau authentique est un *Paysage* (toile), appartenant à M. Bec. Ruysdael est tout entier dans cette page d'une simplicité grandiose, d'une réalité saisissante, d'une puissance d'exécution incomparable. Le sujet est un de ceux qu'il affectionnait le plus. Tout le premier plan est occupé par une mare, entourée de grands arbres qui se mirent dans l'eau transparente. Des nénuphars s'épanouissent, çà et là, à la surface; des joncs et d'autres plantes aquatiques croissent sur les bords. Au milieu même de la mare se dresse le squelette d'un chêne séculaire, — géant à la cime chenue, au tronc caverneux et fracassé par la foudre. Cet arbre magnifique, peint à pleine pâte dans des tons superbes, ce roi de la forêt que la vieillesse et la tempête ont découronné, attire tout d'abord les regards et inspire une vague mélancolie. On se croit transporté dans la plus inaccessible des solitudes, et l'on se prend à rêver. Ce n'est qu'à force de regarder qu'on s'aperçoit de la présence de deux pêcheurs à la ligne et de quelques canards : Ruysdael aimait ces détails naïfs et ne les sacrifiait jamais à la grandeur poétique de l'ensemble. Il atteignait le plus souvent à l'unité de l'effet et accroissait, sans s'en douter, l'impression de tristesse de ses paysages, en les enveloppant d'une lumière grise des plus harmonieuses. Ici, bien que le ciel soit couvert de gros nuages, le jour est vif, éclatant. De gais rayons de soleil traversent, à droite, un massif d'arbres et viennent s'accrocher aux rugosités du grand chêne. Au fond, les ombrages s'écartent et laissent la vue s'étendre sur un pâturage boisé que ferme, à l'horizon, une ligne de collines bleuâtres. — Le monogramme *R* pourrait bien avoir été mis après coup; il s'éloigne de la forme ordinaire.

Le *Paysage* (n° 927), appartenant à M. de Samatan, n'a ni la même vigueur de ton, ni le même caractère; à dire vrai, il est beaucoup moins fait, bien qu'il ait de plus grandes dimensions. A droite, une flaque d'eau où barbottent des canards, s'étend au pied d'un talus couvert de jolis arbrisseaux. A gauche, s'ouvre une ruelle montante, bordée d'arbres et de chaumières qui projettent sur le sol des ombres légères et transparentes; le clocher d'une église rustique domine le côteau. Le ciel est d'un gris très-harmonieux.

Les deux *Cascades*, — inscrites sous les n°^{os} 926 (à M. Gower) et 930 (à M. Dufour) (1), — reproduisent, à quelques détails près, le même

(1) La *Cascade*, de M. Dufour, moins grande que celle de M. Gower, mais de meilleure qualité, est signée d'un J et d'un R entrelacés.

site : un torrent bondissant et écumant à travers des rochers bruns, et entraînant dans sa chute des troncs coupés et des branches de bouleau ; d'un côté, une falaise couverte de sapins, de l'autre, un rivage plat avec des arbres, une chaumière et quelques figurines. C'est la nature sauvage et bouleversée de la Scandinavie qu'Allart van Everdingen peignit *de visu* et dont Ruysdael fut engoué quelque temps, pour l'avoir admirée dans les tableaux de son ami ; la *cascade* devint pour lui un véritable poncif d'après lequel il a fait bon nombre de tableaux, que certains amateurs tiennent en grande estime, mais qui sont bien loin de valoir, à mon avis, ses vues du pays natal, à la fois si poétiques et si vraies, ses lisières de forêt, ses mares, ses champs de blé, ses halliers et ses rustiques maisonnettes au bord de l'eau, ses marines et ses plages mélancoliques.

A propos de marines, je ne puis moins faire de mentionner, comme une excellente étude, le petit panneau (n° 932) exposé par M. Dufour : deux ou trois bateaux pêcheurs ballottés par une mer houleuse et blanchissante, sous un ciel verdâtre où fuient de grands nuages fouettés par le vent. C'est bien certainement un morceau de maître, mais a-t-on raison de nommer Ruysdael ?...

Le numéro 925 (*Intérieur d'une forêt de sapins*) est médiocre ; le numéro 928 (*Bords de rivière*) vaut moins encore. Le numéro 922 (*Bœufs à l'abreuvoir*, à madame du Muy) mériterait de fixer notre attention s'il avait moins souffert des injures du temps. — Il y a de très-bonnes parties dans la *Vue de pays plat* (numéro 924, à M. Gower) ; le ciel, couvert de grands nuages qui tamisent la lumière, est traité magistralement. Le paysage, éclairé par un demi-crépuscule, a une couleur olivâtre. Au premier plan, deux chasseurs se reposent, assis sur l'herbe, et une paysanne chasse un âne devant elle. Au fond, une ville dominée par quelques clochers pointus.

Je serais assez porté à donner à Coenraet Dekker ou Decker, qui florissait vers le milieu du dix-septième siècle (1) et qui fut un des plus habiles imitateurs de Ruysdael, — le numéro 923 (à M. Gower) représentant une chaumière au milieu d'un paysage très-boisé. La couleur est belle, mais certaines parties sont devenues très-sombres. Il y a, au premier plan, un magnifique tronc d'arbre, tout revêtu de

---

(1) La biographie de cet artiste est des plus embrouillées. S'il est vrai qu'il ait vécu vers le milieu du XVIIe siècle, comment admettre que les figures de l'un de ses paysages du Louvre (numéro 114) aient été peintes par Honoré Fragonard ? Avis à M. Villot pour la prochaine édition de son Catalogue.

mousses et de lichens. Dans un coin à gauche, on finit par distinguer de l'eau et un pêcheur à la ligne. Près de la chaumière, un enfant donne à manger à des poules.

Frans Decker (1684-1751), peintre d'intérieurs, a été désigné par erreur dans le Catalogue, comme étant l'auteur de deux petits paysages ; il ne pouvait être question que de son homonyme Coenraet. L'un de ces paysages (numéro 243, à M. Gower) est signé *Decker* 1655 ; il représente une chaumière au bord d'une petite rivière sur laquelle est jeté un pont. Une femme vient puiser de l'eau ; un enfant pêche à la ligne ; un chasseur s'éloigne avec son chien. Deux autres personnages, accoudés sur le parapet du pont, regardent passer l'eau qui réfléchit bien la verdure de ses bords. Les arbres sont peints à la manière de Van Goyen : de petites touches vertes sur un frottis roussâtre. Les ombres sont claires, limpides, et le dessous du pont est très-joliment éclairé. Mais comme nous sommes loin de la puissance et de la poésie ruysdaelesques !

Le n° 242 (à M. Dufour) a bien l'air d'être de la même main que le précédent; c'est le même style minutieux et un peu bourgeois; le sujet est dans les données habituelles : une chaumière entourée d'une palissade et abritée sous de grands arbres. Des personnages, assez mal touchés, causent à la porte. Au fond, un clocher de village et des chaumières.—Signé sur la palissade à droite : *Molenaer*, avec le monogramme du prénom assez difficile à déchiffrer. Ce tableau serait-il de Nicolaas Molenaer, dont M. Bürger cite, au musée de Rotterdam, « une *Blanchisserie*, près d'un hameau, peinture solide, *qui rappelle Dekker ?* »

Quoique beaucoup plus âgé que Ruysdael, Pieter-Jansz van Asch (1603—...) aurait, dit-on, subi l'influence de ce maître. Son petit paysage (1) de l'Exposition marseillaise, a beaucoup d'analogie avec les Van Goyen. Il représente un étang dont l'eau réfléchit le ciel. Des bateaux plats sont amarrés au rivage; l'un d'eux est occupé par quelques figurines. De grands arbres et quelques chaumières s'élèvent sur la rive, au premier plan. — Signé *P. A.*, sur le bord d'un bateau, la barre transversale de l'*A* formant un *v* (*van*).

Quelle singulière destinée que celle de la plupart des grands peintres de la Hollande! Leurs œuvres excitent notre enthousiasme et c'est à peine si leurs noms sont exactement connus de nous. Que sait-on de la vie de Van der Helst, de Frans Hals, de Brauwer, de

(1) A. M. Kaercher.

Jan Victoor, du Delftsche van der Meer, de Metsu, de Pieter de Hooch, de Wynants, de Ruysdael et de tant d'autres artistes de génie?... La critique, au xix° siècle, éminemment curieuse et avide de détails biographiques, ne pouvait moins faire que de s'attacher à éclaircir les points obscurs qui abondent dans l'histoire de cette grande école. En Allemagne, en Angleterre, en Belgique, en Hollande, les savants ont mis la main à l'œuvre, et de précieuses trouvailles viennent, à chaque instant, couronner leurs recherches. En France, le zèle est moins vif; on s'en tient, nous écrivait dernièrement M. W. Bürger, au vieux misérable livre de Descamps. Nos érudits commencent pourtant à s'éveiller: M. Bürger, le premier, le plus infatigable de tous, a déjà débrouillé pour sa part une foule de contradictions et d'erreurs, et restitué la biographie de plusieurs maîtres éminents. Nous avons eu occasion de dire ce qu'il a fait pour Van der Meer et Jan Victoor, les deux sphinx qui l'ont le plus tourmenté; — c'est encore à lui que nous devons la publication du seul document authentique qui puisse nous renseigner sur la vie de Hobbema (1). Il s'agit d'un acte trouvé dans les registres de mariage de l'église réformée, à Amsterdam, acte portant que « le 2 octobre 1668, Meyndert Hobbema, d'Amsterdam, peintre, âgé de trente ans, assisté de Jacob Ruysdael, s'est marié avec Eeltje Vinck, de Gorcum, âgée de trente-quatre ans, assistée de Cornelis Vinck, son frère. »

Ainsi, il est bien établi que Hobbema, auquel les biographes assignaient pour lieu de naissance, les uns Anvers, les autres Haarlem, d'autres Coenverden (dans la Gueldre), — est né à Amsterdam, en 1638, et qu'il a eu pour ami Jacob van Ruysdael. Certains historiens veulent que Salomon lui ait donné les premières leçons; ce fait est possible, mais n'a jamais été prouvé. Peut-être finira-t-on par découvrir qu'il n'eut pas d'autre maître que Jacob : cela seul, en effet, pourrait nous expliquer la prodigieuse ressemblance de ces deux grands artistes, ressemblance qui a trompé pendant longtemps et qui trompe encore les plus fins connaisseurs. On sait qu'au xvii° et au xviii° siècles, Hobbema avait si peu de notoriété (2), qu'on vendait ses tableaux pour des Ruysdael, en se bor-

---

(1) C'est un hollandais, M. Rammelman-Elsevier qui a découvert cette pièce; M. Bürger l'a traduite en français et publiée dans le journal *le Temps*.

(2) M. Villot a constaté que le nom de Hobbema n'est pas même prononcé dans les 220 Catalogues des principales ventes faites en Hollande, de 1684 à 1738, publiés par G. Hoet. — Cela paraît d'autant plus singulier que ce maître eut pour collaborateurs les *figuristes* les plus réputés de son temps : A. van de Velde, Lingelbach, Ph. Wouwerman, etc.

nant à une substitution préalable de signature. Aujourd'hui qu'il occupe la place qui lui est due, à la tête des illustrations de l'école hollandaise, ses œuvres jouissent d'une vogue particulière et atteignent des prix énormes dans les ventes publiques. Aussi, arrive-t-il fréquemment, par un singulier retour des choses, que l'on dépouille Ruysdael pour enrichir Meyndert (1).

On conçoit que, simple amateur et critique obscur, nous n'ayons pas la prétention d'indiquer le moyen de reconnaître ces supercheries. La seule différence qu'il nous soit permis de signaler entre les deux illustres paysagistes, consiste dans le choix du ton dominant. Ruysdael est généralement brun, Hobbema est tantôt roux, tantôt olivâtre ; celui-ci est plus vigoureusement empâté, plus vif surtout dans les lumières ; celui-là possède une harmonie plus simple, plus austère. Du reste, même sentiment de la nature, même amour de la réalité, même caractère poétique — avec un grain de bonhomie rustique en plus, peut-être, chez Hobbema (2).

Des quatre prétendus Hobbema de l'Exposition, nous citerons du moins comme une œuvre excellente, participant à la fois de la manière des deux maîtres, — le n° 475 (à M. Gower), panneau d'assez grandes dimensions. Au premier plan, puissamment peint dans l'ombre, s'étale une flaque d'eau au milieu de broussailles. A droite, une chaumière sous de grands arbres. La lumière commence à un sentier qui s'enfonce, à droite, dans une forêt, et par lequel arrive, du côté gauche, un cavalier suivi d'un chien. De ce côté, on découvre un lointain parsemé de bouquets de verdure et de maisonnettes. Le ciel, couvert de nuages, est très-beau.

Le n° 474 (même collection) nous offre un dessous de pont charmant, des eaux d'une limpidité délicieuse, un joli pavillon en briques rouges et, pour fond, une saulaie peinte dans des tons d'un vert bleuté excessivement justes : l'imitation de Hobbema est flagrante, mais sa signature, mise au bas du tableau par un faussaire, n'en imposera à personne (3).

(1) Pourquoi n'avouerais-je pas tout bas que le nom de Hobbema me revient sans cesse à l'esprit à propos dn tableau de M. Bec, — *le Chêne*, — que j'ai cru devoir laisser à Ruysdael, parce qu'il est digne de ce maître et qu'il lui a été attribué par la plupart de ceux qui l'ont vu ?

(2) Les ouvrages de ce dernier ne sont pas tout à fait aussi rares qu'on pourrait le croire : Smith en a catalogué 127, il y a environ vingt-cinq ans. M. Bürger estime que, sur ce nombre, l'Angleterre en a plus de la moitié.

(3) Le n° 474 était encore porté par un petit tableau, signé *M. Hob...*, qui nous a frappé par son analogie avec les Dekker. Au premier plan,

Hobbema a eu, comme Ruysdael, de nombreux sectateurs ; on cite parmi les plus habiles Jan van Kessel, J. Rombouts, Naiwjnx. Ce dernier, sur lequel nous n'avons aucun renseignement biographique et dont les productions sont extrêmement rares, était représenté à l'Exposition par un petit paysage, — signé en toutes lettres, — d'une couleur grasse et lumineuse (1). Une rivière coule au fond d'un vallon qui coupe diagonalement le tableau. A gauche, au premier plan, s'élève un bel arbre sous lequel des voyageurs sont arrêtés. Dans le fond, un grand rocher, affectant la silhouette d'un sphinx, se découpe sur un ciel tout marbré de nuages floconneux.

VI

Les Cuyp. — Nicolaas Molenaer. — Aart van der Neer. — E. van der Poel.

Un des plus admirables paysagistes de la Hollande, Aalbert Cuyp (1605, — après 1672), poète exquis et praticien consommé, a eu quelque chose de la destinée d'Hobbema : jusqu'au milieu du XVIIIᵉ siècle, ses œuvres ont été classées et vendues au-dessous de celles des artistes secondaires. « Ses compositions, dit M. Villot, paraissaient trop simples et l'on ne trouvait pas ses tableaux assez finis. » Je serais plutôt disposé à croire que cette défaveur dut tenir à ce que ses productions capitales avaient été accaparées, de son vivant même, et enfouies dans les galeries des particuliers : en effet, son génie a été proclamé et sa réputation n'a fait que grandir du jour (1750) où l'on mit en vente la collection de M. van der Linden van Slingelandt, amateur de Dordrecht, qui détenait un assez grand nombre de chefs-d'œuvre de ce maître.

Aujourd'hui encore, il serait téméraire de vouloir juger Aalbert Cuyp sur les quelques tableaux que l'on conserve de lui dans son propre pays ; le Louvre qui renferme six ouvrages de sa main — et, dans ce nombre, un magnifique paysage, — ne donnerait pas non plus une idée complète de son merveilleux talent ; c'est en Angleterre qu'il faut aller l'apprécier, dans les musées royaux et dans les

---

une mare très-transparente ; à gauche, un lointain fin et vaporeux ; à droite, un chemin montant bordé d'arbres et de chaumières, et animé par quelques figurines.

(1) Bois. A. M. Olive.

galeries aristocratiques, qui retiennent plus des deux tiers de son œuvre.

Aalbert Cuyp ne se rattache à aucun des paysagistes dont nous avons parlé dans le chapitre précédent ; il ouvrit avec Wynants, Van Goyen, Salomon Ruysdael, Esaïas van de Velde, etc., l'ère brillante du XVIIme siècle. Il n'eut pas d'autre maître que son père Jacob Gerritsz Cuyp (vers 1584—après 1649), —élève lui-même d'Abraham Bloemaert, — artiste que les biographes nous donnent comme « un bon peintre de paysages et d'animaux (1), » mais dont les œuvres sont presque introuvables (2). L'Exposition marseillaise, plus favorisée que le Louvre, possédait deux beaux portraits à mi-corps, dus au pinceau de ce maître. L'un, appartenant à M. Bourguignon de Fabregoule, est le *Portrait d'une vieille femme*, aux tempes et aux joues caves, aux pommettes saillantes et colorées, ayant un vêtement noir et une large fraise empesée. — Signé : *Ætatis* 65. I. G. Cuyp *fecit* 1649.— L'autre, provenant du cabinet de M. Berteaut, représente un homme d'une trentaine d'années environ, ayant une main gantée, de longs cheveux, une petite mouche et des moustaches très-fines, vêtu d'un pourpoint noir sur lequel s'étale un grand col blanc. Les armoiries du personnage sont peintes dans un coin du tableau. Signé : I. G. Cuyp, 1646.— Ces deux ouvrages diffèrent quelque peu d'exécution. Le premier a plus de fermeté, plus de relief ; les chairs sont bien vivantes. Le second est modelé avec beaucoup d'ampleur, dans de beaux tons dorés : on dirait presque l'œuvre d'un sectateur de Rembrandt. J'ignore si le vieux Cuyp qui fut l'un des fondateurs de la gilde de Dordrecht, a eu quelques rapports avec le grand Van Ryn ; mais nous pouvons, dès aujourd'hui, le ranger parmi les plus habiles praticiens de son temps.

Ce fut, comme on voit, à une excellente école que se forma

---

(1) *Cat. du Louvre*, p. 53. — M. Villot ne dit pas un mot du talent du vieux Cuyp pour le portrait.

(2) « La France et la Belgique n'en ont point, du moins dans les musées et dans les galeries notables. En Allemagne, je ne trouve qu'au musée de Berlin (n° 743) un portrait de vieille femme, signé : *I. G. Cuijp fecit, anno 1624* ; au musée de Munich (n° 454, 2° série), une *Vue de ville*, au bord d'un large fleuve, et au Städel'sch Institut de Francfort-sur-le-Mein, un portrait de femme (n° 244). Le catalogue de la galerie Lazienki, à Varsovie, mentionne aussi un portrait d'homme par J. G. Cuijp. En Hollande, je ne connais que le tableau du musée d'Amsterdam (n° 59), excellente peinture qui représente, suivant Immerzeel, la famille du peintre Cornelis Troost (sept personnes). » *Musées de la Hollande*, 1, p. 101-102.

Aalbert Cuyp ; aussi, conserva-t-il assez longtemps l'impression de l'enseignement paternel : les ouvrages de sa première manière, portraits, nature-morte, intérieurs d'écurie, petits paysages avec animaux, — signés presque tous des initiales A. C. — sont peints dans un style énergique et dans des tons un peu sombres. Plus tard, il devint amoureux de la lumière et la fit jaillir à flots dans ses paysages (1).

A la première période se rapporte vraisemblablement le n° 213 de notre Exposition, une *Tête de Taureau*, de grandeur naturelle (à M. R. Gower), superbe étude brossée avec une extrême vigueur. La puissante bête, vue de trois quarts, ouvre la gueule pour mugir ; son pelage est blanc, taché de noir autour des yeux et près des naseaux.

Je ne saurais garantir l'authenticité, mais je puis louer en toute conscience le mérite de deux petites compositions (n°s 214 et 219), qui, si elles étaient admises comme originales, devraient encore être rangées parmi les productions de la première époque. La plus importante, appartenant à M. Grisard, représente cinq *Bœufs au repos*, deux debout et trois accroupis dans un pâturage, sur le sommet d'un côteau. Deux paysans, vus de dos, et le toit d'une maisonnette, sont placés à droite, en contre-bas. Au fond, dans la plaine, coule une rivière bordée d'arbres. Le ciel est empourpré et doré par le soleil couchant. Les animaux sont robustement construits. De près, on dirait d'une ébauche ; à distance, on entrevoit des détails inespérés, des nuances imprévues. — Le n° 214 (à M. Gower), n'est qu'une simple étude : un bœuf, blanc et roux, se détache vigoureusement sur un ciel bleu, gris et or. Le paysage, d'une excessive simplicité, est puissamment indiqué par quelques touches savantes.

Je ne sache pas qu'Aalbert Cuyp ait jamais peint de tableaux religieux ; grand a donc été mon étonnement de voir enregistrée sous son nom, dans les deux éditions du Catalogue, une *Sainte-Famille* (à M. Madon) ; j'ai hâte d'ajouter que toutes mes recherches pour découvrir cette peinture ont été infructueuses. — Quant au jeune *Berger* (à M. Sans), couronné de lierre, tenant d'une main une rose, de l'autre une houlette enroulée de pampres, vêtu d'un habit rougeâtre avec des crevés dans les manches, et ayant une cravate jaune négligemment nouée autour du cou, — il aurait pu

---

(1) Les ouvrages de cette seconde manière portent, lorsqu'ils sont signés, le nom en toutes lettres.

être attribué plus exactement à Moreelse ou à G. Honthorst qui ont fait souvent des portraits de fantaisie analogues.

Reste une délicieuse *Marine* (à M. Gower) et un grand paysage (à M. Tur, de Nîmes). — Le premier de ces ouvrages porte une signature apocryphe, mais la franchise de la touche, la beauté du ton et la simplicité poétique de l'effet permettent d'accepter l'attribution à Cuyp. A gauche, trois figurines s'agitent sur un bout de rivage près duquel une barque est amarrée ; au milieu, cinq à six bateaux pêcheurs, toutes voiles dehors, se balancent sur une eau limpide, légèrement ondulée par la brise. — Il n'y a presque qu'un ciel gris, moelleux et doré, dans l'autre tableau qui est intitulé : *Château ruiné*. Cette dernière construction s'élève au premier plan, à droite, sur le bord d'un large fleuve ; une vieille tour semble servir de phare. Au bas, une espèce d'estacade au bout de laquelle un pêcheur est assis, s'élève au-dessus de l'eau. Un moulin à vent, un clocher, un château flanqué de tours apparaissent au loin. A gauche, sur le devant, une barque avec deux petites figures. — Cette composition est de la seconde manière, lumineuse et poétique, qui a valu à Aalbert Cuyp le surnom de *Claude hollandais*.

Sous le nom de Nicolaas Molenaer dont nous avons signalé plus haut un paysage faussement attribué à Dekker, — M. Dufour a exposé un *Effet de neige* (bois) dont les figurines sont données à Aalbert Cuyp par la 2ᵉ édition du Catalogue. Or, nous savons que ce Molenaer a peint effectivement des *Vues d'hiver* dans le style d'Isack Ostade ; on en cite une entre autres, au musée de Rotterdam, avec une rivière gelée et des patineurs, comme dans le tableau de M. Dufour. D'autre part, on connaît d'Aalbert Cuyp des compositions analogues (1) ; mais ce n'est pas une raison suffisante pour croire que ce maître ait travaillé avec Molenaer. J'ai hâte de dire, au reste, que le monogramme du *figuriste*, placé sur la croupe d'un cheval, n'a aucun rapport avec celui d'A. Cuyp ; il se compose d'un S entortillé autour d'un J et ressemble exactement à celui que le dictionnaire de Siret indique pour le nom de Jan Spilenberg. Je l'ai pris, un instant, pour celui de Jan Steen qui, ainsi que nous l'avons vu plus haut, a fait des figures dans un paysage d'hiver de Van Goyen, cité par Van Eynden ; mais je n'ai pas dû m'arrêter à cette

---

(1) Il y en avait une à l'Exposition de Manchester, représentant « des patineurs et des personnages de toute sorte qui s'amusent sur la glace près d'une vieille tour qu'on retrouve souvent dans les tableaux de Cuyp. Ce tableau, dans son genre mérite d'être classé au premier rang. » W. Bürger, *Trésors d'Art*, etc., p. 271-272.

idée, car les personnages du tableau qui nous occupe ont bien moins de rapports avec ceux de Steen qu'avec ceux de Cuyp. — La signature : *Moulenaer 1654* (ou *1664*), sur un bloc de glace, à droite, est certainement apocryphe.

Quel que soit l'auteur qu'on lui assigne, cet ouvrage serait digne de figurer dans une galerie princière. La composition en est spirituelle, amusante. La scène se passe sur un étang ou sur un fleuve glacé. Au premier plan, à gauche, deux chevaux mangent au milieu d'un groupe d'individus parmi lesquels on distingue un palefrenier, ayant pour coiffure un bonnet de peau et de drap rouge. Tout à fait dans le coin, on a pratiqué dans la glace un trou circulaire, soit pour puiser de l'eau, soit pour pêcher. Un château, flanqué d'une grosse tour, s'élève de ce côté, sur le rivage. A droite, un cheval conduit un traîneau où sont assis des hommes et des femmes, vêtus de costumes fourrés. Au milieu, un mari et sa femme, habillés de noir et s'appuyant l'un sur l'autre, viennent droit au spectateur ; un mendiant estropié leur demande l'aumône. Plus loin, un patineur fait la culbute, un chien fléchit sur ses jambes, d'autres personnages sillonnent la glace en tous sens. Toutes ces figures, vues de près, semblent grossièrement touchées ; à distance, elles prennent tournure et s'animent. Des arbres dépouillés bordent le fleuve ; chaque cheminée a son panache de fumée. Le ciel, d'un bleu lourd, est couvert, çà et là, de gros nuages gris et roses.

Aart van der Neer (1613 ou 1619-1683 ou 1684) qui peignit avec succès des paysages d'hiver, des marines, des soleils couchants, mais qui excella surtout dans la peinture des effets de soir et des incendies nocturnes, est, à ma connaissance, le seul artiste qui ait eu l'honneur d'avoir Aalbert Cuyp pour collaborateur. Il se pourrait bien qu'il eût été son élève, mais, ainsi que l'a remarqué M. Bürger, il rappelle davantage Salomon Ruysdael et Van Goyen par l'harmonie monochrome de ses peintures. — Trois tableaux ont été exposés sous son nom : deux *Clair de lune* (n°s 681 et 682), par M. R. Gower, et un *Incendie* (n° 680) par M. Trabaud. — Le n° 681 représente un bras de l'Y. Le disque blanchâtre de la lune se détache sur un ciel plutôt vert que bleu, éclaire quelques nuages amoncelés et vient se refléter dans l'eau. Près du rivage, au premier plan, se trouvent une barque et un petit bateau, occupés par quelques figurines. Des maisons, dominées par un clocher, sont alignées à gauche. Les habitants, assis sur le seuil des portes, goûtent la fraîcheur du soir. A droite, des maisonnettes sont disséminées au milieu des arbres.

L'effet de nuit est mieux rendu encore dans le n° 682 (bois). La couleur a une finesse exquise et une variété de nuances extraordinaire dans une gamme essentiellement monochrome. La lune jaune émerge du sein des nuages, dans un ciel gris bleu, et son image se projette, comme un sillage lumineux, sur l'eau d'une lagune. Quelques rayons argentés s'accrochent aux troncs des arbres et aux saillies d'un château qui s'élève sur la gauche. Tout le reste est plongé dans une obscurité douce et presque limpide. Au premier plan, des vaches sont accroupies au bord de l'eau. Le calme le plus profond règne dans la nature; aucun souffle n'agite l'air.

Il y a beaucoup de bruit, au contraire, et beaucoup de mouvement dans le n° 680 (bois): les flammes et la fumée d'un violent incendie s'élèvent vers la gauche, au-dessus d'un amas de maisons et enveloppent le clocher d'une église. Des hommes qui portent une longue échelle et une foule d'autres figurines se dirigent en toute hâte vers le lieu du sinistre. Les lueurs de l'incendie sont réverbérées par l'eau des canaux et des lagunes. La lune se lève à l'horizon.

On ne sait pas de qui Egbert van der Poel, de Rotterdam (vers 1620-vers 1690), fut l'élève; mais on pense qu'il dut contracter la passion des incendies nocturnes et des clairs de lune, sous l'influence d'Aart van der Neer et d'Esaïas van de Velde, les inventeurs et les maîtres du genre. Il ne s'en tint pas, du reste, à cette spécialité; il peignit encore, avec talent, des intérieurs de ferme et des scènes champêtres. Il est même probable qu'il débuta par là, car le plus ancien tableau, que nous ayons vu cité de lui, est l'*Intérieur d'une habitation rustique*, daté de 1646, au musée d'Amsterdam, — et M. Dufour a exposé, à Marseille, un *Intérieur de ferme*, signé: *V. Poel* 1644. Ce dernier tableau est d'une belle qualité: la couleur a une solidité et une justesse merveilleuses; le clair-obscur est, on ne peut mieux, entendu. Les détails, moins précieux que dans le Saftleven décrit plus haut, sont très-naïvement et très-fidèlement rendus. A gauche, le long d'une muraille, sont disposés en désordre un tonneau, un baquet, un large chaudron, des vases de terre, des choux et d'autres menus objets. Au fond, des chèvres, médiocrement dessinées, sont à l'attache. Près d'elles, un homme ramasse avec une pelle du fumier dont il charge une brouette.

Dans cette peinture, Van der Poel semble s'être inspiré à la fois de Teniers et d'Ostade. L'influence de ce dernier maître se fait exclusivement sentir dans le tableau exposé par M. Gower et intitulé: *Scène de cuisine*. La composition a beaucoup d'analogie avec certains tableaux de nature-morte, d'Adriaan, qui ont figuré à l'Exposition de Manchester. — Des paniers, des chaudrons, des baquets, des plats, des cruches et d'autres ustensiles rustiques jonchent le seuil d'une chaumière. Plusieurs pots sont brisés, et comment en serait-il autrement? Un mâtin s'est blotti, sans façon, au milieu de cet étrange fouillis ; un coq est perché sur une brouette. A gauche, un paysan est accoudé sur une demi-porte ; au milieu, une femme tire de l'eau d'un puits; à droite, un jeune homme et une jeune fille s'amusent à faire tenir un chien sur ses pattes de derrière. Plus loin, un homme donne à manger à des porcs. — Les figurines ne valent pas les objets inertes ; mais on ne saurait assez louer la vigueur du ton, l'habileté de la touche, la savante distribution des lumières.

VII.

Willem van de Velde. — Renier Zeeman. — L. Backhuyzen. — Jan Beerstraaten. — Jan-Abraham et Jan Stork. — Les Steenwyck. — Van der Vliet. — Emmanuel de Witte.

Parmi les artistes hollandais dont nous nous sommes déjà occupés, il en est plusieurs qui ont fait preuve d'un grand talent dans la peinture de marine; mais là n'a pas été leur véritable supériorité. Le prince du genre fut Willem van de Velde (1633-1707), — frère d'Adriaan et neveu d'Esaïas, — qui s'y voua exclusivement. Son père Willem van de Velde le vieux (1610-1693), — habile mariniste lui-même [1], — lui avait appris à dessiner, dans tous leurs détails et avec une extrême précision, les diverses constructions navales ; l'élève ne tarda pas à surpasser le maître : il acquit une si grande réputation que Charles II, roi d'Angleterre, l'attira à sa cour et, — loin de lui garder rancune de ce qu'il avait peint les victoires des marins de son pays sur la flotte anglaise, — il lui confia d'importants travaux et lui accorda une pension.

On possède plusieurs toiles de grandes dimensions où Willem van de Velde le jeune a représenté des combats sur mer; mais quels que soient leurs mérites, elles ne valent pas, suivant moi, les compositions de fantaisie où il a pu donner cours à son imagination essentiellement gracieuse et poétique. — Des deux petites marines portées au

[1] Le vieux Willem ne fut, pendant longtemps, qu'un simple dessinateur. Vers la fin de sa vie seulement, il se décida à peindre à l'huile. Il avait précédé son fils en Angleterre et avait été employé par Charles 1er ; il travailla aussi pour Charles II et Jacques II, sans doute comme collaborateur de Willem le jeune. Il mourut à Londres.

catalogue de l'Exposition de Marseille, une seule, — le *Calme plat* (à M. Gower) — doit être considérée comme authentique (1). Quelques voiles de bateaux pêcheurs, — une rousse et les autres blanches, — se détachent sur un ciel bas et brumeux; les eaux unies et transparentes, sont d'une jolie couleur blonde. Rien de plus solide, de plus franc et, en même temps, de plus harmonieux comme peinture; rien de plus simple et de plus vrai, comme effet.

Willem van de Velde a été égalé par Ruysdael dans la peinture des tempêtes, mais, dans celle des mers calmes, il est sans rivaux. On ne peut nier pourtant qu'il n'ait trouvé un concurrent sérieux dans son contemporain Renier Nooms (1612? — après 1673), surnommé *Zeeman* (homme de mer), parce que, suivant les uns, il fut marin avant d'être peintre, — suivant d'autres, parce qu'il peignit et grava un grand nombre de marines. Cet artiste qui séjourna longtemps à la cour du roi de Prusse, Frédéric-Guillaume, et qui voyagea en France (2) et en Angleterre, ne jouit pas de la réputation qu'il mérite; à dire vrai, ses œuvres sont peu répandues. On ne sait pas quel fut son maître; mais il paraît s'être inspiré à la fois de Van de Velde et de notre Lorrain. — C'est surtout à ce dernier et un peu aussi, disons-le, à Jan Both, que nous a fait songer la belle *Marine* exposée par M. Dufour. Je ne crois pas qu'il y ait de meilleures pages dans l'œuvre du maître. — Des vaisseaux de haut-bord, portant pavillon hollandais, sont à l'ancre au milieu d'un golfe paisible, abrité à gauche par des falaises escarpées et par un mamelon stérile au bas duquel sont groupés les maisonnettes et le clocher d'un village. Au premier plan, à quelque distance d'une auberge, — sur un quai pavé de larges dalles, — des ballots, des sacs, des tonneaux et des malles sont entassés. Quelques marins déchargent des bateaux amarrés au rivage; d'autres, vêtus de costumes orientaux, font cercle autour d'un feu sur lequel une marmite est placée. Ces figurines sont très-spirituellement touchées; les navires sont dessinés avec élégance et correction; mais ce qui fait le principal mérite de cette peinture, c'est la finesse et l'éclat du coloris, la douceur et le moelleux des demi-teintes, la profondeur de la perspective, la beauté de l'effet lumineux. Les effluves d'or du soleil couchant inondent la toile. — Signé sur un sac : *Zeeman.*

(1) Ce délicieux tableautin a été signé, après coup, du nom du maître. Cette supercherie était bien inutile.

(2) Le seul tableau qu'ait de lui le musée du Louvre est une *Vue de l'ancien Louvre, du côté de la Seine*, — signé *A. R. Zeeman 165....* Quelques-unes de ses eaux-fortes, publiées à Paris en 1650 et 1652, représentent des vues d'Arcueil, de Charonne, de Belleville, de Conflans.

Ludolf Backhuyzen (1631-1709), dont les œuvres ont été de tout temps fort recherchées, n'a pas la moitié du talent de Zeeman ; il est réputé surtout pour ses mers houleuses ; mais, malgré des qualités incontestables, il est trop souvent froid et compassé. — La petite *marine* que lui donne notre Catalogue, est un morceau vulgaire. L'eau, grise et agitée, manque de *liquidité* ; les vagues sont trop uniformes. Le bateau contre lequel la mer déferle, au premier plan, se couche bien sous le choc ; la voilure est jolie. La signature *I. B.* qui se lit sur un pavillon tricolore, ne se rapporte pas à *Ludolf* Backhuyzen ; elle pourrait bien désigner Jan Beerstraaten (...—1685 ou 1687) auquel on doit des paysages d'hiver assez réussis, et des marines représentant pour la plupart des ports de mer italiens.

Sous le nom parfaitement inconnu de *Stoper*, peintre hollandais (?), M. Tassy (d'Aix) a exposé un *Port de mer* qui porte une signature dont les premières lettres seulement sont distinctes : *J Sto*... Ne serait-ce point là un ouvrage de Jan Storck, qui florissait au commencement du xviii⁰ siècle et dont le musée de Rotterdam possède une vue de l'ancien port de cette ville, prise du côté de la rivière ? M. Bürger qui cite cette peinture, croit que l'auteur est un descendant d'Abraham Storck, artiste du xvii⁰ siècle, qui a fait lui aussi des vues de ports et qui passe (1) pour avoir eu l'honneur insigne de placer des figures dans les paysages de Ruysdael et d'Hobbema. Quoiqu'il en soit de notre conjecture, le petit tableau de M. Tassy se recommande par la franchise et la solidité du ton. La composition est très-animée. Une foule de bateaux pêcheurs, les voiles déployées, se balancent sur les eaux d'un large canal ; au premier plan, se meut une élégante gondole, occupée par des personnages richement costumés. De nombreuses figurines s'agitent sur les quais bordés de maisons. Au fond s'élève une grande tour.

Les Storck qui, dans leurs vues de villes maritimes, donnaient plus de soin à la peinture des édifices qu'à celle de la mer, nous amènent à parler des peintres d'architecture.

Un des plus anciens maîtres du genre est Hendrik Steenwyck *le vieux*, d'Amsterdam (1550- après 1604), élève de Hans-Fredeman van Vries ; il eut, dit-on, pour collaborateur, le flamand Brueghel de Velours. Son fils, Hendrik Steenwyck *le jeune* (1589- après 1642), adopta sa manière et la perfectionna, et devint bientôt

(1) Suivant M. Bürger (*Galerie d'Arenberg*, p. 62), Stork ou Storck, le figuriste, n'est pas le même qu'Abraham Stork, le mariniste, né en 1650, vingt ans après Ruysdael...

plus célèbre (1) que son maître : Van Thulden, Poelenburg, Van Bassen (2) placèrent des figures dans ses intérieurs et il fit lui-même des fonds d'architecture dans les tableaux de Van Dyck. Présenté par ce dernier à Charles Ier, roi d'Angleterre, il exécuta de nombreux ouvrages pour ce prince et mourut à Londres, on ne sait en quelle année.

Un grand panneau, provenant du cabinet de feu M. Baude, a été exposé à Marseille, sous le nom de Steenwyck le jeune. La composition représente, au premier plan, des arcades soutenues par des colonnettes accouplées ; des statues occupent des niches, à droite et à gauche. L'arcade du milieu laisse pénétrer les regards dans la cour intérieure d'un vaste monument. Cette cour est remplie de lumière ; on y aperçoit quelques figures d'excellente tournure : un seigneur et une belle dame, suivis d'un chien, et, plus loin, un valet tenant deux chevaux par la bride. — L'architecture est dessinée de main de maître ; la perspective est savante, la couleur a de la profondeur et de la solidité. — Cette belle composition a beaucoup de rapports avec un tableau de Hiob Berckheyden (1637-1693) qui appartient au duc d'Arenberg et qui représente la *Cour intérieure de la Bourse d'Amsterdam*. Je ne serais pas étonné qu'elle fût de ce maître ou de son frère Gerrit (1645-1698). Ce qu'il y a de certain, c'est que Steenwyck est rarement aussi lumineux et aussi large d'exécution.

Les rédacteurs du Catalogue ont fait preuve d'une excessive condescendance, en acceptant comme étant l'œuvre de Hans-Fredeman van Vries (1527-1588), — qui fut, comme nous l'avons vu, le maître du vieux Steenwyck, — un très-bel *Intérieur de temple protestan* (bois, à M. Gower), signé fort lisiblement dans la pâte : *H. Van der Vliet A° 1653*. — Cet Hendrik van der Vliet (1608 — après 1666) est fort peu connu en France (3), il est vrai ; il n'est pas même nommé dans le Catalogue du Louvre. C'est un maître de première force, pourtant : il est bien moins sec que Pieter Neefs, et peut rivaliser avec de Hooch dans la dégradation savante de la lumière.

(1) C'est Steenwyck le jeune, qui, selon M. Villot, aurait formé P. Neefs. Cela paraîtra à peu près impossible si l'on songe que ce dernier avait 19 ans de plus que le premier.

(2) Peintre lui-même d'architecture. On connaît de lui, à Berlin, un *Intérieur d'église*, signé et daté de 1624.

(3) On le croit fils ou neveu de Willem van der Vliet, de Delft, portraitiste distingué, émule de Mierevelt.

L'*Intérieur*, exposé à Marseille, est divisé en trois nefs; dans celle du milieu, au premier plan, un fossoyeur creuse un caveau ; des ossements humains jonchent le sol. Divers personnages sont groupés çà et là. Des chiens se poursuivent. Une chaire, des stalles en bois, un lustre, des armoiries peintes sur les murailles sont les seuls ornements du temple. Les lignes architecturales ont beaucoup de rectitude; mais la dureté du trait est adoucie par le moelleux de la touche et l'heureuse combinaison des lumières et des ombres. De vifs rayons de soleil se glissent par les vitraux des nefs latérales et jouent le long des piliers.

Dans l'exécution de cette peinture, Van der Vliet se rapproche d'Aalbert Cuyp bien plus que de tout autre maître. — Emmanuel de Witte, d'Alkmaar (1607-1692), paraît avoir subi la même influence (1) ; ses Intérieurs de temples protestants ont toutes les qualités de ceux de Van der Vliet. Comme ce dernier, il a droit à plus de célébrité ; mais il faudrait bien se garder de le juger sur le tableautin, affreusement détérioré (n° 1121), qui a été exposé sous son nom par M. Rougier.

VIII.

Poelenburg. — Asselyn. — Swanewelt. — Moucheron. — Jan Both. — W. de Heusch. — Berghem. — Hackaert. — Karel du Jardin. — Polydor Glauber. — Volhert. — Van Huysum. — Robart. — Les Weenix. — Hondecoeter. — Beeldemaker. — Jan-David de Heem. — P. Potter.

Nous avons laissé pour la fin les paysagistes hollandais qui allèrent demander aux écoles étrangères des leçons de style, et qui peignirent les aspects des contrées lointaines, de préférence aux sites de la terre natale.

Cornelis Poelenburg, d'Utrecht (1585 ou 1586 — vers 1666), élève d'Ad. Bloemaert, passa une grande partie de sa jeunesse à Rome, où il fit des études d'après Raphaël et où il travailla pour divers cardinaux. Ses paysages, ornés de ruines et peuplés de figures mythologiques, obtinrent un immense succès. Charles Ier, roi d'Angleterre voulut l'attacher à son service ; mais l'artiste préféra retourner dans sa ville natale où il acheva sa carrière, entouré d'une

(1) Il étudia d'abord chez Evert van Aalst, de Delft (1602-1658), peintre de fleurs et de nature-morte.

réputation que le jugement de la postérité n'a pas définitivement consacrée. Ses ouvrages, que se disputaient naguères les galeries les plus importantes, ont beaucoup baissé, depuis quelques années, dans l'estime des amateurs. On a fini par reconnaître que la fadeur du sujet et le maniérisme du style n'étaient pas suffisamment rachetés par les qualités de l'exécution. — La première édition du Catalogue ne mentionnait, sous le nom de Poelenburg, qu'un petit *Paysage* tout à fait ordinaire (à M. Olive), avec des ruines dans le fond et, sur le devant, le fils de Tobie, accompagné par l'ange et portant le poisson miraculeux. La deuxième édition enregistre un autre paysage très-finement peint (à M. Maurel), qu'on nous a dit avoir appartenu à l'Académie des Beaux-Arts de Venise : des ruines antiques, comme toujours, une rivière et des baigneuses médiocrement dessinées.

Jan Asselyn, de Diepen (1610-1660), — surnommé *Crabbetje*, le petit crabe, à cause de sa taille difforme et de ses doigts crochus, — eut pour maîtres Esaïas van de Velde et Jan Miel ; il est probable que ce dernier, dont il fit la connaissance en Italie, le présenta à Claude Gellée, dans les tableaux duquel il plaçait des figures, — car l'influence de l'illustre Lorrain se fait tout d'abord sentir dans les paysages du peintre de Diepen. Ces paysages sont d'ordinaire très-fins et très-lumineux. Celui que M. Gower a exposé (n° 33), représente un des motifs favoris du maître : de hautes ruines, auxquelles sont accrochées çà et là des plantes grimpantes, et dont l'ombre s'étend, claire et transparente, sur un golfe paisible. Quelques figurines animent le rivage et une barque de pêcheurs se balance, au premier plan, sur la vague assoupie. Derrière les ruines, se dresse, en pleine lumière, un promontoire couronné de fabriques. — Signé : *Asselin (?) 1647*.

Le n° 35 (bois, à M. de Samatan) ne vaut pas le précédent, bien que la composition en soit plus compliquée. A droite s'élève un temple antique dont la corniche disparaît à demi sous des touffes de pariétaires ; une statue, debout sur son piédestal, garde l'entrée du sanctuaire. Au bas du péristyle, le dieu Mercure passe, suivi d'un pâtre qui conduit une génisse.

On sait d'une façon positive que Herman Swanevelt, de Woerden (1620-1655), après avoir commencé ses études sous Gérard Dov, se rendit en Italie où il reçut directement des leçons de Claude Gellée. Il vint plus tard à Paris où il fit, en collaboration avec Patel, des travaux décoratifs, et où il fut reçu membre de l'Académie royale de peinture (1653). Le petit tableau de *Joseph expliquant les songes de ses frères*, exposé par M. de Samatan, rappelle assez bien le Lorrain par un effet de soleil couchant, fin et léger ; mais les figures sont bêtes et ne vivent pas.

Frederik Moucheron (1632 ou 1633-1686), élève de Jan Asselyn, eut l'honneur d'être *étoffé* par les figuristes les plus renommés de son temps, par Adriaan van de Velde, Lingelbach, Nicolaas Berghem et Jan van der Meer le jeune, de Schoonhaven. Nous nous garderons bien d'attribuer à l'un de ces maîtres les figurines insignifiantes qui sont placées dans le *Paysage* (n° 658), exposé par M. Grisard : dans un chemin qui longe un bouquet de bois, deux bergers chassent devant eux leur troupeau. Les terrains, les arbres, le ciel sont finement traités ; il y a de l'air et de la lumière dans ce petit cadre. — L'*Allée d'un parc* (à M. Perret) est d'un ton plus franc, plus vigoureux. Des piédestaux, supportant des vases antiques et des statues, sont disposés le long de cette allée ombreuse ; au premier plan, s'élève une élégante fontaine, dans le bassin de laquelle une petite fille lave. A gauche, en dehors de l'allée, on entrevoit un château au milieu de parterres en fleurs. — L'aquarelle n° 1442, provenant du cabinet de M. Pascalis et représentant une *Tombe dans un paysage*, est l'œuvre d'une main habile ; les plans successifs du paysage, ornés de constructions, sont indiqués avec une rare fermeté. Les figures, — des femmes portant des fleurs, — ont des attitudes un peu compassées. — Au lieu de Frederik Moucheron, ne serait-il pas plus juste de nommer ici son fils, Isack (1670-1744), qui travailla longtemps à Rome où ses compagnons de la *Bande académique* le surnommèrent l'*Ordonnance*, à cause de l'exactitude de sa perspective et de la vérité de son dessin (1) ?

Au sortir de l'atelier d'Abraham Bloemaert, les deux frères Both, Jan et Andries, d'Utrecht, prirent le chemin de Rome et allèrent grossir les rangs de cette *Bande* joyeuse qui ne se recrutait que parmi les artistes allemands et les artistes néerlandais. Andries adopta la manière de Pieter Laar, et Jan (1610 — après 1650), plus connu sous le nom de Both d'Italie, choisit le Lorrain pour modèle. Les deux frères travaillèrent presque toujours en collaboration ; celui-ci peignait le paysage, et le premier y plaçait des figures et des animaux. Leurs compositions lumineuses et poétiques sont bien supérieures, en général, aux paysages arcadiques des pseudo-italiens. — Celle qui a été exposée par M. Gower, sous le nom de Jan Both, est des plus remarquables. De grands arbres, au feuillage léger, sont groupés à

---

(1) *Catalogue du Louvre*, p. 179.

gauche et projettent leur ombre sur une partie du premier plan, où deux hommes sont arrêtés, l'un debout, l'autre assis, — celui-ci vêtu d'un habit rouge et d'une peau de mouton, tous deux coiffés de chapeaux noirs à larges ailes. Un paysan et une paysanne, précédés d'un mulet chargé, se dirigent vers le spectateur par un chemin montant, bordé à droite par un fouillis d'arbrisseaux. On entrevoit derrière ce fouillis, une passerelle au-dessus d'une chûte d'eau, et, un peu plus loin, une chaumière et des ruines perchées sur un coteau. Au fond, s'ouvre une vallée, encaissée par de hautes montagnes et éclairée par les lueurs dorées d'un coucher de soleil resplendissant. — Signé : *Both f.*

Au dire de presque tous les biographes de M. Villot, entre autres, Jan Both, mort en 1650, — du chagrin d'avoir perdu son frère Andries qui s'était noyé dans l'un des canaux de Venise, — aurait eu pour élève, en Italie, son compatriote Willem de Heusch, né à Utrecht, en 1638. Il y a là une impossibilité évidente. Ou bien, il faut reculer la date de la naissance de l'élève, ou bien, ce que je crois plus exact, on devra rapprocher celle de la mort du maître. Ce qu'il y a de certain, c'est que de Heusch imita, avec succès, Both d'Italie, — témoin le petit panneau (n° 470) exposé par M. Maurel : au premier plan, un berger, un chien et des moutons ; à gauche, deux troncs d'arbres vigoureux, l'un debout, l'autre abattu ; au milieu, deux jeunes chênes entremêlant leurs branches. Au deuxième plan, à droite, un troupeau de bœufs, au bord d'une rivière ; un homme monté sur un âne, escortant un mulet caparaçonné et chargé ; au fond, de petites collines couvertes d'arbustes. Cette peinture manque assurément de caractère, mais on ne peut moins faire de louer la finesse et la légèreté du coloris. — Signé : *G. Heusch*, le *G* du prénom italianisé (Guglielmo) se liant à la lettre *H*.

L'imitation de Both est moins flagrante dans *la Chasse* (n° 471), appartenant à M. Mathieu (d'Aix) et portant la signature : *G. De Heusch*. Des chasseurs et des chasseuses à cheval poursuivent un cerf qui, pressé par la meute, se jette dans une rivière bordée de grands arbres et traversée par un pont. De l'autre côté de l'eau teinte de reflets verdâtres, s'élèvent d'élégantes habitations. On aperçoit dans le fond, à droite, une ville près d'un golfe qu'entourent de hautes montagnes, et où la rivière a son embouchure. — Ce lointain et le ciel sont jolis, mais les premiers plans sont lourds.

Il y a tout lieu de croire que Nicolaas Berghem ou Berchem (1623 ou 1624-1683) parcourut l'Italie, bien que ses biographes n'en disent rien ; on connaît de lui une *Vue des environs de Nice* (au Louvre) et une *Vue du port de Gênes*, et ses ouvrages reproduisent, d'ordinaire, la nature accidentée, les ruines pittoresques, les horizons lumineux de la contrée qui a inspiré le Poussin et Claude Gellée. Il est vrai qu'après avoir étudié successivement sous Van Goyen, dont il fut l'élève de prédilection (1) et sous Pieter Grebber, de Haarlem, il passa dans l'atelier de Jan-Baptist Weenix qui tint, comme nous le verrons, un rang distingué dans la *Bande académique*. Or, il se pourrait bien que les leçons de ce dernier aient eu sur le jeune artiste une influence décisive et aient fait naître en lui le goût du paysage italien. Quoi qu'il en soit, Berghem mérite d'être placé au premier rang du groupe qui nous occupe ; s'il est permis de reprocher à ses compositions le maniérisme et la fausse noblesse du genre qu'il adopta, on doit du moins reconnaître l'habileté de son dessin, la légèreté de sa touche, son entente des effets lumineux, la finesse et la distinction de son coloris, toutes qualités qui le rapprochent des meilleurs maîtres de son pays.

Comme il peignait avec une extrême facilité et que l'avarice de sa femme ne lui permettait pas de répit, il a produit une très-grande quantité de tableaux, de mérites fort divers. Il faut donc bien se garder de le juger sur les ouvrages de pacotille qui ne se rencontrent que trop souvent dans les collections particulières ; ceux qui voudront avoir une juste idée de son talent, devront l'étudier dans les toiles capitales que possèdent le Louvre, les musées de la Hollande et ceux de l'Allemagne (2). A Marseille, nous ne pouvons guère citer, parmi les huit tableaux exposés sous le nom de Berghem, qu'une œuvre choisie, un petit *Paysage avec animaux* (bois), appartenant à M. Paul Autran. Au milieu, près d'un arbre dépouillé de son feuillage, se tient une vache rouge, debout et de profil ; à droite, une vache couchée présente de face sa tête blanche, marquée de roux autour des yeux. D'autres vaches ruminent çà et là ;

(1) On rapporte que son père, Pieter Claasz, peintre de nature-morte, étant venu pour le maltraiter, dans l'atelier de Van Goyen, celui-ci cria aux autres élèves : « sauvez-le (*berg-hem*)! » et que le jeune homme tira de là son surnom. — Quant au prénom *Claas* qu'il a pris quelquefois en signant, c'est un diminutif de Nicolaas, très-usité en Hollande, et non pas, comme l'a cru M. Viardot, le nom de son père. Ce dernier se nommait Pieter *Claasz*, c'est-à-dire Pierre fils de Nicolas (*Claas-Zoon*).

(2) A l'Ermitage de Saint-Petersbourg, on peut voir encore dix-huit pages, presque toutes excellentes, de Berghem, et, dans ce nombre, une *Halte de chasseurs*, qui passe pour être son chef-d'œuvre.

des moutons paissent au second plan. La bergère file, assise au pied d'une palissade. Au fond, le soleil se couche derrière les coteaux qui bornent l'horizon. — La composition, comme on voit, n'a pas grande importance, mais l'éxécution est très-délicate, très-savante.

Je ne veux pas mettre en doute l'authenticité des deux *Paysages* exposés par M. Gower, mais je dois déclarer qu'ils m'ont paru bien inférieurs au précédent. Il y a dans le n° 60 (1) des bêtes assez réussies, — un très-joli cheval blanc, une vache accroupie, deux taureaux, un bouc, des moutons qui s'abreuvent dans une flaque d'eau¹, au premier plan. Les figures, — un pâtre et une jeune paysanne arrêtés au pied d'une muraille qu'un arbre domine, — sont moins heureuses, et le soleil couchant répand sur tout le paysage une teinte rose fort déplaisante. — En revanche, la couleur du n° 59 (bois) est chaude et énergique, un peu trop assombrie, toutefois, par le temps. Le ciel est lumineux. Les animaux, — une chèvre blanche et trois vaches pataugeant dans un marécage, — sont touchées avec beaucoup d'esprit. Deux bergers causent, l'un debout, l'autre assis. — La signature *V. Berghem* 1660 (le *V* (*van*) et le *B* initial accolés) est apocryphe : quoi qu'en dise le Catalogue marseillais, le fils de Pieter Claasz ne s'est jamais appelé *Van Berghem*.

Le n° 62 (à M. Pagliano) et le n° 64 (à M. Ch. Bazin) peuvent, à tout prendre, passer pour être encore de Nicolaas Berghem. Ils reproduisent à peu près le même sujet, mais ils diffèrent par les proportions et plus encore par le coloris. Le premier, le plus grand, est un peu froid et un peu terne : — des bergers conduisant un troupeau et deux paysannes à cheval ont fait halte au pied de hautes ruines ; une des femmes descend de sa monture qu'un maréchal s'apprête à ferrer. — Le n° 64 est peint dans des tons plus vigoureux ; malheureusement, il est tout craquelé. Des ruines et des arbres se détachent, au fond, sur un ciel nuageux que déchire un effet de lumière jaunâtre. Le maréchal en train de ferrer le cheval que monte une paysanne en corsage rouge, deux autres personnages et un troupeau de bœufs occupent le devant du tableau.

Dans le tableau exposé par M. Rougier sous le n° 66, le paysage et les animaux rappellent assez bien la manière de Berghem ; mais les figures n'ont aucune ressemblance avec celles de ce maître ; elles ont une parenté assez rapprochée avec les bonshommes de Teniers. — Au premier plan, un cheval blanc monté par un jeune garçon,

(1) Toile d'assez grande dimension.

un cheval rouge, un âne gris tout bâté, une charrette, des chiens et de la volaille sont dispersés devant un édifice en ruines auquel est adossée une chaumière. Plus loin, des villageois sont assis sous une treille, et, tout-à-fait au fond, un berger ramène ses bœufs du pâturage sur lequel flotte un brouillard laiteux. — Cette composition qui a de très-bonnes parties, est, à ne pas en douter, de la main d'un sectateur de Berghem ; la signature de ce dernier que l'on déchiffre tant bien que mal, au bas de la toile, a été mise là par un marchand.

Le n° 63 (bois, à M. Lacouture) m'a frappé par son analogie avec les œuvres de Poelenburg. Des arbres de haute venue, — ne laissant voir qu'un coin de ciel nuageux, à droite,—projettent une ombre épaisse sur le devant du tableau. Une femme nue, d'une blancheur éblouissante, resplendit au sein de cette obscurité. Elle est assise au bord d'une pièce d'eau dont la surface est dorée par un chaud reflet.

Quant à la *Tête de bœuf*, n° 61 (à M. Valli), de grandeur naturelle, — elle m'a paru aussi vigoureusement peinte, aussi savamment étudiée que la *Tête de taureau* exposée par M. Gower, sous le nom de Cuyp. Ce n'est pas le premier ouvrage de ce genre que je vois de Berghem ; mais j'avoue mes préférences pour ses toiles de moindres dimensions, pour ses petits paysages et ses petits animaux (1).

On conçoit que, dans le but d'éviter des réclamations sans fin, les rédacteurs du Catalogue marseillais aient cru devoir accepter telles quelles les attributions qui leur ont été fournies par les propriétaires des tableaux exposés ; mais ils auraient pu, sans blesser personne, s'abstenir d'enregistrer des absurdités patentes. Rien ne les obligeait, par exemple, à citer Berghem, mort en 1683, comme ayant fait les figures d'un paysage (à M. Bourguignon de Fabregoule) dont ils ont bravement accordé la paternité à l'allemand Philip Hackert, méchant peintre, né en 1727 (2). L'erreur est d'autant plus inexcusable que le véritable auteur a pris

(1) Trois jolis dessins de Berghem figuraient à l'Exposition. Le n° 1280, provenant de la collection de M. Pascalis, porte la signature : *Berghem, 1658*. Les deux autres qui m'ont paru tout aussi authentiques, appartiennent l'un (n° 1282) à M. Menut, l'autre (n° 1281) à M. Gabriel.

(2) Cet artiste, qui s'exerça à la fois dans la peinture et dans la gravure, a joui, en son temps, d'une réputation bien usurpée ; on ne craignit pas de le comparer au Lorrain, et le roi de Naples le choisit pour son peintre. Ce ne fut qu'un misérable pasticheur. Il mourut en 1792.

soin d'écrire son nom sur la toile en belles lettres capitales : HACKAERT. Il est juste de dire que cet Hackaert (Jan), né à Amsterdam vers 1636 et mort vers 1699, est à peu près inconnu en France (1). Il n'est pas même cité dans le catalogue du Louvre. M. Charles Blanc dit qu'il se forma sans maître ; je serais assez disposé à croire, pourtant, qu'il dut fréquenter dans sa jeunesse l'atelier de Van Goyen ou celui de Salomon Ruysdael, deux maîtres avec lesquels il a des analogies d'exécution frappantes. Plus tard, il voyagea en Allemagne et surtout en Suisse où il étudia la nature, un peu à la façon des pseudo-italiens. Il paraît que, revenu en Hollande, il exécuta beaucoup de grandes compositions décoratives, ce qui le détourna malheureusement de la peinture de chevalet. Sa réputation devait être bien établie, car il a eu l'honneur d'être *étoffé* par Adriaan van de Velde et Lingelbach, peut-être aussi par Berghem et Karel du Jardin. C'est au premier de ces maîtres, — qui fut le collaborateur le plus assidu de Hackaert, — que M. Porte (2) a attribué les figures du magnifique paysage de M. de Fabregoule : une femme montée sur un cheval blanc, un homme enveloppé dans un manteau rouge, un taureau, des moutons et un chien traversant un gué, au bas d'une chûte d'eau ; à droite, sur le rivage, un paysan portant une falourde sous le bras, et son chien bondissant à ses côtés. Personnages et animaux sont très-habilement touchés, mais ils rappellent Adriaan bien moins que Berghem, Berghem bien moins que Lingelbach ou Karel du Jardin. La composition est digne de l'*étoffage* ; elle figurait à l'Exposition tout à côté d'un beau paysage (n° 774), du Poussin, dont nous reparlerons, et elle ne pâlissait point. La nature y est quelque peu arrangée, comme dans les tableaux des pseudo-italiens, mais avec un sentiment plus juste de la poésie champêtre. La couleur est superbe. L'eau qui vient du fond et qui tombe en cascade, au milieu de la toile, a beaucoup de *liquidité* et de transparence. De beaux arbres, au feuillage léger, aux troncs ruysdaélesques, s'élèvent sur les rives. Le ciel, couvert de nuages, est très-savant ; l'horizon a de la profondeur et la distribution de la lumière est faite avec un grand art.

(1) Ses tableaux sont extrêmement rares : Smith n'en a catalogué que 23. Le Louvre n'en a point. Il a laissé un assez bon nombre de dessins et d'aquarelles et six eaux-fortes très-recherchées, décrites par Bartsch.

(2) « Paysage de Hacker le vieux (sic), figures de Van de Velde. » — *Aix ancien et moderne*, p. 139.

Nous venons de nommer Karel du Jardin (vers 1630-1678), qui fut l'une des plus brillantes étoiles de la pléiade pseudo-italienne (1). La plupart des biographes lui donnent pour maître Nicolaas Berghem ; je ne sais sur quelle preuve Houbraken s'est fondé pour en faire un disciple de Paul Potter. Il passa, de bonne heure, en Italie, s'enrôla dans la *Bande académique* qui le surnomma *Bokk-baart* (barbe de bouc), revint en Hollande en passant par Lyon où il se maria, produisit un grand nombre d'ouvrages dans son pays, et, au bout de quelques années, se décida à retourner en Italie, où il acheva sa carrière.

Comme son maître Berghem, Karel s'abandonna à son extrême facilité et gaspilla son talent ; il aborda à peu près tous les genres, sans excepter la peinture religieuse. Ses figures de grandeur naturelle sont en général très-médiocres, et ses compositions du genre *noble*, froides et vulgaires. En revanche, il est parfait dans ses petits paysages avec animaux, dans ses haltes de voyageurs, dans ses réunions villageoises à la porte des hôtelleries ; il a un dessin spirituel et d'une correction irréprochable, un coloris fin, léger, harmonieux.

Toutes ces qualités, nous les trouvons réunies dans un *Paysage avec figures* (n° 285), provenant de la galerie de M. Bourguignon de Fabregoule. L'œil se porte tout d'abord et l'intérêt se fixe sur une magnifique rosse blanche qui occupe à peu près le centre de la composition, — une de ces haridelles efflanquées et poussives que Du Jardin excelle à peindre. A côté, se tient un mulet sur le dos duquel un homme place un fardeau. Deux ou trois personnages assis, un âne déchargé de son bât, des chèvres et des moutons sont groupés, vers la droite, au pied d'un grand arbre dont l'ombre s'étend sur le devant du tableau. La caravanne a fait halte auprès d'une église rustique dont les murailles, habilement peintes, occupent le fond de la toile. A gauche, quelques figurines suivent un chemin qui contourne une espèce de colombier : ce recoin est délicieux. Signé : *KDujardijn f.*

Le n° 289, appartenant à M. Bec, se rapproche davantage de la manière de Berghem. Bien qu'inférieur à celui que nous venons de

---

(1) Le Catalogue marseillais s'est trompé, sur la foi de Descamps, en faisant naître Karél en 1640. La date de 1625, donnée par Ploos van Amstel, serait plus admissible. Presque tous les biographes hésitent entre 1634 et 1635. Nous avons adopté la date approximative 1630, indiquée par le catalogue du Musée d'Anvers.

décrire, il mérite, à tous égards, de fixer l'attention. Une fileuse, le corsage dégrafé, assise sur un tertre, cause avec un berger coiffé d'un grand chapeau noir, debout et appuyé sur un bâton. Au fond s'élèvent des ruines que tapissent ça et là des touffes de pariétaires. Un troupeau est dispersé au milieu de ces ruines. — Signé : K. *Dujardin.*

Le *Déjeûner en plein air* (à M. Taranger) rappelle beaucoup les types du *Dîner en plein air*, de Jan Miel, que nous avons décrit plus haut; j'incline à croire qu'il est de la même main. — Un paysan et sa femme, assis à terre, prennent leur repas; un chien attend sa part du régal. Au second plan coule une rivière traversée par un pont. Des coteaux verdoyants ferment l'horizon. Cette petite toile est peinte avec une exquise délicatesse, dans des tons très-fins (1).

Karel du Jardin profita des leçons et des exemples de son maître Berghem; — Jan ou Johannes Glauber (1646-1726), formé à la même école, se gâta tout à fait en Italie : incorporé dans la *Bande* joyeuse sous le nom de *Polidor*, il prit le Guaspre pour modèle. De retour en Hollande, il se fixa à Amsterdam, où il se lia d'étroite amitié avec Gerard de Lairesse, le Poussin du Nord (!), qui lui fit la faveur de placer dans ses paysages des figures mythologiques. Le Catalogue attribue à cette collaboration des deux amis un *Sacrifice à Apollon* (bois), appartenant à M. César Paul, tableau qui vise à l'érudition et au style, et qui n'est qu'ennuyeux. Les figures ont plus d'importance que le paysage : à gauche, aux pieds de grandes roches basaltiques, la statue d'Apollon s'élève près d'une pyramide tronquée et de deux sphinx. Un flamine, couronné de lauriers, semble invoquer le dieu. Un jeune thuriféraire, vêtu de blanc, est agenouillé à côté de lui. Le victimaire, un couteau à la main, est placé au premier plan, près d'un agneau égorgé. Une prêtresse tient une patère remplie du sang de la victime; une autre jette des parfums sur un trépied qui fume; d'autres tressent des guirlandes. A droite, un groupe de musiciens et deux hommes qui apportent un arbuste en fleurs. — Toutes ces figures sont froides et compassées.

Plût à Dieu que Jan van Huysum (1682-1749) n'eût jamais peint que des fleurs et des fruits ! Il traita ce genre avec une éclatante

---

(1) Deux autres tableautins ont été exposés sous le nom de Karel, par M. Cartier (de Tarascon); ils sont tellement détériorés qu'ils échappent à toute appréciation.

supériorité, — témoin la belle *Etude de pavots* (1), exposée par M. Paul Autran,—tandis que ses paysages arcadiques, composés et peints sous l'influence des pseudo-italiens, ne valent guère mieux que ceux de Polidor Glauber. Celui qu'a exposé M. Perret, se recommande du moins par la richesse du coloris ; les ombres ont un peu poussé, mais les lumières n'en sont que plus vives. Au premier plan, sous des ombrages épais, des jeunes filles cueillent des fleurs; un berger conduit ses moutons à une fontaine. Au fond, des collines couvertes de fabriques et dominées par un pic bleuâtre.

Le Catalogue donne pour élève à Van Huysum l'Allemand M. Robart, auteur d'un bouquet de roses, de pavots, de belles-de-nuit, de jacinthes, etc., bien dessiné, mais d'un coloris un peu pâle (à M. Madon). Une mésange est perchée près d'un nid rempli de petits œufs bleuâtres. Signé : *Robart invenit et fecit.* — Ce Robart, dont je n'avais encore rien vu, m'a paru procéder de son compatriote Stella, bien plus directement que de Van Huysum.

Nous en aurons fini avec les membres de la *Bande académique*, — dont on voyait des ouvrages à l'Exposition marseillaise, — lorsque nous aurons nommé Jan-Baptist Weenix (1621-1660) qui reçut d'Abraham Bloemaert les premières leçons de peinture et qui alla achever son éducation à Rome, où il exécuta des travaux importants pour le cardinal Pamphile et pour le pape. Il habita ensuite Amsterdam et Utrecht, et mourut dans un château voisin de cette dernière ville, n'ayant pas encore atteint sa quarantième année. Il traita avec une égale facilité les sujets les plus divers ; mais sa réputation fut éclipsée par celle de son fils, Jan Weenix (1644-1719), qui excella à peindre la nature morte.— Les deux Weenix figurent dans le Catalogue, comme ayant eu chacun un tableau à l'Exposition : or, il est à remarquer que l'on a attribué à Jan un *Départ pour la chasse* (à M. Perret), — orné de figurines assez joliment tournées, mais d'un coloris froid et faux,— qui pourrait tout au plus être donné à Jan-Baptist; et, sous le nom de celui-ci, on a enregistré un tableau de *Gibier mort* (à M. Valli) signé *J. Weenix.* Ce dernier ouvrage représente un lièvre, une perdrix grise, un martin-pêcheur et d'autres petits oiseaux, placés au pied d'un rocher, sous la garde d'un chien de chasse dont on ne voit que la tête. Le lièvre accroché par une patte de derrière à une branche morte, la tête posée sur

---

(1) J'ai eu le regret de ne pouvoir découvrir les trois tableaux suivants catalogués comme étant de Van Huysum : *Fleurs dans un vase* (au Musée de Toulon), *Fruits* (à Mme Mennessier), *Fleurs* (à M. Boyer); — ce dernier ouvrage signé : *Van Huysum*, 1701.

une carnassière verte, a un pelage superbe. A gauche, une cornemuse est placée sur un socle, au premier plan, et l'on aperçoit dans le fond un édifice entouré d'arbres. — Cette peinture a subi une restauration récente qui lui a enlevé, je n'en doute pas, beaucoup de ses qualités.

Melchior-Gillis Hondecoeter (1636-1695), élève de son père Gisbert (1613-1653) et de son oncle J.-B. Weenix, a peint avec succès des oiseaux de différentes espèces;— personne ne l'a surpassé dans la représentation des poules, des coqs et des canards.—Le *Poulailler*, exposé par M. Valli, est un morceau excellent. Un jeune coq, les plumes du cou hérissées, la queue haute, s'est abattu sur une poule. C'est magnifique de vérité, de vie. La couleur est belle, l'exécution large et magistrale. Deux autres coqs regardent une poule et semblent prêts à s'en disputer la possession. Une poule blanche est couchée dans un coin. Toute cette volaille est presque de grandeur naturelle.

On ne sait rien de la vie de Jan Beeldemaker, de la Haye (1630—...), dont les œuvres, d'ailleurs, sont excessivement rares. La *Chasse* (à M. Kaercher) qui lui est attribuée par le catalogue de l'Exposition, représente un cerf assailli par une meute : trois chiens sautent à la gorge de la bête, deux l'attaquent par derrière, un autre la saisit à la cuisse; un septième est renversé sur le dos, au premier plan. Un faon se sauve. Des chasseurs, les uns à pied, les autres à cheval, arrivent du fond. Cette grande composition est sagement ordonnée; les animaux sont dessinés avec fermeté; nous voudrions seulement au coloris plus de vigueur et d'éclat.

Un vrai petit chef-d'œuvre a été exposé, par M. Dufour, sous le nom de Jan-Davidsz de Heem (1600-1674), élève de son père David, qu'il surpassa dans la peinture des fruits, des fleurs, et des objets de nature morte. Cet ouvrage (cuivre) représente une assiette de gâteaux roses, glacés et croustillants, posée à côté d'un verre de Bohême, où brille une liqueur ambrée. Signé : *J. D. Heem.*

Jan Weenix, Hondecoeter et J.-D. de Heem, — ces grands praticiens si sérieusement épris de la réalité, — nous ont ramenés à la véritable école hollandaise, d'où nous avaient éloignés les Swanewelt, les Moucheron, les de Heusch, les Polidor Glauber, ces pâles imitateurs du style italien. — Pour clore la liste des illustrations de cette brillante école, nous ne pouvons choisir un plus grand nom que celui de Paulus Potter (1625-1654), du maître qui n'a pas de rival dans l'art de représenter les animaux vivants.

Bien qu'il soit mort à la fleur de l'âge (il n'avait pas encore 29 ans), P. Potter a laissé un assez grand nombre de tableaux. La Hollande, l'Angleterre, la Russie possèdent ses principaux chefs-d'œuvre. En France il n'est guère connu que de nom : le Louvre ne nous offre de lui que deux petits cadres ; les musées de province n'ont rien. A Marseille, s'il fallait en croire le Catalogue, nous n'aurions pas eu moins de quatre tableaux (1), dont un d'assez grandes dimensions (n° 770), représentant un jeune pâtre, qui est assis sur un tertre, au premier plan, et qui tient à la main un morceau de pain que vient prendre un mouton de profil, à la toison courte, à l'œil jaunâtre et bordé de cils blancs. Un second mouton, se présentant de face, s'avance en toute hâte pour avoir sa part de la friandise. On croit le voir marcher. A gauche, trois autres moutons ont rapproché leurs têtes comme pour conférer. Le paysage, largement et solidement peint, est évidemment sacrifié aux animaux. Au loin s'élève une colline couronnée de petits arbres. Le ciel est gris. — Signé de deux P rouges entrelacés. — Malgré d'incontestables qualités, cette toile est certainement apocryphe ; il est possible, après cela, qu'elle ait été exécutée d'après Potter ; mais si l'original existe encore, comment n'est-il pas mentionné parmi les chefs-d'œuvre du maître ?

Des trois autres tableaux de l'Exposition marseillaise, nous ne citerons, comme ayant une véritable valeur, que le n° 769, un petit *Paysage*, d'un ton perlé, argentin, avec des bœufs roux, la plupart accroupis, un homme coiffé d'un grand chapeau noir, une femme en pèlerine blanche et en jupe rouge, une petite fille jouant avec un chien noir, et, au fond, une servante portant des seaux : figurines et animaux délicatement touchés.

(1) Exposés tous les quatre par M. R. Gower.

ÉCOLE FRANÇAISE

I

Les Clouet. — S. Vouet. — Valentin. — Quentin Varin. — Le Poussin. — Claude Gellée. — Sébastien Bourdon. — Les frères le Nain. — Laurent de la Hire. — Les Mignard. — Ch. du Fresnoy. — Le Sueur. — Ch. Le Brun. — Jean Jouvenet. — Le Bourguignon. — Les Parrocel. — Les Van Loo. — Les Coypel. — Le Moyne. — Bon Boulogne. — Tournières. — Raoux. — Grimou. — Largillière. — Rigaud. — Les De Troy. — Monnoyer. — Blain de Fontenay. — Desportes. — Oudry.

A l'époque où Léonard de Vinci, cédant aux instances de François Ier, venait se fixer en France avec ses élèves, Andrea Salaï et Melzi, — une famille de peintres, originaire de Bruxelles et établie à Tours depuis la fin du XVe siècle, la famille des Clouet introduisait dans notre pays les principes et les traditions de l'école flamande.

François Clouet, dit *Jehannet* (vers 1500 — vers 1572), hérita, en 1541, de la charge de peintre ordinaire et de valet de chambre du roi, qu'avait eue son père, et reçut, la même année, des lettres de naturalisation données à Fontainebleau, par François Ier. Les quelques portraits, de petites dimensions, que l'on a conservés de la main de cet artiste, donnent la plus haute idée de son talent : français par la grâce, la délicatesse et l'élégance de ses figures, il reste flamand dans la pratique comme aussi dans l'interprétation consciencieuse de son modèle ; et, à ce dernier point de vue, il se montre le digne émule d'Holbein dont on pourrait croire qu'il a reçu des leçons. — Peut-on souhaiter un portrait plus finement modelé, plus expressif, plus vivant, d'une couleur plus claire et plus juste, que celui qui a été exposé à Marseille, par Mme la baronne du Laurent ? Ce portrait est celui d'une jeune fille, — vue de trois quarts, — vêtue d'une robe gorge de pigeon, très-échancrée sur la poitrine et bordée de fourrure. Quelle séduisante damoiselle avec ses grands yeux noirs, sa bouche purpurine, son nez à la Roxelane, ses cheveux blonds arrangés en bandeaux sous une petite coiffe blanche !

Les Clouet ne firent malheureusement pas école. La prépondérance du style italien, — importé par le Vinci et ses élèves, propagé et mis en relief par le Primatice et le Rosso, exagéré et dénaturé par Toussaint Dubreuil et Martin Fréminet, — faillit aboutir à une décrépitude aussi complète que prématurée de l'art français. Un Parisien qui s'était formé par l'étude des grands maîtres italiens, — principalement du Titien et du Véronèse, — et qui avait obtenu à Rome même une brillante réputation, Simon Vouet (1590-1649) sauva de la ruine notre école naissante. Attiré en France (1627) par la libéralité de Louis XIII, il ne tarda pas à jouir d'une vogue et d'une influence considérables ; mais l'excès même de sa renommée nuisit à son talent : accablé de commandes, il fut obligé d'adopter une manière expéditive et lâchée qui ne se reconnaît que trop dans les œuvres de sa vieillesse.

Deux tableaux de Simon Vouet ont figuré à l'Exposition marseillaise : — le plus important (à M. Plauche) représente *Judith*, la gorge et les bras nus, regardant avec une tranquillité superbe la tête du géant Holopherne qu'elle vient de trancher ; une vieille femme se tient derrière elle dans la pénombre. Cette peinture rappelle le Caravage par la vigueur du dessin et la puissance de la couleur. — L'autre tableau (à M. Pascal) est d'un style plus élégant, d'un coloris plus agréable, d'un effet plus gracieux, mais aussi d'une exécution moins serrée : il n'est guère plus fait qu'une esquisse. Le sujet est *Moïse sauvé des eaux*. La fille de Pharaon tient dans ses bras l'enfant dont on n'aperçoit que le haut de la tête ; elle le regarde avec compassion, avec tendresse. Les compagnes et les suivantes de la princesse sont groupées, à gauche, au pied d'un arbre: deux autres figures de femmes sont vaguement indiquées dans le fond. Les attitudes et les tournures ont une élégance exquise.

Lanzi prétend que ce fut sur les peintures du Caravage et de Valentin que Simon Vouet forma son style; d'autres historiens et notamment Sandrart qui a connu Valentin, veulent au contraire que ce dernier ait reçu, à Rome, des leçons de Vouet.

A ne le juger que d'après ses œuvres, Valentin (1600-1634) se révèle à nous comme l'un des plus habiles imitateurs du Caravage. Les cinq toiles exposées par M. Menut et représentant les allégories des cinq sens, sont peintes dans la manière large, franche, hardie, fortement accentuée du *broyeur de chair*. Le tableau de l'*Odorat* et celui de l'*Ouïe*, — ce dernier figurant des musiciens groupés autour d'une table, — sont exécutés d'une façon par trop décorative. L'allégorie du *Toucher* est spirituellement exprimée : à droite, un arracheur de dents, vêtu d'un habit blanc à raies noires (excellent type qui m'a rappelé certaines figures de Murillo), opère un patient qui, — la bouche ouverte, la figure contractée par la douleur, les mains tendues et cherchant à s'accrocher, — témoigne suffisamment combien il est sensible au *toucher* du charlatan. Derrière ce groupe, apparaît un individu à la tête rasée comme celle d'un Chinois. A gauche, une femme, debout, coiffée d'une toque à plumes et vêtue d'une robe bleue, tient un petit chien qu'un jeune garçon fait aboyer en le tirant par une patte. Au deuxième plan, un homme, le chapeau à la main, semble s'adresser à la dame.

Six personnages réunis autour d'une table chargée de mets et dressée en plein air ; un homme découpant une volaille qu'un chien convoite ; une femme qui boit, une autre qui mange ; un gros et gras compagnon tenant à la main un verre à pied rempli de vin ; un serviteur apportant un flacon.... Telle est l'allégorie du *Goût*.

Pour désigner le sens de la *Vue*, l'artiste n'a trouvé rien de mieux que de mettre en scène des gens qui jouent aux cartes ; et, vraiment, ne faut-il pas qu'un joueur ait l'œil ouvert sur bien des choses, si la partie engagée est sérieuse et s'il n'a pas grande confiance dans la loyauté de son adversaire ! Ici, ce sont deux dames qui tiennent les cartes ; mais chacune a pour conseiller un élégant compagnon. Celle qui occupe le centre de la composition, est coiffée d'un chapeau de feutre orné d'un ruban rouge ; ses cheveux tombent en longues boucles sur ses épaules. Debout derrière elle, un homme montre à la partie adverse un objet qui ressemble fort à une carte. Il y a des tricheurs dans la meilleure compagnie du monde. — Pour compléter l'allégorie, le peintre a placé dans le fond de son tableau un homme qui regarde dans une lunette.

Les personnages de ces diverses compositions sont vus jusqu'aux genoux et de grandeur naturelle, comme ceux de la plupart des tableaux de Valentin, et notamment des sept toiles du Louvre. Le réalisme des attitudes, la largeur du modelé, l'éclat des costumes, la vigoureuse opposition des clairs et des ombres, m'ont fait songer aux peintures de Bartolommeo Manfredi qui fut, ainsi que notre Valentin, l'un des plus vaillants sectateurs du Caravage (1).

Les cinq allégories exposées par M. Menut, sont loin d'être irréprochables; destinées, sans doute, à la décoration d'une salle à manger ou d'un vestibule, elles ont été exécutées à grands coups. Aussi, n'hésiterons-nous pas à leur préférer, au point de vue de la facture, une *Tête de vieillard* (à M. Foulc, d'Avignon), vue en raccourci de haut en bas, — superbe étude peinte dans une tonalité grise d'une rare puissance.

Valentin, mort dans la fleur de l'âge et ayant presque toujours habité l'Italie, n'eut aucune influence sur l'art français. Mais, en même temps que lui, vivait à Rome un artiste de génie, appelé à être le restaurateur et le prince de notre école. — On a nommé Nicolas Poussin, né aux Andelys en 1594, mort le 19 novembre 1665.

M. Bouchitté a raconté, avec beaucoup de charme (2), l'éducation de ce maître glorieux, entraîné par une vocation irrésistible et s'essayant, dès l'âge de quinze ans, au grand art de la peinture, sous la direction de Quentin Varin, peintre picard (3), qui s'efface derrière le renom de son élève, mais qui mérite pourtant d'être compté au nombre des illustrations de la vieille école française. Les

---

(1) Voir plus haut, pages 29-30, la description de deux toiles de Manfredi.

(2) Dans son excellente monographie intitulée : *Le Poussin, sa vie, son œuvre.*

(3) On ne sait pas au juste dans quelle ville de Picardie naquit Q. Varin; il est très-probable que ce fut à Beauvais et non à Amiens, comme l'ont avancé la plupart des biographes sur la foi de Félibien, et comme l'a répété le Catal. de Marseille (*Voyez* Pointel de Chennevières, *Recherches sur les peintres provinciaux*).

quelques ouvrages que l'on conserve de lui, nous le montrent, en effet, habile dessinateur et, surtout, puissant coloriste : je le soupçonne d'avoir puisé, dans la fréquentation de l'école d'Anvers, ces qualités par lesquelles il devança Vouet, le disciple des Vénitiens ; peut-être finira-t-on, quelque jour, par découvrir qu'après avoir été initié aux éléments de la peinture par François Gaget, chanoine de Beauvais, et par le père Bonaventure, capucin d'Amiens, il acheva de se former en étudiant les œuvres de ce même Rubens qui devait obtenir, en 1620, les travaux de décoration du Luxembourg, dont l'artiste picard avait été primitivement chargé et pour lesquels il avait fourni, dit-on, de superbes dessins (1). Ce n'est pas à dire que Varin doive être rangé parmi les imitateurs du maître flamand ; il n'a ni ses audaces de dessin, ni son fougueux réalisme; mais, je ne vois guère sous quelle autre influence aurait pu se développer le beau talent de coloriste dont il a fait preuve.

Jusqu'ici, nous ne connaissions de Quentin Varin que de grandes compositions : quelle n'a donc pas été notre surprise de rencontrer à l'Exposition une *Sainte famille* (à M. le marquis de Ribiers), petite peinture sur bois, du style le plus gracieux et le plus délicat, signé : *Q. Varin pinxit*. La Vierge, en robe rouge et en manteau vert, assise de trois quarts à gauche, le sein découvert, tient sur ses genoux le bambino, entièrement nu, devant lequel Joseph ou tout autre vieillard est prosterné, tandis que le jeune saint Jean cherche en riant à échapper aux regards de l'Enfant qui le poursuivent. Le visage de la Vierge, encadré par des cheveux blonds, est d'une pureté angélique. Le coloris est vigoureux, sans empâtements.

Revenons à Nicolas Poussin auquel l'Italie fit oublier complètement les leçons de son premier maître. Le catalogue de l'Exposition marseillaise n'avait pas enregistré moins de douze ouvrages, sous le nom de ce maître célèbre, — neuf peintures et trois dessins. Malheureusement, les tableaux n'étaient, pour la plupart, que de noires et informes esquisses (2), sur lesquelles il eût été bien

---

(1) M. de Chennevières nous apprend que Varin se décida à renoncer aux commandes du Luxembourg et à prendre la fuite, craignant d'être impliqué dans le sort fait à un sieur Durant, son ami, rompu vif en place de Grève, le 16 juillet 1618, pour avoir écrit une satire contre le gouvernement.

(2) Nous en excepterons une *Descente de croix*, vigoureuse esquisse appartenant à M. Roux, certainement plus rapprochée de la manière du Poussin que le *Paysage* (n° 776) exposé par le même amateur. — *Le Repos de la Sainte famille* (à M. Reynès) a droit aussi à une mention : c'est là, sinon un ouvrage authentique, du moins une copie savamment peinte.

difficile de se former une opinion. Un *Paysage*, tiré de la galerie de M. Bourguignon de Fabregoule, méritait seul de fixer l'attention : — véritable chef-d'œuvre, qui ne déparerait point la magnifique collection de Poussin que possède le Louvre.— A droite, venant du fond, coule une rivière bordée, d'un côté, par une haute falaise, de l'autre par un chemin ombragé qu'animent un personnage drapé à l'antique, un berger et un troupeau de moutons. A gauche, au second plan, des chaumières et de petits arbres, au feuillage léger, couronnent un côteau. La fumée des cheminées monte vers le ciel. Des montagnes ferment l'horizon que dorent les rayons du soleil couchant. Les lignes de ce paysage sont grandes et belles ; l'effet général est des plus poétiques, mais ce qui fait, à nos yeux, le principal mérite de cette admirable page, c'est que la réalité n'y est pas sacrifiée au *style*.

Les trois dessins sont remarquables. Je citerai d'abord la sanguine, exposée par M. H. Giry et reproduisant exactement un plafond que le Poussin peignit pour Richelieu et qui orne aujourd'hui les galeries du Louvre : *Le Temps faisant triompher la Vérité* (n° 446 du Catal.). Ce dessin est fort beau ; j'oserai même dire qu'il m'a paru d'une exécution trop soignée, trop finie, trop moelleuse, pour être de la main du Poussin qui se montre d'ordinaire ferme et accentué jusqu'à la rudesse dans ses études, et qui emploie, presque toujours, le lavis au bistre pour esquisser ses compositions. Il est évident que la sanguine de M. Giry a été faite après le plafond ; or, faut-il admettre que le maître, avant de livrer son œuvre au cardinal, ait eu la pensée d'en prendre une copie aussi minutieusement terminée ?... Bornons-nous à reconnaître que si la chose n'est pas impossible, elle est au moins douteuse.

Nous admettrons, sans faire autant de réserves, l'authenticité du lavis exposé par M. Pascalis et représentant : *Les Israélites attaqués par des serpents*, pour avoir murmuré contre le Seigneur et s'être plaints de n'avoir d'autre nourriture que la manne. A droite, Moïse, debout sur une éminence, montre à la foule suppliante le serpent d'airain,— symbole du Rédempteur promis, — enroulé autour d'un tau. Entre autres figures savamment esquissées, nous avons remarqué, du côté gauche, un cadavre de femme dessiné en raccourci et un homme emportant son épouse dans ses bras.— Un autre lavis sur papier bleu, provenant de la même collection, représente *le Christ chassant les vendeurs du Temple* : c'est une large et vaillante esquisse.

A côté du Poussin, vient se placer tout naturellement son ami et son compagnon d'études, Claude Gellée (1600-1682), dit le Lorrain, qui se forma en Italie, y passa la plus grande partie de son existence, et y mourut. Quatre toiles ont été inscrites au Catalogue, sous le nom de ce grand peintre qui a mérité le surnom de *Raphaël du paysage*. La plus remarquable a été exposée par M. Paul Autran : le cadre est occupé en partie, par de grands arbres, dont le feuillage tamise les rayons d'or du couchant ; la couleur est superbe et vigoureusement empâtée ; on dirait plutôt un Cuyp qu'un Lorrain. — Les trois autres tableaux, proviennent de la galerie de M. Gower : La *Vue de Rome* est une pochade insignifiante ; je me garderais bien de donner pour des originaux, la mythologiade intitulée : *Mercure et Io*, et la *Marine*, avec ruines et figures sur le rivage ; mais je dois reconnaître qu'il y a dans ces deux compositions, dans la deuxième surtout, des parties excellentes et dignes du maître.

Le Lorrain et le Poussin n'ont formé directement aucun élève en France ; mais leurs œuvres, étudiées et imitées par la plupart des peintres des générations suivantes, ont exercé une influence considérable sur notre école. Il n'est pas douteux, par exemple, que Sébastien Bourdon (1616-1671) ait dû beaucoup de ses qualités aux copies qu'il fit de ces deux maîtres, lorsque la misère le contraignit, à Rome, au métier de pasticheur. A dire vrai, plusieurs autres peintres célèbres, le Sacchi, le Parmésan, le Bamboche, etc., furent imités par lui, à cette même époque ; mais, dans les œuvres de sa maturité, dans ses créations originales, il procède incontestablement du Poussin. Comme il est né à Montpellier, et qu'il y a travaillé, dans son plus beau temps, pour divers amateurs et pour les églises ; on a voulu en faire un des chefs de l'école du Midi ; mais, c'est bien à tort, car il n'a pas eu, que je sache, un seul élève, ni même un seul imitateur dans nos provinces (1).

Treize ouvrages ont été attribués à Sébastien Bourdon, par le Catalogue, onze peintures et deux dessins, — ces derniers, vraiment précieux : *La sortie de l'Arche* (à l'Ecole des Beaux-Arts de Marseille), et des *Soldats au camp* (à M. Dufour). — Parmi les tableaux, nous citerons, tout d'abord : Le *Portrait de l'auteur*,

---

(1) Faut-il regarder comme un disciple de Bourdon, Boyer d'Eguilles, le célèbre amateur, qui, au dire de Mariette, fut lié avec l'artiste Montpelliérain dont il possédait huit tableaux dans sa galerie ? Ce Boyer, généreux protecteur des arts, mais médiocre peintre et médiocre graveur, se rattacherait plutôt à Puget dont il prit des leçons.

appartenant au Musée d'Avignon. L'artiste s'est peint en buste et presque de face. Son visage, modelé avec fermeté, est celui d'un homme de trente ans environ. Il a de longs cheveux bruns et de fines moustaches de la même couleur. Un rabat blanc se détache sur son habit noir. Le fond du tableau est très-sombre. — Il suffira de rapprocher de ce portrait celui qui a été exposé (n° 1515), par M. Clément, comme étant d'un maître inconnu de l'école flamande, pour reconnaître qu'ils sont tous les deux de la même main. Celui-ci est le portrait à mi-corps d'un jeune homme, enveloppé dans un manteau noir, la main droite renversée sur la hanche, le bras gauche appuyé sur une table où est posée une tête de marbre ou de pierre ébauchée. — La couleur de ces deux portraits (1) est très-vigoureuse.

Les compositions religieuses me plaisent moins que les portraits; elles ne sont pas sans mérites pourtant. — Il y a un assez beau torse d'homme nu dans le *Martyre de saint Laurent* (à M. Jouve); la tête du *Saint-Sébastien* expirant (au Musée d'Aix) retombe sur les épaules par un mouvement très-juste; la *Descente de croix* (à Mme la baronne du Laurent) n'est qu'une pochade, mais, une pochade pleine de verve; le Christ, étendu sur la pierre du sépulcre, est soutenu sous les bras par Joseph d'Arimathie; de petits anges, assis près de lui, portent la couronne d'épines. A droite, la Vierge et les Saintes Femmes se livrent au désespoir. Le fond est très-fantastique. — Il y a beaucoup de mouvement aussi dans la petite esquisse représentant *Rachel emportant les trésors de Laban* (à M. d'Athénosy, d'Avignon) et signée : S. Bord.... Plusieurs personnages entassent à la hâte, dans des coffres, des aiguières, de la vaisselle d'or, des bijoux.

Le baptême du Christ (au Musée d'Avignon) a d'assez grandes dimensions. Au milieu de la toile, Jésus, les pieds dans le Jourdain, s'incline sous la main de Jean qui lui verse de l'eau sur la tête avec une coquille. Le précurseur a le corps demi-nu et bronzé par le soleil. A gauche, des séraphins, sont agenouillés sur la rive ; à droite, un vieillard, n'ayant pour tout vêtement qu'une draperie bleue, accourt, les mains jointes. On entrevoit des constructions dans le fond. C'est authentique, mais ce n'est pas beau. Le coloris manque de transparence et de vivacité.

La Chaste Suzanne (2) possède, au contraire, des qualités d'exé-

---

(1) Un autre *Portrait d'homme* (n° 97) a été exposé par M. Reynès ; c'est un morceau sans valeur.

(2) A Mme la baronne du Laurent (d'Avignon).

cution séduisantes; — un coloris très-agréable, surtout, sinon très-solide. Suzanne debout près du bassin où elle vient de se baigner, ramène vivement une draperie blanche sur son beau corps, et, élevant vers le ciel ses regards désespérés, repousse les vieillards impudiques. Dans le fond, deux femmes guidées sans doute par la curiosité, écartent un rideau que soutient un satyre de bronze.

Séb. Bourdon s'éloigne de son modèle ordinaire, le Poussin, dans cette dernière peinture; il s'en rapproche tout-à-fait dans la *Vue du Colysée*, exposée par M. Tur (de Nîmes). L'édifice apparaît dans toute sa majestueuse grandeur; les détails de l'architecture sont consciencieusement et élégamment rendus; des figurines sont dispersées au milieu des ruines; des chèvres broutent les herbes qui ont poussé dans les fentes des murailles. Au premier plan, — au bord d'un chemin que suivent des pèlerins et un homme conduisant un âne, — le peintre s'est représenté assis sur un tronçon de colonne et causant à un pâtre.

Quant au *Corps de garde*, provenant du cabinet de Mme Blachet-Gassier, c'est un excellent petit tableau de genre que l'on peut mettre sur la même ligne que la *Halte de Bohémiens* (numéro 44), du Louvre. — Près d'une table sur laquelle sont posés des cartes, un broc, et une miche de pain, deux truands se battent; l'un se baisse pour éviter un coup de poing que l'autre lui assène : un vieux soldat, coiffé d'un casque et tenant un verre à la main, essaie d'apaiser les combattants; derrière lui, un autre soldat qui a la tête nue et la poitrine couverte d'un plastron d'acier, contemple froidement la bataille et semble mesurer les coups. Debout au premier plan, un petit mendiant, grave et mélancolique, tenant d'une main un bâton et de l'autre son chapeau, est tourné vers le spectateur. Dans le fond, un sixième personnage se chauffe, accroupi devant l'âtre qui fume. Des cuirasses sont à terre. — Ce tableau si simple, si réaliste, est peint dans une gamme grise, relevée çà et là par des touches de lumière frisante sur les armures et les vêtements. Les figures sont bien accentuées, mais sans rudesse. Cette peinture monochrome, si puissante dans son austérité même, nous a rappelé tout d'abord la manière des Le Nain. M. Lagrange (1) a jugé l'analogie si complète qu'il n'a pas hésité à désigner l'un des trois frères comme étant le véritable auteur de la composition attribuée à Sébastien Bourdon.

Cette attribution est, pour le moins, aussi soutenable que celle

---

(1) *Gazette des Beaux-Arts.* T. XI, p. 542.

qui a été faite aux mêmes artistes, d'un *Intérieur de famille* (à M. Félix Rozan), représentant une femme, assise de profil, qui allaite un enfant et qui lève la tête pour répondre à un homme coiffé d'un bonnet de laine rouge, tandis qu'une vieille femme, reléguée au second plan, joint les mains et regarde le ciel : — figures populaires, traitées dans le sentiment de couleur de l'école espagnole, mais malheureusement endommagées par des repeints.

Dans une très-remarquable étude sur les Le Nain, publiée récemment par M. Champfleury, je trouve l'appréciation suivante qui me paraît être le dernier mot de la critique sur ces maîtres auxquels justice devait enfin être rendue : « Les Le Nain dans leurs scènes rustiques ont l'austérité du Poussin dans ses grandes compositions. Elle n'est pas la même, elle part du même principe... Ils n'ont pas le charme, ils méprisent l'arrangement ; ils s'écartent de toutes les règles prescrites, ils sont maladroits dans le ton comme dans la composition... Mais ce qui ne sera jamais démenti, c'est qu'ils étaient pleins de compassion pour les pauvres, qu'ils aimaient mieux les peindre que les puissants, qu'ils avaient pour les champs et les campagnards les aspirations de La Bruyère, qu'ils croyaient en leur art, qu'ils l'ont pratiqué avec conviction... enfin qu'ils ont été simples et naturels... »

La biographie de ces vaillants artistes est malheureusement fort obscure. S'il faut en croire un mémoire manuscrit de dom Leleu, ils étaient trois frères, natifs de Laon, savoir : Antoine, Louis et Mathieu. Tous trois devinrent maîtres peintres du Roi, et furent reçus en même temps à l'Académie royale de peinture. Leurs lettres de réception sont datées du 1er mars 1648. Antoine et Louis moururent vers la fin de ce même mois, à deux jours d'intervalle. Mathieu survécut jusqu'en 1677. Comme leur amitié ne se démentit jamais et qu'ils habitèrent la même maison, la tradition s'est répandue qu'ils se mettaient à trois pour peindre le même tableau, « ce que je n'admets pas, dit M. Champfleury, et ce que dément leur variation de manières et de sujets. » Il n'en est pas moins vrai qu'il est fort difficile, pour ne pas dire impossible, de désigner celui des Le Nain auquel se rapporte tel ou tel tableau.

De ce que l'un des trois frères, Louis, fut surnommé *le Romain*, ce n'est pas une raison pour le ranger, — ainsi que l'a fait M. Bürger (1), — parmi les Français italianisés du xviie siècle : on ne peut nier que quelques-unes des peintures religieuses attribuées aux

---

(1) *Trésors d'Art exposés à Manchester*, etc. p. 324.

peintres laonnais ne rappellent certaines qualités de Valentin et du Caravage ; mais ce sacrifice au goût régnant n'était certes pas dans leurs habitudes et ne diminue en rien la gloire qu'ils ont eue de garder une physionomie originale et un profond sentiment de la réalité, lorsque l'école française était en proie à la fureur de l'imitation italienne et à la manie du grand style.

Laurent de La Hire (1606-1656) fut l'un des plus habiles champions de cette école ; il choisit le Primatice pour modèle, et puisa dans l'étude des chefs-d'œuvre, dont ce maître avait enrichi Fontainebleau, le goût de la grande peinture décorative. Il reçut des commandes d'une foule de hauts personnages et jouit des bonnes grâces de Richelieu, qui l'employa aux travaux du Palais-Royal. Il fit aussi un assez grand nombre de tableaux de chevalet, des scènes de religion ou d'histoire, et principalement des paysages ornés d'architecture et de figures mythologiques. — L'*Education de Bacchus* (à M. Olive) appartient à cette dernière catégorie. Près d'un tombeau, sur lequel une statue est couchée, une nymphe, adossée à un bas-relief, tient sur ses genoux le fils de Sémélé. Mercure, le caducée à la main, se penche pour caresser l'enfant. Plusieurs femmes demi-nues sont groupées çà et là. Je ne sais vraiment s'il est permis d'accepter l'attribution de ce tableau ; il est de médiocre qualité et rappelle bien moins la manière du Primatice que celle de Romanelli.

La Hire n'est pas le seul artiste de cette époque qui se soit formé à Fontainebleau. Cette ville, toute remplie des œuvres du Primatice, du Rosso, de Niccolo Abbate et de Fréminet, était une Rome française, où beaucoup de peintres allaient achever leur éducation. — Les deux frères Mignard, natifs de Troyes (1), y séjournèrent quelque temps : l'aîné, Nicolas (1606-1668), ses études finies, se rendit à Lyon et de là à Avignon, où il se fixa ; nous le retrouverons parmi les maîtres de l'école provençale. Pierre (1612-1695), le cadet, passa de Fontainebleau (2) dans l'atelier de Simon Vouet, qui le prit en grande amitié et voulut se l'attacher comme gendre ; mais, préfé-

(1) La plupart des biographes font naître l'aîné des Mignard en 1605, et le cadet en 1610 ; mais ces dates sont erronées. Il résulte, en effet, d'un travail très-intéressant publié dans la *Gazette des Beaux-Arts* (IX, p. 282), par M. Auguste Huchard, employé au bureau de l'état-civil de la mairie de Troyes, que Nicolas est venu au monde le 7 février 1606, et Pierre, le 17 novembre 1612.

(2) A l'âge de douze ans, il était entré comme élève chez Jean Boucher, de Bourges, artiste de talent, sur lequel M. Pointel de Chennevières a publié de curieux documents (*Recherches sur les peintres provinciaux*, II).

rant son art à la condition brillante qu'une pareille union lui eût assurée, le jeune peintre partit pour Rome, où il demeura près de vingt-deux ans, se nourrissant des meilleurs modèles (1) et travaillant pour les papes, pour les cardinaux et pour les princes. Rappelé en France par Louis XIV (1657), il tomba malade en route (2) et fut contraint de s'arrêter sept à huit mois à Avignon, près de son frère Nicolas. A cette époque se rapportent sans doute quelques-uns des nombreux ouvrages qu'on voit de lui dans le Comtat (3). A Paris, il obtint en peu de temps une vogue considérable : tous les personnages de la cour voulurent avoir leur portrait de sa main. Les envieux et les détracteurs ne lui manquèrent pas, comme l'on pense; il eut bientôt l'occasion de leur prouver qu'il était capable des plus hautes conceptions. Chargé par la reine mère de peindre la coupole du Val-de-Grâce, il couvrit cette vaste surface de plus de deux cents figures, grandes trois fois comme nature, — composition colossale représentant le *Paradis*, et que Molière a célébrée dans un poème (4) où il félicite son ami d'être « un grand homme devenu tout *Romain*. » Éloge dont nous acceptons volontiers les termes, car louer Pierre Mignard d'avoir reproduit les maîtres italiens, c'est reconnaître qu'il manque d'originalité, marque distinctive du génie. Il est à remarquer, d'ailleurs, que s'il déploya de très-grandes qualités, puisées dans l'étude de ses modèles, il n'en porta aucune à la perfection. Ses compositions religieuses et historiques, savamment dessinées et élégamment peintes, pèchent d'ordinaire par une certaine raideur théâtrale. Ses innombrables portraits, pour n'être pas exempts d'affectation, n'en forment pas moins la partie la plus intéressante de son œuvre : ils représentent à merveille les personnages fats et prétentieux, les beautés *mignardes* et fardées de la cour du

(1) Principalement des œuvres d'Annibal Carrache et de celles du Dominiquin.

(2) Si nous en croyons M. Henry, l'un des historiens de Puget, « Pierre Mignard, débarqué à Marseille (octobre 1657), à son retour de Rome, fut appelé à Toulon, par le chapitre de la cathédrale, pour exécuter le vaste et beau tableau de l'*Assomption*, si malheureusement enlevé à la place pour laquelle il avait été peint, et transporté au fond du sanctuaire de la nef centrale, pour en déguiser la nudité, où il perd tout son effet. »

(3) Les églises d'Avignon, de Carpentras, de L'Isle, de Cavaillon, etc., renferment des toiles capitales de P. Mignard. La plupart de ces peintures furent exécutées pendant un assez long séjour que cet artiste fit dans le Midi, après qu'il eut achevé la coupole du Val-de-Grâce.

(4) *La Gloire du Val-de-Grâce*.

grand roi ; parfois, ils s'élèvent jusqu'à la noble simplicité de ceux de Philippe de Champaigne, lorsque le modèle est un homme sérieux.

C'est comme portraitiste seulement que Pierre Mignard se présente à nous dans les galeries de l'Exposition marseillaise, car des trois tableaux de religion qui lui ont été attribués, les deux plus importants (la *Nativité* et la *Vierge du Carmel*) doivent être restitués à son frère Nicolas, dont ils portent la signature ; le troisième, provenant du cabinet de M. Couren (d'Avignon) et représentant *Saint Michel Archange*, est remarquable par la solidité de l'exécution, mais ne suffit pas cependant pour faire apprécier les qualités du maître.

Les portraits sont au nombre de douze ; la moitié seulement mérite de fixer notre attention (1). Nous citerons d'abord deux délicieux pendants de forme ovale, exposés par M. d'Agay et représentant, — l'un *Françoise-Marguerite de Sévigné*, mariée à M. de Grignan, — l'autre *Le marquis Charles de Sévigné*, frère de la précédente. Mlle de Sévigné, « la plus jolie fille de France » au dire de Bussy-Rabutin, se présente de face ; ses yeux sont vifs et spirituels, ses lèvres ont la couleur du corail ; des boucles de cheveux, vaguement indiquées, encadrent son front. Elle est vêtue d'une robe très-échancrée sur la poitrine. Un collier de perles entoure son cou. Ses traits accusent trente à trente cinq ans. — Le marquis, le *frater*, « cet honnête garçon » qui fit dans sa jeunesse maintes escapades, dont il s'excusait en donnant « les plus méchantes raisons du monde, que sa mère prenait pour bonnes, » ressemble d'une manière frappante à « sa chère petite sœur : » il est vêtu d'un habit rouge, avec manchettes et jabot de guipure, et tient à la main un papier. — Ces deux portraits ont une coloration chaude et harmonieuse qui ne se rencontre pas toujours sous le pinceau de P. Mignard.

(1) Trois portraits de famille, d'une authenticité très-discutable, ont été exposés par Mme la baronne du Laurent, M. le marquis de Valory et M. le comte d'Archimbaud. Le portrait de *Henriette de Mancini* (à M. d'Athénosy) nous a paru être de la main de Nicolas ; nous en reparlerons plus loin. Le grand cadre représentant *Madame de Montespan et le Duc du Maine* ne mérite assurément pas l'honneur d'appartenir au musée d'Avignon ; il est bien préférable toutefois à la figure de la *Du Barry costumée en Diane*, que les rédacteurs du Catalogue ont eu le courage de placer dans l'œuvre d'un peintre mort plus d'un demi-siècle avant le règne de la Vaubernier ! — Le *Dessin d'un plafond* (n° 1433), exposé par le vicomte d'Albertas, est très-beau. Des femmes sonnant de la trompette et d'autres portant des fruits ;— au fond, un char traîné par deux chevaux fougueux : voilà tout le motif.

Le portrait (1) d'*Esprit Le Blanc*, seigneur de Ventabren, trésorier général de France, est peint dans le même sentiment de couleur que les précédents ; mais l'exécution en est plus travaillée. Le personnage représenté ici est un seigneur de belle mine, vêtu d'un habit rouge à ramages d'or.

Les figures d'*Anne d'Autriche* et de *Mademoiselle de La Vallière*, exposées par Mme la comtesse de Grille, ont eu beaucoup à souffrir des injures du temps ; le coloris en est froid et terne, le modelé quelque peu effacé ; mais elles ont conservé une grâce et une finesse d'expression incomparables. Mademoiselle de La Vallière, surtout, est charmante, avec ses grands yeux bleus, sa bouche mignonne, son front pensif, sur lequel flottent de petites boucles de cheveux blonds. — La reine, drapée dans un manteau fleurdelisé, a bien cette mine haute et ce teint d'une blancheur éblouissante dont parle Mme de Motteville dans ses *Mémoires*.

Tout d'abord, on a de la peine à croire que le portrait de *Madame de Maintenon*, exposé par M. Dufour, soit de la même main que les précédents ; mais nous avons déjà dit que P. Mignard eut le grand talent de varier son style suivant ses modèles : spirituel et mordant dans la peinture des enfants de Mme de Sévigné, délicat et efféminé, quand il eut à reproduire les traits de la gracieuse amante de Louis XIV et ceux de la maîtresse de Buckingham, — il a su être ferme, simple et grave en peignant la prude veuve de Scarron ; il a traduit religieusement sa beauté sévère : physionomie noble et calme, profil antique, taille élancée, port majestueux, chevelure bouclée sur le front, en forme de croissant, et se déroulant sur les épaules. L'exécution a beaucoup de franchise et de solidité.

Il est un nom à peu près inséparable de celui de Pierre Mignard : c'est celui de Charles-Alphonse du Fresnoy (1611-1665). L'amitié la plus étroite unit ces deux artistes. Destinés l'un et l'autre à la médecine, entraînés par goût à l'étude de la peinture, ils firent connaissance dans l'atelier de Simon Vouet. Du Fresnoy étant parti pour l'Italie, Mignard ne tarda guère à l'y suivre ; il le retrouva à Rome où, pendant dix-huit ans, ils mirent en commun la bonne et la mauvaise fortune ; il le rejoignit plus tard à Venise et rentra, deux ans après lui, à Paris où ils se logèrent ensemble. Arrivé au faîte de la gloire, Mignard n'oublia pas son camarade ; il l'associa à ses travaux du Val-de-Grâce et à ceux de l'Hôtel d'Hervart où du

---

(1) Ovale. A M. de Fonscolombe (d'Aix). Ce portrait et ceux des enfants de Mme de Sévigné sont en buste et de petites proportions.

Fresnoy peignit quatre paysages. Ayant enfin perdu ce compagnon tendrement aimé, il glorifia sa mémoire en publiant un poème latin sur la peinture (*De arte graphica*), à la composition duquel cet artiste avait consacré une partie de sa vie. Plus célèbre par cet ouvrage que par ses peintures, du Fresnoy n'a laissé qu'un très-petit nombre de tableaux. Sous son nom, M. le baron de Samatan nous a offert une *Rebecca à la fontaine*, d'un coloris plus éclatant que juste.

Charles Le Brun (1619-1690), le rival de Mignard et son prédécesseur dans la charge de premier peintre du roi, doit encore être compté parmi les élèves de Simon Vouet; il ne fit toutefois qu'une assez courte apparition dans l'atelier de ce maître et alla étudier successivement à Fontainebleau et à Rome. Attaché de bonne heure à la cour (il peignit, à 15 ans, des tableaux pour le cardinal de Richelieu), et n'ayant presque jamais travaillé, après son retour d'Italie (1647), que sur des commandes et sous l'inspiration même de Louis XIV, il peut être considéré comme le représentant le plus complet et le plus influent de l'art pompeux et théâtral qui domina en France au dix-septième siècle. Nous n'avons point à examiner ici ses immenses peintures historiques qui ont été si admirablement traduites et, pour tout dire, si embellies par le burin d'Audran et par celui d'Edelinck; — mais nous avouerons que, s'il nous étonne dans ses compositions officielles par la noblesse de l'ordonnance et la largeur de la mise en scène, il nous paraît supérieur, comme praticien, dans ses tableaux de moindres dimensions, tels que le *Jésus marchant au supplice*, le *Jésus élevé en croix* et le *Jésus entrant à Jérusalem* qui se voient au Louvre. Le *Jésus au jardin des Olives*, exposé à Marseille par M*me* la marquise de Valory, ne saurait être placé sur la même ligne que ces petits chefs-d'œuvre; ce n'en est pas moins un ouvrage fort remarquable qui, au dire du Catalogue, a appartenu à Colbert. Le Christ, vêtu d'une robe rose et d'un manteau bleu, joignant les mains et levant les yeux au ciel, est à genoux, soutenu par un ange dont le visage est empreint d'une tristesse mortelle. Dans les airs se tient un autre ange, portant le calice d'amertume. A gauche, dans un coin, un disciple est endormi. Ces diverses figures, très-expressives, sont dessinées avec une exquise élégance, et le coloris a beaucoup de distinction.—Je ne m'explique pas ce qui a pu déterminer les organisateurs de l'Exposition à reléguer ce tableau dans l'une des galeries les plus obscures. Ils ont, en revanche, accordé une place d'honneur à une *Descente de croix*, appartenant à

M. Rougemont, peinture froide et lourde dont il me sera permis de mettre en doute l'authenticité.

Un morceau capital — et d'autant plus digne d'attention qu'il s'en trouve peu d'analogues dans l'œuvre de l'artiste, — est le *Portrait de Mlle de Marin*, provenant de la galerie de M. le marquis de Forbin d'Oppède. Je ne crains pas de dire que Le Brun s'est élevé, dans cette peinture, à la hauteur des maîtres les plus célèbres du genre. Son modèle, il est vrai, était bien fait pour l'inspirer : ayant à peindre une jeune fille, belle, ardente, d'une physionomie un peu masculine malgré sa finesse aristocratique, il l'a représentée en costume de Diane chasseresse, les jambes nues et le torse enveloppé d'une draperie rouge, tenant d'une main une lance et de l'autre un cor de chasse, accoudée sur un bas-relief, à l'ombre d'un arbre, et entourée de ses chiens. La pose est excellente. Le visage qu'encadre une ample chevelure noire, et bouclée, est peint en pleine lumière dans des tons superbes. Il faut louer aussi la vérité d'attitude du chien qui met sa patte sur la cnémide de sa maîtresse et semble mendier un regard ou une caresse. Dans le fond, près d'une rivière, un chasseur à cheval lance un dard sur un cerf qu'une meute poursuit. — Cette page qui, par la vigueur du coloris et la fierté du dessin, rappelle à la fois le Primatice et le Guide, doit avoir été exécutée sous l'influence récente des études que Le Brun fit en Italie.

Eustache Le Sueur (1617-1655) n'eut pas d'autre maître que Simon Vouet et ne voulut jamais quitter Paris où, quoi qu'on en ait dit, l'occasion d'exercer son talent ne lui fit jamais défaut et où il mourut, à l'âge de 38 ans, après avoir produit une foule de chefs-d'œuvre. Artiste fin et gracieux, délicat et naïf, exempt de toute affectation et ennemi de toute recherche, il eut le très-grand mérite d'être original en un temps d'imitation servile ; aussi a-t-il sa place marquée parmi les plus brillants génies de la peinture. — Deux dessins (à M. Pascalis) et deux petits tableaux figuraient, sous son nom, à l'Exposition marseillaise. L'un des dessins (n° 1424), représentant un *Christ affaissé*, a beaucoup de caractère ; l'autre, signé : *Le Sueur*, pourrait bien n'être qu'une copie ; il figure une *Bacchanale* (des satyres lutinant des nymphes, des amours folâtrant, et Priape monté sur un âne). Des deux tableaux, nous écarterons comme apocryphe, une *Diane entourée de ses nymphes* (à M. Perret), qui se recommande tout au plus par la finesse du coloris. A cette même qualité portée très-haut, le *Calvaire*, appartenant à M. de Castellinard, joint un dessin savant et expressif. Au pied de la croix sur laquelle l'Homme-Dieu expire, la Vierge, la Madeleine et saint Jean sont groupés dans l'attitude du désespoir. Au fond, les soldats et les bourreaux s'éloignent. Le ciel est sombre ; des lueurs sanglantes déchirent l'horizon.

Le Sueur ne laissa pas d'héritier de son style. « Il n'eut pas d'imitateur, a dit avec beaucoup de sens M. Nisard, parce que lui-même n'avait imité personne ». Le Brun qui disposait à son gré des commandes et des faveurs royales, imposa à la plupart des artistes contemporains la fausse noblesse et le maniérisme pompeux de son style d'apparat. Jean Jouvenet (1644-1717), son élève, exagéra ces défauts et y joignit une facilité d'exécution vraiment déplorable (1).

Une toile de ce peintre, signée et datée de 1694, nous est venue d'une église d'Aix (2), à laquelle elle a été donnée par le roi, en 1821 : le sujet est *Saint François de Paule* transporté au Ciel. Le saint fondateur des Minimes, penché en arrière et le bras tendu en haut, lève les yeux vers l'empyrée où trônent, sur des nuages d'or, les trois personnes de la Trinité. Un ange l'aide à monter et lui montre le mot *Charitas* inscrit sur un écusson qu'un autre ange soutient.

(1) L'église Saint-Jean-de-Malte.
(2) M. F.-N. Le Roy qui a publié une très-intéressante *Histoire de Jouvenet* (In-8° de 520 p.), pousse beaucoup trop loin l'admiration pour *son héros*, lorsqu'il prétend que l'originalité est le caractère saillant des œuvres de cet artiste. « Ses modèles, dit-il, furent des Normands et il n'a jamais fait circuler dans les veines de ses saints et de ses apôtres que le sang normand. Les femmes que Jésus chasse du temple sont des fermières cauchoises ; celles qui emportent le poisson de la pêche miraculeuse sont des Dieppoises ; ses anges ont la sveltesse et l'élancé des jeunes garçons de Normandie ; sa couleur même est normande ; l'air qu'on respire en ses tableaux est de l'air normand. Jouvenet n'ayant pas à se préoccuper de telle ou telle manière italienne, fut naturellement un grand coloriste, un coloriste du Nord et très-original à côté de Rubens ; il fut même, à vrai dire, *le seul peintre original*, en France, du temps de Louis XIV. » — Voilà un panégyrique, que tous les Normands, fiers à bon droit de leur grand artiste, signeraient des deux mains ; mais l'historien impartial a beaucoup à rabattre de tant d'éloges. Jouvenet, il faut le reconnaître, possède, en propre, une fierté de dessin qui arrive parfois à l'emphase, un coloris qui, bien que d'ordinaire monochrome, ne laisse pas d'être vigoureux, et d'autres qualités encore qu'il a pu tenir de son tempérament normand ; — mais, on ne peut nier qu'il n'ait été l'héritier direct, le sectateur ardent de Le Brun auquel il a emprunté le goût des allégories, l'agencement théâtral de la composition, et, pour tout dire, une manière de peindre expéditive et turbulente, qui peut convenir à l'exécution d'un plafond, mais qui est déplacé dans un tableau.

Des séraphins l'environnent, portant de pieux emblèmes : celui-ci un lys, celui-là un globe surmonté d'une petite croix, cet autre une croix plus grande, un quatrième, une couronne d'épines. Ces deux derniers, vêtus de bleu et les ailes déployées, sont placés tout à fait au bas du tableau ; celui qui porte la couronne est vu de dos, dans une attitude hardiment contournée.— Cette vaste composition pourrait se passer d'être signée : on reconnaît immédiatement le peintre rouennais à ses raccourcis audacieux, à ses grands et larges coups de brosse, à son coloris jaunâtre, à son style lâché et décoratif. — *Le Christ adoré par les anges* (à M. Roux) présente, dans un tout petit cadre, les mêmes qualités et les mêmes défauts. Jésus, vêtu d'une robe rouge et d'un manteau bleu, est assis au pied d'un arbre : des anges lui apportent des fruits et des fleurs ; des têtes ailées de chérubins voltigent au-dessus de lui.

Quelque grande qu'ait été la facilité de Jean Jouvenet à manier le pinceau, elle n'a pas égalé celle de Jacques Courtois, surnommé le Bourguignon (1621-1676) qui, selon ce que rapporte M. Villot, « attaquait souvent son sujet sans en avoir fait préalablement l'esquisse ou un dessin, traçait sa pensée sur la toile avec le manche aiguisé de son pinceau et peignait sans désemparer. » Cette verve un peu brutale et ce laisser-aller ne se font que trop sentir dans les trois *Batailles* exposées à Marseille. Le n° 107 qui représente un *Choc de cavalerie* et qui appartient au musée d'Aix, n'est qu'une pochade ; mais on y devine le coup de pinceau d'un maître. Les deux autres, provenant de la galerie de Mme la marquise de Castillon, ont plus d'importance. — Au centre du tableau inscrit sous le n° 105, un cavalier décharge son pistolet sur un autre cavalier qui tient une épée à la main; à droite, deux soldats turcs se retournent, le sabre levé, contre un Européen qui dirige vers eux un pistolet. Au premier plan, des cadavres d'hommes et de chevaux jonchent le sol; un cheval mourant lève la tête et hennit. Le combat a lieu dans un site sauvage, hérissé de rochers à pic. — L'autre tableau (n° 106) représente, à droite, des cavaliers cuirassés s'attaquant à travers des ruines. D'autres cavaliers, faisant sauter leurs chevaux par dessus des tronçons de colonnes, arrivent du côté gauche pour prendre part à l'escarmouche. — Vues de près, ces compositions paraissent un peu confuses ; à une certaine distance, elles se révèlent pleines de mouvement et de bruit. C'est bien là cette merveilleuse entente de la mêlée qui, suivant Lanzi, rendit le Bourguignon inimitable et fit dire à ses élèves « que leurs soldats combattaient en jouant et ceux de leur maître en réalité. »

Ce grand artiste forma en Italie, où il s'était fixé, de nombreux disciples ; on n'en cite qu'un seul qui appartienne à la France, mais celui-là surpassa tous les autres et atteignit presque à l'habileté de son maître : ce fut Joseph Parrocel, de Brignolles, dont nous examinerons les œuvres en parlant des artistes provençaux, parmi lesquels il occupe, ainsi que son père, son fils, ses frères et ses neveux, — une place éminente.

Nous renvoyons de même au chapitre consacré à l'école provençale, ce que nous avons à dire des Van Loo qui ont exercé sur cette école une si grande influence et qui ont laissé de si nombreuses productions dans le Midi.

Ce fut à Paris que les Coypel naquirent, qu'ils travaillèrent à peu près toute leur vie, et qu'ils fondèrent leur réputation et leur fortune. Le chef de la famille, Noel Coypel (1628-1707), artiste érudit, théoricien habile, dut à des imitations savantes d'être appelé un *second Poussin;* il succéda, en 1695, à P. Mignard, comme directeur de l'Académie royale de peinture. Ses fils, Antoine (1661-1722) et Noel-Nicolas, firent preuve, eux aussi, de plus d'érudition que de vrai talent. Ils suivirent la voie détestable ouverte par Le Brun, associant maladroitement l'antique et le moderne dans des allégories faites en l'honneur du grand roi (1). Antoine fut supérieur toutefois à Nicolas, son frère cadet ; il remplit de ses productions les églises et les palais royaux, écrivit un traité sur la peinture, compta plusieurs princes du sang pour protecteurs, et fut comblé d'honneurs et de richesses, qu'il transmit à son fils Charles-Antoine (1694-1752). Celui-ci eut le tort de se lancer dans les sujets religieux et historiques, auxquels s'accommodait mal sa touche légère et spirituelle, son coloris frais et moelleux ; il était très-heureusement doué, en revanche, pour réussir dans la peinture de genre, comme il le montra dans une suite de vingt-cinq compositions tirées de *Don Quichotte* (2), et comme suffirait à le prouver le charmant tableau de notre Exposition : l'*Amour docteur* (à Mme la marquise de Gueidan), que les rédacteurs du Catalogue ont attribué à Noel, l'aïeul, en dépit de la signature *Charles Coypel*, 1730, tracée sur la toile en gros caractères. Un baby blond et rose, vêtu d'un costume d'abbé qui lui sied à ravir, se renverse sur son siége avec un petit air doc-

---

(1) Ce fut Antoine qui fit les dessins des médailles de Louis XIV, dont l'Académie des Inscriptions était chargée.

(2) Ces compositions, destinées à être reproduites en tapisserie, se voient actuellement dans le château de Compiègne.

toral des plus comiques. Il tient un livre d'une main et y fait lire une ravissante fillette décolletée, poudrée et coiffée de roses, qui est à genoux devant lui et qui lui lance une œillade friponne. Une autre petite fille, tout habillée de blanc, se tient debout et croise les bras, en affectant un air confit; une de ses compagnes s'appuie sur son épaule. Derrière le fauteuil du docteur se montre un minois espiègle. Enfin, d'autres jeunes filles sont assises dans le fond, sur des bancs : quelques-unes lisent ; presque toutes regardent à la dérobée le gentil pédagogue.

Dans cette piquante fantaisie, Charles Coypel devance Greuze par la grâce de ses types enfantins, la vérité des attitudes, la naïveté de l'expression ; mais comme praticien, il est bien de son époque, époque de décadence, où le style décoratif fait invasion jusque dans les tableaux de chevalet.

Sous le nom de François Le Moyne (1668-1737), qui fut l'un des principaux adeptes de cette manière superficielle et lâchée, M. de Samatan a exposé une *Baigneuse*, qui est bien une des œuvres les plus séduisantes que je connaisse de cet artiste (1). — Une jeune et jolie femme, appuyée d'une main sur un tronc d'arbre, et de l'autre, se dépouillant de son dernier voile, trempe dans l'eau le bout de son pied mignon. Une suivante, à la mine espiègle, la soutient. Ce groupe est charmant. L'attitude de la baigneuse a une coquetterie, une grâce, une souplesse qui font oublier les imperfections du modelé. Les chairs sont d'une couleur blonde, plus agréable que juste. Le paysage et les accessoires ne sont qu'indiqués. — Signé à droite, sur un rocher : *F. Le Moyne*.

Je retrouve la même mollesse de touche, la même douceur de coloris, la même élégance de lignes dans une tête de *Sainte Rose*, exposée par M. César Paul. Le front couronné de roses, les yeux levés au ciel avec plus de langueur que d'ascétisme, cette jolie sainte semble rêver, comme Mignon, de la patrie absente.

Décidément l'art chrétien est mort en France.

Le Moyne s'évertua inutilement à la recherche du grand style. Un

---

(1) Dans la notice qu'il a consacrée à Le Moyne, M. Villot nous apprend que, pendant un voyage fait en Italie, en 1723, cet artiste peignit un *Hercule aux pieds d'Omphale* et une *Femme entrant au bain*, qui ont été gravés tous deux par Laurent Cars. Le premier de ces tableaux fait actuellement partie de la collection de M. Louis Lacaze ; je suppose que le second est celui dont M. de Samatan est l'heureux possesseur. On pourrait s'en assurer en recherchant la gravure de Cars, que M. Villot dit être fort belle.

peu avant lui, Bon Boulogne (1649-1717) (1) avait failli trouver la bonne voie. Formé à Rome par l'étude des grands modèles, il avait acquis une pratique ferme et savante. Dessinateur correct et coloriste vigoureux, il aurait pu prétendre à faire revivre les saines traditions, s'il s'était fié à sa verve, au lieu de songer à tirer parti de son extrême habileté à pasticher les anciens maîtres. — Deux tableaux, de manières fort différentes, ont figuré sous son nom à l'Exposition. Le *Saint-Bruno* (à M. le marquis de Montgrand), — morceau d'un coloris un peu froid, — a la solidité et la correction des peintures du Dominiquin. La *Femme adultère* (à M. Kaercher) semble avoir été peinte sous l'influence du Corrège ; la couleur en est riche, les personnages ont des tournures pleines d'élégance. Le Christ, en robe rouge et en manteau vert, montre avec le doigt ces mots écrits par terre : *Quis sine peccato est vestrûm, primus in illam lapidem mittat?* (2) Un vieillard, tenant un lorgnon, se penche pour lire cette inscription. La femme adultère, placée entre un soldat et un jeune homme coiffé d'une toque à plumes, s'avance triste et résignée. Des soldats et des gens du peuple s'agitent dans le fond. Deux hommes sont debout derrière le Christ.

Bon Boulogne forma un grand nombre d'élèves, mais il eut peu d'imitateurs. Quelques-uns même, après avoir collaboré à ses tableaux d'église, finirent par renoncer à la grande peinture.

Robert Tournières, de Caen (1668-1752), se mit à imiter les Hollandais. Il réussit principalement à faire des portraits de petite dimension. Celui qu'a exposé Mme la baronne d'Albertas (d'Aix) pourrait passer pour un Netscher, tant il est délicatement touché, tant il y a de préciosité dans les détails. Il représente une dame au teint d'albâtre, aux joues rosées ; un léger voile est posé sur ses cheveux blonds ; sa robe gris-perle, à grands falbalas, laisse voir la naissance de sa gorge ; elle appuie ses beaux bras sur un riche tapis qui

(1) Son véritable nom était de *Boullongne*. Il signait Boulogne l'*aîné*, pour se distinguer de son frère, Louis de Boulogne (1654-1733), qui, sans avoir son talent, sut obtenir des emplois grassement rétribués, fut anobli, en 1724, et nommé premier peintre du roi, — charge dans laquelle il fut remplacé par Le Moyne. — Louis de Boullongne (1609-1674), père des précédents, fut aussi un artiste distingué. Il eut deux autres enfants, deux filles, Madeleine et Geneviève, qui furent reçues à l'Académie royale de peinture en 1669. La dernière mourut à Aix, le 5 août 1708.

(2) Cette inscription n'est pas tracée sur la toile, mais on la trouve dans plusieurs tableaux représentant le même sujet, notamment dans une toile de Metsu, qui est au Louvre (n° 291).

recouvre la balustrade d'un balcon. Près d'elle, une cassolette fume. Un ample rideau vert, à demi soulevé, se déroule derrière elle. On aperçoit au fond, dans une niche, une statue de licteur assis. Signé R. *Tournière* (sîc) 1744.

Jean Raoux, de Montpellier (1677-1734), qui, avant d'entrer dans l'atelier de Bon Boulogne, avait reçu des leçons de Ranc père, son compatriote, se lança dans les sujets de fantaisie ; il peignit des fêtes galantes, des allégories et des scènes mythologiques pour trumeaux et dessus de portes, des noces de village, voire, si nous en croyons le livret de l'Exposition marseillaise, des *tabagies flamandes* (1). Il a fait aussi une foule de portraits *historiés*, — portraits d'actrices en costume de muses, de bacchantes, de naïades, — portraits de grandes dames en Vénus, en Diane, en Pomone, en Cérès, etc. Il est probable que les deux figures de femmes que le Catalogue a inscrites comme étant des portraits (à M. de Surian), ne sont que des types de fantaisie. La jeune femme, du n° 806, est des plus séduisantes : elle ramène sur son joli visage un long voile noir, sans doute pour se conformer à l'ordre de la vieille duègne qu'on entrevoit dans l'ombre ; mais, à son air espiègle, on comprend qu'elle obéit avec une lenteur calculée : *cupit ante videri*. — Il n'y a pas moins de coquetterie et de grâce dans l'attitude de l'autre dame (n° 805), dont le frais minois disparaît à demi dans la pénombre projetée par une cape. — La *Jeune fille lisant*, du musée de Toulon, est charmante aussi sous son grand chapeau à plumes ; mais la peinture n'a pas la finesse et la distinction qu'on remarque dans les deux toiles précédentes.

Il y a, selon moi, une très-grande analogie entre la manière de Raoux et celle d'Alexis Grimou (1680-1740) : même sentiment du clair-obscur, même harmonie et même vigueur de coloris, même élégance de touche. Grimou, fils d'un cent-suisses de Louis XIV, apprit, dit-on (2), la peinture sans maîtres, en copiant chez un brocanteur de tableaux, des ouvrages de Van Dyck et de Rembrandt ; mais il se peut bien qu'il ait reçu, dans la suite, des conseils de Raoux, plus âgé que lui de trois ans et rompu de bonne heure à toutes les difficultés du métier. — Le portrait, exposé par M. Roux, a de précieuses qualités. C'est celui d'un jeune militaire (et non d'*un page*, comme dit le livret), ayant pour coiffure une toque de velours rouge ornée de plumes, portant une petite fraise tuyautée et une cuirasse, et tenant à la main une hallebarde.

(1) Le Catalogue a enregistré, en effet, sous ce titre, une toile appartenant à M. Grisard, mais nous n'avons pu la découvrir.
(2) M. Villot, *Catalogue du Louvre*.

Nicolas Largillière (1656-1746) qui s'éleva bien au-dessus des divers portraitistes que nous venons de nommer, eut pour maîtres deux flamands : — Antoine Goubau, d'Anvers, lui apprit à peindre les animaux, les fleurs et les fruits, — et le chevalier Lely, lui transmit les leçons de Van Dyck dans l'art si difficile du portrait. Il dut à cette éducation des qualités dont on avait perdu le secret en France : une touche libre et juste, fine sans sécheresse, délicate sans mignardise, une couleur savante et harmonieuse, un goût parfait dans la manière de poser le modèle, une force et une vérité d'expression qui donnent, pour ainsi dire, une âme à la peinture. Comme il travaillait avec une extrême facilité, qu'il était accablé de commandes et qu'il est mort très-vieux, il n'est pas rare de rencontrer de médiocres productions sorties de son pinceau.— Dix portraits lui ont été attribués par le Catalogue marseillais. Mme la marquise de Gueidan a exposé, à elle seule, trois portraits de famille fort remarquables : — celui d'un jeune garçon, en pied, revêtu des insignes de chevalier de Malte, est curieux en ce qu'il rappelle une action d'éclat de l'un des ancêtres de la maison de Gueidan ; mais je préfère celui d'une dame aux yeux fendus en amande, à la bouche rose et souriante, aux joues ornées de deux ravissantes fossettes, aux cheveux poudrés à frimas et entremêlés de fleurs, costumée en bergère et ayant auprès d'elle un gracieux *amorino* qui soutient une guirlande. — Largillière excellait à peindre ces cupidons aux formes rebondies, au minois mutin ; aussi, en a-t-il mis trois dans le tableau (n° 529) représentant deux jeunes filles, l'une debout, l'autre assise devant un clavecin. Un de ces petits amours tourne les feuillets du cahier de musique. Un autre descend du ciel, un bouquet dans chaque main. Le troisième, ayant des ailes bleues et une chevelure en coup de vent, ouvre de grandissimes yeux et pose un doigt sur ses lèvres ; il est debout à droite, au premier plan, près d'un basson peint en trompe-l'œil.

Quand il s'agissait de placer des fleurs ou des fruits dans un tableau, Largillière n'avait qu'à se ressouvenir des leçons d'Antoine Goubau, dont il avait parfaitement profité ; aussi, je ne pense pas qu'il ait eu besoin, — ainsi que le dit le Catalogue, — de recourir à Baptiste Monnoyer pour exécuter les fleurs qui encadrent un portrait de femme (n° 525) exposé par Mme Blachet-Gassier. Ce portrait, d'ailleurs, est médiocre ; il faut en dire autant du n° 526 (même collection), du n° 532 (portrait d'homme en buste, à M. de Forbin d'Oppède), du n° 534 (portrait de la *Duchesse de Montmorency-Laval*, à M. le marquis de Valori). Le portrait de Mme de

Simiane (à Mme d'Agard) a de la distinction, mais on dirait presque un Mignard. En revanche, le portrait de *Marie Mancini*, du musée d'Avignon, est un vrai Largillière, un Largillière de la manière flamande, un chef d'œuvre. Il n'est peint qu'avec trois couleurs, du blanc, du noir et du jaune; c'est à peine si quelques touches roses se sont égarées sur les lèvres et sur les joues. La figure est modelée avec une rare puissance; les détails du costume ont une perfection inouïe. La belle Mancini se présente de face, — ses beaux yeux noirs, grand ouverts, son opulente chevelure frisottant autour des tempes et laissant tomber sur les épaules deux longues boucles. Elle a une petite coiffure jaune, un collier de perles, une robe noire et des sous-manches de guipure que le temps a roussies et que l'on croirait toucher.

De même que Largillière, Hyacinthe Rigaud (1659-1743) se proposa Van Dyck pour modèle; il copia même, assure-t-on, plusieurs portraits de l'illustre maître flamand et se flatta, dans la suite, de lui ressembler: prétention que la plupart des biographes ont eu grand tort, à mon avis, d'accepter, car Rigaud approche de Van Dyck bien moins que Largillière. En réalité, ce fut un peintre éminemment national, l'un des plus glorieux représentants de l'art solennel et quelque peu emphatique du grand siècle. Sans doute, il rechercha la vérité et la trouva dans l'accentuation des formes vivantes, et plus encore, peut-être, dans le rendu des détails inanimés; mais, à la façon dont tous les personnages peints par lui sont posés, à leur attitude cérémonieuse, à leur visage empreint d'un même sourire, à la richesse et à l'ampleur de leur ajustement, on reconnaît vite le peintre de Louis XIV, asservi comme Le Brun, comme Van der Meulen, aux lois de l'étiquette.

Grâce au concours des membres de la vieille noblesse provençale qui n'ont pas hésité à se séparer, pour quelques mois, de précieux souvenirs de famille, quinze portraits de Rigaud ont pu être réunis dans les galeries de l'Exposition marseillaise. — Sur ce nombre, huit (n°s 872-879) ont été envoyés d'Aix par Mme la marquise de Gueidan. Le plus intéressant est, sans contredit, le n° 872; il représente en costume de *Joueur de cornemuse*, Pierre de Gueidan, gentilhomme d'excellente mine, qui obtint, à la cour du régent, un grand renom de galanterie. Il est debout, de face, coiffé d'une perruque blanche *in-folio*, vêtu d'un habit de satin à grands ramages et d'une culotte de velours noisette, tenant sous son bras le soufflet et, entre ses doigts, les tuyaux de la cornemuse. Une grande draperie, disposée avec élégance, flotte autour de son corps et à son côté est suspendue une panetière recouverte, ainsi que la cornemuse, de velours bleu brodé d'argent. Un levrier blanc, taché de noir, certainemement peint d'après nature, se tient près de son maître et le regarde. Dans le fond se déroule un paysage très-accidenté. — On lit dans un coin : *Fait par H. Rigaud 1735.* — Je ne crois pas qu'il existe dans l'œuvre du maître une page d'une bizarrerie plus séduisante, d'une gravité plus bouffonne, d'un maniérisme plus colossal. L'exécution atteint les dernières limites du fini : les cils des yeux, le traces bleuâtres de la barbe fraîchement rasée, les plis de la peau, les veines légèrement gonflées des mains et le sang même courant sous l'épiderme, les broderies et les dessins des étoffes, le brillant de la soie, le chatoiement du velours,... tout est rendu, en pleine lumière, avec un soin prodigieux. Cette peinture a eu et devait avoir à l'Exposition beaucoup de succès auprès du public des dimanches, mais les gens d'un goût sévère n'auront pas manqué de regretter que tant de talent ait été dépensé à de pareilles minuties.

Un portrait d'un caractère plus élevé et d'une facture plus sévère est celui (n° 877) du marquis Gaspard de Gueidan, qui exerça pendant 28 ans les fonctions d'avocat général (1) et fut reçu Président en la cour du Parlement de Provence, le 5 octobre 1740. Il est représenté revêtu des insignes de cette dernière dignité, debout près d'une table sculptée, appuyant la main gauche sur son mortier et faisant, avec la droite, le geste d'un orateur. — S'il faut dire vrai, avant d'envisager le personnage, on est frappé de l'éclat de son manteau rouge fourré d'hermine ; ce manteau est une merveille d'exécution. — Le *Portrait d'homme en costume civil*, inscrit sous le n° 878, est encore celui de Pierre de Gueidan dépouillé de l'attirail pastoral et galant de tout à l'heure ; — il porte un habit de ville avec col et jabot de guipure ; une draperie orientale de la plus grande richesse est jetée sur son épaule. Ce portrait est fort beau ; mais il n'a pas l'importance de ceux que nous venons de décrire ; il n'est qu'en buste ainsi que ceux inscrits sous les n°s 876 et 879 ; ces derniers représentent, nous a-t-on dit, deux guerriers de la famille de Gueidan qui vivaient sous Louis XIII et qui auraient été peints par Rigaud, d'après d'anciens portraits. Tous deux portent une cuirasse et ont la main appuyée sur un bâton de commandement. Celui du n° 879 a sur la poitrine la croix de St-Michel ; son visage, marqué de petite vérole, est très-vivant, très-expressif. — Le Catalogue

(1) Ses discours ont été imprimés à Paris en 1739.

intitulé *Portrait de genre* (n° 875) un buste dont la nudité a pu effaroucher des yeux pudibonds, et qu'un critique rigide accusera de ne pas être dessiné très-correctement. Ce buste, posé de trois quarts, est celui d'une jeune femme à l'attitude lascive, à la bouche en cœur, à l'œil provoquant, poudrée à frimas, coiffée d'une toque violette que surmonte une plume, et portant en guise d'écharpe une étoffe de soie changeante qui ne lui couvre que la moitié de la gorge. — Cette Vénus de boudoir est, à tout prendre, préférable à la majestueuse *Naïade* du n° 874, divinité d'un embonpoint respectable, *appuyée d'une main sur son urne penchante* et, de l'autre, cueillant des fleurs aquatiques, vêtue d'une robe vert-d'eau et ayant près d'elle son lévrier favori.

Ce dernier ouvrage, d'un coloris pâle et d'une facture un peu molle, ne me paraît pas être de la main de Rigaud. J'en dirai autant du huitième portrait (n° 873) exposé par Mme la marquise de Gueidan, portrait que l'on doit, sans hésiter, restituer à Van Loo.

Rigaud ne fut pas moins fécond et pas moins expéditif que Largillière; aussi, a-t-il produit, comme lui, beaucoup d'ouvrages de médiocre qualité. Les portraits suivants sont tout à fait secondaires, mais rien ne s'oppose à ce qu'on en admette l'authenticité : *Portrait de Mme d'Archimbaud* et *portrait de Mme de Montclar* (bustes, à M. le comte d'Archimbaud, d'Avignon); *portrait d'un maréchal*, vu jusqu'aux genoux (à Mme la marquise de Castillon, d'Aix); *portrait d'un jeune homme* (buste, à Mme la marquise Félix du Muy); *portrait de M. de Longepierre* (buste, à M. de Surian). Mais voici, pour finir, deux morceaux de maître :

Portrait de famille (à M. d'Astros). On ne voit d'abord qu'une magnifique manche, à revers roses, d'où sort une main blanche et fine. Cette manche pose sur une table, à côté d'une écritoire et d'un plateau de métal, d'un bâton de cire rouge et d'une sonnette. Derrière ce rempart, on finit par découvrir un vieillard solennel, raide et compassé, qui vous regarde avec les yeux sévères d'un moraliste. Si ce n'est un magistrat, c'est, à coup sûr, quelque philosophe de l'école de La Rochefoucault.

Portrait du président de la Roque (à M. le comte P. de Forbin la Barben). — Celui-ci est jeune; il a la mine souriante; il est vêtu avec la dernière élégance : habit de satin olivâtre, manchettes et

---

(1) De 1681 à 1698, il termina 623 portraits de toutes grandeurs, ainsi que le constate un fragment du registre sur lequel il avait l'habitude d'inscrire les noms des personnes qu'il peignait (*Mémoires inédits sur la vie et les ouvrages des Membres de l'Académie royale*, II, p. 142).

jabot de dentelles, manteau de velours rouge, perruque blond-cendré; il appuie sa main gauche sur le dos d'un fauteuil. — Ce portrait est superbe : exécution ferme et soignée, vérité des détails, expression et vie, tout y est.

Après Largillière et Rigaud, le portraitiste le plus à la mode vers la fin du grand règne, fut François de Troy, de Toulouse (1645-1730), qui reçut des leçons de Claude Le Febvre, mais qui me semble s'être proposé Mignard pour modèle. C'est, en effet, dans la manière de ce dernier qu'est exécuté le beau portrait provenant de la galerie de Mme Félix du Muy et portant cette inscription : *Peint à Paris par François de Troy*. La jeune et séduisante *marquise de Ramatuelle*, que ce portrait représente, est assise dans un fauteuil de velours vert et prend une pêche sur un plateau que lui présente un négrillon. Elle est vêtue d'une robe de satin blanc très-ouverte sur la poitrine et ornée de pierreries sur l'épaule et au-dessus du coude. Une écharpe à grands ramages, doublée de soie rose, complète cette riche parure.

C'est encore à François de Troy et non pas, comme le veut le Catalogue, à son fils, Jean-François, qu'il faut attribuer un très-remarquable portrait exposé par M. le marquis de Forbin d'Oppède. On ne peut imaginer une tête plus fine, plus intelligente, plus aristocratique que celle du jeune gentilhomme représenté par ce portrait. Le Catalogue le nomme : *M. de Longepierre*. Il est vu de trois quarts jusqu'aux genoux, coiffé d'une grande perruque blonde, ayant un habit de velours rouge à reflets roses, des manchettes et une cravatte de guipure. Il est debout, dans son cabinet de travail, appuyant la main droite sur un canapé vert, tenant un livre dans la gauche, qui est baissée. Un volume de Virgile est ouvert derrière lui, à la VIe Eglogue, et, sur le dos de quelques-uns des in-quartos rangés au fond, dans une bibliothèque, on lit : *Hérodote, Aristote, Isocrate, Platon*. Ah! si tous nos savants en *us* avaient la mine aussi souriante que M. de Longepierre!

François de Troy s'est montré, dans l'exécution de ce portrait, aussi grand praticien que Rigaud; s'il a un peu moins de fermeté dans la touche, il a plus de distinction et de transparence dans le coloris. Croirait-on que le Louvre n'a pas un seul ouvrage de ce maître (1) qui, outre un nombre considérable de portraits, a peint

(1) Je pense que c'est encore à lui et non à son fils qu'il faut attribuer le portrait en buste d'un jeune militaire (n° 1018, à Mme Blachet-Gassier), modelé tout entier dans le clair-obscur que forme une fumée ou une brume intense! — ouvrage plus remarquable, il est vrai, par son étrangeté que par les mérites de son exécution.

des tableaux de genre et des compositions importantes où figuraient les princes, les grands dignitaires et les seigneurs de la cour?

Jean-François de Troy (1679-1752), plus célèbre que son père, n'a guère fait que des compositions historiques. La *Peste de Marseille*, que l'on peut considérer comme son chef-d'œuvre, figurait à l'Exposition. Cette grande composition, exécutée en 1722, pour le chevalier Rose, qui en est le héros, fait partie de la galerie du château Borély, dont la ville de Marseille est devenue propriétaire, il y a quelques années. Le sujet du tableau est raconté avec une émouvante simplicité dans les lignes suivantes que nous empruntons au *Journal* (1) d'un témoin de cette horrible peste de 1720 : « Le 14 septembre, quelque grande qu'ait pu être l'activité de MM. les échevins à faire enlever des différents quartiers de la ville un nombre infini de morts, la mortalité continue d'être si grande qu'il s'en présente à eux toujours davantage; les cadavres semblent se reproduire à tout moment. Il y en a surtout, depuis trois semaines, plus de mille qui se touchent les uns les autres, dans un lieu exposé à toute l'ardeur du soleil : c'est à la Tourette, esplanade du côté de la mer, entre les maisons du château Joly et le rempart, depuis le fort Saint-Jean jusqu'à l'église cathédrale. On sent assez l'importance de nettoyer cette place ; mais l'infection contagieuse qui s'élève des cadavres qui y sont en pourriture, empêche les voisins qui sont fermés dans leurs maisons, jusques à la place de Lenche et dans la rue du palais épiscopal, d'ouvrir leurs fenêtres ; les plus hardis et les plus robustes frémissent à la seule pensée de s'en approcher. Personne n'ose se charger d'une pareille entreprise, lorsque M. le chevalier Rose, également hardi et industrieux, va sur le lieu même ; là, sans se rebuter de voir tant de cadavres hideux qui présentent à peine la forme humaine, et dont les vers mettent les membres en mouvement, il parcourt les remparts, et, au travers de quelques fentes que le temps et l'air marin ont faites au pied des deux vieux bastions qui ont résisté, il y a deux mille ans, aux attaques des armées de Jules César, il observe que ces bastions sont voûtés et creux en dedans. Il juge qu'en faisant ôter quelques pieds de terre qui couvrent les pierres de la voûte et en l'enfonçant, il n'y aura rien de si aisé

---

(1) *Journal inédit et le seul complet que l'on connaisse de ce qui s'est passé dans la ville de Marseille et dans son terroir, à l'occasion de la peste, depuis le mois de mai 1720, jusqu'à la fin de septembre 1723*, par le père Paul Giraud, visiteur provincial de l'ordre de la Sainte-Trinité pour la rédemption des captifs. — Publié dans le *Conservateur marseillais*.

que d'y faire jeter tous ces cadavres, qui tomberont d'eux-mêmes jusques au fond, au niveau de la mer, et que dans ce réduit on les couvrirait facilement de chaux vive, pour empêcher qu'il ne s'en élevât quelques exhalaisons empestées. Il court aussitôt à l'Hôtel-de-Ville, il communique sa découverte et son projet à M. le commandeur de Langeron (chef d'escadre des galères), et à MM. les échevins : il se flatte de surmonter tous les obstacles et de se sauver même du péril, pourvu qu'on lui donne assez de monde. M. le commandeur vient de recevoir les ordres de la cour pour pouvoir prendre autant de forçats des galères qu'il jugerait nécessaire pour le service de la ville : il en accorde cent au chevalier Rose qui, sans leur donner presque le temps d'envisager le péril évident auquel il les expose, exécute son dessein pour ainsi dire d'un coup de main et dans un instant. »

Cette action héroïque sur ce hideux théâtre a été admirablement rendue par de Troy. La composition est indiquée avec une fougue, avec une verve qu'on a pu blâmer dans d'autres œuvres du même maître, mais qui sont ici de véritables traits de génie. — L'esprit est saisi d'épouvante en face de cette scène inouïe où les vivants, poussés en apparence par une fureur sacrilége, étreignent violemment les morts, les soulèvent, les emportent et les précipitent dans les fosses béantes. Des cavaliers parcourent à toute bride cette mêlée monstrueuse, et, pour ajouter à l'horreur de ce spectacle fantastique, des anges secouent du haut des nues des torches enflammées. On a besoin de savoir quel dévoûment a rassemblé ces hommes dans ce lieu sinistre et leur fait braver les plus affreux dangers. S'ils vont si vite à la besogne, c'est que chaque bouffée d'air qu'ils aspirent peut les empoisonner, c'est que le contact de ces chairs putréfiées est contagieux. Il faut renoncer à reproduire tous les détails de ce tableau : les cadavres bizarrement amoncelés, tous les sexes, tous les âges rapprochés dans cet effroyable charnier et, au milieu des forçats demi-nus qu'il dirige et qu'il stimule, le chevalier Rose, ferme et impassible sur son cheval qui hennit. Et comment louer assez l'exécution de ce magnifique ouvrage? « On dirait que toute notre école moderne s'en est inspirée, — a dit un éminent critique (1) dont on nous saura gré de reproduire le jugement, — et qu'Eugène Delacroix surtout s'en souvenait quand il peignit son *Massacre de Chio*. Et nous ne parlons pas seulement de l'entrain, de la furie avec lesquels est

(1) M. Charles Blanc, dans son *Histoire des peintres*, splendide monument élevé à la gloire de toutes les écoles.

brossé ce tableau prodigieux, nous parlons aussi de la beauté esthétique de la couleur. Par ce côté, la peinture de Jean-Francois de Troy est admirable : l'atmosphère paraît empestée; le ciel rayé de teintes fétides, semble chargé de toutes les miasmes de la palette; les malsaines exhalaisons du port se traduisent en tons livides, et les forçats qui soulèvent les cadavres pour les précipiter pêle-mêle dans les fosses communes de la peste, laissent voir eux-mêmes des nudités maladives. Tout se décompose, se décolore et se flétrit sous le pinceau de l'artiste ému et fougueux, et l'on ne sait qu'admirer le plus du dévouement héroïque que le peintre a représenté, ou de la bravoure avec laquelle il a peint ce dévoûment. »

Jean-François de Troy fut avant tout un grand coloriste : on sent l'influence de Véronèse et de Rubens dans la plupart de ses tableaux, a dit M. Charles Blanc ;—j'ajouterai toutefois qu'en général les teintes qu'il emploie sont loin d'avoir la franchise et la solidité qu'on rencontre dans les productions de ces merveilleux modèles, de Rubens surtout. Comme Jouvenet et comme presque tous les coloristes de son temps, il sacrifie volontiers à l'harmonie générale la justesse des tons locaux. Nous avons pu faire cette remarque non seulement dans le tableau de la *Peste*, mais encore dans une *Cléopâtre se donnant la mort*, exposée par M. Théus (de Draguignan), œuvre de mérite, au demeurant, et qu'il est permis de citer même après celle que nous venons de décrire.

Des artistes du XVIIe siècle qui se disputèrent l'honneur de peindre leurs contemporains, nous passerons brusquement aux peintres de nature morte et d'animaux.

Les fleurs trouvèrent en Jean-Baptiste Monnoyer (1634-1699), — plus connu sous le simple nom de Baptiste, — un portraitiste qui eut le talent d'éterniser leur fraîcheur et leur grâce éphémères. Parmi les tableaux attribués à ce maître, nous avons remarqué une petite *Corbeille de fleurs*, très-spirituellement touchée, sur panneau circulaire, à M. Dufour ; — des *Fruits* (raisins, pastèques, melons, pommes, pêches, grenade ouverte), et des *Fleurs* (roses, tulipes, anémones, volubilis, etc., posés sur un socle) : les deux pendants à M. d'Athénosy.

De Jean-Baptiste Blain de Fontenay (1654-1715), qui fut le disciciple et le gendre de Baptiste, M. Boyer a exposé un tableau de *Fruits*.

François Desportes (1661-1743), qui peignit assez mal les hommes avant de peindre en maître les animaux, avait à l'Exposition deux grandes toiles (à M. le baron d'Albertas), représentant : l'une, un chien superbe s'élançant sur une chatte et ses chatons en train de plumer des oiseaux ; l'autre, un carlin aboyant à des cygnes et à des canards posés sur une mare ; — ce dernier ouvrage de très médiocre qualité et probablement apocryphe.

Enfin, sous le nom de Jean-Baptiste Oudry (1686-1755), élève de Largillière et de Michel Serre, peintre des galères du roi à Marseille, trois morceaux ont été exposés : *Un chien en arrêt sur un faisan* caché derrière une touffe de genêt, peinture solide (à Mme la baronne du Laurent) ; — un très-beau dessin, du même motif (à M. de Surian) ; — et un *Tigre attaqué par des chiens*, tableau plein de vigueur et de hardiesse (à M. Billet).

Avec Oudry, qui fut le peintre attitré des meutes de Louis XV, — comme Desportes avait été celui des meutes de Louis XIV, — nous arrivons en plein dix-huitième siècle et nous voyons venir à nous tout un essaim de peintres légers, gracieux, brillants, ne relevant que de leur caprice, n'écoutant que leur inspiration, maîtres d'une école raillée et bafouée, il y a trente ans, exaltée aujourd'hui et représentée par bon nombre de critiques comme la seule qui soit vraiment française.

II

Watteau. — N. Lancret. — Pater. — Boucher. — Honoré Fragonard. — Carle Van Loo. — Natoire. — J.-B. Nattier. — J.-B. Leprince. — J.-B. Huet. — Les Lagrenée. — J.-M. Vien. — J.-B. Pierre. — J. Bardin. — Subleyras. — Les Vernet. — Martin le jeune. — Casanova. — Taunay. — De Marne. — Loutherbourg. — Lantara. — Chardin. — Latour. — J.-B. Greuze — P. Prudhon.

Lorsque aux années maussades de la fin du grand règne eut succédé la Régence, — la cour, délivrée de la tutelle bigote de Mme de de Maintenon, se jeta à corps perdu dans les plaisirs et dans les fêtes. Il y eut comme un réveil de l'esprit, et, j'ajouterais volontiers, un réveil de la nature. La gaîté éclata sur tous les visages ; l'amour, ou quelque chose qui y ressemblait, fit battre tous les cœurs. A qui se serait arrêté à la surface de ce monde brillant, souriant et fardé, il pouvait sembler que l'âge d'or était revenu. Rien ne manquait à l'illusion. Les marquises s'étaient subitement transformées en faunesses, en dryades, — la coquetterie féminine trouvant, sans doute, son compte aux toilettes indiscrètes de la fable ; les marquis devinrent des Damons, des Tityres, des Corydons. Et puis, ce fut un merveilleux engouement pour les champs. A ces nymphes sentimentales et à ces bergers langoureux ne fallait-il pas des prairies pour roucouler de tendres idylles; des bocages et des grottes moussues pour entendre soupirer l'infortunée Echo; des flots sur lesquels on pût *s'embarquer pour Cythère*? Le besoin d'enjoliver la nature donna naissance, dans l'art des jardins, à un style d'un maniérisme adorable, qui eût fort effarouché Le Nôtre. Volontiers, d'ailleurs, si la chose eût été possible, on eût substitué aux paysages ainsi arrangés les décors de l'Opéra ; à défaut, les divinités du ballet furent invitées à embellir de leur présence les mascarades champêtres de la cour. — Ces fantaisies séduisantes et ces gracieux, mensonges que Chaulieu célébra dans des vers anacréontiques, devaient trouver un autre poète pour les fixer sur la toile.

Antoine Watteau (1684-1721), le *peintre des fêtes galantes*, a eu, dans ces dernières années, des panégyriques si convaincus et si éloquents (1), que nous serions mal venu à entreprendre, après eux, de le venger des stupides railleries dont ses œuvres charmantes ont été si longtemps l'objet. Le haut prix que ces mêmes ouvrages, naguère si décriés, atteignent dans les ventes publiques, est une preuve que la réaction n'est pas seulement, comme on l'a dit, le fait d'une coterie littéraire : tous les vrais connaisseurs, tous les hommes de goût s'y associent. — Des trois tableautins qui figuraient à l'Exposition marseillaise, un seul nous a paru authentique : *Le Guitariste* (à Mme Grange née Reattu) ; une véritable perle. Le musicien, vêtu des pieds à la tête d'une étoffe rayée de blanc et de rose, et portant son tricorne sur l'oreille, s'est arrêté, pour jouer, devant deux jeunes femmes assises sur le gazon. Derrière celles-ci, un homme coiffé d'un berret rouge et drapé comme un hidalgo, est adossé à un arbre. Ces quatre figurines ont des désinvoltures ravissantes. Le paysage, orné d'un lac, est à peine indiqué ; mais quels lointains lumineux, quelle couleur chatoyante et quelle finesse de touche (2) !

---

(1) Nous citerons, entre tous, M. Arsène Houssaye qui, dans sa piquante *Galerie du XVIIIe siècle*, a consacré à Watteau une étude des plus poétiques.

(2) Un vrai Watteau encore, provenant de la même collection que le *Guitariste*, ne saurait être passé sous silence. C'est un dessin au crayon noir avec des rehauts de pastel rouges et bleus (n° 1537), représentant une *Bouquetière* ayant un petit panier au bras et des fleurs dans chaque main.

Le plus grand tort de Watteau, disons-le, a été de faire des imitateurs. Il fallait, en effet, une imagination aussi délicate, aussi vive et aussi riante que la sienne, un talent d'exécution aussi ferme et aussi mordant que celui dont il a fait preuve, pour faire accepter un genre essentiellement faux, pour donner une forme à des chimères et pour animer des fantômes. Ses disciples immédiats, Nicolas Lancret (1690-1748), et Jean-Baptiste Pater (1696-1736), firent de vains efforts pour s'assimiler sa manière spirituelle, agile, j'allais dire ailée. Ils se virent condamnés à traduire en prose ses poétiques fantaisies. Lancret prit la raideur pour de la distinction, — Pater, la minauderie pour de la grâce ; le premier fut froidement maniéré, le second lourdement aimable. Tous deux cependant firent, dans leurs bons jours, des pastiches auxquels le public se trompa. — Ils n'étaient représentés ni l'un ni l'autre à l'Exposition, car nous ne ne saurions admettre comme authentique la *Fête champêtre*, donnée à Pater par le Catalogue.

Watteau a rang parmi les grands peintres, non pas seulement, parce qu'il fut un praticien exquis, mais surtout parce qu'il fut un grand poète ; il idéalisa les folies de la Régence et ne laissa voir la vérité qu'à travers un prisme enchanteur. — François Boucher (1704-1770), qui vint après lui, peignit avec une fidélité naïvement cynique la société débraillée au milieu de laquelle il vécut. Ses tableaux ne font que refléter les mœurs de la cour de Louis XV : une coquetterie minaudière, une grâce factice, une élégance pleine d'afféterie, l'idylle changée en madrigal et en ballet, la nature remplacée définitivement par le décor, l'artifice se substituant à l'art, la raison et le bon goût insultés et bafoués, la luxure levant le masque, et le dévergondage s'étalant partout avec des raffinements d'impudence.

Boucher fut le Gentil-Bernard de la peinture. Il aurait pu prétendre à mieux, car peu d'artistes ont été plus heureusement doués : imagination féconde, abondance de jet, facilité d'exécution qui tenait du prodige, dessin toujours gracieux, sinon toujours correct, coloris clair et séduisant jusque dans ses mensonges, il gaspilla toutes ces qualités dans d'innombrables ouvrages. « Ce n'est pas un sot pourtant, a dit de lui Diderot ; c'est un faux bon peintre, comme l'on est un faux bel esprit. Il n'a pas la pensée de l'art, il n'en a que les concetti. »

Six peintures et deux dessins sont portés dans le Catalogue au nom de Boucher. — Les dessins : *Amours* (à M. Hubac), et un trumeau figurant une néréide, un triton et deux *amorini* autour d'une fontaine (à M. de Millaudon), n'ont pas d'importance. — Les peintures sont dignes d'attention. Citons d'abord deux ravissants tableautins appartenant au musée de Toulon : une *Femme* entièrement nue, couchée à plat ventre sur un coussin et des draperies, au milieu d'un paysage vaguement indiqué ; attitude gracieuse, torse blanc et rose, ombres fines, coloris frais et léger ; — un *Petit Amour ailé* que viennent becqueter deux blanches colombes, un rien charmant.

Une très piquante fantaisie, signée *F. Boucher*, 1762, a été exposée par M. Félix Rozan, sous ce titre : *Vénus et l'Amour* ; mais ce n'est encore là qu'une bluette. Les *Amours* (peints en grisaille), provenant du cabinet de M. A. de Surian, n'offrent d'intérêt que parce qu'ils sont bien authentiques. — Quant aux *Nymphes surprises au bain* (à M. de Samatan), si elles sont de Boucher, il faut le dire tout bas.

Reste un grand cadre qui a été exposé par Mme la comtesse Gaetani, et qui représente quatre enfants nus jouant sur l'herbe, au bord d'une pièce d'eau. Ces petits culs-nus, gravement occupés à donner la volée aux oiseaux de Vénus qu'ils ont tirés d'une cage, m'ont remis en mémoire la boutade suivante de Diderot, indigné de ne pas trouver l'ombre du naturel dans les tableaux de Boucher : « Quand ce peintre fait des enfants, il les groupe bien ; mais qu'ils restent à folâtrer sur les nuages : dans toute cette innombrable famille, vous n'en trouverez pas un employé aux actions réelles de la vie, à étudier sa leçon, à lire, à écrire, à tisser du chanvre. Ce sont des natures romanesques, idéales, de petits bâtards de Bacchus et de Silène. Ces enfants-là, la sculpture s'en accommoderait assez sur le tour d'un vase antique. Ils sont gras, joufflus, potelés. »

Des nombreux élèves de Boucher, un seul, Jean-Honoré Fragonard, hérita de sa manière légère et subtile, de son imagination brillante et féconde. Nous reparlerons de lui dans le volume consacré aux artistes provençaux, en même temps que de Carle Van Loo qui, possédant toutes les qualités propres à la grande peinture, — la correction du dessin, le sentiment de la couleur, le goût du style, — ne sut être qu'un rival de Boucher dans les fantaisies pastorales et galantes.

Bien peu d'artistes, au XVIIIe siècle, surent résister à la mode qui les poussait vers ce genre fade, maniéré, licencieux, si bien en harmonie d'ailleurs avec les goûts et les sentiments d'une société corrompue et qui était sur le point de se dissoudre.

Charles-Joseph Natoire, de Nîmes (1700-1777), qui succéda à

J.-F. de Troy, comme directeur de l'école de Rome, peignit l'histoire dans le genre de Le Moyne, son maître, et fit des sujets de décoration à la manière de Boucher. — Il n'était représenté à l'Exposition que par l'esquisse d'un tableau de religion : *Saint-Louis prêchant* (à M. Girard).

Jean-Marc Nattier (1685-1766), filleul de Jouvenet, doit être cité avant tout comme portraitiste ; « il peignit, dit M. Villot, toute la cour de Louis XV et les personnages les plus éminents de son époque. » Comme il savait mentir le plus agréablement du monde, toutes les femmes voulurent avoir leur portrait de sa main ; — en échange, elles lui donnèrent la réputation. — Nous aurions mauvaise grâce à blâmer l'artiste de ses aimables mensonges : les femmes qu'il a peintes n'ont qu'un tort, à nos yeux, celui d'être trop uniformément jolies ; mais il en est qui ont gardé jusqu'à nous une puissance de séduction irrésistible, témoin l'adorable figure de *la Camargo* que l'on voit au musée de Nantes (1). — Dans le genre mythologique où il fit de fréquentes incursions, Nattier adopta une manière excessivement finie et précieuse. *Le Jugement de Pâris* (cuivre), exposé par M. Perret, est une véritable miniature (2). La composition et le style des figures sont imités de l'Albane ; l'exécution pourrait faire envie au chevalier Van der Werff.

Nattier qui peignit, à Amsterdam (1715), Pierre-le-Grand et plusieurs seigneurs de la cour de ce monarque, ne put se décider, malgré les offres brillantes qu'on lui fit, à aller se fixer en Russie. Jean-Baptiste Le Prince (1733-1781), élève direct de Boucher, fut conduit dans ce pays par le désir d'échapper aux désagréments d'un mariage mal assorti. Il habita Saint-Pétersbourg pendant cinq ans, et y exécuta de nombreuses peintures décoratives dans le palais du czar. Sous son nom, M. Gibert a exposé une *Odalisque*, joli dessin au crayon rouge rehaussé de blanc. — De J.-B. Huet, élève de Le Prince, M. Ouvière nous a offert une grande toile d'un coloris un peu fade, représentant *Diane et Endymion*.

(1) Le *Portrait d'homme* (buste) exposé par M. Rozan, n'est pas fait pour donner une haute idée du talent de Nattier ; c'est une pâle imitation de Mignard.

(2) La mère de Nattier, Marie Courtois, élève de Le Brun, était très-habile miniaturiste. Nous avons pu croire, un instant, que c'était elle que les rédacteurs du Catalogue avaient entendu désigner sous le nom de *Marie* Nattier, comme étant l'auteur du *Jugement de Pâris ;* mais les renseignements biographiques dont ils ont fait suivre ce nom, se rapportent exactement à *Marc* Nattier (1642-1705), père de Jean-Marc et lui-même peintre de portraits. — Quel gâchis !

Louis-Jean-François Lagrenée l'aîné (1724-1805), élève de Carle Van Loo, travailla, en 1760, à la cour de la czarine Elizabeth Petrowna. Revenu en France, il fut nommé, en 1781, directeur de l'école de Rome en remplacement de Vien. L'Exposition avait de lui un tableau capital, — les Grâces, — donné, en 1858, au musée de Marseille par M. le marquis d'Arbaud de Jouques. Assises sur le gazon, les trois charmantes déesses entourent et cajolent Cupidon, bambin au minois espiègle, au front ceint de bandelettes et couronné de roses. Les attitudes sont coquettes, les figures séduisantes, les carnations fraîches, brillantes, épanouies. Nous retrouvons ici tout à la fois le coloris menteur de Boucher et la fausse noblesse de Van Loo ; mais l'œil est charmé du mensonge et le sujet même excuse l'afféterie du style (1).

Jean-Jacques Lagrenée le jeune (1740-1821) eut moins de talent que son frère dont il était l'élève, et qu'il accompagna en Russie. Une Fuite en Egypte (sépia), portant sa signature, a été exposée par Mme Blachet Gassier.

Tous ces petits peintres que nous venons de nommer ne firent qu'exagérer les défauts de leurs modèles. Il était temps qu'une réaction vint relever l'art de l'avilissement où il était tombé. Ce fut, — le croira-t-on ? — un élève de Natoire, un protégé de Boucher, qui le premier, eut le courage de rompre en visière avec l'école pastorale et de revenir à l'observation de la nature : Joseph-Marie Vien, de Montpellier (1716-1809), nourri dans l'étude des chefs-d'œuvre des maîtres italiens, effraya l'Académie royale de peinture par son *réalisme*. Il eut beaucoup de peine à vaincre les répugnances, et à triompher des cabales ; à la fin, pourtant, il fut reçu membre titulaire (1754), et, dès lors, sa réputation ne fit que grandir. Il était premier peintre du roi, lorsque survint la Révolution de 89 qui le ruina. Plus tard, Napoléon le nomma successivement sénateur, comte de l'Empire et commandeur de la Légion-d'honneur. Ses ouvrages jouissent aujourd'hui d'une médiocre faveur ; ce sont de savantes mais lourdes imitations des peintures italiennes, comme on a pu le voir par le *Sacrifice d'Abraham* (à M. Roubaud) qui figurait à l'Exposition marseillaise ; la recherche du style ne s'y fait que trop sentir, mais il ne faut pas oublier que ce fut par ces productions là que Vien préluda à la rénovation de l'école française.

L'influence de Vien fut longtemps balancée par celle dont jouis-

---

(1) Une seconde peinture sans importance, signée et datée de 1775, a été exposée par M. Caillol ; elle représente des *Enfants jouant avec une chèvre*.

sait Jean-Baptiste-Marie Pierre (1713-1789), artiste d'un véritable talent, qui étudia (1) en Italie sous J.-F. de Troy, et qui emprunta à ce maître sa vivacité d'exécution, son coloris vigoureux, son dessin expressif. La *Lapidation de saint Étienne*, grande toile appartenant au Musée de Marseille, nous le montre beaucoup plus réaliste que ne l'a jamais été Vien. Les misérables qui entourent et qui frappent le saint confesseur, ont des figures et des attitudes sinistres ; si l'on ne voyait des anges descendre du ciel avec des palmes et des couronnes, on croirait assister non à un martyre, mais à un vulgaire assassinat. — Signé : PIERRE 1745.

Ce Pierre, homme inquiet et jaloux de toute réputation nouvelle, très-jalousé lui-même pour les emplois et les honneurs qu'il savait habilement cumuler, érigea en système ses idées sur l'art et ne négligea rien pour les faire prévaloir. Sa position de premier peintre du roi et de directeur de l'Académie lui donnait une autorité dont il abusa plus d'une fois. Jean Bardin, de Montbard (1732-1809), son élève, fut particulièrement en butte à ses tracasseries pour avoir osé préférer les formes sévères de l'art antique au style tourmenté dont la *Lapidation* est un exemple. Sous le nom de cet artiste modeste, le Catalogue a enregistré une gracieuse peinture, *Vénus et Adonis* (à M. Vallet) ; la pureté des lignes, la noblesse des attitudes, la tranquillité du coloris de cette petite page, contrastent avec les qualités violentes de la toile de Pierre. — Bardin, qui dirigea, pendant de longues années, l'école de dessin d'Orléans, forma plusieurs élèves distingués : le plus célèbre fut J. B. Regnault, dont nous reparlerons.

Pierre Subleyras, d'Uzès (1699-1749), qui passa la plus grande partie de sa vie en Italie, n'eut aucune influence sur notre école ; il avait étudié à Toulouse, sous Antoine Rivalz, et avait exécuté d'importants ouvrages dans cette ville, avant d'aller concourir, à Paris, pour la place de pensionnaire du roi à Rome. De bonne heure, il s'attacha à imiter la manière du Poussin et celle de Sébastien Bourdon ; il se rapproche beaucoup de ce dernier dans les diverses esquisses de la *Cérémonie de l'ordre du Saint-Esprit*, qui ont été exposées par M. le comte de Sinéty et par M. Gibert.

Ce fut en Italie que se forma Joseph Vernet, mais s'il est vrai que Bernardino Fergioni ait été son maître, que Panini lui ait appris à

---

(1) Son premier maître fut Natoire. Ayant obtenu, en 1734, le premier prix au concours de l'Académie, il fut envoyé comme pensionnaire du roi, à l'école de Rome dont J.-F. de Troy était alors directeur.

dessiner les ruines, que Solimène lui ait donné des conseils, on nous accordera du moins que notre Lorrain fut un de ses modèles de prédilection. Son talent d'ailleurs se dégagea promptement de toute imitation servile ; il traita avec une originalité piquante un genre à peu près nouveau en France, mais qui déjà comptait bien des chefs-d'œuvre à l'étranger, — la marine. — Nous le retrouverons, ainsi que son père Antoine et son frère Carle parmi les illustrations de l'école provençale.

Les encouragements et les commandes ne manquèrent pas aux artistes sous le règne de Louis XV. — Un peu avant que Joseph Vernet eut reçu la mission d'exécuter une suite de tableaux représentant les principaux ports de mer de la France, — Pierre-Denis Martin, dit *le jeune*, avait été chargé de peindre pour le château de Choisy, un grand nombre de vues de résidences royales (1). Les renseignements biographiques que nous possédons sur cet artiste sont très-vagues ; on ne connaît ni la date de sa naissance, ni celle de sa mort. D'Argenville lui donne pour cousin Jean-Baptiste Martin *l'aîné* (1659-1735) qui, à l'exemple de Van der Meulen, son maître, se fit le peintre des prouesses belliqueuses du grand roi, ce qui lui valut le surnom de *Martin des batailles*. Pierre-Denis qui s'était formé aussi sous Van der Meulen, traita quelques sujets militaires ; mais Louis XV lui donna plus souvent à peindre ses chasses que ses victoires. Il paraît d'ailleurs qu'il aborda les genres les plus divers : je trouve son nom et le titre de *peintre ordinaire du roy* (2), dont il aimait à se parer, inscrits tout au long au bas d'un petit tableau, — les *Pouilleux*, — exposé par M. Edouard Geille et attribué à tort par le Catalogue à Martin l'aîné. Quatre marchands et autant de chevaux chargés de cages de volailles, sont arrêtés au sommet d'un coteau sur lequel ils viennent de camper pendant la nuit. Un cinquième personnage dort encore, étendu, à gauche, au pied d'un arbre. Le soleil commence à luire à l'horizon et l'on entrevoit au loin, dans la plaine, la ville vers laquelle se dirige la caravane. Le titre de la composition dit assez à quel soin nos quatre marchands se livrent, avant de se mettre en route. Par l'exécution comme par le sujet, ce tableau se rapproche de la manière flamande : le coloris est léger, harmonieux ; la touche, délicate et spirituelle.

François Casanova (1730-1805) fut, dans la peinture de batailles,

---

(1) Plusieurs de ces vues font partie aujourd'hui du Musée de Versailles.

(2) J'ai cru lire, à la suite de ce titre, la date 1776, mais comme elle est à moitié cachée par le bord du cadre, je ne certifie rien.

le continuateur du Bourguignon et des Parrocel (1). Le grand dessin à la sépia qui a été exposé, sous son nom, par M. le baron d'Albertas, est très-beau. A gauche, un cavalier lève son sabre sur un autre cavalier qu'il a saisi à la gorge et dont le cheval blanc se cabre. Au centre, des fantassins attaquent à la baïonnette un corps de cavalerie ; un cavalier au galop sonne la charge. Un étendard flotte au-dessus de la mêlée. A droite, en avant des combattants, le sol est jonché de cadavres. On aperçoit dans l'éloignement une ville forte sur une montagne. — Cette composition, admirablement ordonnée au point de vue pittoresque, est exécutée avec une verve extraordinaire.

De Nicolas-Antoine Taunay (1755-1830), élève de Casanova, M. de Surian a exposé une petite aquarelle, signée et datée de 1772, et représentant une *Charge de cavalerie*.

Le belge Jean-Louis de Marne (1744-1829), qui vint, de bonne heure, se fixer en France et qui se lia avec Taunay, s'essaya d'abord dans le genre historique ; mais le peu de succès qu'il y obtint, l'engagea à se tourner vers le paysage. Il réussit principalement à peindre des marchés, des foires, des grandes routes et des cours de ferme animées par un grand nombre de figurines. C'est un tableau de ce genre qu'a exposé M. Léon Jean. Devant une habitation rustique, sur une route, sont groupés des animaux de toutes sortes (veaux, vaches, chèvres, chevaux, moutons, volaille), une voiture à laquelle des chevaux sont attelés, des gens qui se disent adieu. A droite, sous un hangar, des batteurs de blé. — Petits détails, petite peinture.

La manière de Philippe-Jacques de Loutherbourg (1750-1814) a une vigueur qu'on est étonné de rencontrer chez un paysagiste de cette époque. Cet artiste, né à Strasbourg, exposa à Paris et mérita les éloges de Diderot. A l'époque de la Révolution française, il passa en Angleterre, où il fut reçu membre de l'Académie royale de peinture, et où il mourut. Ses ouvrages, très-appréciés au delà du détroit (2), sont assez rares en France. Le Louvre n'en a point. L'Exposition marseillaise nous en a offert trois, dont deux pendants de

(1) Casanova né à Londres, formé à Venise où il étudia sous Francesco Guardi et sous Simonelli, mort à Brühl, près de Vienne, — passa une grande partie de sa vie en France, et y produisit ses meilleurs ouvrages. Il fut reçu membre de l'Académie royale de peinture, le 28 mai 1763.

(2) Plusieurs toiles importantes de Loutherbourg figuraient à l'Exposition de Manchester. M. Viardot croit que cet artiste a servi de modèle aux grands paysagistes anglais, Morland, Constable, etc.

forme ovale, appartenant à M. de Surian : — le n° 594, intitulé *Retour du marché*, représente une paysanne et un enfant montés sur un mulet, des moutons, des chèvres, des taureaux, et un ânon se pressant dans un étroit chemin. Des paysans à pied ferment la marche. Le ciel est gris. Les bêtes sont très-habilement dessinées : l'ânon a une tête charmante. Mais ce qu'il faut louer le plus, c'est la fermeté de la touche, la franchise et la solidité de la couleur. Cette vaillante peinture a des rapports frappants avec certaines œuvres de M. Troyon, le peintre de notre temps qui fait le mieux les animaux.
— La composition du n° 593 ne diffère guère de la précédente ; l'exécution est la même. — Le *Paysage* (n° 592), exposé par M. César Paul, a peu d'importance.

Simon-Mathurin Lantara (1721-1778) a cela de commun avec Loutherbourg, qu'il s'est proposé la nature pour modèle ; on prétend même qu'il n'eut jamais d'autre maître (1), ce que j'admets volontiers, tant il y a de simplicité dans ses compositions, de vérité et de force dans les effets qu'il a fixés sur la toile ou sur le papier.
— L'*Orage*, — petit dessin à la pierre noire, sur papier bleu, rehaussé de blanc, — peut donner une idée de la verve avec laquelle il traduisait ses impressions. Au premier plan, un ruisseau qu'un rocher surplombe, deux arbres tordus par le vent et frappés par la foudre ; au milieu, sur une route, un âne que la frayeur fait ruer et une paysanne jetée en bas de sa monture ; à gauche, dans l'éloignement, un château sur une éminence, et à droite, des maisons et une église rustique au milieu des arbres. On sent le souffle impétueux de la bourrasque qui passe sur ce paysage. Le ciel est chargé de nuages superbes. — Ce précieux dessin, qui appartient à Mme d'Agard, est signé du nom de l'auteur.

Ce vif sentiment de la réalité qui distingue les paysages de Loutherbourg et de Lantara, se retrouve, à un degré au moins égal, dans les tableaux de genre et dans les peintures de nature morte de Jean-Baptiste-Siméon Chardin (1699-1779). Aussi, Diderot, qui estimait fort le premier de ces artistes, ne pouvait-il refuser son admiration au dernier. Dans son *Salon de 1763*, à propos d'un simple *Bocal d'olives*, il lui adressa cette apostrophe enthousiaste : « O Chardin !

---

(1) Certains biographes lui donnent pour père un pauvre peintre d'enseignes, venu du Piémont ; d'autres en font le fils d'un paysan de Fontainebleau. Tout ce que l'on sait de sa vie est un roman : M. Arsène Houssaye en a rassemblé les principaux épisodes dans une charmante étude (*Galerie du XVIIIe siècle*, 5me série), à laquelle nous renvoyons nos lecteurs.

ce n'est pas du blanc, du rouge et du noir que tu broies sur ta palette, c'est la substance même des objets! C'est l'art et la lumière que tu prends à la pointe de ton pinceau et que tu poses sur la toile ! » Et dans le *Salon de 1771* : « On pourrait dire de M. Chardin et de M. de Buffon que la nature les a mis dans sa confidence. »

L'Exposition marseillaise ne possédait aucun de ces merveilleux tableaux de nature morte, dans lesquels Chardin est passé maître; elle ne nous a pas offert, non plus, une de ces petites scènes familières qu'il a si naïvement composées et si finement peintes. Nous n'avons de lui qu'un *Portrait* (à Mme la marquise Ruffo de Bonneval) : c'est celui d'une gracieuse jeune femme, vêtue d'une robe blanche et ayant les cheveux poudrés. La tête, modelée avec beaucoup de finesse, se détache sur un fond gris très-harmonieux. La physionomie est empreinte d'une douceur exquise.

Ce fut avec de fragiles crayons (1) que Maurice-Quentin La Tour (1704-1788) fixa les traits de ses contemporains; mais combien de peintures n'ont pas la solidité et la puissance de ses pastels ! « Quelque altération que le temps ait déjà produite dans leur coloris, a dit M. de Nieuwerkerke (2), ces portraits ont conservé l'accentuation de la vie, la vérité de la nature. La Tour, à une époque où chaque artiste se distinguait par une manière particulière, fut, avec Chardin, l'amant du vrai et le portraitiste le plus réaliste de son siècle. » Son propre portrait, exposé par M. de Surian, peut donner une idée de la fermeté de son crayon, de la franchise avec laquelle il interprétait ses modèles. Il s'est représenté en buste, vêtu d'un habit bleu, le visage abrité sous un large chapeau, l'air narquois, les yeux pétillant de malice, la bouche large et souriante. Sa figure osseuse, ses joues ridées accusent plus de soixante ans.

J.-B. Greuze, de Tournus (1725-1805), ne se borna pas à rechercher la vérité et à puiser dans la nature ses inspirations. «Il fut le premier parmi nous, a dit Diderot, qui se soit avisé de donner des mœurs à l'art. » Aux mascarades mythologiques et aux fantaisies libertines de Boucher et de ses disciples, il substitua de petites scènes familières empreintes de grâce, de fraîcheur, de tendresse, de moralité. Qui ne connaît, au moins par la gravure, l'*Accordée de village*, la *Lecture de la Bible*, le *Retour de nourrice* ? etc. Dans ces tableaux

---

(1) Je ne sache pas que La Tour ait jamais fait de portraits à l'huile. Celui que le Catalogue lui attribue, est un morceau sans valeur.

(2) Dans son discours prononcé le jour de l'inauguration de la statue de La Tour, sur une des places de Saint-Quentin, sa ville natale (1856).

de la vie domestique, Greuze est vraiment poète ; il remue délicieusement le cœur, en même temps qu'il charme les yeux. En revanche, il est faux et fade dans les mélodrames bourgeois qu'il a peints sous l'influence de Diderot ; sa sensibilité dégénère en sensiblerie ; ses personnages sont des acteurs qui posent pour la vertu et qui débitent des tirades pathétiques. — Comme praticien, il manque tout à fait de caractère dans l'agencement de ses compositions, dans les tournures et dans l'expression ; son dessin est souvent incorrect, sa touche molle et pesante ; malgré cela il plaît, car sa couleur est claire et gaie, ses têtes vivent, ses carnations ont de la fraîcheur et de la souplesse.

Greuze a fait d'excellents portraits. M. le marquis de Valori (d'Aix) en a exposé deux : le meilleur est celui du jeune *Marquis de Saint-Paul*, vêtu d'un habit bleu galonné d'argent, portant un jabot de dentelles et ayant les cheveux poudrés et frisés. L'autre est le portrait de Greuze lui-même, répétition avec de légères variantes de celui qu'on voit au Louvre. La facture de ces deux ouvrages est très-travaillée, sans être finie : on pourrait compter les coups de brosse appliqués par l'artiste, ce qui n'empêche pas les figures d'être bien vivantes (1). — La *Tête d'enfant*, provenant de la galerie de M. Bourguignon de Fabregoule, est traitée, j'allais dire sculptée, de la même manière ; c'est là une de ces figures de poupard blond, joufflu, aux grands yeux étonnés qu'on rencontre si souvent dans l'œuvre de Greuze, et dont l'artiste a dû trouver le modèle dans sa nombreuse famille, dans ce que Diderot appelait *sa fricassée d'enfants*. — Deux dessins du même type ont été exposés, l'un appartenant à M. Gibert, l'autre au musée d'Avignon.

Le buste de *Jeune fille*, que nous a offert M. de Surian, est encore une des figures favorites de Greuze : il est vu de trois quarts, — les cheveux blonds, dénoués et tombant sur les épaules nues, les yeux noyés de langueur et levés vers le ciel, la bouche humide et épanouie comme un bouton de rose. Une inscription placée au revers de la toile nous apprend que cette figure « représente indifféremment la *Volupté* et la *Prière du matin* » (2). Cette

---

(1) Le Catalogue a enregistré un troisième portrait que je n'ai pu découvrir, celui de *M. Goupil de Préfeln*, provenant de la collection de M. R. d'Agay.

(2) Ce dernier titre est celui d'une belle composition qui est passée du cabinet de M. Duclos-Dufresnoy au Musée de Montpellier, et qui offre la reproduction exacte de la figure exposée par M. de Surian.

double signification ne surprendra pas ceux qui ont subi le charme des Jeunes Filles de Greuze, si fraîches, si candides, si pleines de vie, à demi-enfants et à demi-femmes, portant sur leur visage la pudeur de l'innocence et subissant, à leur insu, les premiers tressaillements de la passion ; — A cette famille d'aimables fillettes pleurant sur une *Cruche cassée*, sur un *Oiseau mort*, sur un *Miroir brisé*, il faut rattacher encore la *Jeune fille pensive* (pastel, à M. Berteaut) (1), charmante villageoise en jupe bleue, corsage blanc et chapeau de paille, se désolant pour un œuf cassé dans son panier.

De la province qui avait vu naître Greuze, devait sortir un autre grand artiste qui, avec non moins d'originalité et de sentiment, s'inspira de la poésie champêtre et fut le peintre de la grâce, de la beauté, de l'amour. Nous avons nommé Pierre Prud'hon, de Cluny (1758-1823), doux et timide génie que ses contemporains ont méconnu, mais auquel la postérité a rendu une éclatante justice.

Ce fut en interprétant les riantes fictions de l'antiquité que Prud'hon a déployé ses qualités les plus séduisantes ; il fit des pastorales, non à la façon de Boucher, mais à la façon de Théocrite, et pour les peindre, il trouva sur sa palette des tons d'une fraîcheur, d'une délicatesse, d'une suavité exquises. — Les trois tableaux exposés par M. Gower, *Vénus et Adonis*, *Daphnis et Chloé*, *Perrette et le pot au lait*, appartiennent à ce genre, mais l'exécution me fait douter qu'ils soient de la main de celui qu'on n'a pas craint de surnommer le *Corrège français*. — La seule peinture bien authentique qui ait figuré à l'Exposition marseillaise, est un petit portrait d'homme (bois, à M. le marquis de Ribiers). — J'admettrai encore comme digne du maître, un dessin au crayon noir rehaussé de blanc (à M. Maurel) représentant l'*Enlèvement de Psyché par les Zéphyrs*.

Prud'hon, poète délicat et naïf, épris de la couleur et amoureux de l'idéal, ne pouvait réussir en un temps de grandeur factice, d'austérité froide, de philosophie raisonneuse et matérialiste. A ses ravissantes idylles, le public, mis en goût par les drames sanglants de la Révolution, préféra les tragédies de David : bergers et bergères durent céder le pas aux héros de la Grèce et de Rome.

---

(1) Signé, ce qui est très-rare : *J.-B. Greuze.*

III.

David. — Regnault. — Landon. — Drolling. — Valenciennes. — Bertin. — Rémond. — Girodet. — Gérard. — Gros. — J. M. Langlois. — Joseph Wicar. — Géricault. — Léopold Robert. — Charlet. — Ingres. — Delacroix. — Marilhat. — Decamps. — Ary Scheffer. — Delaroche. — Horace Vernet. — Courbet. — Dubufe. — Hébert. — Couture. — Glaize. — Jalabert. — Diaz de la Pena. — M. Verdier. — A. Guignet. — J. Joyant. — J. Dupré. — Troyon. — De Dreux. P. Rousseau. — E. Isabey. — Gudin, etc.

 Jacques-Louis David (1748-1825), ne fit que continuer la réforme commencée par Vien, son maître, — réforme qui avait pour but de ramener l'école française aux sentiments élevés, aux sujets héroïques, à la noblesse des pensées et à la noblesse du style, mais qui aboutit, comme la plupart des réactions, à l'exagération même de ses principes et vint se heurter contre des tendances diamétralement opposées. — L'application des règles de la sculpture aux œuvres du pinceau, l'imitation scrupuleuse de l'antiquité, le dédain du coloris, le fétichisme de la forme, tels sont les traits principaux des doctrines davidiennes (1) qui prévalurent en France jusqu'au jour où une nouvelle génération d'artistes se leva pour les fouler aux pieds et pour proclamer l'avènement de la couleur et de la fantaisie, jusqu'au jour où les champions du *romantisme* déclarèrent la guerre aux partisans des traditions *classiques*.

 Deux toiles capitales de Louis David figuraient à l'Exposition. L'Administration sanitaire de Marseille, avait envoyé *Saint-Roch implorant la sainte Vierge pour les pestiférés*, grande composition exécutée à *Rome en 1780*, ainsi que nous l'apprend une inscription placée dans un coin du tableau (2). Au premier plan, à gauche, un homme demi-nu, étendu sur une couverture grise, la tête enveloppée d'un linge blanc, paraît ressentir les premiers atteintes du mal; derrière lui, une femme livide, défigurée, joint les mains et se renverse en arrière; un troisième personnage essaie de la soutenir, frappé lui-même par le fléau, il pousse des cris de désespoir: ses cheveux se hérissent, ses traits sont contractés par la souffrance. A droite, dans l'éloignement, on ramasse les cadavres; des

---

(1) Ces doctrines ont été mises dans tout leur jour par M. Delécluze, dans son beau travail sur *David, son école et son temps*.

(2) C'est donc par erreur que M. Villot a écrit dans son *Catalogue du Louvre* que ce tableau fut exposé à Rome en 1779.

— 265 —

montagnes et la silhouette d'une ville se dessinent sur le ciel teint de lueurs sinistres. Sur le devant du tableau, Saint-Roch, vêtu de son costume de pèlerin et ayant son chien près de lui, un genou en terre et les mains jointes, invoque la Vierge assise sur les nuages et tenant le bambino qui se tourne vers elle, comme épouvanté des horreurs de la peste. — Cette peinture fut le coup de maître par lequel David fonda sa réputation; toutes les qualités et tous les défauts de sa méthode y sont en germe : l'imitation des bas-reliefs antiques s'y fait sentir dans la disposition des figures, dans l'agencement des lignes, dans les plis des draperies; le dessin est irréprochable, mais, pour tout dire, les têtes ont plus d'expression que de style, et le coloris, sans être brillant, a une chaleur dont l'artiste sembla, dans la suite, avoir perdu le secret.

Le second tableau provenant du Musée de Toulon, est daté de 1822; David, exilé à Bruxelles par la Restauration, l'a peint trois ans avant de mourir. Cette œuvre marque donc la dernière phase du talent de l'illustre maître; elle représente les deux filles que Joseph Bonaparte, ex-roi d'Espagne, eut de son mariage avec Julie-Marie Clary : *les princesses Zénaïde et Charlotte* (1). Elles sont assises à droite sur un canapé de velours rouge. L'aînée, âgée de 18 ans, est placée au premier plan ; elle est vêtue d'une robe de velours noir, sans manches, d'une écharpe rayée de jaune, de blanc et de bleu, et d'un petit châle rouge qui a glissé au bas de la taille. Un diadème en corail est posé sur ses cheveux noirs. Elle appuie son bras droit sur l'épaule de sa sœur et tient dans la main gauche une lettre en tête de laquelle on lit: *Philadelphie.... Mes chères petites,....* et plus bas : *Lolotte et Zénaïde* (2). Lolotte ou Charlotte, la plus jeune des deux princesses, porte une robe de soie grise dont les manches descendent jusqu'au poignet, un petit col tuyauté, un diadème enrichi de pierreries. Ses cheveux sont châtains ; sa physionomie douce et timide contraste avec l'air assuré et impérieux de sa sœur dont elle entoure la taille avec son bras gauche. — Je n'hésite pas à placer cet ouvrage parmi les meilleurs qui soient sortis du pinceau de David ; j'ai rarement vu de portraits plus expressifs, plus vivants, modelés avec plus de science, peints avec plus de franchise. Les

(1) L'aînée, Zénaïde (1802-1854), épousa, en 1822, son cousin Charles Bonaparte prince de Canino; la plus jeune, morte en 1839, avait épousé, en 1829, son cousin Napoléon-Louis, frère de l'Empereur actuel.

(2) On sait qu'en 1822, époque où ces portraits furent exécutés, Joseph Bonaparte habitait les Etats-Unis, sous le nom de comte de Survilliers.

chairs surtout sont admirables, ni trop roses, ni trop pâles, fermes et souples à la fois. Les étoffes et les accessoires sont peints dans une gamme de tons clairs et tranquilles, puissants et harmonieux. Cette magnifique peinture qu'on croirait exécutée d'hier, tant elle est merveilleusement conservée dans toutes ses parties, ferait pâlir les œuvres les plus *voyantes* de nos modernes romantiques.

Jean-Baptiste Regnault (1754-1829) a sa place marquée à côté de David dont il fut l'émule : élève de Jean Bardin qu'il suivit à Rome, il se modela sur les chefs-d'œuvre de la sculpture antique et s'attacha surtout à l'expression du *nu* ; il contribua ainsi à la réforme académique et fut le chef d'une école nombreuse qu'il est permis de confondre avec celle de David. Son tableau des *Grâces* (1), exposé par M. Guilhermier (d'Avignon), est, à quelques détails près, la copie du célèbre groupe antique de Sienne : les trois divinités, entièrement nues, se tiennent gracieusement enlacées ; celle de gauche se présente de face, celle de droite est vue de profil, celle du milieu est opposée aux deux autres. Même âge, même taille. La première est couronnée de roses, la seconde de coquelicots, la troisième de pervenches. Attitudes élégantes, contours harmonieux, formes d'une délicatesse charmante, ton des chairs juste, ombres portées d'une excessive légèreté, — tout dans cette peinture dénote une pratique consommée ; mais on aimerait que l'art y couvrît davantage la science.

Disciple de Regnault, premier prix de l'Académie, en 1792, et pensionnaire de l'école française à Rome, Charles-Paul Landon (1760-1826) est plus connu par ses volumineuses publications sur les arts (2) que par ses tableaux. Il peignit, correctement mais froidement, des figures mythologiques et quelques sujets empruntés aux romans de son époque (3). — L'*Intérieur de famille*, exposé par M. Ponchon, n'est à bien prendre qu'une réunion de portraits, mais l'expression des visages et le choix des accessoires en font, pour ainsi dire, un tableau politique : le père de famille, ayant près de lui son fils aîné, porte avec tristesse ses regards vers une table sur laquelle sont posés des lys, le buste de Louis XVI et celui de Marie-Antoinette, et divers manuscrits avec ces titres : *Principes*

(1) Ovale. Signé : *Regnault*. Le fond est entièrement noir.
(2) De toutes ces publications, on ne consulte plus guère aujourd'hui que les *Annales du Musée et de l'Ecole moderne* (29 vol.), ornées de gravures au trait.
(3) Notamment à *Paul et Virginie* (1812).

de la guerre (sic) *des Montagnes, Deffence* (sic) *du Dauphiné et de la Provence.* Au milieu, dans le fond, près d'un berceau où un poupon éveillé joue avec une rose, une jeune fille est debout : à côté est placée la mère, vêtue d'une robe blanche et tenant sur ses genoux un petit enfant. Des fruits et des fleurs sont posés sur un tabouret, — une théière et une tasse, à gauche, sur un guéridon. Un portrait, que je crois être celui de Louis XVII, est accroché à la muraille. A droite, une inscription illisible et la date 1794 (1). Cet intérieur royaliste, où le spectre de la Révolution semble avoir jeté la terreur, est peint avec beaucoup de soin ; mais les figures manquent de caractère : Landon se rapproche ici de Greuze, bien plus que de Regnault.

On ne sait presque rien de la vie de l'alsacien Martin Drolling (1752-1817) : M. Villot dit qu'il n'eut pas de maître et qu'il se forma par l'étude des peintres hollandais. L'Exposition avait de lui un très-bon tableau, qui vaut certainement l'*Intérieur de cuisine*, du Louvre. La *Dame charitable*, — tel est le titre de cet ouvrage, — ne serait autre que la reine Hortense, si nous en croyons une note fournie par M. Pierre Bernard, propriétaire de ce tableau. Là ressemblance, en effet, est frappante. Vêtue à la mode de l'Empire, ayant sur le cou un fichu bleu et sur les épaules un châle rouge bordé de palmettes, la princesse, debout dans une mansarde, dépose sa bourse sur une table couverte des débris d'un maigre repas. Une jeune femme lui embrasse la main et pousse vers elle son petit garçon. Un vieillard assis, à gauche, dans un fauteuil, essaie de se soulever, et, dans le fond, une vieille femme alitée se tient sur son séant et témoigne par ses gestes sa reconnaissance. — Cette peinture rappelle assez bien la manière hollandaise ; l'imitation serait parfaite si le coloris avait plus de mordant, le clair-obscur plus de transparence et de chaleur.

Ce fut en Italie que Pierre-Henri Valenciennes, de Toulouse (1750-1819), alla chercher ses modèles ; il étudia à Rome les chefs-d'œuvre du Poussin et du Lorrain, et, de retour en France, il remit en honneur le paysage de style. Il fut ainsi réformateur dans le même sens que Vien et David, et doit être considéré comme le père de cette école de paysagistes académiques, dont MM. Aligny et Paul Flandrin sont les derniers représentants. — Le sujet pas-

---

(1) Cette date se rapporte-t-elle à l'exécution du tableau, ou bien fait-elle allusion, comme les titres des manuscrits, à quelque particularité de l'histoire de cette famille ?....

toral *(Daphnis et Chloé)* qui a été exposé, sous son nom, par M. Rougier, est une peinture fade et creuse, mais on ne peut nier que la lumière n'y soit curieusement cherchée.

Jean-Victor Bertin (1775-1842) fut supérieur à Valenciennes, son maître, dont il adopta la méthode; pendant près de trente ans, il régna en monarque absolu aux Expositions, et ses succès déterminèrent le Gouvernement à créer un prix de paysage donnant droit à la pension de Rome. Sa réputation a considérablement baissé depuis; mais, quoi qu'on ait pu dire avec raison de la préciosité de sa manière, de la pauvreté de son imagination, de la gaucherie et de la timidité de son pinceau, on ne saurait, sans injustice, dénier à ses tableaux une élégance de lignes et une douceur de coloris dont le regard est charmé. — Ce qui m'a le plus frappé dans les deux petits paysages (1), très-précieusement achevés, qu figuraient à l'Exposition marseillaise, c'est le soin que l'artiste a mis à peindre des arbres de différentes essences : peupliers, bouleaux, marronniers, platanes, saules, etc. se font aisément reconnaître à leur feuillage; ici, le peintre classique est beaucoup plus près de la vérité que ne le sont dans leurs ouvrages les trois quarts de nos réalistes.

Sous le nom de Jean-Charles Rémond (1795...), élève de Bertin et de Regnault, M. Belliard a exposé un joli dessin à la mine de plomb représentant un chalet au bord de l'eau, des rochers et quelques arbres. — Signé : R. 1838.

A l'école de Valenciennes il faut rattacher encore Florent-Fidèle-Constant Bourgeois (1767....) dont M. Tur (de Nîmes), nous a offert un assez piètre paysage, orné de méchantes figurines.

Revenons à l'école de David : ses disciples les plus célèbres étaient présents à l'Exposition.

Anne-Louis Girodet de Roucy Trioson (1767-1824) : une vigoureuse sépia, *le Massacre des filles de Niobé* (à M. César Paul), étude d'après l'antique, et trois petits portraits à la mine de plomb, très-savants et très-délicats, signés : *A. L. Girodet, à Naples, 1793.* L'un de ces portraits (1380), — le plus soigné — représente une belle jeune fille, assise sous une treille et tenant une pêche à la

---

(1) Le n° 69, appartenant à M. Théryc, représente le recoin d'un étang ou d'une rivière, avec des pêcheurs tirant leur filet. — Le n° 68 (à M. Gabriel), signé et daté de 1813, est un vrai paysage de style : au premier plan, près d'une pièce d'eau, une canéphore, un berger, son troupeau et son chien ; dans le fond, une fabrique.

main ; sa chevelure retenue sur le front par un ruban, tombe à flots sur les épaules ; le n° 1379 est le portrait d'un vieillard, et le n° 1378, celui d'une femme âgée,— très-probablement le père et la mère de la précédente.

François Gérard (1770-1837), deux toiles : 1° *la Peste de Marseille*, une des dernières peintures de l'auteur, qui en fit cadeau à l'administration sanitaire. Une famille occupe le premier plan : le père, atteint par le fléau, se tord dans des convulsions horribles ; ses poings sont crispés, ses yeux sortent de leur orbite ; la mère, assise sur une caisse, la gorge demi-nue, le visage blême, tient entre ses genoux son fils aîné, enveloppé dans une couverture et tombant de faiblesse ; le plus jeune des enfants, appuyé contre sa mère, regarde avec terreur le spectacle sinistre qui se déroule autour de lui. A gauche de ce groupe, sous une tente, des pestiférés, les uns morts, les autres mourants, sont entassés pêle-mêle dans des postures hideuses. A droite, des galériens traînant des cadavres. Au fond, Mgr Belsunce, vêtu de son costume épiscopal, distribue, à de pauvres gens affamés et malades, des pains qu'un serviteur porte dans une corbeille. « Mgr l'évêque, — dit le *Journal* que nous avons déjà cité, à propos du tableau de J. F. de Troy,— répand son cœur devant Dieu, sort tous les jours de son palais, traverse les rues, porte aux malades les aumônes, leur donne des avis salutaires, les confesse, les exhorte à la mort (p. 149). » — Il semble que le saint prélat, héros de ces journées lugubres, aurait dû être le centre de la composition ; le baron Gérard a mieux aimé le reléguer dans l'éloignement et porter tout l'intérêt sur le groupe du premier plan, si savamment arrangé d'ailleurs. Au point de vue de l'exécution, ce tableau est d'une froideur glaciale : la touche est languissante, la couleur pâle et morne. — 2° *La Récompense des Arts* (à M. Ferrari). Cette petite esquisse, qui représente plusieurs figures allégoriques du dessin, entourant un buste que l'une d'elles couronne, — contraste avec la grande toile par la fraîcheur et la vivacité harmonieuse du coloris.

Antoine-Jean Gros (1771-1835) : un excellent petit *Portrait d'homme* en pied (à M. de Surian). Le personnage représenté est vêtu du costume des *incroyables* du Directoire : culotte collante de couleur jaune, bottes à revers, chapeau rond, habit bleu à longues basques et à boutons métalliques, gilet blanc et grosse cravate de la même couleur : il tient une cravache à la main et met ses gants. Au fond, un jockey, à cheval, tient en laisse la monture de son maître.

Jérôme-Martin Langlois (1779-1838), que sa nomination de membre l'Institut (1838), nous dit M. Villot, ne put tirer « du profond découragement où l'avait plongé l'abandon des doctrines de David, son maître : » — le *Portrait de M. Rémi Gérard* (à M. Gérard, de Gardanne); buste, costume de la Restauration.

Joseph Wicar (1762-1834), qui a donné son nom à la belle collection de dessins dont il a doté Lille, sa ville natale : un beau dessin représentant *Saint Pierre dans sa prison*, avec cette inscription : *Dessiné par le C^{er} Wicar, d'après le tableau original de Guido Reni, qui est aux mains du C^{er} Sampierri. Bologne, l'an 5e de la République française une et indivisible*.

Pierre Révoil (1776-1844), qui dirigea et fonda l'école de peinture de Lyon, sa ville natale, après avoir habité Aix et y avoir assez longtemps travaillé : quatre tableaux et sept dessins importants, sur lesquels nous reviendrons dans notre étude sur les artistes de la Provence.

Jean-Baptiste Isabey, de Nancy (1767-1855), auquel on pardonne ses méchants tableaux à l'huile en faveur de ses ravissantes miniatures : *Portrait de Mme la duchesse d'Orléans-Penthièvre* (à M. le baron de Samatan), yeux bleus, cheveux blonds, coiffée à la Charlotte Corday, attitude fine ; *Portrait de J. Gudin de la Finière* (à M. le marquis de Ribiers), tête empreinte de distinction et d'énergie, costume de marin.

Louis-Léopold Robert (1794-1835) : un tableautin un peu sec, intitulé le *Départ*, et représentant une femme qui est accoudée à la fenêtre d'un édifice à demi-ruiné, et qui agite un mouchoir, sans doute pour saluer son époux qui s'éloigne ; elle tient un enfant sur son bras. — Signé : *L. Robert. Rome, 1822*. Cette date est celle du premier ouvrage un peu important de L. Robert : *l'Improvisateur napolitain*.

Tout en protestant dans plusieurs de ses ouvrages et par son suicide même (1) de son dévoûment aux doctrines davidiennes, le baron Gros ne put maîtriser sa verve naturelle et son goût du pittoresque ; ses grandes peintures militaires pleines de mouvement et de vie eurent une influence décisive sur l'école française et marquèrent les débuts de la révolution anti-classique. — Léopold Robert, talent sérieux et délicat, contribua à cette réforme par la transformation

---

(1) Se croyant déshonoré par les critiques acerbes dont son tableau académique *(Hercule et Diomède)* avait été l'objet, Gros se noya dans la Seine, au bas de Meudon, l'année même (1835) où ce tableau fut exposé.

du paysage historique. Il substitua aux ennuyeux personnages et aux monuments de l'antiquité des hommes et des choses de son temps. Mais tout en se préoccupant avant tout de la vérité de l'expression, il ne laissa pas d'idéaliser ses modèles, de choisir les sujets les plus poétiques et de les traiter avec une grande noblesse de style (1) ; aussi, à une époque de luttes passionnées, a-t-il eu le rare bonheur d'obtenir les éloges de tous ; chaque parti, chaque école le réclama comme sien.

Le véritable émancipateur, le père de l'école romantique et coloriste, fut Théodore Géricault (1791-1824), qui s'était formé sous Pierre Guérin, l'élève de Regnault, et l'un des plus fervents adeptes des doctrines académiques : son célèbre *Radeau de la Méduse*, qui parut à l'Exposition de 1819, fut le signal d'une levée de boucliers contre le davidisme.

Peu de temps après, M. Eugène Delacroix, condisciple de Géricault, exposa son *Dante et Virgile conduits par Phlégias* (1822) et son *Massacre de Chio* (1824), où tout le programme de la révolution se trouva développé avec une fougue et une puissance extraordinaires. A dater de cette époque l'école française est restée partagée en deux camps bien opposés : celui des coloristes, avec M. Delacroix pour chef, et celui des stylistes enrôlés sous la bannière de M. Ingres, élève de David, qui, à ce même Salon de 1824, où figurait le *Massacre de Chio*, exposa son *Vœu de Louis XIII*, œuvre d'un grand caractère et d'une simplicité majestueuse.

En dehors de ces deux phalanges rivales, nous pourrions signaler bien des talents originaux, bien des individualités puissantes ; mais une étude raisonnée des tendances si diverses de notre école contemporaine nous entraînerait beaucoup trop loin ; bornons-nous à citer pêle-mêle les artistes de cette école dont l'Exposition marseillaise possédait des ouvrages.

Géricault (Jean-Louis-André-Théodore) : — *La défense du drapeau* (à M. Williez, d'Aix), quatre soldats de la garde acculés à des arbres et se préparant à lutter énergiquement ; — une belle *Etude de chevaux de trait* (1) piétinant dans une écurie dont on ouvre la

---

(1) La fin de l'art, — disait-il dans une de ses lettres à M. Marcotte, son généreux protecteur, — c'est l'expression de la beauté morale, à l'aide de la beauté physique. Son but c'est l'élévation du style et la délicatesse du sentiment dans l'expression choisie du vrai. (Voir le beau travail de M. Feuillet de Conches sur *Léopold Robert, sa vie, ses œuvres, sa correspondance*).

(2) Géricault tenait de Carle Vernet, son premier maître, son extrême habileté à peindre les chevaux.

porte (à M. Olive), et une vaillante esquisse représentant un *Chasseur à cheval*, vêtu d'un dolman blanc à brandebourgs rouges, coiffé d'un gigantesque bonnet à poils et tenant à la main un clairon.

Nicolas-Toussaint Charlet (1783-1845) (1) qui, dans une lettre adressée à M. Feuillet de Conches, a formulé l'opinion suivante : « Le plus grand peintre de l'école française, pour moi, c'est Gros, Géricault vient ensuite. » — *Un vieux grenadier donnant du pain à des enfants* (à M. Forcade), croquis spirituel ; — *Un vieillard faisant lire un jeune garçon* (à Mme Dumalle), dessin à la mine de plomb ; — *Le mousquetaire gris* (à M. Vincent), tenant à la main un pot d'où s'épanche le contenu, et cherchant à s'appuyer à la muraille : très-joli dessin au crayon avec des rehauts *acqua-tinta*, signé *Charlet* ; — enfin, ce qui est plus rare dans l'œuvre du maître, une peinture à l'huile non terminée (à M. Bonnifay) : cette curieuse ébauche représente une vieille femme tenant sur ses genoux un bambin blond qui fait danser un polichinelle de carton, tandis qu'un autre enfant plus âgé râcle deux morceaux de bois l'un contre l'autre, en guise de violon.

Eugène Delacroix : (1800—) *Intérieur de harem* (à M. Bruyas, de Montpellier, réduction avec de légères variantes des *Femmes d'Alger*, du Luxembourg. A gauche, au premier plan, une belle femme, ayant la gorge nue, les mains chargées de bagues, des bracelets à chaque bras et d'énormes boucles d'oreilles, est nonchalamment accoudée sur des coussins, près d'une petite table sur laquelle sont posés des tasses et un flacon. Au fond, deux autres femmes sont accroupies, l'une tenant dans sa main son pied chaussé de babouche, et se livrant aux douceurs énervantes du kief ; l'autre, fumant avec volupté son narguilhé. Debout, à droite, une servante mauresque écarte une draperie. — Cette réduction n'est point inférieure en qualité à la grande toile ; on peut lui appliquer sans hésiter ce que Gustave Planche a dit de cette dernière, dans son *Salon de 1834* : «C'est de la peinture, et rien de plus : de la peinture franche, vigoureuse, vivement accusée, une hardiesse toute vénitienne, et qui pourtant n'a rien aux maîtres qu'elle rappelle. Les figures et le fond sont d'une richesse et d'une harmonie prodigieuses. La couleur est partout éclatante et pure, mais nulle part crue et heurtée. »

Jean-Dominique-Auguste Ingres : (1784 —) *Jupiter et Thétis* (au Musée d'Aix), vaste machine signée et datée de *Rome 1811*, composition archi-académique dont la noble sévérité, le goût vrai-

---

(1) Voir sur ce maître l'intéressant volume de M. de la Combe, intitulé : *Charlet, sa vie, ses lettres, son œuvre.*

ment antique, le style savant et ferme peuvent faire l'admiration des connaisseurs, mais ne sont guère propres, avouons-le, à émouvoir la foule. La tête dans une éclaircie du ciel, le torse à moitié nu, à moitié couvert par d'élégantes draperies roses, le bras gauche appuyé sur un nuage, la main droite tenant un sceptre, Jupiter est assis de face, sur son trône. Thétis, blanche comme l'écume de la mer, souple et svelte comme une néréide, se glisse timidement entre les bras de son redoutable amant et lui touche la barbe. Dans un coin du ciel, apparaît la tête de la jalouse Junon.

Ary Scheffer (1795-1858), élève de Pierre Guérin : — Son propre portrait en buste (à M. Bellier) ; figure maigre, pâle, imberbe, yeux bleus, cheveux blonds, physionomie mélancolique ; peinture puissante dans sa sobriété.

Paul Delaroche (1797-1856), élève de Gros : — Un délicieux portrait d'enfant à la mine de plomb, exposé par M. le marquis de Parny.

Horace Vernet (1789—), élève de son père : 1° *Mazeppa* emporté dans un site sauvage par un cheval fougueux sur lequel il est lié ; des loups se présentent de tous côtés, les yeux enflammés, la gueule ouverte, et convoitent la victime ; peinture vigoureuse (provenant du Musée d'Avignon). Signé : *H. Vernet fecit 1826* ; — 2° Le *Choléra à bord de la frégate la Melpomène* (à l'Administration sanitaire de Marseille) : on hisse de l'entrepont, un cadavre enveloppé dans un suaire ; à droite, sur un matelas, agonise un cholérique ; un jeune chirurgien tâte le pouls à un matelot que soutient un garçon infirmier ; un quartier-maître impassible, est occupé à écrire sur l'affût d'un canon ; — 3° Le *Portrait* (buste) *du cardinal d'Isoard*, né à Aix en 1766, mort à Paris en 1829, morceau solide et plein de relief, exposé par M. le comte d'Isoard de Vauvenargues.

Claude-Marie Dubufe (1788—), le portraitiste à la mode, vers 1830 : *Portrait de M*^{me} *la marquise de Galiffet*, peinture fade, molle, incorrecte, digne de toutes les colères de Gustave Planche, qui écrivait dans son *Salon de 1836* : « Tant que le public ne se lassera pas d'admirer les portraits de M. Dubufe, nous serons à notre poste, et nous crierons de toutes nos forces, jusqu'à nous enrouer : Vous tous qui aimez la peinture, ou qui voulez faire accroire que vous l'aimez, sachez bien que M. Dubufe n'est pas un peintre. »

Prosper Marilhat (1811-1847), le premier qui ait fixé sur la toile les éblouissantes visions de l'Orient : une *Vue de Jérusalem*, petit dessin à M. Bonnifay.

Alexandre-Gabriel Decamps (1803-1860), qui visita l'Asie après Marilhat, et qui peignit avec tant d'originalité et de force des paysages historiques (1): 1° L'*Ange et Tobie* (à M. Binant, de Paris), scène biblique où les personnages sont, comme d'ordinaire, sacrifiés au paysage qui est superbe. Le jeune Tobie penché sur le bord d'un lac, retire de l'eau le poisson miraculeux; l'ange est à ses côtés. Derrière celui-ci, une grotte s'ouvre dans le flanc d'une colline couverte d'arbres à la silhouette élégante. Des troupeaux paissent, au fond, sous la garde des bergers ; de massives constructions et des montagnes resplendissantes de lumière ferment l'horizon. Le ciel, chargé de nuages incandescents, se reflète dans le lac. Le premier plan est dans l'ombre. 2° Divers dessins: un *Pâtre italien*, son chien et son troupeau au milieu d'une plaine immense, sépia rehaussée (à M. Gabriel) ; des *Enfants jouant autour d'un baquet*, charmant croquis (à Mme Dumalle); un *Paysage d'Orient* (à M. Alby), bords de rivière, grands arbres, ciel nuageux, trois figurines, signé: D. C.; *Vue du château de Saint-Germain* (à M. Forcade), avenue bordée d'arbres touffus, — à l'extrémité, construction éclatante de blancheur, ciel nuageux, un chasseur suivi de deux bassets au milieu de l'allée, crayon noir rehaussé de blanc, signé : D. C.; — *Villa Pamphili* (à M. Bonnifay), flaque d'eau reflétant le ciel, pins parasols et autres arbres, fusain, signé: D. C.

Jules Joyant (... — 1855) : une *Vue du canal de Venise* (à M. Joba), et *la Place Saint-Marc* (à M. Tardif), deux morceaux excellents, dessinés avec une grande finesse de détails et peints avec une fermeté rare.

Adrien Guignet (1819-1856) : *Un Gaulois traversant un marécage* (à M. Baude), œuvre de coloriste; le Gaulois ayant à la main un arc énorme, sur le dos un carquois, à sa ceinture des armes diverses, est monté sur un cheval vigoureux, lancé à toute bride.

Marcel Verdier (... — 1858) : *Jeune femme portant des fleurs* (à M. Tardif), figure en buste, d'un coloris juste et distingué.

Louis-François Benouville (1821-1859), enlevé si prématurément à l'art : le *Mariage de Tobie* (à M. Roulet), très-beau dessin au crayon noir rehaussé de blanc, œuvre distinguée qui justifie pleinement les paroles suivantes de T. Gautier : « Il y a dans le talent de M. Benouville quelque chose de tendre, de délicat et de mélancolique qui ne saisit pas d'abord, mais qui charme à la longue. »

---

(1) Nous avons consacré à ce grand peintre qui a sa place marquée à côté des chefs de notre école contemporaine, une étude spéciale sous ce titre : *Decamps, sa vie, son œuvre* (1861), in-8°, 44 p.

Thomas Couture (1815 —), élève de Gros et de M. Delacroix : le *Portrait de M. Charles Roux* et une *Tête de conventionnel* (à M. Tardif), étude solidement empâtée.

Ernest-Antoine-Auguste Hébert, élève de P. Delaroche : le *Baiser de Judas* (à M. Roulet), première pensée du tableau qui est au Luxembourg ; *Portrait d'homme* (au même), mi-corps.

Charles Jalabert, de Nîmes, élève de Paul Delaroche : *Jeune pâtre romain* (à M. Tur, de Nîmes), ayant une peau de mouton sur le dos, coiffé d'un chapeau orné de houppes et de plumes de paon, se croisant les bras et s'accoudant sur un mur. Signé : *Ch. Jalabert*, 1847.

Glaize, de Montpellier, élève de M. Eugène Devéria : *le Tintoret et sa fille morte* (au Musée d'Avignon), petit tableau d'une exécution ferme, accentuée. Le Tintoret, vêtu d'une robe noire doublée de rouge, tient d'une main sa palette et de l'autre soulève le bras de sa fille.

Narcisse Diaz de la Pena (1809—) : une *Fantaisie* (à M. Chighizola), une femme assise sous un arbre, tenant sur ses genoux un enfant nu et soulevant le voile qui le couvre ; au fond, des bambins roses cueillant des fleurs ; — une *Jeune fille aux champs* (à M. Tardif), *Une nymphe et des amours* (à M. Baude), et un bel *Intérieur de forêt* (à M. Alby).

Gustave Courbet, le chef de l'école réaliste, trois toiles capitales provenant de la collection de M. Bruyas (de Montpellier) : *la Fileuse endormie*, le portrait de l'auteur si connu sous le titre de *l'Homme à la pipe* (un chef-d'œuvre!) et un second portrait daté de 1854, représentant le peintre de profil, vêtu d'un paletot à collet rayé de blanc et de noir.

Constant Troyon (1810—), qui débuta par des paysages historiques très-médiocres, avant de devenir notre premier peintre d'animaux : — des *Vaches au pâturage* (à M. Bruyas), tableau de première qualité, signé et daté de 1852 ; — un *Intérieur de forêt* (à M. Alby), et un petit *Paysage avec animaux* (à M. Berteaut).

Jules Dupré : une de ses meilleures toiles, *le Chariot* (à M. Berteaut), et une *Chaumière au bord d'un étang* (à M. Alby).

Paul Huet, paysagiste éclectique, moitié classique, moitié romantique, un peu trop vanté il y a trente ans, injustement délaissé aujourd'hui : *Arbres de haute futaie* (à M. le vicomte de Cambis), puissante aquarelle.

Henri Baron, de Besançon : — *Hérodiade recevant la tête de saint Jean* (à M. Tardif), petit tableau d'un coloris vif et chatoyant, et une *Halte de chasse* (à M. Fiertz).

Eugène Cicéri : une *Ferme* et un *Intérieur de lessiveuse* (daté) de 1852), à Mme Dumalle.

Théodore Gudin (1802—), élève de Girodet, une petite *Marine* (à M. Olive).

Eugène-Louis-Gabriel Isabey (1804—) : un *Gros temps* (à M. Gonelle), marine enlevée avec une fougue et un *brio* étourdissants.

Enfin, divers ouvrages de MM. Philippe Rousseau (*Nature morte* à M. Roulet, *Au pain et à l'eau* à M. Martinengo), — Evariste Luminais (*le Grand carillon*, à M. Baude), — Adolphe Appian (un très-beau fusain, à M. Coffinière), — Alfred de Dreux (des *Cavaliers*, à M. Reybaud, et une *Chasse en forêt*, a M. Chighizola), — Alexandre Antigna, élève de P. Delaroche (*un Paganini en herbe*, charmante petite paûvresse jouant du violon, aquarelle à Mlle Baude), — Félix Brissot de Warville, élève de M. L. Cogniet (*Berger conduisant son troupeau*, peinture large et sentiment réaliste, école Troyon, à M. Chighizola).

FIN.

POST-FACE.

En entreprenant ce travail, il y a dix-huit mois, j'annonçai aux personnes qui voulurent bien y souscrire, qu'il formerait un volume de 200 pages environ, contenant l'inventaire descriptif des peintures, dessins, sculptures, gravures et objets de curiosité exposés à Marseille, en 1861, à l'occasion du concours régional. Je ne m'étais pas encore rendu compte alors des richesses de cette Exposition. Bientôt j'acquis la conviction qu'il me serait impossible de me renfermer dans les limites assignées, à moins de me résoudre à passer sous silence une foule d'œuvres estimables et de me borner, pour les plus importantes, à des descriptions sommaires. Or, c'est précisément l'étude des œuvres secondaires qui m'a fourni les renseignements les plus intéressants au point de vue de l'histoire générale de l'art. Qui ne sait d'ailleurs, que bien souvent un dessin, une ébauche nous en apprennent plus sur la manière d'un artiste, qu'une page de grande dimension ? Quant à décrire simplement les nombreux ouvrages exposés, j'ai pensé qu'un pareil travail serait aussi fastidieux pour le lecteur que pour l'auteur. Je me suis donc efforcé d'en racheter, autant que possible, l'inévitable monotonie, par des aperçus historiques sur les phases des différentes écoles de peinture et par des notices biographiques sur les maîtres les moins répandus. J'ai cru devoir m'étendre particulièrement sur les œuvres des artistes hollandais qui ne sont guère connus que de nom, en France et surtout dans les provinces (1), et dont l'Exposition marseillaise, par une heureuse rencontre, nous a offert d'intéressantes productions. Il m'a semblé aussi que notre glorieuse école française, représentée à ce concours par des pages de premier ordre, réclamait plus qu'une nomenclature aride : je me suis attaché à en

(1) Le Musée de Marseille, chose à peine incroyable ! ne possède pas un seul ouvrage de l'école hollandaise.... Je me trompe : G. Schalcken, le précurseur de M. Van Schendel, si bien nommé, y compte un tableau.

raconter les révolutions successives, à indiquer le rôle et la part d'influence dévolus à ses principaux maîtres. Ces divers développements m'ont entraîné beaucoup plus loin que je n'avais pu prévoir: j'avais dépassé le chiffre de 200 pages promis à mes souscripteurs, et, pour terminer la seule partie consacrée à la peinture, il me restait à étudier les œuvres de l'école française et celle des artistes provençaux : j'aurais pu abréger et condenser cette étude en quelques pages, j'ai mieux aimé ne pas m'écarter du plan suivi jusque-là, insister, comme il convenait, sur l'école française et renvoyer à un nouveau volume — que j'espère publier dans le courant de 1863, — la partie de mon travail consacrée à l'école provençale : à cette seconde partie qui pourra ainsi recevoir tous les développements qu'elle comporte, je joindrai quelques pages sur les sculptures, gravures et objets de curiosité qui figuraient à l'Exposition marseillaise de 1861.

Marseille, le 22 novembre 1862.

TABLE ALPHABÉTIQUE

DES AUTEURS ET DES OUVRAGES CITÉS DANS CE VOLUME.

Argenville (d'). Page 258.
Baldinucci. 110.
Barbier de Montault. 111.
Bartsch. 214.
Bermudez. 83.
Bibliothèque de l'Ecole des Chartes. 106.
Blanc (Charles). 186.214.249.250.
Boschini. 79.
Bouchitté. 224.
Bürger (William). 13. 110 à 112. 122.
 124.125.128.131.133.134.148.156 à
 158.161.163 à 166.176.181.185.189
 à 191.195.198.200.205.230.
Catalogue d'Anvers. 111.215.
Catalogue de la Haye. 111.
Champfleury. 230.
Chennevières (de). 49.50.108.111.112.
 224.225.231.
Colucci. 110.
Combe (de la). 272.
Crespi. 58.
David (Emeric). 33.
Delécluze. 264.
Descamps. 157.163.195.215.
Diderot. 253.254.260 à 262.
Duchesne aîné. 27.
Dussieux. 106.
Escalopier. 106.
Eynden (Van). 164.200.
Félibien. 19.129.224.
Feuillet de Conches. 271.272.
Fons (de la), baron de Melicocq. 106.
Forster. 114.
Gastineau (Benjamin). 106.
Gautier (Théophile). 274.
Gazette des Beaux-Arts. 109.128.229.
 231.
Goltz (Hubert). 121.
Guénébault. 117.
Guichard. 106.
Haitze (de). 108.116.117.
Hasselt (Van). 134.
Henri. 232.
Hoet (Gerard). 195.
Houbraken. 215.
Houssaye (Arsène). 252.260.
Huchard (Auguste). 231.
Immerzeel. 164.198.
Kramm. 163.
Kügler 114.
Laborde (de). 106.114.
Lagrange (Léon). 89.110.129.229.
Lamme. 124.
Lanzi. 10.13.14.16.17.20 à 22.24.26.
 27.30.31.37.48.58.60.72.79.121.
 127.136.146.147.149.223.238.

Le Roy (F.-N.) 237.
Lessing. 106.
Lomazzo. 79.
Malvasia. 48.
Mantz (Paul). 114.
Mariette. 75.227.
Matheron (Laurent). 91.
*Mélanges de la Société des Antiquaires
 de Londres.* 106.
*Mémoires inédits sur les membres de
 l'Académie Royale de peinture.* 246.
Mengs (Rafael). 79.
Mérimée. 82.
Michiels. 110.114.134.
Montabert. 106.
Morelli. 110.
Nieuwerkerke. 261.
Nisard. 237.
Orlandi (L'). 121.
Palomino Velasco. 129.
Passavant. 114.
Passeri. 54.
Pesquidoux (de). 124.
Pilkington. 163.165.
Pitton (J.-S.). 108.
Planche (Gustave). 272.273.
Ploos van Amstel. 215.
Porte. 108.114.
Quatrebarbes (de). 108.115.116.
Rammelman-Elsevier. 195.
Raspe. 106.
Renouvier (Jules). 108.113.
Revue de l'Art chrétien. 111.
Ridolfi. 121.
Saint-Victor (Paul de). 115.
Sandrart. 124.223.
Sault (C. de). 112.
Siret (Ad.). 146.149.
Smith. 214.
Théophile (le moine). 106.
Trabaud (P.). 113.114.
Vasari. 8.13.15.26.48.109.110.121.
Viardot. 112.113.125.131.211.259.
Villot. *Catal. du Louvre.* 110.113.121
 124.131.147.149.158.164.165.185.
 189 à 191.193.195.197.198.206.210
 238.242.255.264.267.270.
Vitet. 53.
Volkaersbeke (Kervyn de). 133.
Waagen. 108.109.114.
Wauters. 110.
Way (Albert). 106.
Weale. 111.113.
Willigen (Van der). 164.
Zanetti. 121.

TABLE ALPHABÉTIQUE

DES

NOMS DES ARTISTES CITÉS DANS CE VOLUME.

ABRÉVIATIONS :

A. Allemand.
E. Espagnol.
F. Flamand.
H. Hollandais.
I. Italien.

Nota. — Les noms qui ne sont accompagnés d'aucune des lettres précédentes, sont ceux des Artistes Français.

Aalst (E. van). *H.* page 207.
Abate (N. dell'). *I.* 138.231.
Absthoven (F). *F.* 129.
Agnen (H). *H.* 155.
Albani (Fr.), dit l'*Albane. I.* 23.30.31. 37.55 à 59.78.255.
Aligny. 267.
Allegri (Ant.), dit *le Corrège. I.* 22.28. 42.46.47.74.83.85.159.241.
Allori (C.). *I.* 22.
Amadei (St.). *I.* 30.
Amerighi (Michel-Ange), dit *le Caravage. I.* 29.31.32.40.44 à 46.53.54. 58.78.83.85.156.159.222.223.231.
Antigna (Al.). 276.
Antonello de Messine. *I.* 60.
Appian (Ad.). 276
Arpino (le chevalᵉʳ d'). *Voy.* Cesari (G).
Artois (Jacob van). *F.* 145.
Asch (van). *H.* 194.
Asselyn (Jan). *F.* 208.209.
Asta (Andrea dell'). *I.* 78.
Audran (G.); graveur. 235.

Baan (Jan de). *H.* 185.
Bacciccio (Le). *Voy.* Gaulli.
Backhuyzen (L.). *H.* 205.
Balen (van). *F.* 136.138.
Bandinelli (Baccio). *I.* 17.
Barbarelli (Giorgio), dit *le Giorgione. I.* 60.61.64.
Barbieri (G.-F.), dit *le Guerchin. I.* 58. 59.75.
Bardin (Jean). 257.
Barent *le Sourd. F.* 120.
Barie 144.
Barocci (F.), dit *le Baroche. I.* 28.29.31
Baron (Henri). 275.
Bartolo (Taddeo di). *I.* 9.10.
Bartolommeo (*Fra*). *I.* 17.18.
Bassan (Le). *Voy.* Ponte.
Bassen (Van). *F.* 206.
Battaglioni (F.). *I.* 72.
Battoni (Pompeo). *I.* 24.41.42.

Beeldemaker (Jan). *H.* 218.
Beerstraten (Jan). *H.* 205.
Bellini (Les). *I.* 14.15.48.60.62.
Belloto (F.). *I.* 72.
Benouville (L.-F.). 274.
Berckheyden (Les) *H.* 185.206.
Berghem (Nic.). 163.164.209 à 215
Bernin (Le). *I.* 80.
Berrettini (P.), dit *le Cortone. I.* 32.76.
Bertin (J.-V.). 268.
Bigordi (Dom.), dit *le Ghirlandajo. I.* 13.15.60.
Bloemaert (Ab.). *H.* 157.159.198.207. 209.
Bloemen (Les van). *F.* 149.150.
Bloot (P. de). *F.* 146.
Boccaccino (C.). *I.* 42.
Bol (Ferd.) *H.* 162.166.
Bonaventure (le père). 225.
Bonito (G.). *I.* 78.
Bonzi (P.P.). *I.* 38.
Both (Les). *H.* 204.209.210.
Botticelli (Sandro). *I.* 13.
Boucher (François). 27.253 à 256.
Boucher (Jean). 231.
Boulogne (Bon), l'aîné. 241.242.
Boulogne (les de). 241.
Bourdon (Séb.). 227 à 229. 257.
Bourgeois (Constant). 268.
Bourguignon (Le). Voy. Courtois.
Boursse (L.). *H.* 185.
Boyer d'Eguilles. 227.
Brakenburgh (Renier). *H.* 182 à 184.
Bramer (Léonard). *H.* 162.
Brand (Ch.). *A.* 100.
Brauwer (Ad.). *H.* 175 à 179.184.185. 190.
Brekelenkamp (Q.). *H.* 169.
Brissot de Warville (Félix). 276.
Brueghel *ou* Breughel (Les). *F.* 128 à 132.136.138.145.
Breydel (le Chevalier). *F.* 150.
Brill (Les) *F.* 127.128.
Brodlain (Melchior). 106

Bronzino (A.). *I*. 21.
Bruges (Jean de). Voy. Eyck (van).
Buonarotti (Michel-Ange). *I*. 15 à 17. 25.32.44.62.122.156.

Calabrese (Le). Voy. Preti.
Caldara (Polid.). *I*. 44.
Caliari (P.), dit *le Veronèse. I*. 66 à 70. 75.160.222.250.
Calkar (Jan). *F*. 121.
Cambiaso (Luca). *I*. 79.
Campana (P.) *I*. 82.83.
Campidoglio (Mich.-A. del). *I*. 36 à 38.
Canal (Ant. da), dit *Canaletti. I*. 71 à 73.
Caulassi (G.), dit *Cagnacci. I*. 58.
Cano (Alonzo). *E*. 81.82.
Cantarini (Sim.). *I*. 22.58.59.
Capella (Scip.). *I*. 78.
Caravage (Le). Voy. Amerighi.
Cardi, dit *le Cigoli. I*. 21.22.
Carducho (V.). *E*. 82.
Carrache (Les). *I*. 29 à 32.52.53.58.59 127.
Carreno (J.). *E*. 82.
Cars (Laurent), grav. 240.
Casanova (F.) 258.259.
Castiglione (B.). *I*. 79.80.
Cerquozzi (M.-A.). *I*. 38.
Cesari (G.), dit *le Josépin*, *le chevalier d'Arpino. I*. 31.
Cespedes (P. de). *E*. 82.
Chardin (Siméon). 260.261.
Charlet. 272.
Champaigne (Ph. de). *F*. 140.150.233.
Christophsen (P.). *F*. 109.110.
Cignani (C.). *I*. 59.99.
Cicéri (Eugène). 276.
Cimabue. *I*. 8.73.
Cleef (Les Van). *F*. 122.
Clouet (Les). 221.222.
Cocxie (Michel). *F*. 120.121.
Coello (C.). *E*. 81.82.
Cogniet (Léon). 276.
Commontes (l. de). *E*. 82.
Colonna (Mic.). *I*. 23.
Conca (Seb.). *I*. 78.
Corrège (Le). Voy. Allegri.
Cortone (Le). Voy. Berrettini.
Coste (Jehan). 106.
Courbet (Gustave). 45.275.
Courtois (Jacques), dit *le Bourguignon*. 23.150.238.239.259.
Couture (Thomas). 275.
Coypel (Les). 239.240.
Craesbeke (J. van). 175.176.
Cranach (Lucas). *A*. 97.
Credi (Lorenzo di). *I*. 14.15.
Cuyp (Les). *H*. 159.173.197 à 201.207.

Daret (Jean). 33.
David (Louis). 263 à 268 271.
Decamps (Alex.). 274.

Decker (Frans). *H*. 194.196.
Dekker (Coenract). *H*. 193.
Delacroix (Eugène). 249.271.272.275.
Delaroche (Paul) 273.275.276.
Desportes (Fr.). 250.251.
Devéria (Eug.). 275.
Diaz de la Péna (N). 275.
Diepenbeck. *F*. 137.
Dietrich (C.). *A*. 100 à 102.
Dolci (Carlo). *I*. 22.23.31.53.56.
Dolci (Agnese). *I*. 23.
Dominiquin (Le). Voy. Zampieri.
Dorigny, grav. 21.
Dov (Gerard). *H*. 101.166 à 172.208.
Dreux (Alfred de). 276.
Drolling (Martin). 267.
Dubreuil (Toussaint). 222.
Dubufe (Claude-Marie). 273.
Dughet, dit *le Guaspre*. *I*. 34.36.149. 246.
Dujardin (Karel). V. Jardin (du).
Dupré (Jules). 275.
Dürer (Albert). *A*. 93 à 96.
Dusart (C.) *H*. 174.
Dyck (Van). *F*. 79.80.82.138 à 140. 146.206.242 à 244.

Eeckhout (Van den) *H*. 166.
Engelbrechtsen (C.) *H*. 255.
Espinosa. *E*. 82.
Espagnolet (L'). Voy. Ribera.
Everdingen (Allart). *H*. 191.
Eyck (les Van). *F*. 60.93.106 à 121. 155.
Eynden (Van). *H*. 189.

Faes (P. van der), dit *Lely. H*. 158. 243.
Fabritius (K.) *H*. 164.
Falcone (Aniello) *I*. 73.
Falens (Van). *F*. 151.
Ferrari (G.). *I*. 43.
Fictoor. Voy. Victor.
Finsonius. 41.75.
Flandrin (Paul). 207.
Flinck (Govert). *H*. 162.166.
Floris (Frans). Voy. Vriendt.
Fontana (Pr.) *I*. 52.
Fontenay (J.-B. Blain de). 250.
Fragonard (Honoré). 254.
Franceschi (P.). *I*. 121.
Francia (le). Voy. Raibolini.
Francken (les). *F*. 124.127.129.151.
Francucci (I.). *I*. 51.52.
Fréminet (Martin). 222.231.
Fresnoy (Ch. du). 234.235.
Furini (Fr.). *I*. 22.30.

Gaget (F.) 225.
Gallegos. *E*. 82.
Garofolo (Le). Voy. Tisio.
Gaulli (G.-B.). *I*. 80.

— 283 —

Geel (Van). *H*. 164.
Gellée (Claude). 34.36.204.208.209.
 243.227.267.
Gérard d'Orléans. 106.
Gérard (le baron). 269.
Géricault (T.). 271.272.
Gessi (Fr.) *I*. 58.
Ghirlandajo (Le). Voy. Bigordi.
Giermonth (I.-W.). *F*. 153.
Giordano (Luca). *I*. 76.
Giorgione (Le). Voy. Barbarelli.
Giotto *I*. 7.8.10.60.
Giovanni da Fiesole (Fra). *I*. 10.
Giovanni da San Giovanni. *I*. 22.
Girodet. 268.276.
Glaize. 275.
Glauber (Polidor). *H*. 216 à 218.
Goes (H. van der). *F*. 109.110.
Gossaert (Jan), dit le *Mabuse*. *F*. 119.
 120.157.
Goubau (Ant.). *F*. 149.243.
Goyen (Van). *H*. 179.190.191.194.
 200.211.214.
Grebber (P.). *H*. 158.211.
Greuze (J.-B.) 240.261 à 263.267.
Griffier (Jan). *H*. 190.191.
Grimon (Jean). 242.
Gros (le baron). 269.270.272.273.275.
Grunewald (Math). *A*. 93.
Gryef (A). *F*. 191.
Guardi (Fr.). *I*. 71 à 73.259.
Guaspre (Le). V. Dughet.
Gudin (Théodore). 276.
Guerchin (Le). V. Barbieri.
Guérin (Pierre). 271.273.
Guide (Le). Voy. Reni (G.).
Guignet (Adr.). 274.

Haarlem (Corn. van) *H*. 157.
Hackaert (Jan). *H*. 180. 214.
Hackert (Ph.). *A*. 243.
Hagon (Van der). *H*. 189.
Hals (Frans) *H*. 97.159.171.175.176.
 189.
Hébert (Ernest). 275.
Heem (les de). *H*. 218.
Heemskerk (les). *H*. 178.179.
Helst (B. van der). 159.171.
Hemling. V. Memling.
Herrera (les) *E*. 81.82.90.91.
Heusch (W. de). *H*. 210.
Heyden (Van der). *H*. 189.
Hobbema. *H*. 129.189.195 à 197.205.
Holbein. *A*. 49.96.97.122.222.
Hooch (P. de). *H*. 163.169.206.
Hoogstraten (S. van). *H*. 164.
Bondecoeter (les). *H*. 218.
Honthorst (G). *H*.159.160.200.
Huet (J.-B). 255.
Huet (Paul). 275.
Huysum (Van). *H*. 37.216.217.

Ingres. 271.272.
Isabey (J.-B.). 270.
Isabey (Eugène). 276.

Jalabert. 275.
Jardin (Karel du). *H*. 101.214 à 216.
Jordaens (J.). *F*. 136.137.
Jouvenet (J.). 237.238.250.
Josépin (le). Voy. Cesari.
Joyant (Jules). 274.
Juanès (J.-V.). *E*. 82.

Kabel (Van der). *H*. 149.
Kessel (Jan van). *F*. 128 à 130.136.
Kessel (Jan van). *H*. 129.197.
Keyser (T. de). *H*. 162.
Knupfer. *H*. 179.
Koedik (Nic.). *H*. 164.
Koninck (les). *H*. 147.162.191.

Laar (Pieter van), dit le *Bamboche*. *F*.
 38.209.
Lagrenée (les). 256.
La Hire. 234.
Lairesse (Gerard de). *F*. 149.246.
Lambert Lombard. *F*. 121.
Lancret (N.). 253.
Landon (Ch. P.) 266.267.
Lanfranco *I*. 75.
Langlois (J.-M.). 270.
Lautara (S. Mathurin). 260.
Largillière. 243.244.246.247.251.
Lastman (P.). *H*. 157.
La Tour (M. Quentin). 261.
Le Brun (Charles). 235 à 237.244.255.
Le Febvre (Cl.) 247.
Lely (le Chevalier). Voy. Faes.
Le Moyne (Fr.) 240.244.255.
Le Nain (les). 229 à 231.
Le Nôtre, archit. 252.
Le Prince (J.-B.). 255.
Le Sueur (Eust.). 236.
Leyde (Lucas de). *H*. 122.155.156.
Lievens (Jan). *H*. 162.185.
Lingelbach. 147 à 149.195.209.214.
Lippi (les). *I*. 12.13.22.
Loo (les Van). 239.246.254.256.
Lopez (G). *E*. 90.
Lorrain (Le). Voy. Gellée.
Lothener (St.). *A*. 93.
Lucatelli (A). *I*. 38.39.
Luini (Bern.). *I*. 42.43.
Luminais. 276.
Loutherbourg (de). 259.260.
Luzzo de Feltre. *I*. 61.

Maas (Dirk). *H*. 147.
Maas (Nicolaas). *H*. 162.
Mabuse (le). Voy. Gossaert.
Manfredi (B.). *I*. 29.30.41.224.
Mantegna (And.). *I*. 42.48.60.
Maratti (Carlo). *I*. 40.41.
Marilhat (Prosper). 273.

— 284 —

Marinari (Om.). *I*. 23.
Marieschi (J.). *I*. 72.
Marne (de). 259.
Martin *l'aîné*. 258.
Martin *le jeune*. 258.
Massys (Quinten). *F*. 73.119.122.
Mathes (God). *II*. 170.171.
Mathurino. *I*. 44.
Mazzuola (Fr.), dit le *Parmésan*. 47. 227.
Meer (Jan van der) *de Delft*. *II*. 163 à 165.
Meer (Jan van der) le jeune. *II*. 164. 209.
Meire (R. van der). *F*. 109.110.114.
Melzi *I*. 221.
Memling (Hans). *F*. 109 à 120.155.
Memmi (Sim.). *I*. 8.
Mengs (Raphaël). *A*. 41.103.
Metsu (II.). *II*. 169 à 171.186.211.
Metsys (Quinten). *Voy*. Massys.
Meulen (Van der). *F*. 150.151.244.258.
Miel ou Meel (Jan.) *F*. 146.147.208. 216.
Micrevelt. *II*. 157.159.206.
Mieris (Les). *II*. 167.169.
Mignard (Les). 108.158.231 à 235.243. 247.
Mola. (Les) *I*. 37.
Molenaer (Les). *II*. 185.194.200.
Mommers (II). 183.
Monoyer dit *Baptiste*. 243.250.
Mor (Ant. de). *II*. 157.
Moralès. *E*. 81 à 83.
Morcelse. *II*. 157.158.200.
Moretti. *I*. 72.
Mostaert (Jan). *II*. 155.
Moucheron (les). *II*. 147.189.209.

Moya (P. de). *E*. 82.
Mura (F. de). 78.
Murillo. *E*. 81.82.85 à 88.223.

Naiwjncx. *II*. 197.
Natoire. 254.256.
Nattier (Les). 255.
Navarrette dit *el Mudo*. *E*. 82.
Neefs (Pieter). *F*. 132.206.
Neer (Aart van der). *H* 100.201 à 202.
Netscher (G). *II*. 170.241.
Nooms (R.). dit *Zeeman*. *II*. 204.205.
Noort (A. van). *F*. 125.137.

Odevaere. *F*. 153.
Ommeganck (B). *F*. 152.
Oortman *II*. grav. 181.
Opstal (Van). le jeune. *F*. 150.
Orley (Van). *F* 120.
Ostade (Les). *II*. 147.169.172 à 176.182. 183.184.201.202.
Oudry (J.-B.). 99.251.

Pachecho (Fr.). *E*. 82.
Palma (Jac.) *I*. 63.64.

Pannini. *I*. 39, 257.
Parmèsan (le). *Voy*. Mazzuola.
Parrocel (les). 150.239.259,
Patel. 208.
Patenier (Joachim). *F*. 127.
Pater (J.B.). 253.
Pazinielli (Lor.). *I*. 59.
Penni (Gianfr.). *I*. 27.
Pérugin (Le). *Voy*. Vannucci.
Pierre (J.-B. Marie). 257.
Piombo (Séb. del). *I*. 61.62.82.
Pippi (Giulio), dit *Jules Romain*. *I*. 26. 27.43.
Poel (Van der). *II*. 202.
Poelenburg. *II*. 206.208.213.
Ponte (Giacopo), dit *le Bassan*. *I*. 65.66.
Porbus (les). *F*. 122 à 124.
Potter (Paul). *II*. 215.218.219.
Poussin (le). 34.36.140.224.227.229. 230.257.267.
Preti (Mat.). dit *le Calabrèse*. *I*. 75.
Primatice (le). *I*. 51.77.138.222.231. 236.
Prud'hon (P). 263.
Puget (P.) 33.77.227.

Quillyn (Erasme). *F*. 122.

Raibolini (Fr.). dit *le Francia*. *I*. 48 à 51.60,
Ramenghi (B.), dit *il Bagnacavallo*. *I*. 51.
Ranc père. 242.
Raphaël Sanzio. *I*. 25.28.31.32.43. 48.51.82.101.103.120.121.122.207.
Raoux (Jean). 242.
Ravestein (Jan). *II*. 158.159.
Reder (Cristian), dit Leandro, *A*. 149.
Regemorter (P. van). *F*. 153.
Regnault (J.-B.). 257.266 à 268.271.
Rembrandt. 100.102.157.159 à 166. 168.191.198.242.
Rémond (J. Ch.). 268.
René (Le roi). 108.109.112.114.
Reni (Guido). *I*. 22.30.31.53 à 55.57. 58.236.270
Revoil (P.). 270.
Ribalta (Fr.). *E*. 82.83.
Ribera, dit *l'Espagnolet*. *E*. 76.81 à 85.88.
Ricciarelli (D.), dit *Daniel de Volterra*. *I*. 17.
Rigaud (Hyacinthe). 244 à 247.
Rincon (Ant. del) *E*. 82.
Rivalz (Ant.). 257.
Robart (M). *II*. 217.
Robert (Léopold). 270.271.
Robusti, dit *le Tintoret*. *I*. 52.64.121. 122.
Roellas (Juan de las). *E*. 82.
Rogman (R.). *II*. 190.
Rokes (H.-M.), dit *Zorg*. *II*. 178.
Romain (Jules) *V*. Pippi.

— 285 —

Romanelli. J. 33.34.231.
Rombouts (Theod.). F. 138.
Rombouts (J.). H. 197.
Roos (P.P.), dit *Rosa di Tivoli*. A. 36. 98.99.
Rosa (Salvator). I. 23.34.73.74.101.
Rossi (N.-M.). J. 78.
Roselli (Les). I. 12.22.30.
Rosso (Le). I. 222.231.
Rottenhamer. A. 98.136.
Rousseau (Phil.). 276.
Rubens. F. 32.76.125.133 à 138.146. 165.166.225.236.250.
Ruysdael (Les). H. 189.191 à 193.195 à 198.204.205.214.
Ryck (P. van). H 175.
Rysbrak (Les). H. 152.

Sabbatini (Andr.). J. 73.
Sacchi (A.) J. 227.
Saftleven (Les). H. 178.179.190.
Salaï. (Andr). J. 221.
Salvi, dit *le Sassoferrato*. J. 31.53.59.
Sanfelice (F.). J. 78.
Sarto (Andrea del). V. Vannucchi.
Schalcken (God.). H. 169.
Scheffer (Ary.). 273.
Schoorl (van). H. 157.
Schon (Martin). A. 93.
Serre (Michel). 251.
Simonelli. J. 259.
Snyders (Frans). F. 138.139.191.
Solario (Andrea del). J. 18.24.
Solario (Antonio). J. 73.
Solimene. J. 76 à 78.89.258.
Spilenberg (Jan). A. 200.
Spinello Aretino. J. 8.
Stanzioni (Massimo). J. 74.75.
Staveren (Ad. van). H. 167.
Steen (Jan). H. 178 à 182.184.185.190 200.
Steenwyck (Les). H. 132.205.206.
Stefani (Tom. de).J. 73.
Stella (F.). J. 43.44.
Stern, dit *Stella*. A. 99.100.217.
Storck (Les). H. 205.
Stuerbout (Dirk). H. 155.
Subleyras. 257.
Susterman (Lambert). F. 121.
Swanevelt.H. 208.
Taunay. 259.
Teniers (Dav.), *le jeune*. F. 129.141 à 146.176.178.
Terburg (G.) H. 170.171.
Theotocopuli. E. 82.
Thielen (Van). F. 137.
Thulden (Van). F. 138.206.

Tiepolo. J. 70.
Tintoret (Le). Voy. Robusti.
Tisio (Benven.) dit *le Garafolo*. J. 27.
Tournières (R.). 247.
Treutmann (G.). A. 100.
Trevisani (F.) dit *le Trevisan*. J. 69.

Tristan (Luis). E. 82.
Troost (Cornelis). H. 198.
Troy (Les de). 247 à 250.255.257.269.
Troyon. 260.275.
Uden (Van der). F. 146.

Vaga (Pierino del). J. 19.27.43.78.
Valdes-Leal (J. de). E. 90.
Valenciennes. 267.268.
Valentin. 223.224.231.
Vannucchi dit *Andrea del Sarto*. J. 18.19.
Vannucci dit *le Perugin* J. 24.49.51.60
Vargas (Luis de). E. 82.
Varin (Quentin). 224.225.
Vasari (Giorgio). J. 19.20.21.
Vecelli (Tiziano) dit *le Titien*. J. 62 à 64.75.120.121.127.222.
Veen (Otho van) dit *Otto Venius*. F. 132.133.137.
Velazquez. E. 81.82.88.89.91.
Velde (Les Van de). H. 188 à 190.195. 198.202 à 204.208.209.214.
Verboom (Abr.). H. 189.
Verdier (Marcel). 274.
Verkolie (Les). H. 185.186.
Vernet (Les). 257.258.272.273.
Verrochio (Andrea). J. 14.24.
Victoor (ou Victor les). H. 165.166.
Vien (J. M.). 256.257.264.
Vignali (Giacopo). J. 22.
Vinci (Léon de). J. 15.42.221.222.
Visentini (A.). 72.
Vliet (Les van der). H. 206.207.
Volterrano (Bald.). J. 22.
Vos (les de). F. 122.128.129.
Vouet (Simon). 222 à 225.231.234 à 236.
Vriendt (Fr.) dit *Frans Floris*. F. 122 à 125.

Vries (van). H. 206.
Watteau. 101.252 à 253.
Weenix (Les). H. 211 à 218.
Weyden (R. van der) F. 3.109.113. 114.119.
Werff (Les van der). F. 56.101.149. 171.172 255.
Wicar (J.) 270.
Wildens (Jan). H. 145.
Witte (E. de). H. 207.
Wohlgemuth (Mich.). A. 93.94.
Wouwerman (Les). 151.187.188.191. 195.
Wyck (Thomas). H. 175.
Wynants (Jan) H. 147.186 à 189.198.
Zampieri (Dom.) dit *le Dominiquin*. J. 56 à 58.241.
Zeeghers (G.). F. 147.
Zeeman. Voy. Nooms.
Zeyl (G. van). H. 185.
Zorg. Voy. Rokes.
Zuccharelli. J. 24.74.
Zurbaran. E. 81.82.85.87.89.

ERRATA.

Pag. 17, lig. 14, *au lieu de :* Daniel le Volterra, *lisez :* Daniel de Volterra.
Pag. 21, lig. 8, *au lieu de :* les créatures des chefs, *lisez :* les créations des chefs.
Pag. 21, lig. 29, *au lieu de :* du Dominicain, *lisez :* du Dominiquin.
Pag. 38, lig. 17, *au lieu de :* Peter van Laar, *lisez :* Pieter van Laar.
Pag. 68, lig. 11, *au lieu de :* se pencher avec, *lisez :* se pencher par.
Pag. 95, lig. 28, *ajoutez :* après *Calvaire*, entre parenthèses : (à M. R. Gower).
Pag. 101, lig. 21, *au lieu de :* Gérard Dow, *lisez :* Gerard Dov.
Pag. 114, lig. 39, *au lieu de :* Paul Mants, *lisez :* Paul Mantz.
Pag. 140. lig. 39, *au lieu de :* l'ennoblir, *lisez :* l'anoblir.
Pag. 210, lig. 12, *au lieu de :* Au dire de presque tous les biographes de M. Villot, entre autres, *lisez :* Au dire de presque tous les biographes, de M. Villot, entre autres.
Pag. 236, lig. 15, *au lieu de :* une ample chevelure noire, et bouclée, *lisez :* une ample chevelure, noire et bouclée.

TABLE GÉNÉRALE DES MATIÈRES.

Coup-d'œil général 1
Écoles Italiennes. I. Maîtres primitifs 7
  II. École Florentine 15
  III. École Romaine 24
  IV. École Lombarde 42
  V. École Bolonaise 48
  VI. École Vénitienne 60
  VII. École Napolitaine 73
  VIII. École Génoise 78
École Espagnole 85
École Allemande 95
École Flamande 105
École Hollandaise 155
École Française 221
Post-face 277
Table alphabétique des auteurs et des ouvrages cités dans ce volume. 279
Table alphabétique des noms des artistes cités dans ce volume 284

www.ingramcontent.com/pod-product-compliance
Lightning Source LLC
Chambersburg PA
CBHW070745170426
43200CB00007B/663